—— 东南学术文库 ——
SOUTHEAST UNIVERSITY ACADEMIC LIBRARY

中华传统美德德目论要

The Virtue Norms of Chinese Traditional Virtues

许建良 ◆ 著

东南大学出版社
·南京·

图书在版编目(CIP)数据

中华传统美德德目论要/许建良著. —南京：东南大学出版社，2019.11
 ISBN 978-7-5641-8607-4

Ⅰ.①中… Ⅱ.①许… Ⅲ.①品德教育-研究-中国 Ⅳ.①D648

中国版本图书馆 CIP 数据核字(2019)第 238678 号

⊙ 2014 年度国家社会科学基金重大项目(14ZDA010)："文化强国视域下的传承和弘扬中华传统美德研究"成果之一

中华传统美德德目论要
Zhonghua Chuantong Meide Demu Lunyao

著　者：许建良
出版发行：东南大学出版社
社　　址：南京市四牌楼 2 号　邮编：210096
出 版 人：江建中
网　　址：http://www.seupress.com
经　　销：全国各地新华书店
排　　版：南京星光测绘科技有限公司
印　　刷：南京工大印务有限公司
开　　本：700mm×1000mm　1/16
印　　张：25.5
字　　数：486 千字
版　　次：2019 年 11 月第 1 版
印　　次：2019 年 11 月第 1 次印刷
书　　号：ISBN 978-7-5641-8607-4
定　　价：118.00 元(精装)

本社图书若有印装质量问题，请直接与营销部联系。电话：025-83791830

编委会名单

主任委员：郭广银
副主任委员：周佑勇　樊和平
委　　　员：（以姓氏笔画为序）
　　　　　　王廷信　王　珏　龙迪勇　仲伟俊
　　　　　　刘艳红　刘　魁　江建中　李霄翔
　　　　　　汪小洋　邱　斌　陈志斌　陈美华
　　　　　　欧阳本祺　袁久红　徐子方　徐康宁
　　　　　　徐　嘉　董　群
秘　书　长：江建中
编务人员：甘　锋　刘庆楚

身处南雍　心接学衡
——《东南学术文库》序

每到三月梧桐萌芽,东南大学四牌楼校区都会雾起一层新绿。若是有停放在路边的车辆,不消多久就和路面一起着上了颜色。从校园穿行而过,鬓后鬓前也免不了会沾上这些细密嫩屑。掸下细看,是五瓣的青芽。一直走出南门,植物的清香才淡下来。回首望去,质朴白石门内掩映的大礼堂,正衬着初春的朦胧图景。

细数其史,张之洞初建两江师范学堂,始启教习传统。后定名中央,蔚为亚洲之冠,一时英杰荟萃。可惜书生处所,终难避时运。待旧邦新造,工学院声名鹊起,恢复旧称东南,终成就今日学府。但凡游人来宁,此处都是值得一赏的好风景。短短数百米,却是大学魅力的极致诠释。治学处的静谧景,草木楼阁无言,但又似轻缓倾吐方寸之地上的往事。驻足回味,南雍余韵未散,学衡旧音绕梁。大学之道,大师之道矣。高等学府的底蕴,不在对楼堂物件继受,更要仰赖学养文脉传承。昔日柳诒徵、梅光迪、吴宓、胡先骕、韩忠谟、钱端升、梅仲协、史尚宽诸先贤大儒的所思所虑、求真求是的人文社科精气神,时值今日依然是东南大学的宝贵财富,给予后人滋养,勉励吾辈精进。

由于历史原因,东南大学一度以工科见长。但人文之脉未断,问道之志不泯。时值国家大力建设世界一流高校的宝贵契机,东南大学作为国内顶尖学府之一,自然不会缺席。学校现已建成人文学院、马克思主义学院、艺术学院、经济管理学院、法学院、外国语学院、体育系等成建制人文社科院系,共涉及6大学科门类,5个一级博士点学科,19个一级硕士点学科。人文社科专任教师800余人,其中教授近百位,"长江学者"、国家"万人计划"哲学社会科学领军人才、全国文化名家、"马工程"首席专家等人文社科领域内顶尖人才济济一堂。院系建设、人才储备以及研究平台等方面多年来的铢积锱累,为东南大学人文社科的进一步发展奠定了坚实基础。

在深厚人文社科历史积淀传承基础上,立足国际一流科研型综合性大学之定位,东南大学力筹"强精优"、蕴含"东大气质"的一流精品文科,鼎力推动人文社科科研工作,成果喜人。近年来,承担了近三百项国家级、省部级人文社科项目课题研究工作,涌现出一大批高质量的优秀成果,获得省部级以上科研奖励近百项。人文社科科研发展之迅猛,不仅在理工科优势高校中名列前茅,更大有赶超传统人文社科优势院校之势。

东南学人深知治学路艰,人文社科建设需戒骄戒躁,忌好大喜功,宜勤勉耕耘。不积跬步,无以至千里;不积小流,无以成江海。唯有以辞藻文章的点滴推敲,方可成就百世流芳的绝句。适时出版东南大学人文社科研究成果,既是积极服务社会公众之举,也是提升东南大学的知名度和影响力,为东南大学建设国际知名高水平一流大学贡献心力的表现。而通观当今图书出版之态势,全国每年出版新书逾四十万种,零散单册发行极易淹埋于茫茫书海中,因此更需积聚力量、整体策划、持之以恒,通过出版系列学术丛书之形式,集中向社会展示、宣传东南大学和东南大学人文社科的形象和实力。秉持记录、分享、反思、共进的人文社科学科建设理念,我们郑重推出这套《东南学术文库》,将近些年来东南大学人文社科诸君的研究和思考,付之枣梨,以飨读者。知我罪我,留待社会评判!

是为序。

《东南学术文库》编委会
2016 年 1 月

作者简介

许建良：男，江苏宜兴人；日本国立东北大学文学博士，东南大学教授、博士生导师；中国社会科学院应用伦理研究中心客座研究员，日本伦理研究所会员。研究专注于中国哲学伦理、经营伦理以及日本中国思想；已完成国家社会科学基金重大项目"文化强国视域下的传承和弘扬中华传统美德研究"等各项国家、省部级各项课题9项；主编《中国历代家训大全》《中国伦理文化宝库》等图书5部，出版《先秦道家的道德世界》《先秦儒家的道德世界》《先秦法家的道德世界》《先秦哲学史》等专著11部；在《哲学研究》《集刊東洋學》（日本）等海内外杂志上发表论文157篇（含日文、英文），被中国人民大学复印资料《中国哲学》《伦理学》全文转载的有16篇，《道家道德的普世情怀》一文被 Frontiers of Philosophy in China 2009 选中用英文在全球因特网上发表；《魏晋玄学伦理思想研究》2006年获江苏省第五届哲学社会科学研究优秀成果奖二等奖；《先秦法家的道德世界》2014年获江苏省高校第九届哲学社会科学研究优秀成果奖一等奖。其研究独具慧眼，不惧权威，提出"自己本位——儒家道德的枢机""他人优位——道家道德的枢机"等观点，聚焦至今一直为人所忽视的"因循"问题；倡言道德的真义在"目中有人，心中有他"。

摘　　要

　　《中华传统美德德目论要》(以下简称《论要》)简要地审视了十二个中华传统美德德目。与其说是详细分析传统美德德目,还不如说是想显示其在中华文化链中的具体功能。就具体方法而言,它立足全球化的现实,基于积极心理学的思考,审视中外美德思想史的发展轨迹,从实现中华民族伟大复兴的中国梦不能离开民族文化的支撑和润滑切入,坚信支撑必须依托民族文化自信长城的营筑,传统美德无疑是长城的基础。迄今的文化实践昭示,如何优化文化实践的积淀是一个不得不思考的问题,不能为实践而实践,必须依归为厚实民族文化积淀而实践的宗旨来行为。换言之,文化实践必须追求功效,这是现代化,最终也是文化现代化的必然趋势和要求;同时,这也是维护民族独特性的必然途径。传统美德传承和弘扬的实践也不例外。实践证明,传统美德想要在文化自信实践中担当和完成自己的角色任务,仅仅依靠罗列美德德目而完全忽视文化因子内在共作互动因素的做法是徒劳的。

　　《论要》在认真总结中华传统美德德目的基础上,聚焦美德德目之间的深层逻辑关系,继而思考这些德目之间产生共作互动的可能条件,以及预设产生最佳文化效应所需的德目因子等问题,潜心努力于在文化的层面上,营设德目体系的内在共作的机制,进而为有效的文化积淀创设条件,避免单一就美德而讲美德的弊端。只罗列美德德目,缺乏德目之间文化功能互补因素的考虑,结果自然是苍白无力的。

　　基于这样的考虑,本书最终在人道、群礼、心理、践行四个维度上,预设了文化因子共作互动的舞台。人道篇讨论了勤劳、俭约、自强、务实四个德目;

群礼篇分析了诚信、公正、慈孝、仁爱、互助五个德目；心理篇总结了谦下、贵和两个德目；践行篇彰明了袭常德目。德目选择的基点在现实的中国和中国人的现实需要，不为一贯的陈式所限制，如："谦下"的心理因素、"袭常"的实践因子，都包含着对他者的尊重，这是激活驱动道德行为本有机能最为需要的因素，是前所未有的切入点；"袭常"美德是迄今仍沉睡的文化因子，但它所持有的因循规则而行为、在因循的前提下创新生活的价值取向，正是21世纪地球村居民规范、健康、优雅、文明生活最为需要的因子。

毋庸置疑，在中华传统美德思想史里，有非常丰富的德目可供选择，择定十二个美德德目，实际也是基于生活实践的考虑，旨在为个人每月实践一个德目而提供要略参照。众所周知，传统美德的弘扬无法离开个人的有效实践；德目体系中预设的内在文化功能的张弛共作机制的体验，以及相关积极效应的实现，都不能离开个人的实践来完成，也为美德最大化地在个人实践中自然积淀成品格因素而提供了客观的文化机制保障。道德不是说出来的，而是做出来的；离开具体的实行，就无所谓道德。这就是我长期以来推重的"目中有人，心中有他"的道德规定所体现的特点。

Abstract

    This book briefly examines twelve virtue norms of Chinese traditional virtues. In this book, rather than attempting to analyze the Chinese traditional virtues, I want to explore their concrete functions in the Chinese cultural chain. As far as the concrete method is concerned, it is based on the reality of globalization and keeps a foothold in thinking about positive psychology. It surveys the development path of both China and foreign countries' intellectual history of virtues. From the perspective of the realization of the Chinese Dream of the great rejuvenation of the Chinese nation that cannot leave the support and lubrication of the national culture, it firmly believes that such a support must be built on the basis of the great wall of national cultural self-confidence, the traditional virtue is undoubtedly the foundation of it. The cultural practice so far shows that what has to be considered is how to optimize the accumulation of cultural practice. That is to say, the cultural practice must be conducted by emulating the purpose focusing on enriching the accumulation of national cultural practice, rather than just focusing on formal practice without the consideration of specific effects. In other words, cultural practice must pursue efficacy which is the inevitable trend and requirement of modernization as well as the modernization of culture. Meanwhile it is also the inevitable way to maintain the uniqueness of the nation. The practice of inheriting and carrying forward traditional virtues is no exception. The practice has proved that if the traditional virtue wants to undertake and complete its role task in the practice of the national cultural self-confidence, it cannot simply rely on the list of virtues and completely ignore the internal interaction of cultural factors.

On the basis of a careful summary of virtue norms which one based on the Chinese traditional virtues, this book focuses on the deep-seated logical relationships between virtue norms, thinks about thereby the possible conditions for the interaction effects between these virtue norms, and then assures needed virtue norms for the emergence of the best cultural effects, and so on. It dedicates to establishing the internal synergistic mechanism in the virtue norm system on culture aspect, and then creates conditions for effective cultural accumulation to avoid the disadvantages of merely viewing virtues on morality dimension. If we just enumerate the list of virtues, and don't take into account the complementary factors of cultural function between virtue norms, the research results are inevitably feeble and futile.

Based on such considerations, ultimately, this book assures a stage for the interaction between virtue norms on four dimensions, such as personal code, social norm, psychology, and practice. It discusses a total of twelve virtue norms, such as diligence, frugality, self-improvement and pragmatism in personal code section; integrity, justice, kindness and filial piety, benevolence, and cooperation in social norm section; humility and cherishing harmony in psychology section; following in the practice section. The basic point of selected virtue norms exists in the real China and the real need of Chinese, which is not restricted by the unchangeable rule. Specifically, both of the psychological element of 'humility' and the practical factor of 'following' contain the respect for others, which is the most needed factor to activate the inherent driving function of moral behaviors. It is the hitherto unprecedented breakthrough point. Following is a cultural factor that still falls asleep so far. But it holds the value orientation that one should behave according to rules, and innovate life under the premise of following, which exactly are the most needed element of a normative, healthy, elegant, civilized life for residents in a global village.

Beyond all doubt, there are abundant virtue norms for choice. The choice of twelve virtue norms here is an actual consideration based on life practice in order to provide reference for personal virtue practice monthly in a year. As is known to all, the advocating of the traditional virtues cannot be separable from the effective practice of the individual. For instance, neither learning through the practice based on the mechanism of the assured inner cultural interaction function in the virtue norm system, nor the implementation of the related positive effects, can complete without the individual practice, which provides an objective cultural mechanic guarantee for virtues to accumulate character to the maximum spontaneously in personal practice. Morality is not to say it, but to do it. Without a concrete practice, there is no morality. This is the characteristic of moral regulations embodied such as "There is a man in his eyes, there is the other in his heart-mind" that I have a high regard for a long period.

目 录

绪 论 …………………………………………………………… (1)

第一部 人道篇 ………………………………………………… (6)

  一、勤劳 …………………………………………………… (8)
    (一)"勤劳"的解题 …………………………………… (8)
    (二)"勤劳"的出典 …………………………………… (15)
    (三)"勤劳"作为美德德目的理由 …………………… (17)
    (四)"勤劳"的理论基础 ……………………………… (20)
    (五)"勤劳"的功能 …………………………………… (21)
    (六)"勤劳"的目的 …………………………………… (25)
    (七)"勤劳"的目标 …………………………………… (26)
    (八)"勤劳"的机制 …………………………………… (28)
    (九)"勤劳"的当代价值 ……………………………… (32)

  二、俭约 …………………………………………………… (34)
    (一)"俭约"的解题 …………………………………… (34)
    (二)"俭约"的出典 …………………………………… (41)
    (三)"俭约"作为美德德目的理由 …………………… (43)
    (四)"俭约"的本质 …………………………………… (45)

（五）"俭约"的理论基础 …………………………………… (47)
（六）"俭约"的坐标原点 …………………………………… (50)
（七）"俭约"的准则 ………………………………………… (50)
（八）"俭约"的特征 ………………………………………… (52)
（九）"俭约"的功能 ………………………………………… (53)
（十）"俭约"的目的 ………………………………………… (55)
（十一）"俭约"的价值目标 ………………………………… (56)
（十二）"俭约"的心理机制 ………………………………… (58)
（十三）"俭约"的当代价值 ………………………………… (60)

三、自强 …………………………………………………………… (65)

（一）"自强"的解题 ………………………………………… (65)
（二）"自强"的出典 ………………………………………… (70)
（三）"自强"作为美德德目的理由 ………………………… (72)
（四）"自强"的理论基础 …………………………………… (75)
（五）"自强"的坐标原点 …………………………………… (77)
（六）"自强"的目的 ………………………………………… (78)
（七）"自强"的内容 ………………………………………… (80)
（八）"自强"的心理机制 …………………………………… (89)
（九）"自强"的当代价值 …………………………………… (92)

四、务实 …………………………………………………………… (94)

（一）"务实"的解题 ………………………………………… (94)
（二）"务实"的出典 ………………………………………… (96)
（三）"务实"作为德目的理由 ……………………………… (98)
（四）"务实"的理论基础 …………………………………… (103)
（五）"务实"的内涵 ………………………………………… (106)
（六）"务实"的目的 ………………………………………… (116)
（七）"务实"的价值目标 …………………………………… (117)
（八）"务实"的当代价值 …………………………………… (118)

第二部　群礼篇 ……………………………………………… (122)

五、诚信 ……………………………………………………… (125)

（一）"诚信"的解题 …………………………………… (125)
（二）"诚信"的出典 …………………………………… (133)
（三）"诚信"作为德目的理由 ………………………… (135)
（四）"诚信"的本质 …………………………………… (138)
（五）"诚信"的担当 …………………………………… (138)
（六）"诚信"的目的 …………………………………… (143)
（七）"诚信"的内容 …………………………………… (145)
（八）"诚信"的机制 …………………………………… (148)
（九）"诚信"的当代价值 ……………………………… (151)

六、公正 ……………………………………………………… (154)

（一）"公正"的解题 …………………………………… (154)
（二）"公正"的出典 …………………………………… (160)
（三）"公正"作为德目的理由 ………………………… (161)
（四）"公正"的理论基础 ……………………………… (164)
（五）"公正"的性格特征 ……………………………… (166)
（六）"公正"的坐标原点 ……………………………… (167)
（七）"公正"的目的 …………………………………… (168)
（八）"公正"的功效 …………………………………… (170)
（九）"公正"的价值目标 ……………………………… (172)
（十）"公正"的心理机制 ……………………………… (173)
（十一）"公正"的实践机制 …………………………… (175)
（十二）"公正"的当代价值 …………………………… (180)

七、慈孝 ……………………………………………………… (183)

（一）"慈孝"的解题 …………………………………… (183)
（二）"慈孝"的出典 …………………………………… (188)
（三）"慈孝"作为德目的理由 ………………………… (189)
（四）"慈孝"的理论基础 ……………………………… (194)

（五）"慈孝"的内容 …………………………………………（195）
（六）"慈孝"的时代特征 ……………………………………（202）
（七）"慈孝"的目的 …………………………………………（204）
（八）"慈孝"的价值目标 ……………………………………（204）
（九）"慈孝"的实践 …………………………………………（205）
（十）"慈孝"的当代价值 ……………………………………（207）

八、仁爱 …………………………………………………………（215）

（一）"仁爱"的解题 …………………………………………（215）
（二）"仁爱"的出典 …………………………………………（222）
（三）"仁爱"作为德目的理由 ………………………………（223）
（四）"仁爱"的理论基础 ……………………………………（225）
（五）"仁爱"的坐标原点 ……………………………………（227）
（六）"仁爱"的目的 …………………………………………（229）
（七）"仁爱"的价值目标 ……………………………………（231）
（八）"仁爱"的心理机制 ……………………………………（232）
（九）"仁爱"的实践 …………………………………………（237）
（十）"仁爱"的当代价值 ……………………………………（242）

九、互助 …………………………………………………………（245）

（一）"互助"的解题 …………………………………………（245）
（二）"互助"的出典 …………………………………………（253）
（三）"互助"作为德目的理由 ………………………………（255）
（四）"互助"的理论基础 ……………………………………（259）
（五）"互助"的坐标原点 ……………………………………（262）
（六）"互助"的目的 …………………………………………（263）
（七）"互助"的价值目标 ……………………………………（265）
（八）"互助"的心理机制 ……………………………………（267）
（九）"互助"的实践链 ………………………………………（270）
（十）"互助"的当代价值 ……………………………………（275）

第三部　心理篇 ……………………………………………（279）

十、谦下 …………………………………………………（282）
（一）"谦下"的解题 ……………………………………（283）
（二）"谦下"的出典 ……………………………………（284）
（三）"谦下"作为德目的理由 …………………………（285）
（四）"谦下"的理论基础 ………………………………（289）
（五）"谦下"的价值特点 ………………………………（294）
（六）"谦下"的功效 ……………………………………（300）
（七）"谦下"的价值目标 ………………………………（303）
（八）"谦下"的实践途径 ………………………………（306）
（九）"谦下"的心理机制 ………………………………（309）
（十）"谦下"的当代价值 ………………………………（311）

十一、贵和 ………………………………………………（314）
（一）"贵和"的解题 ……………………………………（314）
（二）"贵和"的出典 ……………………………………（322）
（三）"贵和"的本质 ……………………………………（324）
（四）"贵和"作为德目的理由 …………………………（327）
（五）"贵和"的理论基础 ………………………………（332）
（六）"贵和"的价值坐标原点 …………………………（333）
（七）"贵和"的功效 ……………………………………（335）
（八）"贵和"的价值目标 ………………………………（336）
（九）"贵和"的心理机制 ………………………………（337）
（十）"贵和"的实践途径 ………………………………（338）
（十一）"贵和"的当代价值 ……………………………（341）

第四部　践行篇 ……………………………………………（343）

十二、袭常 ………………………………………………（345）
（一）"袭常"的解题 ……………………………………（345）

（二）"袭常"的出典 …………………………………………（346）
（三）"袭常"作为德目的理由 …………………………………（347）
（四）"袭常"的理论基础 …………………………………（351）
（五）"袭常"的坐标原点是万物 …………………………（354）
（六）"袭常"的目的 ………………………………………（356）
（七）"袭常"的价值目标 …………………………………（358）
（八）"袭常"的创新基因 …………………………………（372）
（九）"袭常"的心理机制 …………………………………（374）
（十）"袭常"的当代价值 …………………………………（376）

主要参考文献 …………………………………………………（379）

后　记 …………………………………………………………（386）

绪 论

　　道德对中国人而言，不是一个陌生的概念。我们不仅有悠久的文明历史，而且一直把道德的现实建设当成我们的主题曲。在世界文化舞台上确立承扬中华传统美德的战略，本身就凝聚着中华子孙文化强国的坚强决心。但仅有承扬中华传统美德的决心，而没有毅力和效率保证的辅助，显然无益于强国梦的切实实现。因此，中华传统美德德目的讨论拟从讨论毅力和效率开始。

　　先说毅力。审视现实，不仅世界氛围呈现一个多变的态势，而且在经济危机越发频繁的21世纪，经济危机对人类产生的负面影响既在力度上给人留下深刻的印象，又在时间的层面给人提供了耐久力锻炼的机会。2008年在美国开始的世界经济危机，至今仍在挣扎之中。当然，受到影响的地区不限于西方世界，可谓波及整个地球村。世界经济的客观事实表明，迄今的经济理论似乎都无法解开经济危机之谜。在应对经济危机的实践中，我们虽然看不到美国人反思自己诸如信用卡制度合理性问题的举措，因为这种制度鼓励居民消费，就是买私人用车也可以贷款，它长期施行的结果必然导致居民消费的基点依赖于将来而非个人经济能力的客观现实，但在应对危机的实践中，他们的一个对策是值得我们认真学习的——利用文化产品来缓解经济危机带来的压力。

　　就文化产品在世界的份额来看，美国无疑是独一无二的，这也是西方文化主导世界市场的普遍情况。在此，我们不得不思考的是，作为具有悠久历史的文化大国，为什么我们的文化仍然不能在西方占据市场的份额？今天的文化强国战略显然也是在这一态势下的宏图展现。毋庸置疑，这一宏图的实现不是一朝一夕的事情,因为我们在悠久的历史背景下,仍然没有能够冲破西方文化的包围,其中的原因是我们今天不得不思考的。可能不是因为我们缺乏实践,而是我们在具体的实践中缺乏应有的毅力和得法的手段。今天夯实文化软实力的实践也一样,我们必须确立起应有的毅力,这种毅力必须经得起长期的考验。承扬中华传统美德的实践工程也一样,不能离开毅力。在文化力的视域,毅力不是空洞的口号,它是要通过切实遴选传统美德的德目来得到落实和具体演绎。

另一方面,光有毅力而没有效率也无法抵达我们理想的港湾。综观当今世界,除经济危机在纷扰人类以外,人类同时还受到能源短缺、环境污染、人际关系疏离三大危机的侵袭。可以想象,没有能源供给的地球村,其出路可能只有一个,那就是走向死亡。我们只有一个地球,在一定程度上,能源的数量是限定的。因此,要实现人类本身的可持续发展,就必须高效地利用能源,当然,节俭也是高效利用能源的一种独特的方式。同理,在中华传统美德的承扬实践中,也有一个效率的问题。道德建设不是新鲜事,但为何现实中仍有道德危机浪潮的不断侵袭?这从反面对我们道德建设的效率的问题提出了质疑。具体的承扬实践,如果无视这一现实的问题而仅夸夸其谈地讲承扬的话,显然是自欺欺人的举措,结果只能是在起点上远离民众。

就承扬中华传统美德的实践而言,效率的落实就是起码的美德德目确立依据什么规则的问题。众所周知,在美德的具体内容上,不同的时代、不同的社会往往具有不同的道德观念,不同的文化选择道德元素的标准和侧重点显然也会相异;但在高科技化、信息化迅速发展的21世纪,普世道德因素已经广为地球村的居民所关注——它由一定社会的经济基础所决定,并为一定的社会经济基础服务。就道德基本的存在形式而言,它是一种社会意识形态,是人们共同生活及其行为的准则与规范。简而言之,道德就是行为准则和规范。我们要承扬的传统美德,在基本的存在形式上,自然无法逾越道德的基本样式,这是首先要明确的方面。但是,作为规范和准则的道德是外在于个人的他者,道德要在社会生活中显示其自身的力量,仅停留于"外在他者"的角色以及仅仅对此角色的履行是无法完成的,这也是我们今天社会生活里道德滑坡的真正原因所在。向人们灌输教育的道德规范,其实仅仅是规范,不是人的品德,我们往往没有科学地区分两者的关系。因此,传统美德德目的确定,如果能在这样的前提下来进行谋划的话,自然可以避免迄今为止的道德教育的多形式而乏效果这一弊端的出现。

中国伦理道德有着非常丰富的资源,如何来遴选这些资源而为21世纪中华美德文化工程服务是我们必须优先考虑的问题。对这一问题的厘清,自然无法离开中国古代道德文化史长河的视野。众所周知,中国古代的伦理思想家,视受道德原则制约的道德规范为"目"。《论语》载有:"颜渊问仁。子曰'克己复礼……'颜渊曰:'请问其目?'子曰:'非礼勿视,非礼勿听,非礼勿言,非礼勿动。'"(《论语·颜渊》)这里的"目"就是"德目"的意思;孔子以仁为道德的总原则,以"四勿"为具体的德目即道德规范。不过,道德原则与规范之间不仅在本质精神上完全一致,而且在形式上的区别上也趋于相对应。一般而言,道德原则也是规范,作为原则的规范只是在诸道德规范中担当着主导的作用。因此,仁也是道德规范即德目,这不仅在孔子道德思想中是这样,而且在整个儒家道德思想中也是这样。

《论语》里已经有明确的道德原则和规范相区别的意识,这也是这里聚焦传统美德德目的学理理由。中国古代道德思想史有着非常丰富的内容,德目也非常繁多,这里无法逐一进行论述,就《论语》而言,里面有仁、义、礼、智、信、敬、勇等77个德目。汉代贾谊在《新书·道术》中提出慈、孝、忠、惠、友、悌、恭、敬、贞、信等45种善德,以及与之相反的嚚、孽、倍、困、虐、敖、媟、嫚、伪、慢等45种恶德,合计有90个德目。我们从中不仅可以看到其对善恶德目的精细分析,也可领略到道德发展在汉代的辉煌水准。

审视道德思想史,不得不重视的是,古代的德目体现出一个善恶相对立的特点,没有注意从多元性的层面来审视道德,不是善就是恶,在文明发展的视野里,这显然不利于最大限度地凝聚力量。在微观的领域,这些德目不是孤立的,而是互相联系并常常彼此结合,诸如仁与其他德目相连而组成仁爱、仁智、仁慈、仁恕、仁义、仁和、仁孝、仁明、仁达等,忠与其他德目组成忠诚、忠正、忠直、忠恕、忠孝、忠良、忠义、忠勇、忠贞、忠果、忠信、忠实、忠善、忠恳、忠道、忠款等,奸与其他德目组成奸诈、奸淫、奸猾、奸佞、奸智、奸险、奸慝、奸顽、奸逸、奸谄、奸究、奸私、奸非、奸行等。不仅两个德目相连,而且也有三个或三个以上的德目相连而成一个新德目的情况,诸如慈、俭、不敢为天下先合称为"三宝"[1],

---

[1] "我有三宝,持而保之。一曰慈,二曰俭,三曰不敢为天下先。"(《老子》第67章)

礼、义、廉、耻为"四维"[1]等。

在中国古代道德思想史中,德目不仅繁多而且系统的事实,充分体现出中华民族对道德的重视和追求,以及持有的通过道德来提振民族文明水准的意欲。当然,这些德目,在不同的学派和不同的时代所具有的内涵也是相异的,如"义",《论语·学而》"信近于义",皇侃疏曰"义,合宜也";《管子·七法》"义也",注曰"义者,所以合宜也";《礼记·中庸》"义者,宜也"[2];韩愈《原道》开篇曰"博爱之谓仁,行而宜之之谓义,由是而之焉之谓道,足乎己无待于外之谓德"[3]。也就是说,义的行为在现实的层面所昭示的是合宜、适宜。在不同的学派和不同时代那里,合宜、适宜自然有不同的含义,根本没有一成不变的定式,如义在儒家那里,主要指服从等级秩序,在墨家那里则指兼相爱、交相利。又如"仁",在儒家那里是血缘关系里的爱人,即"仁者,人也,亲亲为大"(《礼记·中庸》);在墨家那里就指利人,即"仁人之所以为事者,必兴天下之利,除去天下之害,以此为事者也"(《墨子·兼爱中》)[4];在道家那里则指公平不偏的"天地不仁,以万物为刍狗;圣人不仁,以百姓为刍狗"(《老子》第5章)就是具体的证明。再如"忠",上面是"中",下面是"心",本义是诚心无私,尽心竭力,最初就是在本义上使用的,后来则专指臣对君、下对上的忠心;而在明清之际的一些思想家那里则仅指忠于国家、民族等。最后,如"俭",在墨家那里主要指生活消费上的节约,在道家那里除这基本的意思外,主要指心理上的俭约、保神养生。

就先行的传统美德的研究成果而言,在具体德目的选择上,几乎没有完全相同的情况。就西方而言,从古希腊哲学家亚里士多德倡导谨慎、公正、坚忍、节制四大传统美德以来,现在形成把同情(Compassion)、自律(Self-Discipline)、责任(Responsibility)、友谊(Friendship)、工作(Work)、勇气(Courage)、毅力(Perseverance)、诚实(Honesty)、忠诚(Loyalty)、信念(Faith)这十

---

[1] "国有四维,一维绝则倾,二维绝则危,三维绝则覆,四维绝则灭。倾可正也,危可安也,覆可起也,灭不可复错也。何谓四维?一曰礼,二曰义,三曰廉,四曰耻。礼不逾节,义不自进,廉不蔽恶,耻不从枉。"(《管子·牧民》,参见黎翔凤撰:《管子校注》,中华书局,2004年,第11页)

[2] [清]阮元校刻:《十三经注疏》,中华书局,1980年。本书引《礼记》,皆据此本。

[3] 北京大学哲学系中国哲学史教研室选论:《中国哲学史教学资料选辑》上册,中华书局,1981年。

[4] [清]孙诒让撰,孙启治点校:《墨子闲诂》,中华书局,2001年。本书引《墨子》,皆据此本。

个规范作为美德德目的情势,这自然值得我们参考。

在中国传统美德的研究中,对德目概括的情况主要有:从公私伦理关系、家庭关系、一般人我关系、自我素养四个层面将美德概括为公、忠、廉等20个(焦国成);从修身、齐家、处世、治国四个层面将传统美德概括成求真务实等20个(程凯华);从个人处世、家庭、职业、公共、国家关系五个领域将传统美德归纳为24个(王泽应);以"修养文库"为题,讨论了"修身养性"等60个传统美德(赵钢、赵云龙);以"德行"为视角把美德概括为"勤劳、勇敢、厚德载物"等13种(罗国杰)的观点。虽然,他们在具体侧重上存在的差异是明显的,但他们的概括不是从各种关系的视角切入,就是从个人修养、德行的维度展开,在文化的维度,缺乏对具体德目之间相互共作关系,从而有效积淀成文化因子等传承方面因素的切实考虑。[1] 就具体的德目内容而言,对勤劳、自强、慈孝、诚信、仁爱、俭约、贵和、公正八个德目,也基本呈现一致的趋向。立足现实,审视中外美德思想史的轨迹,基于文化层面德目体系中内在共作机制的营设,从而为有效的文化积淀创设条件,以避免单一就美德而讲美德而落实德目的弊端,这里提出十二个美德德目的设想,除上面八个德目以外,增加务实、互助、谦下、袭常四个德目。

在遴选德目的过程中最需要考虑的问题是,如何打破罗列德目的惯例。因此,这里从"人道""群礼""心理""践行"四个维度的联系上来配置具体的德目,以保证德目体系在内在的文化功能上所持有的张弛共作机制的成立,为美德最大化地在个人的实践中自然积淀成品格因素而提供客观的文化机制保障。诸如"谦下"的心理因素、"袭常"的实践因子,都包含着对他者的尊重,这是激活驱动道德行为本有机能最为需要的因素,这是前所未有的切入点。

在具体的展开中,将分"人道""群礼""心理""践行"四篇进行,这正是"传统美德的德目体系"所需展示的内容。确立讨论十二个美德德目,主要基于每月重点实践一个美德的思考,结合中外传统节日而施行美德实践的理念,使每月围绕一个美德的实践本身,始终持有兼容性和协同性的特点。养成个人美德永远是一个人的整体素质的基本表现,绝对不是孤立的产物,每月的实践虽然有重点的区分,但这种区分又在依归中外传统节日来施行具体美德的实践联动中得以完全消解,且这一切在实践的平台上得到演绎和夯实。

---

〔1〕 肖群忠虽然从个人美德、人际美德、公民美德、社会美德四个板块讨论了16个基本美德德目,但仍然缺乏四个板块之间互动的考虑。参考肖群忠的《美德诠释与美德伦理学研究》,《广西民族大学学报》(哲学社会科学版),2006年第5期。

第一部

人 道 篇

　　中华传统美德承扬的关键在解决有效传承的实践谋划,即有效传承的具体落实。换言之,没有有效传承的具体落实,传统美德的弘扬就无从开始。众所周知,承扬的实践无法在现实社会生活中孤立地存在和独自发挥自身的价值,它离不开理论的导航。站在 21 世纪的世界舞台上,前瞻文化发展的可能方向,必须在中华传统美德非常丰富的内容里,紧贴历史的脉搏,遵循道德生命的客观规律,依归道德本身的内涵来思考并寻求重振中华道德辉煌的实践途径。

　　众所周知,在具体的内容上,不同的时代、不同的社会往往具有不同的道德观念,不同的文化选择道德元素的标准和侧重点显然也是相异的;但在高科技化、信息化迅速发展的 21 世纪,普世道德因素已经广为地球村的居民所关注,它由一定社会的经济基础所决定,并为一定的社会经济基础而服务。就道德基本的存在形式而言,它是一种社会意识形态,是人们共同生活及其行为的准则与规范。简而言之,道德就是行为准则和规范。我们要承扬的传统美德,在基本的存在形式上,自然无法逾越道德的基本样式,这是首先要明确的方面。同时,作为规范和准则的道德是外在于个人的他者,而道德要在社会生活中显示其自身的力量,停留于"外在他者"的位置是无法完成的,这也是我们今天社会生活里道德滑坡的真正原因所在;向人们灌输教育的道德规范其实仅仅是规范,不是人的品德,我们往往没有科学地区分两者的关系,而误把规范当品德。

作为如何传承实践谋划的具体样式，就是美德的规范，而不是指美善的品德，若是品德，就无需弘扬了。由于道德永远只能是一个人目中有人、心中有他的图画，道德是个人行为的结晶，没有个人的实际行为，再多的道德说辞也只能是画饼充饥的虚妄之谈。在这个意义上，美德规范切入的唯一走向，就是从个人到社会的方向，这也是把"人道"置于首位的用心和理由所在。

　　本篇具体讨论"勤劳""俭约""自强""务实"4个德目，以区别于一般的规范，它们是调节个人行为的规范，属于个人道德的范畴，所以称为人道。下面将进行具体的讨论。

一、勤　劳

富强、民主、文明、和谐中国的建设目标,文化强国的具体实践思路,中华传统美德图画的描绘,都离不开每个中华子孙的努力。一方面,虽然社会、国家是因为个人的存在而有必要存在和被赋予具体的价值的,但社会和国家不仅是个人演绎生命的舞台,还是个人获得尊严和权利的保证。因此,个人是属于具体社会的,属于国家的,这也是承扬中华传统美德的德目要从"人道"谈起的原因所在。另一方面,作为社会主义核心价值观之一的"爱国",不是一个口号,人道规范的具体遵行就是"爱国"的具体落实,人道规范的建设自然也是"爱国"的一部分,而"勤劳"就是"爱国"最为基本的要求之一。这也是这里把"勤劳"置于首位的理由所在。

(一)"勤劳"的解题

顾名思义,"勤劳"就是勤奋劳动而不辞辛苦的意思。实际上,在"勤劳"这一概念里,"勤"和"劳"具有相同的意思;"勤"的本义是劳累、劳苦,《说文解字》上的"勤,劳也"[1]就是佐证。在总体上,"勤劳"包括尽力多做、不断地做的意思。也正是在这个意义上,"勤劳"可置换为"勤勉","勉"正是力量不够而尽力做的意思。

中华传统美德的承扬,可以说是中华民族富强具体落实的途径之一,但在终极的意义上,一切落实的基本依托不能离开个人,没有个人就无所谓中华传统美德的承扬,每个中华子孙是承扬中华传统美德舞台上的主力军。中华传统美德是实践的结晶,离开实践就不可能有美德。在另一方面,我们承扬传统美德的目的是为了文化强国,人既是道德的主体又是道德的载体,离开人就无所谓道德。但人生活在地球上,必须依托地球、依靠自己的能力来实现自身的价值和丰富自己的生活,其中最为重要的能力就是勤劳的能力,这就是王阳明"勤劳在人"(《处置平复地方以图久安疏》)[2]所蕴含的道理。这也是在"人道篇"中首先讨论"勤劳"的原因所在。

在文化的维度,"勤劳"是与懒惰相对应而存在的,没有懒惰就无所谓"勤

---

[1]〔汉〕许慎撰,〔清〕段玉裁注:《说文解字注》,上海古籍出版社,1981年。
[2]〔明〕王守仁撰,吴光、钱明、董平等编校:《王阳明全集》,上海古籍出版社,1992年,第483页。本书参考王阳明著作,皆据此版本。

劳"。懒惰就是懒怠、懈怠、怠慢,《说文解字注》的"慢,惰也""怠,慢也""懈,怠也"的解释,就是最好的佐证。"懒"同"嬾",故《说文解字注》释"嬾"为"懈也",而无"懒"的释解。《说文解字注》又有"惰,不敬也"的解释,而《广雅》则直接以"惰,懒也"互释的方法来表述;懒惰原本的意思是不恭敬,诸如懈怠、怠惰、惰性、惰慢等,都是这个意义上的用例。在完整的意义上,懒、惰都是与勤相对的词汇,作为一个概念的懒惰,与"勤劳"自然也是相对的。

在人性的维度,懒惰与"勤劳"一样,都是人性的基本因子,离开一方就失去自身生命的源泉,这是必须注意的。蔡元培曾把勤勉当成人的良好习惯,即"勤勉者,良习惯之一也。凡人所免之事,不能一致,要在各因其地位境遇,而尽力于其职分,是亦为涵养德性者所不可缺也。凡勤勉职业,则习于顺应之道,与节制之义,而精细寻耐诸德,亦相因而来。盖人性之受害,莫甚于怠惰。怠惰者,众恶之母。古人称小人闲居为不善,盖以此也。不惟小人也,虽在善人,苟其饱食终日,无所事事,则必由佚乐而流于游惰。于是鄙猥之情,邪僻之念,乘间窃发,驯致滋蔓而难图矣。此学者所当戒也。"(《中学修身教科书·勤勉》)[1]显然,这里强调作为承扬中华传统美德对象的"勤劳",并不是要否定懒惰,而是要告诫人们,如何选择"勤劳"而远离懒惰,从而为自身生命力源头的开发蓄积打下基础。懒惰侵袭人的生命力,给人带来全方位的威胁。"勤劳"与懒惰形成鲜明的对照,其带来的客观效果也是大相径庭的。下面的故事就是最好的说明:

很久以前,在一个偏僻的小山村里,住着兄弟俩,哥哥的名字是"勤劳",弟弟的名字叫"懒惰"。由于父母很早去世,兄弟俩相依为命过日子。不知不觉间,已过去了十年,兄弟俩都已长成了大人。有一天,他们商量说:我们整天待在这个山沟沟里,不会有多大的出息,还是出去闯世界吧。于是,兄弟俩就分头出发了。勤劳来到一个大城市后,顾不上疲劳,就开始找工作,最后在一个染布坊里当起了学徒。每天,天刚蒙蒙亮,他就起床打扫卫生,并为主人烧好茶水,然后开始干染布的活儿。三年过去了,主人见他勤劳淳朴,就把自己这门祖传的染布绝技传授给了他。但勤劳并没有满足,而是继续苦心钻研,并对染布的技艺做了改良。

---

[1] 高平叔编:《蔡元培全集》第二卷,中华书局,1984年,第176页。本书参考的《中学修身教科书》,皆依此版本。

功夫不负有心人,他所染的布不仅色彩调配得当,而且不会褪色,深受客商欢迎,畅销各地;但他仍未骄傲自满,依旧谦虚诚恳地对待别人,勤勤恳恳地工作。主人对他非常满意,就把自己那美丽的独生女儿许配给了他,并把染布坊也交给他来管理。勤劳由于对外诚信经商,对内善待下属,没几年工夫,就成了一个名噪一时的商人。

弟弟懒惰来到京城后,先在一个杂货店里当上了学徒。可是好景不长,主人因为他懒惰散漫而把他辞退了。他流浪在街头,正当心灰意冷时,他看到前面有一家热闹非凡的赌馆,他摸了摸袋里的几百文大钱,心想做学徒这么吃力,还不如去碰碰运气,或许能赢些钱来,这样既省力又能过上好日子。于是,他就走进了赌馆。他的运气特别好,一下子就赢了几十两银子。他尝到了甜头,从此,整天沉迷在赌博之中,老天爷似乎对他特别的好,他几乎逢赌必赢,赢了许多钱,甚至办起了自己的赌馆,过着花天酒地的生活。但最后一次他输得很惨,不仅输光了自己所有的家产,而且还倒欠了人家许多债,他又重新流落街头,过起了流浪生活。(《美德书·工作》)[1]

最后,要说的是,懒惰这两个字都是竖心旁,与人的心存在联系,故懒惰首先是人心理的一种态度,对劳动缺乏端肃之心、恭敬之心,正是在这个意义上,《说文解字注》才有"惰,不敬也"的解释。就"勤劳"美德而言,它涵括以下内容。

1. 勤学

勤学是勤奋好学的意思,或者说是努力学习的意思。这是"勤劳"美德所含有的第一要素。明代思想家王阳明在《教条示龙场诸生》中提到的"四事相规"之一就是"勤学",他说:

> 已立志为君子,自当从事于学。凡学之不勤,必其志之尚未笃也。从吾游者,不以聪慧警捷为高,而以勤确谦抑为上。诸生试观侪辈之中,苟有虚而为盈,无而为有,讳己之不能,忌人之有善,自矜自是,大言欺人者,使其人资禀虽甚超迈,侪辈之中,有弗疾恶之者乎?有弗鄙贱之者

---

[1] [美]威廉·贝内特编著,何吉贤等译:《美德书》,中央编译出版社,2001年,第339页。本书参考的《美德书》皆据此版本。

乎？彼固将以欺人，人果遂为所欺，有弗窃笑之者乎？苟有谦默自持，无能自处，笃志力行，勤学好问，称人之善，而咎己之失，从人之长，而明己之短，忠信乐易，表里一致者，使其人资禀虽甚鲁钝，侪辈之中，有弗称慕之者乎？彼固以无能自处，而不求上人，人果遂以彼为无能，有弗敬尚之者乎？诸生观此，亦可以知所从事于学矣。(《王阳明全集·勤学》)[1]

人要有崇高的志向即立志，一旦立志，就必须勤学，两者合起来就是"笃志力行，勤学好问"。人最为重要的不是天智而是勤劳，如果不能勤学，就是志向仍不坚定即"志之尚未笃"。

勤学是获取知识的唯一途径，没有知识就不可能有远大的志向，故勤学与笃志是互相联系的。另一方面，人的一切知识都不是先天形成的，而是后天获得的，这也就是勤学的重要性所在。但是，学习和掌握知识其实是两回事，勤学不等于有知识，子夏所说的"博学而笃志，切问而近思，仁在其中矣"（《论语·子张》），告诉我们的就是这个道理——勤学必须与好问相结合，这里的"切问"也是这个意思。这是必须注意的。在中国文化史的长河里，勤学具有非常优良的传统。话说西汉时有一个大学问家叫匡衡[2]，他小时候就非常喜欢读书，可是家里很穷，买不起蜡烛，一到晚上就没有办法看书，他常为此事发愁。一天晚上，匡衡无意中发现自家的墙壁似乎有一些亮光，他起床一看，原来墙壁裂了缝，邻居家的烛火从裂缝处透了过来。匡衡看后，立刻想出了一个办法。他找来一把凿子，在墙壁裂缝处凿出一个小孔。此时，一道烛光穿射过来，匡衡借着这道烛光，认真地看起书来；此后的每天晚上，匡衡都要靠着墙壁，借着邻居的烛光读书。同乡有个有钱的大户人家叫文不识的，家中有很多书。匡衡就到他家去做雇工，不要报酬，只要给他书读。主人听了，深为感叹，就把书借给他读。由于他从小勤奋好学，后来成了一名知识渊博的经学家。

英国思想家培根曾经说过："读书是为了娱乐、装饰和增长才能。其娱乐

---

[1]〔明〕王守仁撰，吴光、钱明、董平等编校：《王阳明全集》，上海古籍出版社，1992年，第974-975页。

[2] 匡衡，西汉经学家，以说《诗》著称，元帝时位至丞相。晋代葛洪的《西京杂记》载有："匡衡，字稚圭，勤学而无烛，邻居有烛而不逮，衡乃穿壁引其光，以书映光而读之。邑人大姓文不识，家富多书，衡乃与其佣作而不求直。主人怪，问衡，衡曰：愿得主人书遍读之。主人感叹，资给以书，遂成大学。"

方面的主要用途在于独处和隐退之时;其装饰方面的主要用途在于言谈之中;其增长才能方面的主要用途在于对事务的判断和处理。因为虽然有实践经验的人能完成特定工作,而且也许还能对个别的事情一一作出判断,但是宏观的建议,以及对事务的筹划和安排,绝大多数都是出自有学问的人。把时间过多地花费在学问上,是怠惰;把学问过多地用作装饰,是虚伪;完全按学问的规则来判断,则是书呆子的嗜好。学问能使天性完美,而经验又能使学问完善:因为天生的才能犹如野生植物,需要用学问加以修剪;而学问本身若不受经验的限制,则它们所作的指导就太泛泛了。狡诈的人蔑视学问,愚笨的人羡慕学问,聪明的人运用学问,因为学问并不传授它们自己的用法;这种运用之道是学问之外,并超乎学问之上的一种才智,只有通过观察才能获得。读书不是为了闲谈和演说,而是为了权衡和思考。有些书可供品尝,有些书可以吞食,还有少数的一些书则应当咀嚼消化。那就是说,有些书只要读其中的一部分就行了;有些书虽然可以全读,但不必过细;还有少数的一些书则应当通读、精读、勤读。"(《美德书》)[1]这不仅告诉我们勤学的重要性,而且昭示我们勤学的方法性思考。

2. 勤思

"勤劳"还包括勤思的方面,勤学、勤问虽然重要,但是思考也是不能忽视的问题。勤劳不辞劳苦的内容之一就是思考,出现学习的内容与生活实际无法对接的现实问题时,就要依靠自己去探索,故无法依靠好问来解决问题。询问他人,虽然可以得到答案,但是答案是否能解决问题仍然需要个人自己去实践验证,问题的解决是无法越过自己亲身实践的环节的,他人的答案虽然可以启发自己,但永远是外在的知识,要变成自己的知识必须经过自己的亲身实践,这就是思考的重要性所在。儒家学派的创始人孔子就对思考非常重视,他说过"学而不思则罔,思而不学则殆"(《论语·为政》)。其意为:光学习而不思考的话,结果只能走向迷茫;光思考而不学习的话,结果只能趋向危殆。这也是在讨论勤学以后讨论勤思的内在原因。总之,勤学和勤思是互相联系的两个方面,不能偏废,它们共作时才能对人产生积极的效益,不然是无益于人的生命价值实现的。正是在这个意义上,孔子又强调"吾尝终日不食,终夜不寝,以思,无益,不如学也"(《论语·卫灵公》)。这是我们必须注意的。

---

[1] [美]威廉·贝内特编著,何吉贤等译:《美德书》,中央编译出版社,2001年,第350页。

一般而言,仅仅勤学而不思考的话,是一种盲学,学习必须开动机器即头脑,这是我们经常强调的方面,不开动脑筋不是好的选择。所以,18 世纪法国启蒙思想家、唯物主义哲学家、作家、百科全书派的代表人物狄德罗(Denis Diderot)强调,"精神的浩瀚,想象的活跃,心灵的勤奋,就是天才";"心灵的勤奋"实际就是勤思,这是天才的组成因子之一。众所周知,"爱迪生一生 1039 项发明,人们几乎以为他掌握了什么魔力,所以称他为'蒙罗公园的巫师',[1] 他却说:'巫师?我靠的只是辛苦的工作。'他认为,'所谓天才就是百分之一的天分加上百分之九十九的努力'。他特别不能忍受懒惰,尤其是脑子的懒惰。在他的实验室兼制造工厂的显著位置,挂着一幅乔舒亚·雷诺兹[2]的画:'一个人不得找任何理由逃避思想的劳役。'"(《美德书·工作·我靠的只是辛勤工作》)[3] "脑子的懒惰"实际就是对勤思的否定,或者说是勤思的对立面存在。现在台北台湾大学的行政楼前,有一座钟,是纪念傅斯年的,称为"傅钟"。傅斯年有句名言:"一天只有 21 小时,剩下 3 小时是用来沉思的。"这口"傅钟"每节课上下课时都会响 21 声,以铭记傅斯年的上述名言,提醒台大的学生,应该把每天读书、睡觉、做事的时间限制在 21 小时之内,剩下 3 小时,要用于反省自己的思想言行。

3. 勤行

勤劳本身在勤奋劳动的层面,无疑是不辞辛苦而工作的意思。因此,勤学、勤思的关键是为了导航勤行,使个人行为更有针对性和实用性,如果没有行动本身,那最多的勤劳也不是真正意义上的勤劳,同时也毫无意义。儒家学派的集大成者荀子就说过:"道虽迩,不行不至;事虽小,不为不成。"(《荀子·修身》)[4] 没有实际的行动,就不可能达成目的,也无法办成事情。《明日歌》是大家熟悉的,清代书法家钱泳在《履园丛话》中说道:

后生家每临事,辄曰吾不会做,此大谬也。凡事做则会,不做则安能会耶?又做一事,辄曰待明日,此亦大谬也。凡事要做则做,若一味因

---

[1] 新泽西的蒙罗公园是爱迪生曾经工作的地方。
[2] 乔舒亚·雷诺兹(Joshua Reynolds,1723—1792),英国肖像画家、艺术理论家,创建皇家美术学院并任院长,主要作品有《约翰逊博士像》《希斯菲德勋爵像》等,著有《艺术演讲录》。
[3] [美]威廉·贝内特编著,何吉贤等译:《美德书》,中央编译出版社,2001 年,第 338 页。
[4] [清]王先谦撰:《荀子集解》,中华书局,1988 年。本书引《荀子》,皆据此版本。

循,大误终身。家鹤滩先生有明日歌最妙,附记于此:明日复明日,明日何其多。我生待明日,万事成蹉跎!世人若被明日累,春去秋来老将至。朝看水东流,暮看日西坠。百年明日能几何?请君听我明日歌。([清]钱泳《履园丛话·不会做》)〔1〕

在人的生活中,明日永远在前面,如果做事情宽容自己,不是立即行动而推到明日的话,那就会失去成就事业的许多机会,拖的结果只能是"耽误终身"。

行动可以说是落实勤学、勤思结果的具体途径,没有行动这一环节,再多的勤学和勤思也无法在人生命历程的演绎中得到检验和体会,只有通过具体的行动才能得到具体的认证。在人性的层面,人具有好逸恶劳的情感因子,因此,贪图享乐而畏惧劳累是一般人的情感,古今都是一样的,曾国藩下面的运思值得我们思考:

> 凡人之情,莫不好逸而恶劳;无论贵贱智愚老少,皆贪于逸而惮于劳,古今之所同也。人一日所着之衣、所进之食,与一日所行之事、所用之力相称,则旁人韪之,鬼神许之,以为彼自食其力也。若农夫织妇,终岁勤动,以成数石之粟,数尺之布;而富贵之家终岁逸乐,不营一业,而食必珍羞(馐),衣必锦绣,酣豢高眠,一呼百诺,此天下最不平之事,鬼神所不许也,其能久乎?
> 古之圣君贤相,若汤之昧旦丕显,文王日昃不遑,周公夜以继日、坐以待旦,盖无时不以勤劳自励……为一身计,则必操习技艺,磨炼筋骨,困知勉行,操心危虑,而后可以增智慧而长才识。为天下计,则必己饥己溺,一夫不获,引为余辜。大禹之周乘四载,过门不入,墨子之摩顶放踵,以利天下,皆极俭以奉身,而极勤以救民。故荀子好称大禹、墨翟之行,以其勤劳也。(《遗嘱·四曰习劳则神钦》)〔2〕

这是曾国藩在遗嘱中提到的"四条"中的一条,这是他对自己一生的经验总结,希望传给子孙。这里的"习劳"就是勤劳的意思,而且"习"主要是从行为

---

〔1〕[清]钱泳、黄汉、尹元炜等:《笔记小说大观》第二十五册,江苏广陵古籍刻印社,1983年,第63页。

〔2〕钟叔河选编:《曾国藩教子书》,岳麓书社,1986年,第175-176页。本书所引曾国藩家训皆用此本。

习惯上运思和立论的。"习劳则神钦"包含"习劳"和"神钦"两件事：前者是后者的基本条件；就"神钦"而言，讲的主要是精神受到钦赞、敬佩的意思，其前提是"习劳"，因此，勤劳是受到他人尊敬的美德。人的生活必须依靠自己，不能依赖他人，这就是自食其力告诉我们的道理。自食其力是人和神都称是的行为，而好逸恶劳是则是人和神都称非的行为，人应该以"勤劳自励"。历史上，大禹治理水灾，三过家门而不入；墨翟作为一个工匠，勤奋劳动。他们都是勤劳的典型代表。

我国高山族人的生活也体现出热爱劳动的美德，不分男女老少都参加力所能及的劳作：农业生产中的重体力活，如开垦农田、修水渠、采伐木材、修造房屋、造船、锻冶、狩猎、捕鱼等都由男人担当，妇女则从事一般的耕种、收割、纺织、养猪、缝纫等家务劳动。热爱劳动就是勤劳的表现。壮族《传扬诗》把勤劳视为劳动人民的最高美德，"说千言万语，勤劳是头条"，"勤劳无价宝"，"勤劳是甘泉"，把勤劳视为幸福的源泉、道德的根本。

总之，勤劳是开源的发动机。我们的生活必须利用外在的资源，资源的开发必须依靠我们自己，即自力更生。1939年2月毛泽东针对当时根据地日益严重的经济困难局面，在延安生产动员大会上提出"自己动手，丰衣足食"的方针。当时的根据地，正是遵循这一方针，大力开展大生产运动，克服了困难，取得了工作和生产的双赢。勤劳的结果是财富的获得，但财富与勤劳比，永远占据第二的位置，无法与勤劳相比，勤劳是创造财富的最大的财富。

最后，不得不说的是，中国有"勤恳"的概念，它是勤勉踏实的意思，这里的"恳"是诚恳的意思，表示的是一种态度，可以说是对勤劳价值实现的路径的指示和规定。汉代司马迁《报任少卿书》里的"曩者辱赐书，教以慎于接物，推贤进士为务，意气勤勤恳恳"，昭示的正是对勤恳的推重。在勤恳的层面，我不得不说的是，勤劳的目的不是为了追求财富，但勤劳的客观结果必然会带来丰硕的结果。勤劳是人生命本身的因子，是人生命价值的展现和演绎；勤劳是人自身人格的昭示，勤劳在与懒惰的较量中获得最佳生命的营养和自身的价值；勤劳使人成为完整意义上的人，勤劳始终敲响着使人努力行进在自身轨道上而不至于堕落的警钟。中国现代化强国使命的完成，必须依靠每个中华子孙勤劳的努力来完成。

（二）"勤劳"的出典

作为被承扬的中华传统美德德目的勤劳，在解题以后，我们不得不究问的是它在历史上的出典。勤劳是中华民族固有的美德之一,最早见到其踪迹的文献有以下几个。

1.《墨子》

上面提到曾国藩把墨子作为勤劳的典型。其实,墨子不仅自身践行勤劳美德,而且留下了关于勤劳的思想,即"今天下之君子之为文学、出言谈也,非将勤劳其惟舌,而利其唇呡(吻)也,中实将欲其国家邑里万民刑政者也。今也王公大人之所以蚤朝晏退,听狱治政,终朝均分而不敢怠倦者,何也?"(《墨子·非命下》)其意思是现在天下君子写文章、发表谈话,并不是想要使其喉舌勤劳,使其嘴唇利索,内心实在是想为了国家、邑里、万民的刑法政务;换言之,统治者为了社会的治理而勤劳行为。在此,我们可以体会到,墨子是实务主义者,他不赞成为勤劳而勤劳,一定要依归实功来勤劳。这是值得我们认真学习的。

其实,墨子不仅提出了勤劳的美德概念,而且提出了"勤苦"的概念,显然这是与勤劳在相同的层面来使用的,即"常使若二君者,言必信,行必果,使言行之合,犹合符节也,无言而不行。然即敢问,今岁有疠疫,万民多有勤苦冻馁,转死沟壑中者,既已众矣。不识将择之二君者,将何从也?我以为当其于此也,天下无愚夫愚妇,虽非兼者,必从兼君是也。言而非兼,择即取兼,即此言行拂也。不识天下所以皆闻兼而非之者,其故何也?"(《墨子·兼爱下》)。这里开头的"常"当读为"尝",指的是一种假设,显然这比较符合文章前后的关系。这是在两位国君中选择一位的假设,主观的前提条件基本相同,即言行一致。客观的条件也一样,即瘟疫流行,民众勤苦和冻饿而辗转死于沟壑之中。在主客观相同的前提条件下,墨子的观点是"天下无愚夫愚妇,虽非兼者,必从兼君是也",不过,这是"言行拂"即言行不一致的情况,"拂"是违背的意思,理想的情况是言行一致,言论和行为上都"取兼"。在此,我们可以得到的启发是,在墨子的视野里,勤苦的劳动必须得到回报,譬如通过勤苦的劳动而解决生活之需,但这里的情况是,民众勤苦却仍要经受冻馁的煎熬,并最后走向死亡,这不符合自食其力的规则。正是在这个意义上,墨子昭示其兼爱力量的魅力。

2.《管子》

关于"勤劳",在较早的文献中,我们还可以在《管子》中找到。管子说:"饰于贫穷而发于勤劳,权于贫贱,身无职事,家无常姓,列上下之间,议言为民者,圣王之禁也。"(《管子·法禁》)这里的"发于勤劳"的"发",孙星衍认为应读为"废",古字通用,这是有道理的。其意思是:把自己打扮成贫穷的样子,而不肯辛勤劳动,对贫贱者神气活现,自身没有常业,自家没有恒产,活动于社会上下之间,而声称是为了人民,这种现象是圣王所要禁止的。显然,管子把勤劳作为统治者治理社会的一大美德而定位,其积极意义是显而易见的。

(三)"勤劳"作为美德德目的理由

把勤奋劳动作为承扬中华传统美德德目的理由,实际上在以上解题和出典的讨论中,已经部分地得到了回答,这部分是在文化思想史的维度上展开的。这里专门讨论这个问题,主要要回答时代的要求。

众所周知,中华民族的文明史已经经历了5000多年,现代化的航程自改革开放以来也已达40年之多。今天,中国和谐社会的建设,以及文化强国的策略,无疑是指引中国人的航标。但中国现代化强国梦的实现,既不能依靠他国的开恩,也无法期盼上帝的惠顾,唯一能依靠的对象就是我们自己——14亿中国人。现代化建设虽然离不开智慧,但现代高科技也是人创造的,同样凝聚着人的智慧和艰辛,也需要人来完成,这也是在讨论承扬中华传统美德时首先分析此问题的主要理由。具体内容将从以下几个方面来加以展现:

1. 勤劳是义务

人需要生活,没有勤于劳动的态度、善于劳动的行为就没有收获;社会的进步,现代化的进程,都离不开人的努力推进。勤劳在开源,"源"是民众的生活之源,故它是人生存的必要条件,这需要我们每个人动手来解决。一个社会,如果没有开源这个环节,社会就无法正常运行;勤劳仿佛播种机,有播种才有收获。我们社会推行的是不劳动者不得食的制度,强调一切有劳动能力的社会成员都必须参加劳动,凭劳动获得个人生活的资源,有劳动能力而不参加劳动的人则无权获取个人的生活资源;不劳动者不得食这一原则是作为阶级社会中的劳者不获、获者不劳的对立面而出现的。它产生的基础是社会主义制度。不劳动者不得食的原则和按劳分配的原则是一致的,要求每个有劳动能力的社会成员都必须投入劳动,任何个人都不能把自己在劳动这个人类生存的自然条件中所应承担的责任推到别人身上。同时,每个劳动者都需要按照共同的尺度来劳动,从而获取自己的生活资源;等量劳动领取等量产品,多劳多得,少劳少得,不劳不得。不劳动者不得食的原则表明,在社会主义制度下,只有把自己改造成为自食其力的劳动者后,才能成为符合时代精神的新人。

勤奋劳动不仅是个人实现自己生活的基本条件,而且也是社会获取生命活力的条件。审视人类文明发展史,文明的进展虽与科学技术的发展存在紧密的联系,但最终的效应要在劳动的落实中收到作用。因此,以现代高科技的发展趋向来否定乃至轻视勤劳美德的价值是毫无道理的,同时也是不明智的。中国现代化建设的征程,中国强国梦的实现,唯一的途径就是依靠14亿炎黄子孙的双手,依靠辛勤的劳动来完成,没有其他捷径可寻。

2. 勤劳创造财富

勤劳的目的虽然不是获取财富,但财富的创造不能离开勤劳。在一个社会中生活,不能离开财富的积累,诸如我们今天援助非洲对埃博拉病的治疗,就需要资金,慈善事业也不能离开财富的支撑。儒家思想家孔子虽然把追求富、贵作为人的情欲的因子,并在如何追求富、贵的问题上提出因循"道"即合理的规则的重要性,即"富与贵,是人之所欲也;不以其道得之,不处也"(《论语·里仁》);不仅如此,而且其认为在保证人口的前提下,最为重要的事务是使他们过上富裕的生活,"子适卫,冉有仆。子曰:'庶矣哉!'冉有曰:'既庶矣,又何加焉?'曰:'富之。'曰:'既富矣,又何加焉?'曰:'教之'"(《论语·子路》)说的就是这个道理。教育虽然是人实现发展的阶梯,但教育的基础是生活的富裕,这具有一定的合理性。

不过,遗憾的是儒家思想中,在凭借什么来创造财富的问题上并没有作出明确的解释,这与孔子"不患寡而患不均,不患贫而患不安"(《论语·季氏》)的重视财富的分配而不是财富创造本身、重视社会的安定而不关心民众生活贫穷的整体理念的设定分不开。社会财富只能靠勤劳来获得,皮萨列夫的"社会上的全部财富毫无例外地在于它的劳动",说的就是这个道理。

3. 勤劳是幸福

追求幸福无疑是我们小康社会、和谐社会建设的终极目标之一,它显然是一个复杂的概念,因为幸福没有统一的标准,是个人的感受,当然它必须建筑在一定温饱和安全条件的基础上,没有这些基本的条件,就无法产生幸福。这些基本的条件不是天生成就的,而是人凭借自己的双手去创造的;在这个意义上,完全可以说,勤劳直接创造着幸福。所以,就人而言,从小培养勤劳美德实际关系到开启人幸福大门的大事。

4. 勤劳是获得知识的主要途径

孔子说过:"生而知之者,上也;学而知之者,次也;困而学之,又其次也;

困而不学,民斯为下矣"(《论语·季氏》);"生而知之"虽然属于"上"即占有着比较高的位置,但对"学而知之"即通过学习来掌握知识,以及"困而学之"即遇到困难时再学习解决的情况都没有否定,否定的仅仅是遇到困难仍然不学习的情况。他本人就不是一个"生而知之"的人,他说:"我非生而知之者,好古,敏以求之者也"(《论语·述而》)。换言之,他也是通过后天的学习而获得成功的。

爱迪生一生发明达1 039项之多,他认为:所谓天才,那都是假话,勤奋的工作才是实在的;人生是短暂的,对这短暂的人生,我们最好的报答就是工作;没有任何权宜之计可以让人逃避真正的劳动。人的发明虽然需要一定的灵感,但灵感需要在实践中得到确证,而这种确证往往伴随着失败,正是无数的失败让勤劳工作的人走进了成功的大门。正是在这个意义上,夸美纽斯说:"聪明的父母们,不但提供其子女以生活之资,占有充足的财产,而且也必须使他们尽其一切手段来劳动,如此,他们的心灵就充满智慧。"

总之,勤劳是人致富的铺路石,是事业成功的重要保证。即使现在的高科技时代,也同样需要奉行这个道理,科技的推进和提高丝毫也离不开勤劳美德的发光发热。我们常常赞美蜜蜂的高尚品质,把它比作勤劳的化身;它们辛勤的劳作,默默地为人类酿造着最美的生活,蜜蜂在生物链中的存在就是为了启发人们如何勤奋工作的。让我们来看看收录在美国语文课本中的玛丽安·道格拉斯(Marian Douglas)的《蜜蜂之歌》:

嗡嗡!嗡嗡!嗡嗡!
蜜蜂唱着歌。
他有黄色的双腿,
一个快乐、好心的小伙,
一个勤奋的工作者。

阳光灿烂的日子,
他辛勤地采蜜;
阴云覆盖的日子,
他埋头筑巢;
他穿梭在紫红的石竹花,
洁白的百合花和黄色的水仙花之间,

不知疲倦地把蜜采！

嗡嗡！嗡嗡！嗡嗡！
他鸣叫着，飞过芳香的三叶草；
玫瑰的芬芳，
熏香了他的翅膀，
他从不倦怠，
从蓟草到雏菊花，
到草地上的无名野花，
他无一放过，采集精华。

嗡嗡！嗡嗡！嗡嗡！
从天边露出第一丝晨曦，
到夜幕沉沉降临，
他不停地吟唱和忙碌，
就这样度过了整个夏天。
哦！我们都会疲倦，
想想工作多么累人；
但无事可做，
那才真把你累煞。

（四）"勤劳"的理论基础

就文明史的轨迹而言，虽然许多思想家承认天才，但就成就文明而言，仅仅天才是远远不够的。上面提到的爱迪生就说过，"天才就是百分之一的灵感加上百分之九十九的血汗"，他认为"世界上没有任何一种具有真正价值的东西，可以不经过辛勤劳动而能够得到的"。

关于勤劳和天才关系的问题，中国古代方仲永的故事不失为最好的说明。金溪县的平民方仲永，世代以耕田为业。仲永五岁时，不曾认识书写工具（纸、墨、笔、砚等），有一天，忽然哭着要这些东西。父亲对此很诧异，从邻家借来书写工具给他，仲永立即写了四句诗，并且题上自己的名字。这首诗的意思是赡养父母、与同一宗族的人搞好关系，传给全乡的秀才观赏。从此，指定物品让他作诗,他都能立即完成,其文采和道理都有值得观赏的地方。同县的人感到奇怪,渐渐地,都以宾客之礼对待他父亲,有的人花钱请方仲永作诗。他的父亲因此认为有利可图,每天拉着仲永四处拜访同县的人,不让他学习。后来其才能荡然无存,完全如同常人。这就是人们常说的"十岁的神童,二十岁的才子,三十岁的凡人,四十岁的老而不死"的例子。随着岁月的增长,天资反倒递减,不是递增,这说明,天资虽在一定的情况下产生效用,但不勤学的话,天资就无法得到发展。

郭沫若在《天才与勤奋》中谈如何勤奋时提到"三好"即身体好、学习好、工作好,以及敢想、敢说、敢做的"三敢"精神,认为这是发挥个人主观潜在力量的条件。[1]这也昭示了其认为勤奋比天才更为重要的取向。

(五)"勤劳"的功能

勤劳是人生的朋友,人无法离开勤劳而走向幸福。就勤劳的功能而言,主要有以下几个方面:

1. 业精于勤

唐代韩愈《进学解》载有"业精于勤,荒于嬉;行成于思,毁于随",这后来成为了成语。前面与勤劳直接相关:"业"是事业,"精"是精通、精深的意思;"荒"是荒废的含意,"嬉"是游戏、玩耍的意思。这表明事业是通过勤劳得到精深、精通的,是在游戏玩耍中荒废的。这无论对国家还是对个人都是如此。前面提到的方仲永的情况,实际就是"业精于勤"最好的反面例子。必须注意的是,这里的勤劳,自然是完整意义上的勤劳,既包括勤学、勤问,又包含勤思、勤行。这是不能忽视的。

中国近代实业家荣德生在73岁时曾提过自己创业的艰辛:回想四十五年前,筚路蓝缕,创业伊始,由小做大,以至今日,自思亦甚可笑。有此成就,殊出意外,深愧既非实学,又无财力,事业但凭诚心,稳步前进,虽屡遭困厄艰难,均想尽方法应付,终告化险为夷。众所周知,荣氏兄弟既无显赫家世,又无科举功名,更无雄厚资本,先天条件并无优势,外在的环境因素则和同时代人一样,他们总结自己创业成功的经验就是"勤劳耐苦",荣德生1919年亲自给无锡公益工商中学题写了"和平耐劳"的校训。

2. 勤能补拙

唐代的诗人白居易就说过"救烦无若静,补拙莫如勤"。中国人有笨鸟先

---

[1]《中国青年》,1962年第12期。

飞的说法,先飞就是勤劳的一种表现。所以,对人而言,怕的不是笨,怕的是不努力、不勤奋。曾国藩说得好:"勤能补拙是良训,一分辛苦一分才。"

3. 勤则不匮

人们喜欢把"勤俭"合起来说,其实这是两件事:"勤"是开源的问题,"俭"是节流的方面。社会物质财富的创造,一刻也离不开人的勤奋劳动,《左传·宣公十二年》中有"民生在勤,勤则不匮"之言。当今社会,即使科学技术得到了高度的发展,但对地球资源的谋划,仍然离不开人的勤劳,诸如如今一些国家对北极资源的欲望,俄罗斯、美国等已经虎视眈眈地在那里部署了人力和物力,这可以说是另一种形式上的勤劳,或者说是21世纪的勤劳样态,这是各个国家应对能源危机的最为现实的手段。当然,其内容是民族性的,而不是普世性的,仍然为人类人性的偏狭性所限制,这是另一性质的问题,不是这里要讨论的内容。但就这些新取向而言,的确是现在勤劳的新样式,应对能源枯竭的危机,实际就是要消除现实的匮乏,这也正好是"勤则不匮"功能的体现。总之,现实生活必须有丰富的物质资源,而这些只有靠勤劳的双手来获得,不能抱任何侥幸的心理。由于勤劳可以开源,或者说开源只能依靠勤劳,资源的丰富也是我们今天持续发展的必要条件,而资源丰富也无疑给民生带来无限的方便。下面《冬青妈妈》的故事也是最好的说明:

有一位寡妇,住在离村子不远处的小木屋里。她有两个女儿,一个长得很漂亮,而且很勤快,另一个长得很丑陋,而且很懒惰。

母亲喜欢长得丑的那一个,因为她是自己的亲生孩子。母亲很少管另一个孩子,她一直都是自己做事,就像童话里说的灰姑娘。

可怜的姑娘,她每天都得到一条大路边上的一口井边去,坐在那儿一直纺纱,直到她那可怜的手指累得快要掉下来为止。

一天,纺锤太脏了,已经无法使用,她就站起来,探着身子,把它放在井水里去洗。谁知纺锤却脱了手,掉到了井底。

她又害怕又伤心,就跑到继母那儿去,把事情告诉了她。

那女人痛骂了她一顿。"既然是你把纺锤掉到井里去的,那么,你自己去把它捡回来,我不会再给你买一个的。"她说。

姑娘回到井边,不知该怎么办才好,就真的跳到井里去捞纺锤了。

最初,她什么也不知道,当恢复了知觉以后,她发现自己到了一片美丽的草地上,头顶阳光灿烂,四周百花盛开。

她穿过草地,往前走了一大段路,来到了一座烤饼炉旁,炉子里装满了面包。没想到面包竟发出了喊声:"喂,把我们拿出来,把我们拿出来,不然我们就要烤焦了,我们烤的时间太长了!"

她便凑近炉子,用长长的面包铲把面包取了出来。

随后,她继续往前走,来到了一株结满果实的苹果树下。苹果树冲着她喊:"摇一摇我,摇一摇我!我满树的苹果都已经熟透了!"她于是摇动树干,苹果像雨点似的往下掉,最后树上一个苹果也不剩了。

她把苹果捡成一堆,然后继续往前走。

不久她来到了一栋小房子前,房子里有一位老太太正在往外张望。她长着大大的牙齿,姑娘一见,心里非常害怕,转身就要逃走。

老太太在她身后叫道:"你害怕什么,亲爱的孩子?进来吧,与我住在一起,把屋子里的所有事都做好,我会让你幸福的。不过,你千万注意要理好我的床,用力抖动我的被子,抖得羽绒都飞起来,这样世界上就会下雪了,因为我就是冬青妈妈。"

老太太说话的口气挺和蔼的,赢得了姑娘的心,她便答应留下来为她做事。

她注意着把被子抖好,抖得羽绒像雪花一样到处飞。因此,与冬青妈妈在一起,她的日子过得非常快活,有吃有喝,而她从来也没挨过骂。

与这位好心的老太太住了好长一段时间后,她渐渐变得忧伤起来。一开始她自己也不知道是怎么回事,后来才终于明白是想家了。尽管这儿的生活比在家里要好一千倍,尽管冬青妈妈让她一直过得都很幸福,但她还是得了思乡病。

想家的念头越来越浓,最后她只能与冬青妈妈讲了。

"亲爱的冬青妈妈,你一直对我很好,但我心里却感到很悲伤,我不能再待在这儿了,我必须回到我的家人那里去。"她说。

"好啊,我很高兴听你说你想家。因为你很忠心地为我干活儿,我愿意亲自送你回去。"冬青妈妈说。

说完,她抓着姑娘的手,领她走到一扇大门前。大门打开了,姑娘刚刚跨到门下,头上突然落下很多金子。金子落到她的衣服上,沾在了上面,她从头到脚都盖满了金子。

"这是你应得的报偿,因为你很勤劳。"老太太说。说话的时候,她把掉到井里的纺锤交到了她手里。

大门慢慢关上了,姑娘发现自己又回到了地上的世界,离继母的家很近。当她走进院子的时候,蹲在井口的公鸡突然鸣叫了起来,大声叫道:"我们的金姑娘回来喽,我看见啦!"

她走进继母的房子,因为她身上沾满了金子,继母和妹妹亲热地接待了她。姑娘讲述了她的全部遭遇。继母听到她获得巨大财富的经历,就想让自己另一个又丑又懒的女儿也以同样的方式获得好运。

于是她也让这个女孩坐到井边去纺纱。但那个女孩并不想通过辛苦去获得财富,她纺了一会儿纱就停下来了,因为她正做着怎么花那么多金子的白日梦呢!

当她认为时间过得差不多了的时候,便把纺锤丢到了井里。纺锤沉到了井底,她随后跳了下去。正像她姐姐说的那样,她来到了美丽的草地上。

她顺着同一条路往前走了一段路,来到了烤炉前。她听到面包在叫:"把我们拿出来,把我们拿出来!要不我们要烤焦了,我们在里面烤的时间太长了!"

懒姑娘却回答:"不,我才不呢!我才不想在炉子里把手弄脏呢!"于是她继续往前走,来到了一棵苹果树下。

"摇一摇我,摇一摇我!我的苹果都已经熟透了!"苹果树叫道。

"我不",她回答,"苹果掉下来砸到我的头上怎么办?"一边说着,一边又懒懒地往前走了。

最后她来到冬青妈妈的屋门前时,她并不害怕她的大牙齿,因为她已经从姐姐那儿听说过了。她走到老太太身边,自愿当了她的女仆。

冬青妈妈接受了她的帮忙。第一天,女孩非常勤快,因为她想着金子会像雨点般掉在她的身上。

但到了第二天,她又恢复了懒惰的本性。第三天情况就更糟了。几天过去了,她早上也不起床了,被子也从来不抖,羽绒也就飞不起来了。

最后,冬青妈妈厌烦了她,告诉她可以走了,她不需要她的帮忙了。

懒姑娘听到要走,可高兴了,因为她心想,冬青妈妈领她走过大门的时候,金雨肯定会掉在她的身上。但当她走过大门的时候,却泼下来了一盆沥青。

"这是你干活的报偿。"冬青妈妈说完,便关上了大门。

懒姑娘全身糊满沥青,回到了家里。当她走进院子的时候,井台上的公鸡便叫了起:"我们的脏姑娘回家喽,我看见啦!"

  沥青牢牢地粘在她的身上,粘得她的头发和衣服上都是,她一辈子也别想把它们弄掉了。(《美德书》)[1]

  总之,勤劳不仅能补充人的才智,而且能丰富人的生活,还能使人精深自己的专门知识,乃至精通自己选择的专攻目标。正是在勤劳所持有的巨大功能的层面,张謇才把"勤勉""任劳耐苦"等美德作为"成功之不二法门"。不仅如此,勤劳在文明的进程史中,实际也是自然规则之一。换言之,只要一个人肯付出努力,就一定能够得到回报,多一分勤劳,多一分耕耘,多一分收获,即使暂时看不到收获,但将来一定会得到相应的回报,这就是中国成语"天道酬勤"告诉我们的道理。这里的"天道"当然不是上天之道,而是自然之道即自然规律,在词义上,"天"也有自然的意思,这是非常清楚的。这一成语告诫人们:机会永远给有充分准备的人敞开大门;有耕耘就会有收获,我们只要不懈努力,最大程度地完善丰满自己,切实提高自己的竞争力,就会有一个美好光明的明天。没有人能只依靠天分成功,先天只是给予了天分条件,后天的勤奋才是将天分导向成功的驱动力。

(六)"勤劳"的目的

  尽管大家都知道勤劳致富的道理,但致富不是勤劳美德所追求的目的,致富是勤劳美德行为带来的自然结果,或者说财富是对勤劳美德行为的回报。正是在这个意义上,勤劳的目的在自身。对个人而言,勤劳是人生命的因子,勤劳美德的力度直接决定个人生命力的强度;对一个民族而言,勤劳就是民族生命的因子,勤劳美德发挥的程度直接决定着该民族生命力的强度;对一个国家而言,勤劳同样是国家生命的源泉,勤劳美德行为的光亮度将直接左右着国家生命力的强度。因此,承扬中华传统美德的勤劳,就是要激活每个中国人的生命细胞,在勤劳和懒惰客观存在的现实画面中,呼唤个人远离懒惰而投身弘扬勤劳传统美德征程实践的良知,在勤劳这一传统美德的传承中打牢坚实的一环。我们无法杜绝懒惰的生存权利,但是我们必须通过弘扬勤劳这一传统美德来拓宽善良人性得以发展的空间,从而限制懒惰的生存

---

  [1]〔美〕威廉·贝内特编著,何吉贤等译:《美德书》,中央编译出版社,2001年,第276-279页。

空间。伊索寓言中农夫和他的儿子们的故事是最好的说明：

> 有一个农夫老了，可是他的儿子们都好吃懒做，终日游手好闲，这让农夫感到十分伤心。在农夫快要辞别人世的时候，他终于想到了一个让儿子们变得勤快起来的办法。那天，农夫把儿子们都叫到跟前，对他们说："孩子们，我即将离开这个世界了。"虽然儿子们不好劳动，但是还比较孝顺，知道父亲将不久于人世，都非常伤心，纷纷抹着眼泪。农夫喘了口气笑了笑，慈爱地说："我给你们留下了不少宝物。"听说有宝物留下，儿子们都停止了哭泣，最小的儿子有些好奇地问道："爸爸，都是什么宝物啊？它们在哪里呢？"农夫抬手摸着小儿子的脑袋，很神秘地说："我聪明的孩子们，我把宝物埋在了葡萄园，等我走了，你们去把它们统统都找出来，以后生活就不用发愁了。"说完之后，农夫便去世了。
>
> 等安葬了父亲，儿子们便开始在葡萄园里寻找财宝。他们把葡萄园的土挖了一遍又一遍，但什么也没有找到。不过，正是他们一遍又一遍的翻土，却获得了从未有过的葡萄的丰收。小儿子突然兴奋地对他的哥哥们喊道："我找到父亲留给我们的宝物了，我找到了！"他的哥哥们满脸疑惑不解地看着小弟弟。小弟弟涨红了脸，迫不及待地说："父亲留给我们的宝物就是劳动，只有勤劳才能致富。"这下，所有的兄弟一下子就明白了，父亲让他们在葡萄园寻找宝物的用意，就是让他们勤劳耕作，葡萄园才会有丰收的果实，才会不断地创造更多的财富。[1]

这个故事告诉我们一个道理——不流汗水，哪有收获！流汗水正是人的生命现象之一，这是激活人性机能的最好的表现。

（七）"勤劳"的目标

在前面讨论时已经指出，作为被承扬的中华传统美德——勤劳，它的目的不是为了追求财富，而在于它自身，因为它是人生命的源泉。基于此，我认为它的目的主要在以下几个方面：

1. 厚实中华美德大厦的基础

前面说到勤劳是幸福的源泉，这在一定意义上决定于勤劳直接创造人生

---

〔1〕［古希腊］伊索著，李汝仪译：《伊索寓言全集》，译林出版社，2001年，第50页。

活所需要的物质资源。诸如人生活的必需品粮食,就得依靠人的辛勤劳动来保证,离开辛勤劳动,就不可能有粮食的丰收;金钱虽然也是财富,但不是物质性的财富,只有粮食等才是物质性的财富。就这个层面说,作为"人道"的勤劳自然是一切美德的基础。只有人人热爱勤劳的社会才是健康的社会,才会有淳厚的民风。

众所周知,现在的世界舞台呈现的是西方文化主导的倾向,但在西方推重的美德中,"工作"仍然是其中之一,如美国威廉·贝内特编著的《美德书》,从同情、责任、友谊、工作、勇气、毅力、诚实、忠诚、自律、信念10个美德入手,通过一个个有趣的小故事、诗歌、童话和寓言,向孩子们述说了什么可以做、什么不可以做、什么是美的、什么是丑的等道理。该书自1997年在美国出版以来,已重印了40多次,已有十几种主要语言的译本,现已被我国教育部推荐为新课标同步课外阅读的内容,收入"中小学生必读丛书"。毋庸置疑,在现代化的发展过程中,有许多令人迷惑乃至犹豫难决的情况,诸如利用现代技术而快速致富的现实,几乎到了我们无法理解的程度。这种热浪一次又一次地把大家推到煎熬的最前线,让我不禁要问习惯意义上的勤劳的价值在哪里?绝大多数依靠勤劳双手而辛勤工作的人,仍然存在于生活的挣扎之中。其实,现代技术产生的实践过程大家并不清楚,详细交代也不是这里的主旨,有一点肯定的是,期间付出的劳累和艰辛是一般人难以想象的,这是现代化的勤劳方式,不同于传统意义上的勤劳,它主要依靠脑力劳动,这一内涵本身也是我们需要学习和消化的。这也是《美德书》把"工作"作为美德内容之一的原因所在。"工作"实际就是勤劳,它们具有异曲同工的效用。

这里把在文化层面营建美德内在互相张弛的机制作为一个重要目标,这是我们迄今为止的道德建设都忽视乃至无视的问题,或者说对此根本没有问题意识。在"人道""群礼""心理"和"实践"组成的机制中,"人道"无疑是基础,而勤劳又是"人道"中的基础,是一切德目之根本。虽然这里选择的12个美德与五彩缤纷的中华古代美德德目相比,占非常小的内容,但是,它们对中国人实现强国的主题是最为关键的。另一方面,美德作为个人道德行为的审美化实现,其根基无疑是个人的道德行为,离开人的道德行为,就无所谓美德,这是非常清楚的事实;在个人的一切行为中,勤劳是最为基本和重要的行为,不仅人离开勤劳无法实现生命的价值意义,没有勤劳,其他美德也失去生长所需的基本营养,勤劳是其他美德的基础和粮食。因此,通过勤劳美德的践行,丰富个人品德的基本成分,从而为文化强国基因的积淀创造条件,是为社会主义文化强国的本质所决定的。这正是推重勤劳的目标所在。

2. 打造中华民族经济腾飞的道德文化最强音

我国的国内生产总值(GDP)和人均收入,虽然自改革开放以来,有了长足的增长,但我们仍然与世界发达国家存在着较大的发展程度差距,就是与我国台湾等地区也存在着相当的距离。提醒人们注意这个现实并不是要我们自暴自弃,而是要求我们面对客观的情势以此作为奋发的契机和动力。我国提出的强国梦正是对此的具体的回答,而文化强国的决策又是实现强国梦的具体文化决策和措施。我们是人口大国,以前就有人多力量大的谚语,人多虽然需要更多的生活资源;但鄂温克族的"星多天空亮,人多智慧广"也告诉我们另一个事实,社会主义现代化建设就是要让每一个公民参与到这个实践中来,全国人民拧成一股绳,朝向强国的目标。美德作为文化的内在因子之一,勤劳又是美德中的主旋律。正如夸美纽斯所说,"道德行为训练,不是通过语言影响,而是让儿童练习良好道德行为,克服懒惰、轻率、不守纪律、颓废",道德行为训练本身就需要勤劳的营养。把勤劳化为每个中国人日常行为的基本要求和根本追求,成为中国经济的奋飞、中国真正强大的驱动源和动力源,这也是强调勤劳美德的又一目标追求。

(八)"勤劳"的机制

承扬传统美德勤劳的主旨就是要在14亿中国人中建立起勤劳的长城,并以之通向现代化强国的目标。前面虽分析了勤劳的基本内容,诸如勤学、勤问、勤思、勤行等,但如果不涉及勤劳的机制问题,就想要打造勤劳的中华长城,无疑是痴人说梦。所以,这里紧接着要讨论的就是机制的问题。

1. 刻苦

我们常说勤劳刻苦,故勤劳需要吃苦精神。近代王国维提出的人生三境界:第一种境界是北宋词人晏殊《蝶恋花·槛菊愁烟兰泣露》中的"昨夜西风凋碧树,独上高楼,望尽天涯路";第二种境界是宋代词人柳永《蝶恋花·伫倚危楼风细细》中的"衣带渐宽终不悔,为伊消得人憔悴";第三种境界是宋代诗人辛弃疾《青玉案·元夕》中的"众里寻他千百度,蓦然回首,那人却在灯火阑珊处"。这三种境界里面除了历来说的惆怅等情感以外,刻苦也是其中的主线:第一种境界里的"望尽天涯路",第二种境界里的"衣带渐宽终不悔"和第三种境界里的"那人却在灯火阑珊处",都无不昭示着面对现实不逃避、刻苦磨炼人生的信息。

我国有铁杵磨成针的故事。传说李白年轻时,曾经遇见一位老妇人在河边磨一根铁棒,天天如此,从不间断。李白感到很奇怪,就问那老人磨铁棒做什么?老人说要把它磨成一根绣花针。李白听后很受启发,从此发奋学习,最终成为"斗酒诗百篇"的文学奇才,其诗中不仅文学、历史知识渊博,而且艺术技巧精湛。这个故事可能有一定的依据,现在四川还流行着"舍得功夫拼,铁棒磨成绣花针"的谚语。《孟子·告子下》的"舜发于畎亩之中,傅说举于版筑之间,胶鬲举于鱼盐之中,管夷吾举于士,孙叔敖举于海,百里奚举于市。故天将降大任于斯人也,必先苦其心志,劳其筋骨,饿其体肤,空乏其身,行拂乱其所为,所以动心忍性,曾益其所不能",也说明离开艰苦生活和环境的磨炼无法走进成功之门的道理。舜、傅说[1]、胶鬲[2]、管子[3]、孙叔敖[4]、百里奚[5]都是通过勤奋劳苦磨炼后获得机会成功的,这就是我们常说的,机会永远是留给那些有准备的人的。21世纪的中国人,为了实现我们的强国梦,必须有"为伊消得人憔悴"的勤奋刻苦的精神,这里的"伊"就是中国的强国梦。

2. 毅力

勤劳而没有毅力,也无法走向成功。客观的事实告诉我们,任何事情都

---

[1] 傅说,今山西平陆人,殷商时期著名贤臣。他虽出身卑微,但自幼聪慧、勤学好问,对国家大事颇有见解。在傅岩筑城时,他遇到了以布衣身份游历的武丁。傅说经常给同伴们讲故事,直言不讳地分析当朝是非。武丁非常喜欢傅说,他们一起劳动,还从傅说那里学会了不少本领。后来武丁即位后,找到了傅说并拜他为宰相。傅说从整饬朝纲开始,规劝武丁祭祀时减少贡品,为他人的榜样。武丁言听计从,从王室开刀,整治腐败,大力推行新政。傅说不负众望,极尽文韬武略之能,使朝廷内外秩序井然。在国内恢复生机的同时,他还积极与周边方国修好关系,严惩那些敢于进犯的小方国。在他的努力下,国家终于富强起来,国势再度复兴,一时间成为东方的第一强国。

[2] 胶鬲曾以贩卖鱼、盐为生,后周文王把他举荐给商纣王。昔日泰州祭祀"盐宗"的庙里供奉着三位盐宗,胶鬲是其中之一。另外两位分别是海盐生产的创始人夙沙氏,食盐专营的创始人管仲。

[3] 管夷吾即管仲,原为齐国公子纠的臣,公子小白(齐桓公)和公子纠争夺君位,纠失败了,管仲作为罪人被押解回国,齐桓公知道他有才能,即用他为相。

[4] 孙叔敖(前630—前593),名敖,字孙叔,楚国期思县(今河南淮滨)人;春秋时期杰出的政治家,楚国名相。《淮南子·人间》载有:"圣人行之于小,则可以覆大矣;审之于近,则可以怀远矣。孙叔敖决期思之水,而灌雩娄之野,庄王知其可以为令尹也。"(刘文典撰,冯逸、乔华点校:《淮南鸿烈集解》,中华书局,1989年,第623页)

[5] 百里奚(前700—前621),名奚,字子明,春秋时楚国宛(今河南南阳)人,秦穆公时贤臣,著名的政治家、思想家。他曾为虞国大夫,虞王被俘后,他由晋入秦,又逃到楚,后来秦穆公用五羖(黑色公羊)羊皮把他赎出来,用为大夫。

不可能一帆风顺,困难和挫折是在所难免的,毅力是战胜困难和挫折的最为有力的武器。中国古代有两个成语就是这方面智慧的最好总结。

一是"骐骥一跃,不能十步;驽马十驾,功在不舍。锲而舍之,朽木不折;锲而不舍,金石可镂"(《荀子·劝学》)。骏马跳跃一次,不能到十步远;劣马虽慢,但努力不懈,走十天也可以到达骏马一天的路程。做事没有持之以恒之心,不能坚持的话,连棵腐朽、腐烂的树都砍不断;如果能持之以恒地坚持的话,金子和石头也可雕刻。换言之,持之以恒的毅力是成功最为重要的因子。

二是"艰难困苦,玉汝于成"。这一成语出于张载《乾称篇》的"贫贱忧戚,庸玉汝于成也"[1],意思是贫穷卑贱和令人忧伤的客观条件,其实可以磨炼人的意志,用来帮助人达到成功;后来简约成现在的样式,成为很多名人发奋努力的座右铭。表示艰难困苦是"玉汝于成"的条件,或者说艰难困苦就是"玉",是人成功的宝玉。

3. 积累

上面讨论的毅力,实际在另一层面,也是勤劳的不断积累。其实,就勤劳美德而言,积累是其机制的重要部分,儒家思想家荀子就说过:"积土成山,风雨兴焉;积水成渊,蛟龙生焉;积善成德,而神明自得,圣心备焉。故不积跬步,无以至千里;不积小流,无以成江海。"(《荀子·劝学》)泥土堆积得很高,以至于堆成了山,冷暖气流在高山处相遇,就会产生对流层而容易下雨,风遇到山之后也会受影响乃至改变风势、风向;汇积水流成为深渊,就便于蛟龙在这里生长;积累善行而成德性,神明就会自得,圣心也就得到了装备。所以,不从半步的积累开始,就无法抵达千里之外;不积细流,也无法成为江海。换言之,高山、江海都是从寸土、细流开始逐步积累起来的。

在勤劳积累这个机制因子里,一个不能忽视的问题是,我们必须在善恶比较的视野里来运思这个问题,生活中善是客观存在的,但恶也是客观存在的,因此,消解恶产生的概率同样是积累善行的一个重要方面:《三国志》载先主遗诏敕后主曰:

朕初疾但下痢耳,后转杂他病,殆不自济。人五十不称夭,年已六十

---

[1] 北京大学哲学系中国哲学史教研室选注:《中国哲学史教学资料选辑》下册,中华书局,1982年,第37页。

有余,何所复恨,不复自伤,但以卿兄弟为念。射君到,说丞相叹卿智量,甚大增修,过于所望,审能如此,吾复何忧!勉之,勉之!勿以恶小而为之,勿以善小而不为。惟贤惟德,能服于人。汝父德薄,勿效之。可读《汉书》《礼记》,闲暇历观诸子及《六韬》《商君书》,益人意智。闻丞相为写《申》《韩》《管子》《六韬》一通已毕,未送,道亡,可自更求闻达。(《三国志·蜀志·先主传》)[1]

值得注意的是"勿以恶小而为之,勿以善小而不为;惟贤惟德,能服于人",意思是不要以为小恶的事情无所谓就去做,也不要以为小善就不去做;人的德行就是在小善的积累和远离小恶的实践中最终形成的。就勤劳而言,就应该通过坚持不懈的努力来积累细小的德行,消解生活中懒惰的苗头,严格要求自己。

4. 按劳付酬

勤劳机制的以上三个方面的内容,实际都是对个人勤劳素质的要求,但仅仅限于此是不够的,还必须有社会力量的加入和配合,才能育成全民勤劳美德的长城。这就是社会层面的劳动者光荣、按劳取酬、不劳动者不得食的机制保证。健康社会的一个主要方面就是不能让游手好闲、懒惰的人在社会利益的占有和分成中得到好处,而是让他们体会到凭劳动所得的不变法门。西汉桓宽的《盐铁论·国疾》里的"今公卿处尊位,执天下之要,十有余年,功德不施于天下,而勤劳于百姓,百姓贫陋困穷,而私家累万金。此君子所耻,而《伐檀》所刺也"[2],也从一个侧面告诉我们,百姓的勤劳与其贫穷的生活现状的不一致,这是一种耻辱的社会现象。

社会应该对勤劳美德进行褒奖,"但能推功让美者,勤劳虽微,亦在褒赏;若有争功专利者,功绩虽茂,亦从摈抑"(《王阳明全集·牌谕都指挥冯勋等振旅还师》)。这里表明:对"推功让美"的行为,即使勤劳稍微薄弱一些,也应该在褒奖之列;对"争功专利"的行为,即使功绩突出,也应该加以排斥贬抑。虽然这里谦让是主要强调的方面,但对勤劳的重视是不能忽视的。不仅如此,王阳明主张社会的职位必须与勤劳一致,他说:"臣等看得田州府城之外,西北一隅,地形平坦,堪以居民。议以其地降为田州,而于旧属四十八甲之内,割其八甲以属之,听以其土俗自治。立岑猛之子一人,始授以署州事吏

---

[1] [晋]陈寿撰,[宋]裴松之注:《三国志》,中华书局,1959年,第663页注1。本书引《三国志》皆据此本。

[2] [汉]桓宽著,王利器校注:《盐铁论校注(增订本)》,天津古籍出版社,1983年。

目;三年之后,地方宁靖,效有勤劳,则授以判官;六年之后,地方宁靖,效有勤劳,则授以为同知;九年之后,地方宁靖,效有勤劳,则授以为知州,使承岑氏之祀而隶之流官知府。"(《王阳明全集·处置平复地方以图久安疏》)〔1〕勤劳工作而有实效,成为社会职务晋升的重要依据。可以说,勤劳与社会职务的挂钩是另一形式上的按劳取酬,这是值得注意的。这是勤劳美德在社会生活层面真正开花结果的重要保障。

在勤劳美德的机制中,虽然社会在职务的晋升、劳动成果的分配等方面必须与勤劳程度保持一致,即"夫人各自衣食其力,则令妇人无两心,则其意专作事,不复狐疑也。苦而无功,则令使人意常不和调。此者,乃天性自然之术也"(《太平经合校·分别贫富法》)〔2〕,但个人的刻苦、毅力和积累是最为重要的,这是最为基本的方面,社会方面的条件最多也只能是激励的因素,没有基本的方面,是无法找到激励的对象的。就个人而言,在日常生活中点滴积累非常重要,道家的创始人老子的"合抱之木,生于毫末;九层之台,起于累土;千里之行,始于足下"(《老子》第64章),昭示的就是这个道理。

(九)"勤劳"的当代价值

关于这个问题,本篇主要想谈两点:

1. 勤劳是强国的根本途径

毛泽东在《抗日战争胜利后的时局和我们的方针》里曾谈到,"我们的方针要放在什么基点上? 放在自己力量的基点上,叫做自力更生"〔3〕,新中国的建立无疑是我们自力更生的结果,新中国成立以后,我们走的也是自力更生的道路。21世纪的今天,世界的局势虽然发生了翻天覆地的变化,尤其是在西方科技、金融市场运思模式支配世界舞台的情况下,对我们的考验无疑更为严峻。如何因势利导地利用现实的情势和古代文化资源来为我们的强国梦推波助澜,这是我们必须认真思考的问题。一个强大中华民族的缔造是世世代代中国人的愿望,21世纪的中国人对实现这种愿望的欲望已经到达前所未有的程度,这自然是民族责任感的强烈反映,是时代的要求。但一个客观的事实是,中华民族的强大既无法从天而降,也无法依赖他国的垂青,客

---

〔1〕〔明〕王守仁撰,吴光、钱明、董平等编校:《王阳明全集》,上海古籍出版社,1992年,第483页。

〔2〕 王明编:《太平经合校》,中华书局,1960年。

〔3〕《毛泽东选集》第四卷,人民出版社,1991年第2版,第1132页。

观的情势没有给我们留下随手可得的任何机会,我们必须依靠我们自己的力量。勤劳是唯一的出路!强国梦必须在14亿民众踊跃参与下和其热情、力量的奔放的实践中才能得到保证,而热情、力量的奔放要依赖国家公平机制的保障,要让民众看到他们在中国现代化建设中所付出的努力的成果,因此享受到相应的报偿,让他们在品尝报偿的生活实践中释放出更多、更大的力量。墨子下面的运思,就是对此的绝妙描述:

> 今天下之君子之为文学、出言谈也,非将勤劳其惟舌,而利其唇呡(吻)也,中实将欲其国家邑里万民刑政者也。今也王公大人之所以蚤朝晏退,听狱治政,终朝均分而不敢怠倦者,何也?曰:彼以为强必治,不强必乱;强必宁,不强必危,故不敢怠倦。今也卿大夫之所以竭股肱之力,殚其思虑之知,内治官府,外敛关市、山林、泽梁之利,以实官府,而不敢怠倦者,何也?曰:彼以为强必贵,不强必贱;强必荣,不强必辱,故不敢怠倦。今也农夫之所以蚤出暮入,强乎耕稼树艺,多聚叔粟,而不敢怠倦者,何也?曰:彼以为强必富,不强必贫;强必饱,不强必饥,故不敢怠倦。今也妇人之所以夙兴夜寐,强乎纺绩织纴,多治麻统葛苎,捆布缪,而不敢怠倦者,何也?曰:彼以为强必富,不强必贫;强必暖,不强必寒,故不敢怠倦。今虽毋在乎王公大人,蒉若信有命而致行之,则必怠乎听狱治政矣,卿大夫必怠乎治官府矣,农夫必怠乎耕稼树艺矣,妇人必怠乎纺绩织纴矣。王公大人怠乎听狱治政,卿大夫怠乎治官府,则我以为天下必乱矣。农夫怠乎耕稼树艺,妇人怠乎纺绩织纴,则我以为天下衣食之财将必不足矣。(《墨子·非命下》)

2. 勤劳是敬业的园地

敬业是社会主义核心价值观之一,敬业作为一种态度,需要通过具体的行为才能得以表现,而勤奋劳动就是其具体的载体;换言之,离开勤劳,敬业就无法得到体现。在这个意义上,勤劳就是敬业的家园。所以说,承扬勤劳这一中华传统美德,与社会主义核心价值观的培育是互为一体的现代化建设工程。这实际也是这里把勤劳置于"人道"之首的内在理由之一。可以说,社会主义核心价值观的培育和承扬中华传统美德都是文化强国的工程,它们的价值取向和价值目标是一致的。这也是在能源枯竭危机面前通过提高效益来实现社会持续发展的基本要求之一。

二、俭 约

在中国古代文化中,"勤俭"本来就是一个概念[1]。不过,就"勤俭"的具体内涵而言,实际包含勤和俭两个方面的内容,它们虽然具有一定的联系,但它们不仅具有不同的分野,而且内容也大相径庭。"勤"在"勤劳"的层面,自然是实现财富创造的不可逾越的基础环节和必要手段;"俭"在节俭的层面,自然也是持有财富的不可逾越的重要环节。显然,它们关注的主题是相异的。

众所周知,社会主义核心价值观的内容虽然没有"俭约"的规定,但在世界舞台上的富强、文明中国形象的树立,离开"俭约"美德功能效用的发挥,显然是无法想象的。因此,在"人道"美德的讨论中,完成"勤劳"的分析以后,紧接着要聚焦的是"俭约"美德。

(一)"俭约"的解题

在承扬中国传统美德实践工程中的"俭约"美德,在严格的意义上,与我们习惯的"勤俭"是不一样的。因为勤俭在勤劳节俭的意义上,其"俭"是节俭、俭朴、俭省不浪费的意思,这些并没有表达出"俭约"美德的全部内涵。"俭"无疑是俭朴、俭省的意思,"约"的意思是约简、简单、简要、简朴。尽管在俭朴和简朴的方面,两者在朴素上能找到关联点,但俭朴告诉人们的是节俭素朴,并没有显示具体的细微规定,不免显得笼统和模糊。区别于此,简朴昭示的是简单素朴,相对而言,这显得具体。更为关键的是,"俭"关注的主要是物质方面节约,"约"虽然聚焦物质和心理两个方面,但主要侧重在心理方面的简约,这是迄今在勤俭中根本不存在的内容。

不过,值得我们高度注意的是,依据《说文解字注》的"俭,约也"的阐释,可知"约"在词义上具有简约的意思,所以,"俭"的意思就是俭约简易,简单地说,就是节省简易。因此,我们不能仅仅简单地从节俭的层面来理解"俭约",简约、简易是其非常重要的必然内容。关于"俭约"的具体内容,将通过以下几个方面来进行讨论:

---

[1] 在徐少锦,温克勤主编:《中国伦理文化宝库》(中国广播电视出版社,1995年)里的《传统美德篇》中,就是把"勤俭"作为一个美德进行讨论的。

1. 物质层面的节约

"俭约"首先是物质层面的节省。人虽然必须依靠基本而有形的物质来维持生活,但人无法自由自在地使用和消费物质资源。我国仅占世界可耕地面积的7%,却拥有世界20%以上的人口,据此维持供养链的平衡,不能不说是一项非常棘手的工程。迄今,世界性的能源危机也已不是一个新鲜的话题,在一定程度上完全可以说,现在世界范围的经济战役在本质意义上就是能源战役。国家间能源争夺强烈,有的能源资源争夺战役甚至上升为国家战争。世界上其他以"和平"等名号而开展的许多活动,似乎都无法与内含的对能源的欲望截然分开。环境污染的危机本身就是与能源的消耗紧密联系的。尤其,对中国的强国经济建设而言,如果我们的能源供应不依靠进口的话,此类一次性资源不久将趋于枯竭。然而,如果能源依靠大量进口,我国将会对国外产生强大的经济依赖,独立自主势必受到制约。随着世界性的能源短缺加剧,能源危机将严重影响国家的未来生存与安全。这一切已经给我们敲响了生存安全的警钟,未来的煤和石油将变得很珍贵!

就迄今为止的人类文明史而言,人类在征服自然的过程中,虽然确证了一个又一个的关于人类理性的价值,但是,这种确证并不是免费的。虽然在这种确证中人类可以得到情感满足的享受和体验,但确证本身是消耗资源的结果。一个不可否认的事实是,人类文明一直在人类中心主义的路径上奔跑,莎士比亚《哈姆雷特》中的"人是宇宙的精华,万物的灵长"和《尚书·泰誓上》的"惟天地万物之母,惟人万物之灵",可以说都是人类中心主义的理论表现。当然,莎士比亚的运思无疑是受到公元前5世纪古希腊智者普罗泰戈拉的"人是万物的尺度,是存在的事物存在的尺度,也是不存在的事物不存在的尺度"(最早见于柏拉图的对话《泰阿泰德篇》)的哲学命题的影响,把万物的存在系于人,人的感觉怎样,万物就怎样,这个观点与另一个希腊哲学家巴门尼德的"存在者存在,非存在者不存在"完全对立。这个观点虽然受到当时著名哲学家诸如苏格拉底、柏拉图和亚里士多德的批评,但在西方的影响仍然不衰,近代爱尔兰哲学家贝克莱的"存在就是被感知"的命题,基本就是普罗泰戈拉观点的再现。因此,完全可以说,人类中心主义的实践历程是为其理论所支持的。让人感到遗憾的是,人类文明实践的轨迹并没有沿着道家老子所揭示的万物一体的方向行进,而1949年诺贝尔物理学奖获得者日本物理学家汤川秀树早就在老子哲学中悟出了这个道理:

特别说来,老子的哲学在所有这些哲学中是最古老的。在人类社会漫长的历史——也许应该广泛地说是在人类的漫长历史中,地球上许多不同地区曾经产生过各种文明,但又都衰亡了,而且我不由得感到,早在二千多年前,老子就已经预见到了今天人类文明的状况,甚至已经预见到了未来人类文明所将达到的状况。或者这样说也许更为正确:老子当时就已发现了一种形势,这种形势虽然表面上完全不同于今天人类所面临的形势,但事实上二者却是很相似的。可能正是这个原因,他才写了《老子》这部奇特的书。不管怎么说,使人感到惊讶的总是,生活在科学文明发展以前某一时代,老子怎么会向从近代开始的科学文化提出那样严厉的指控。(《关于思维方式·老年期思想的现代性》)[1]

在科学技术发展的道路上,资源紧缺是我国的一个现实,这也是我们提出建设节约型社会的一个直接驱动力。但是,节约型社会不是依靠行政命令就能实现的,国家的宏伟设想,需要人来落实,尤其是物质资源的节约,无论是企业还是家庭,能否节约的关键在于人能否自觉地履行"俭约"的传统美德。物质资源的节约是"俭约"美德的首要内容,哈萨克族的"一勺勺积累的东西,不要用桶倒出去"和维吾尔族的"辛苦得来的果实,不要一口气把它吃完",都是这一层面的最好诠释。

物质层面的俭约就是恰到好处,诸如"古之民未知为衣服时,衣皮带茭,冬则不轻而温,夏则不轻而清。圣王以为不中人之情,故作诲妇人治丝麻、捆布绢,以为民衣。为衣服之法:冬则练帛之中,足以为轻且暖;夏则绮绤之中,足以为轻且清。谨此则止。故圣人为衣服,适身体、和肌肤而足矣,非荣耳目而观愚民也。当是之时,坚车良马不知贵也,刻镂文采不知喜也。何则?其所道之然。故民衣食之财,家足以待旱水凶饥者,何也?得其所以自养之情,而不感于外也。是以其民俭而易治,其君用财节而易赡也。府库实满,足以待不然。兵革不顿,士民不劳,足以征不服。故霸王之业可行于天下矣。当今之王,其为衣服,则与此异矣。冬则轻煖,夏则轻清,皆已具矣,必厚作敛于百姓,暴夺民衣食之财,以为锦绣文采靡曼之衣,铸金以为钩,珠玉以为佩,女工作文采,男工作刻镂,以为身服。此非云益煖之情也,单财劳力,毕归之于

---

[1] 〔日〕汤川秀树著,周林东译:《创造力与直觉:一个物理学家对于东西方的考察》,石家庄:河北科学技术出版社,2000年,第99-100页。本书引用汤川秀树氏著作,皆据此本。

无用也。以此观之,其为衣服,非为身体,皆为观好。是以其民淫僻而难治,其君奢侈而难谏也。夫以奢侈之君御好淫僻之民,欲国无乱,不可得也。君实欲天下之治而恶其乱,当为衣服不可不节"(《墨子·辞过》),就是这个道理。

2. 精神层面的简约

现代社会的人,无法自然生活已经不是秘密。这是为什么?其实,在中国文化思想史的维度,这个问题早已被老子所回答,这就是"众人熙熙,如享于[1]太牢,而[2]春登台。我独泊兮,其未兆,如婴儿之未孩。儡儡兮,若无所归。众人皆有余,而我独若遗。我愚人之心也哉,沌沌兮。俗人昭昭,我独若[3]昏;俗人察察,我独闷闷。忽呵,其若海。恍呵,其若无所止[4]。众人皆有以,而我独顽以[5]鄙。我欲[6]独异于人,而贵食母"(《老子》第20章)告诉我们的道理。这里显然描绘了"众人熙熙""俗人昭昭""俗人察察"和"我独泊兮,其未兆""我独若昏""我独闷闷"两种根本不同的行为之方。我们可以推测的是:造成前者的原因是"众人皆有余"和"众人皆有以",后者的原因则为"我独若遗"和"我独顽以鄙"。

显然,众人即俗人的"熙熙""昭昭""察察",显示的是熙熙攘攘、炫耀而光彩夺人、苛察精明而严厉的景象,这与人类理性发展的方向标相一致,个人无法保持自己的生活节奏,只能以外在的取向为自然的导向而跟从,追求自身欲望的无限满足。"众人皆有余"就是一种过分持有的情况,走的自然不是俭约的道路;"众人皆有以"说的是有所施展并追求世俗之用,即存在明确的过多持有的具体理由。但是,生活永远不是绝对的一维的规定,而是一种选择,选择的权利永远在个人,而且这是无法为他人所剥夺的权利。这里的"我"的情况就是有力的说明。毋庸置疑,"我"的"泊兮,其未兆""若昏""闷闷"显示的景象是:独自信守淡泊宁静的行为之方,远离熙熙攘攘的场面而不凸显自己,偏偏无识无为而昏暗无光,偏偏沉默不响而无所察。这正好与众人形成鲜明的对照,其原因也成对应,即"我"偏偏好像匮乏不足,偏偏愚昧无知和鄙

---

[1] "于"据帛书本增补。
[2] "而"通行本为"如",现据帛书本改定。
[3] "若"通行本为"昏",现据帛书本改定。
[4] "忽呵,其若海。恍呵,其若无所止"通行本为"澹兮,其若海。飂兮,若无止",现据帛书本改定。
[5] "以"通行本为"似",现据帛书本改定。
[6] "欲"据帛书本增补。

陋不惠。"我"与众人的选择几乎完全相反,这是为什么呢？其内在的根由就是"贵食母",即重视依归大道来行为。

道家老子重视道,提醒人必须敬畏道,因为在道的视野里,人与自然万物过着和谐的生活。在这个意义上,道家老子没有向我们昭示任何征服自然的信息,汤川秀树称此为"宿命论的自然主义",只有这样,人类才能过安稳的生活。[1] 但是,人类理性文明的发展并没有按照老子揭示的方向而行进,却在老子运思的相反的方向上得到了确认,即"生活在科学文明之中,我们在原始自然界面前不再感到人的无能了。另一方面,我们现在不得不担忧人类会不会沉没到科学文明这种人类自造的第二个自然界中去了。老子的'天地不仁,以万物为刍狗'的声明获得了新的和威胁性的意义,如果我们把'天地'看做包括第二自然界在内的自然界,并把'万物'看做包括人本身在内的话"（《关于思维方式·老子》）[2]。换言之,在人类生活世界里实际存在的是"第二个自然界",这为理性的科学文明所创造。在老子的视野里,"天地"是这"第二个自然界"的必然居民,人类也必然是在这"第二个自然界"生活的万物的一分子。但是,不幸的是,在人类的视野里,已经把"天地"排除出"第二个自然界"的疆界,已经把人类自身排除出万物的疆界。

人类把自己从万物中排除出来,并没有真正承担起营造万物协调一致共存的境遇,而是在自身欲望的追求中,远离简约而变得越发繁复。这种繁复包括物质和精神两个方面,精神的沉重负担已经成为现代人生活的一个突出的问题。众所周知,在就业等的竞争日益激烈并趋于白热化的境遇下,当面临由职业重组而带来的下岗的危险或威胁时,过度的焦虑已经成为一些人群的日常精神负担。处于焦虑状态时,人往往易怒、有恐惧感、注意力不集中、失眠,以及一些身体功能紊乱,若长此以往而不及时调整,势必走向持续的情

---

[1] 汤川秀树认为,"现在,老子和庄子的想法是不能纳入形式逻辑的模式中的,但是这不一定意味着老庄思想是不合理的。这里是一种类型的,它和关于大自然的科学观点最终可能导致的那种自然主义非常相像。自然科学曾经企图借助因果关系来概括一切自然现象。在19世纪,由于科学的非凡进步,科学家们开始相信一切事物都受因果律的限制,而且,自由意志的想法不过是人们的痴心妄想罢了。既然如此,唯一的途径就只能在一种理性主义的宿命论中安下心来——这种描述恰好适用于老子的想法,也适用于庄子的想法。老子的'圣人不仁,以百姓为刍狗'的说法,和上述这种态度是颇有共同之处的,而且我本人在中学时代也受到这种宿命论的强烈吸引"。(《关于思维方式·东方的思考》,[日]汤川秀树著,周林东译《创造力与直觉:一个物理学家对于东西方的考察》,石家庄:河北科学技术出版社,2000年,第55-56页）

[2] [日]汤川秀树著,周林东译:《创造力与直觉:一个物理学家对于东西方的考察》,石家庄:河北科学技术出版社,2000年,第61页。

绪低落、悲伤、失望,以及周身不适,这一情况称为抑郁,大部分都与自闭有着紧密的联系。其实,一个客观的事实是,人作为万物之一,每个人都持存着独特的基因,在人类群体家族里,有着独一无二的地位,虽然同属于人类,但具体的性格特征是无法复制的,也是不能类比的,每一个人具有自身的特征,所以,不能主观妄为,绝不能把自己的主观意志强加给他人,老子的"甚爱必大费"(《老子》第44章)昭示的就是简约的真谛,即使是对他人的爱,也要把握好适宜的度。

要做到真正按照自己的本性而行为,选择顺从自然而生活,最为关键的是,必须远离社会名利等的限制,著名道家思想家和实践家葛洪的"好荣,故乐誉之欲多;畏辱,则憎毁之情急。若夫通精元一,合契造化,混盈虚以同条,齐得失于一指者。爱恶未始有所系,穷通不足以滑和"(《抱朴子外篇·广喻》)〔1〕,就是最好的说明。"好荣"就是名利等欲望的驱动因子,"畏辱"就是偏离自己本性特性而畏惧外在耻辱的一种恐惧心理,他提出的解决方法是"混盈虚""齐得失",即不为外在的荣辱所左右,淡化眼前得失的干扰,保持个人内在的和谐,这是值得借鉴的。个人的价值在自身,而不在为社会承认的多少,我们每个人必须充分认识这一点,"士能为可贵之行,而不能使俗必贵之也;能为可用之才,而不能使世必用之也"(《抱朴子外篇·任命》),就是经典的表述。

曾担任过国民政府实业总长、农商总长等重要职位的张謇,1895开始在南通兴办实业、教育,对"啬"字特别重视,以"啬庵"自号就是说明。他在《师范学校开学演说》中说:"俭何以是美德?俭之反对曰奢。奢则用不节,用不节则必多求于人,多求于人则不愿,至于人不愿则信用失而己亦病,妨人而亦妨己,故俭为美德。苟能俭则无多求于世界,并无求于国家,即使适然为官,亦可我行我意,无所贪恋,而高尚之风成矣。"张謇不仅以俭为美德来推崇,还把节俭列入他所创办的学校作为校训。

3. 一种生活方式

俭约是与奢侈相对应而存在的,离开奢侈,也就无所谓俭约。在这个意义上,承扬中华传统美德俭约的实践,与奢侈的斗争就自然成为俭约的内容。作为14亿多人口的大国,我们的生活显得奢侈,与最为俭约之一的国家日本

---

〔1〕[晋]葛洪撰,杨明照校笺:《抱朴子外篇校笺》,中华书局,1997年,第372页。以下引用,皆据此本,不另注。

相比存在天壤之别,我们的奢侈主要表现在包装文化上,体现出严重的追求外在虚无美的倾向,诸如用羊皮作为葡萄酒的包装盒。商家卖葡萄酒就是为了挣钱,受到损害的是顾客,以及社会资源的不必要的浪费;包装成本的提高,在价格不变的前提下,自然只能在葡萄酒的质量上得到体现,这种过度偏执外在包装的行为,不仅与持续发展不相称,而且严重违背了俭约的生活方式,尤其是在中国这样的人口大国中。

民以食为天,我们今天仍然没有完全解决粮食的问题,饥饿仍然是当今世界的一个主题。每年10月16日是世界粮食日,2014年的主题是"家庭农业——供养世界、关爱地球"。我国也在2014年10月13—19日期间开展了"全国爱粮节粮宣传周"的活动,活动的主题是"节约一粒粮,我们在行动",具体通过"家庭在行动""学校在行动""企业在行动"等展开。节约则是俭约的一个方面,属于低层次的事务。显然,在这里作为中华传统美德而承扬对象的俭约,停止在这种低层次水准的实践推进虽有必要但还是不够。人类的未来需要人类做出一劳永逸的抉择——以简约为一种生活方式的决策和践行。

据英国2006年4月2日的《卫报》报道,牛津大学经济历史学教授阿夫纳·奥费尔过去20年里致力于撰写如何在现代社会中追求高品质生活的文章和书籍。在新书《富裕的挑战》中,他提出西方社会正受到重重包围,但我们的敌人不是失业、贫困、恐怖主义或禽流感,而是伴随我们的成功而来的财富。他认为,社会的富裕正在破坏它带来的幸福,成功带来富裕的生活,富裕生活又孕育了无止境的期望。他通过研究大量案例而得出结论,认为我们匆匆摘下成功的果实,但却忘记品尝它们的味道,最终,我们失去了享受简单生活的能力,陷入不断追求成功的漩涡,陷入急躁和忧虑的漩涡;因此,他建议大家"为自己寻找一条通向快乐的道路"[1]。

人类通向快乐的道路,不是别的,就是选择简约的生活方式。生活是个人与他人及整个外在世界相处的一种方式,生活本身无法离开与他人的相互关系链来考虑,简约生活方式正是生活关系链可持续发展的最好的驱动论,是实现社会安定最为有效的手段。"奢者好动,俭者好静;奢者好难,俭者好易;奢者好繁,俭者好简;奢者好逸乐,俭者好恬淡。有保一器毕生无斁者,有挂一裘十年不弊者。斯人也可以亲百姓,可以司粟帛,可以掌符玺,可以即清

---

〔1〕 参照《金钱并非幸福源头》,《中国日报》,2006年4月2日。

静之道"(谭景昇撰《化书·俭化·清静》)[1],就是最好的描述;"可以即清静之道"就是可以抵达清净之道,每个人都行清净之道,社会自然就趋向和谐安定。奢侈,正如孟德斯鸠在《论法的精神》中说的那样,只是从他人的劳动中获得安乐而已,这显然是对他人生活权利的剥夺,是对生活链的伤害。

另一方面,奢侈生活的人在根本的意义上,人格是不自由的,蔡元培的"习于奢侈者,非美衣不衣,非美食不食;一旦遇世乱,美衣美食不可得,遇粗粝不下咽,得布素不温暖,其不自由又何如乎?"[2]就是对此的经典表述。总之,真正节俭的人就是安于过简单朴素生活的人。过简单生活是一种选择、一种信念、一种精神境界、一种价值认同,同时也是内心强大、精神世界丰富的表现。内心丰富而强大的人,不需要靠外在的标志来显示自己的价值,而是在简单的生活中显出淡定自然、从容不迫、自尊自信。简约的生活方式,给人展现的是一片宽广的天地,生活的常识告诉我们:当人步行时,可以360度随心所欲地欣赏沿途的风景;骑车时,只能看到前方大约90度范围的风景;开车时,人的视野就只剩眼前的窄窄一片。这其中的道理,正是现代人选择简约生活理由的最好注释。简约必须成为个人的生活方式,必须成为每个人的共同行动,逾越"富而奢"而接轨"富而俭",是承扬中华传统俭约美德的新内容。

总之,作为个人生活方式的俭约,是人重要的行为之方,他人仅是宇宙社会中一个不得不重视的因子,但不是自己攀比的任何依据和理由。

(二)"俭约"的出典

全球能源枯竭的现实呼吁地球村居民只有尽快厉行俭约,才能守住人类的家园,才能通向持续幸福的明天。古巴有"奢侈是民族衰弱的起点"的谚语,这可谓一语中的。壮族《传扬诗》在勤俭的视野上,把节俭视为持家之道,"夫妻一条心,勤俭持家忙。苦藤结甜果,家贫变小康","家贫不节俭,摆宴装豪门。狸猫充虎豹,害己又害人";赞美壮族妇女"当家她节俭,种地她在行。缝补她手巧,老少不发愁"。奢侈作为与俭约相对应而存在的一种品行,无疑是一种恶德,这是无需争辩的。在中国古代文化里,"俭约"的概念最早出典在管子那里,即"故适身行义,俭约恭敬,其唯无福,祸亦不来矣。骄傲侈泰,

---

[1] 收入李一氓主编:《道藏》(23),天津古籍出版社,1988年。本书引《化书》,皆据此本。
[2] 高平叔编:《蔡元培全集》第三卷,中华书局,1984年,第62-63页。

离度绝理,其唯无祸,福亦不至矣"(《管子·禁藏》)。这里也是在与奢侈的对比中,确立俭约的价值意义的;简而言之,俭约具有招福避祸的功能,奢侈正好相反。这里虽然没有对俭约的内涵进行具体的说明,但俭约在词语学上的意思是非常明确的。

把"俭"作为德来规定的记载,可以在《尚书》的"慎乃俭德,惟怀永图"(《尚书·商书·太甲上》)和"恭俭惟德,无载尔伪。作德,心逸日休;作伪,心劳日拙"(《周书·周官》)找到。当然,在古代文化思想史上,对"俭"的强调,孟子也有"恭者不侮人,俭者不夺人。侮夺人之君,惟恐不顺焉,恶得为恭俭?恭俭岂可以声音笑貌为哉"(《孟子·离娄上》),"是故贤君必恭俭礼下,取于民有制"(《孟子·滕文公上》)的讨论,这里的"俭者不夺人"也是在与他人的关系里进行讨论的,就是我上面说的生活链的问题。尤其对统治者而言,这更为重要,关联到民众的生活,所以要"取于民有制";而"来,禹!降水儆予,成允成功,惟汝贤。克勤于邦,克俭于家,不自满假,惟汝贤"(《尚书·虞书·大禹谟》),则体现出把"俭"作为家庭生活准则的倾向。

必须注意的是,在中国古代文化里,较早对"俭"进行讨论和规定的是老子,在他的"一曰慈,二曰俭,三曰不敢为天下先"(《老子》第67章)的"三宝"里,"俭"就是其中之一,他认为:"俭,故能广……舍俭且广……死矣!"(《老子》第67章)显然,老子在此主要强调了"俭"的效用,就是厉行俭约,一定能够通向宽大和广袤,如果舍弃俭约最终必定通向死亡之地;而宽大和广袤的境地,是朋友遍天下的景象,是欣欣向荣的气派。所以,在一定的意义上,老子自然哲学的实质,仍然在于国家的强大、社会的富裕殷实,这是非常清楚的,也是必须认知的前提。一个无法忽视的事实是,老子并没有对"俭"的内涵进行具体的界定,因此,我们无法知道老子心目中的"俭"的具体所指。不过,依据《左传·庄公二十四年》"俭,德之共也;侈,恶之大也"[1]的记载,我们仍然可以依据一般的词义即俭约、简易来进行可能的理解。"俭"虽然在《老子》里只出现3次,但反映俭约、简易意思的概念还有"啬"。老子在讲"长生久视之道"时说:"治人事天,莫若啬;夫唯啬,是以[2]早服;早服是谓[3]重积德,重积德则无不克;无不克则莫知其极,莫知其极,可以有国。有国之母,可以长久。"(《老子》第59章)显然,"治人"是外在社会方面的事务,"事天"则

---

[1] 〔清〕洪亮吉撰,李解民点校:《春秋左传诂》,中华书局,1987年。
[2] "以"通行本为"谓",现据帛书乙本和竹简本改定。
[3] "是谓"通行本为"谓之",现据帛书乙本改定。

属于人的内在身心方面的课题。韩非"所谓治人者,适动静之节,省思虑之费也。所谓事天者,不极聪明之力,不尽智识之任。苟极尽则费神多,费神多则盲聋悖狂之祸至,是以啬之。啬之者,爱其精神,啬其智识也"(《韩非子·解老》)[1]的解释,正是这样加以切入的。关于"啬",《说文解字注》曰"啬,爱涩也","爱涩"即爱惜的意思。显然,对行为主体而言,老子揭示的"长生久视之道",其中心在爱惜心力。爱惜心力,因此能够较早地进入有准备的状态;早有准备称为不断的积德,不断的积德则没有不能胜任的,就可以完成持有国家的重任。持有治理国家的根本之道,就可以实现天长地久。爱惜心力是出于可持续发展的考量,可持续发展的真正实现就是"长生久视之道"的完成。

通过上面的分析,不难看出,老子的"俭",实际它包括两个方面的意思:一是俭约、节省即节约,二是简朴而容易。前者属于外在节俭而不费财,是有形的物质性的外得;后者是关乎个人内在精神性方面的素朴简易而不劳神,是无形的精神性的内得。因此,内外整合之得也就是俭约美德,绝对不是简单的外在有形的物质性的节俭,这是现有研究缺乏深度合理性的地方,而任何对老子俭约思想进行简单理解的做法都是失当的。这一运思正符合俭约的时代要求。

(三)"俭约"作为美德德目的理由

俭约作为承扬中华传统美德的德目的主要理由如下:

1. 地球资源匮乏的现实

在所有生活资源中,除粮食以外,水是与人最为息息相关的资源。在世界范围内,海洋面积占地球表面积的70%以上,如果将海洋中所有的水均匀地堆积在地球表面,地球表面就会形成一个厚度2 700米的水圈层。在这个意义上,人们不禁会想,把地球称为"水球"似乎更贴切和风趣。从地球上生命的起源到人类社会的形成,从生产力低下的原始社会到科学技术发达的现代社会,人与水都有不解之缘。水既是人类生存的基本条件,又是社会生产必不可少的物质资源。没有水,就没有人类社会的今天,就没有人类的文明本身。水与空气、食物是人类生命和健康的三大要素。就人本身而言,水在人体中所占的比例:婴儿时期为85%,成年时期为75%,老年时期为的65%。从人的体重看,人体大部分是水造的,占人体重量的70%。可以说,没

---

[1]〔战国〕韩非著,陈奇猷校注:《韩非子新校注》,上海古籍出版社,2000年。

有水就没有生命。但地球上的淡水资源只约占地球水资源总量的3%,在这约3%的淡水中,可供直接饮用的只有约0.5%。显然,水是人类最为宝贵的资源,是生命之泉,自古以来人们逐水草而居的习惯就是自然的说明。

中国是一个干旱缺水严重的国家,淡水资源总量仅为世界平均水平的1/4、美国的1/5,是全球13个人均水资源最贫乏的国家之一。扣除难以利用的洪水径流和散布在偏远地区的地下水资源后,我国现实可利用的淡水资源量则更少,并且其分布极不均衡。到20世纪末,全国600多座城市中,已有400多个城市存在供水不足问题,其中比较严重的缺水城市达110个,全国城市缺水总量为60亿立方米。我国水资源短缺、水污染严重、水土流失严重、水资源浪费严重,而且南方水多,北方水少,西部水少,沿海水多,南水北调工程就是有力的证明之一。但是,即使在南方,缺水同样是一个不可忽视的事实。杭嘉湖平原、宁绍平原、苏锡常平原等历史上的天府泽国,目前基本上都处于不同程度的缺水状态,一些地区甚至出现了水乡无水喝的尴尬局面,水资源危机给江南水乡社会经济的发展带来了严峻的挑战。在著名的国际商贸城市义乌,人均水资源拥有量仅为全国平均水平的1/4。

其他资源的状况也一样不容乐观,而且环境污染的治理本身就需要消耗资源。作为人口大国,我国经济的可持续发展的实现,首先需要全社会的俭约操守,且资源的利用必须有前瞻性,必须对后代负责,不能今日有酒今日醉。这显然是我们要厉行俭约的最大理由之一。

2. 节约型社会的需要

"富强"既是社会主义核心价值观之一,也是我国本世纪最大的目标之一。"富强"顾名思义就是富民强国,富民、强国是完全一致的。就静态的结果而言,民富势必走向国强;而就动态的过程而言,富民是走向强国的根本途径。换言之,强国不是一个笼统的口号,而是一个实在的实践历程。其具体的体现就是富民,民众富裕起来了,强国的目标自然达到了,这是不容怀疑的。走可持续发展的道路,是我国的既定方针。这一方针在实践中的具体贯彻落实,就自然地归结到了俭约的方面。构建和谐社会是我国社会的建设目标,这可以说是总体的蓝图,实现这一蓝图的途径就是俭约,我国提出节约型社会的构想就是具体的佐证。节约型社会的主体是民众,只有俭约成为每个民众行为的自然选择时,简约的生活才能成为民众日常生活的常态。只有这样,整个社会才称得上节约型社会。现在社会存在的浪费之风不容忽视,承扬中华传统俭约美德正是时代的呼唤。

作为世界人口第一大国,中国的崛起走的必然是一条资源节约型的可持续发展之路,从言称地大物博到强调节约高效,这其中不仅是观念的改变,更是现实的需要,用仅占世界 1/7 的土地养活超过全世界 1/5 的人口,我们没有太多骄傲的本钱。我们强调资源节约不仅是为了今天的生存,更是为了明天的发展;这是一个关系子孙、关系中华民族未来前途的话题。我们需要从当下开始,从一点一滴做起,这是走向安康的必经之路。白居易的"奢者狼藉俭者安,一凶一吉在眼前",以及魏徵"不念居安思危,戒奢以俭;斯亦伐根而求木茂,塞源而欲流长也"的论述,都是最好的佐证。

3. 精神简约的要求

21 世纪的今天,焦虑、抑郁、自闭已经成为严重的社会问题,这是人深度异化的表现。虽然在世界美德文化中,西方同样提倡俭约,而且西方人强调顺应自然而生活,但仍然无法逃脱人深度异化的灾难,这也是西方人把道家哲学作为 21 世纪哲学的根本原因所在。他们重视的原因之一就是心理治疗的方面,在上面分析过的道家思想中的心理简约的运思,就是心理治疗效用的主要依据和来源。[1] 道家的俭约思想不仅是中国的财富,而且是世界文化的宝典。

(四)"俭约"的本质

唐代的谭峭认为:"夫仁不俭,有不仁;义不俭,有不义;礼不俭,有非礼;智不俭,有无智;信不俭,有不信。所以知俭为五常之本,五常为俭之末。夫礼者,益之道也;俭者,损之道也。益者损之旨,损者益之理。礼过则淫,俭过则朴。自古及今,未有亡于俭者也。"(谭景昇撰《化书·俭化·损益》)俭在此成为五常之本,五常只为俭之末。礼是"益之道","益"自然是增益的意思,不过,"益"有个度的问题,超过具体的度,就必然趋于淫乱的境地。"俭"是"损之道","损"是减损的意思,"损"也有度的问题,如果超过一定的度,则趋于"朴","朴"的本义是树皮,《说文解字》解释为"木皮也",人不能吃树皮来生活,这显然超过了俭的度。这里必须重视的是"益者损之旨,损者益之理",减损的宗旨是增益,增益的理则是减损。换言之,减损是为了实现增益而通向持续发展,用今天的话来说,俭约之道的宗旨是增益,这是持续发展的需要;

---

[1] 详细参考吕锡琛:《道家思想对调治焦虑、抑郁心理的启示》,《上海师范大学学报》,2007 年第 1 期。

社会富裕了,我们仍然必须过俭约的生活,这是富强的法则,显然,这是防止富则奢的最好的警告和运思。这里体现出辩证的意蕴。

其实,俭约作为一种生活方式,显然是人类在面临各种严重危机的情况下达到的一种共识,是人类反省自身行为的结果,是人在人类文明发展的进程中对自身价值重新确证的成果。人作为理性的存在,在最终的意义上,是宇宙万物之一,不能离开万物来求得自身的发展。宇宙的生命在万物链粘连性中持有柔韧性,这种柔韧性维系于万物在各自环节链上作用的发挥,而不是一物对他物生存权利的侵占,也不是一物对他物固有功能发挥的阻挡,而是对万物共作互存境遇的维护。尤其是人类,在万物的视野里,"水火有气而无生,草木有生而无知,禽兽有知而无义,人有气、有生、有知,亦且有义,故最为天下贵也。力不若牛,走不若马,而牛马为用,何也?曰:人能群,彼不能群也。人何以能群?曰:分。分何以能行?曰:义。故义以分则和,和则一,一则多力,多力则强,强则胜物,故宫室可得而居也。故序四时,裁万物,兼利天下,无它故焉,得之分义也"(《荀子·王制》),这虽然是人类中心主义的观点,但在今天的境遇下,我们对"分""义"必须做出全新的解释,必须超越儒家原有思想的限制。换言之,人类在万物中具有制造工具和使用工具的能力,从而超越其他万物在理性思维上取得优越的位置,在人不能离开万物而独自生存的视野上,人类的理性价值的体现就是对与万物互作共存境遇的维护,这是源于人的"有知"的"分"而来的独特的"义"。在21世纪的今天,人类的"义"无疑必须从人类社会的疆界拓展和延伸到整个宇宙,这是人之所以为人的价值赋予的要求所在,而人类自身价值的真正实现,绝对不体现在征服自然上,而且也只能在对宇宙万物秩序和谐的维持上。可以说,我们必须把对人类理性价值的定义确立在对宇宙万物和谐维持的程度上。

随着全球暖化而来的怪异的自然现象越发增多,世界第四大盐湖——咸海已经干涸,昔日曾经活跃在湖面上的渔船,如今只能停泊在那里,而且周边的环境严重污染。虽然人类的俭约生活方式,存在现实危机的触发因素,但在本质上,作为美德的俭约,体现的是在宇宙万物中对他者的尊重。这一种理性的认识在中国古代文化思想中就可以找到源头:"季文子相宣、成,无衣帛之妾,无食粟之马。仲孙它谏曰:'子为鲁上卿,相二君矣,妾不衣帛,马不食粟,人其以子为爱,且不华国乎!'文子曰:'吾亦愿之。然吾观国人,其父兄之食粗而衣恶者犹多矣,吾是以不敢。人之父兄食粗衣恶,而我美妾与马,无乃非相人者乎!且吾闻以德荣为国华,不闻以妾与马。'"(《国语·鲁语上·季文子论妾马》)[1]季文子以及家人自律的行为所传达的一个明确的信息就是要与民众共甘苦,通过俭约美德来使国家荣华光耀。

(五)"俭约"的理论基础

没有理论基础的支撑,俭约美德欲成为每个人自觉选择的生活方式,将是不可能的。前面已经提到,人作为宇宙中的"最为贵",其具体的体现只能在对宇宙万物关系的维持,而不是破坏上,人不能为了自己欲望的满足而肆意侵吞宇宙其他万物,人类迄今的文明史显示的正是人类只顾自身利益而无视其他万物利益的事实。客观的事实警告人类必须立即悬崖勒马。在万物的视野里,每个物种生物链都具有独特的作用,这是其他物无法代替的。现在物种灭绝速度加快,已经造成了生物链的局部断裂,这就是宇宙不和谐效应的来源。造成这一局面的根本原因是:人对自然资源的肆意侵吞利用;人自己理性价值确证的基点在人自身,而不在宇宙万物一体的共存。不说别的,就说和谐,在中国文字里,"和"的左边是禾,右边是口。《说文解字注》曰:"禾,嘉谷也;以二月始生,八月而孰,得之中和,故谓之禾";禾是谷物的总称。《说文解字注》曰:"口,人所以言食也";可以说,口是人吃饭、说话的器官。在这个意义上,"和"在文字的形式上就包含了非常丰富的意义,总体上显示了人与自然关系的重要性,谷物的种植离不开自然条件。在古代文字里,"和"还有另一个意思,就是古代神话中象征夫妻相爱的两个神,必须注意的是两个神,不是一个,关系的相互性在此是最值得注意的信息;上面分析的"和"左右边的意思,显示的也是人与自然关系的相互性。相互性的运思,《说文解字注》的"和,相应也"的解释也是最好的揭示,如《老子》里的"音声相和"就是最形象的解释和运用。

相互性的运思要求我们在人与自然的关系上,尊重外在的自然;在人际的关系上,尊重外在他人;合而言之,人必须尊重外在他者。在人的世界,具体的个人属于同一个人类,但自身本性却内置着独特的编码,是他人无法取代的,只有相近的个性,没有绝对相同的个性。关于这方面的运思,在庄子那里讨论得非常详细。庄子认为:"小知不及大知,小年不及大年。"[2](《庄子·逍遥游》)为何"小知不及大知"? 这是不得不思考的问题,郭象"物各有

---

[1] 邬国义,胡果文,李晓路撰:《国语译注》,上海古籍出版社,1994年。
[2] 郭庆藩辑:《庄子集释》,中华书局,1961年。本书引《庄子》,皆据此本。

性,性各有极,皆如年知,岂跂尚之所及哉"的注释可以帮助我们清晰地理解其意,即小知和大知各自具有自己的本性,本性具有极限,这个极限是对各自本性而言的,无法逾越自己的本性而用他物的本性标准来进行衡量对比。因此,对小知而言,大知并没有什么可以羡慕的;反之亦然。对具体的物而言,虽然自己的本性具有极限,但如何在本性各异的万物世界里来认识和衡量自己的本性呢?这也是一个必须面对的现实问题。郭象对"蜩与学鸠笑之曰:'我决起而飞,抢榆枋,时则不至而控于地而已矣,奚以之九万里而南为?'"(《庄子·逍遥游》)的注释,就是对这一问题的清晰回答,即"苟足于其性,则虽大鹏无以自贵于小鸟,小鸟无羡于天池,而荣愿有馀矣。故小大虽殊,逍遥一也"。这句话就是说:如果设想本性充足的话,在大鹏、小鸟的关系里,大鹏也没有什么高贵的,小鸟自然也没有羡慕大鹏的必要,外形上虽然存在小大的差异,但依归于本性而逍遥的价值是一样的。

但是,客观生活里的情况并非人人都能应对自如,同样郭象对"且夫水之积也不厚,则其负大舟也无力。覆杯水于坳堂之上,则芥为之舟;置杯焉则胶,水浅而舟大也"(《庄子·逍遥游》)的注释,即"夫质小者所资不待大,则质大者所用不得小矣。故理有至分,物有定极,各足称事,其济一也。若乃失乎忘生之生而营生于至当之外,事不任力,动不称情,则虽垂天之翼不能无穷,决起之飞不能无困矣",可谓真知灼见。其意思是说大小是不同本性所持有性能不同的情况,没有绝对的可比性。对具体的人而言,都具有属于自己的"至分""定极";对自己而言,其行为之方的依归必须"任力""称情"。换言之,做事必须与自己的能力保持一致,行动必须与自己的性情相协调,这样的结果就是"称事"即符合职事的要求;如果质小者、质大者都能"任力""称情"而行为,那带来的自然结果只能是"称事",这称为"其济一也"。显然,"任力""称情"是实现"济一"的关键,这是必须注意的。

"任力""称情"的行为过程实际也就是动态上的"各足称事"。值得注意的是,郭象用"至分"来注释庄子。庄子虽然在这里没有使用"分"的概念,但在其整个思想体系中,他重视"定乎内外之分"(《庄子·逍遥游》)。"分"是属于万物本性的规定。郭象在此基础上用"苟足于其性"来加以说明,显然,在词义上,这里的"苟"是不能忽视的因素,是一种假定、假设,不存在必然性,能否成为人的行为的指导,存在让人担心的因素。其实,在中国古代文化思想中,这个问题在老子那里是非常明确的,就是人的本性的自足性。

众所周知,在老子的视野里,天道自然具有最高的地位,其特点是"天之道,其犹张弓与! 高者抑之,下者举之;有余者损之,不足者补之。天之道,损有余而补不足。人之道则不然,损不足以奉有余。孰能有余以奉天下? 唯有道者"(《老子》第77章)。天道体现的是一种平衡,通过"损有余而补不足"来完成;人道的体现正好相反,是两极分化,造成这一结果的原因是"损不足以奉有余"。天道自然的情况是人的追求,但在人类社会能否出现呢? 这是老子当时思考的问题,也是我们今天必须思考的问题。因为,今天的社会存在严重两极分化的现象,不仅中国是这样,其他发达国家也是这样,这大概由人的自私自利之心所决定。老子对这一问题的回答是明确的,"有道者"就"能有余以奉天下"。这也正是老子设置的外在于万物的道的价值的必要性所在。

不过,在中国古代文化的演绎中,《老子》注释第一人韩非对老子提到的"有道者"如何在"能有余以奉天下"的实践中,真正捍卫俭约的威严做出了具体的思考。他说:

> 今世之学士语治者,多曰:"与贫穷地以实无资。"今夫与人相若也,无丰年旁入之利而独以完给者,非力则俭也。与人相若也,无饥馑疾疚祸罪之殃独以贫穷者,非侈则惰也。侈而惰者贫,而力而俭者富。今上征敛于富人以布施于贫家,是夺力俭而与侈惰也。而欲索民之疾作而节用,不可得也。(《韩非子·显学》)

在通俗的意义上,老子的"损有余而补不足"就是劫富济贫,韩非显然不赞成无条件地实行这一做法,理由是这样的做法为"夺力俭而与侈惰"。韩非认为,在相同的客观条件下,贫穷与奢侈和懒惰相关,而富裕则与勉力和节俭即勤俭相连,在这样的情况下,君主向富足的人家征收财物去散给贫穷的人家,这是夺勤俭节约者的财物来送给奢侈懒惰的人。若这样还想督促民众努力耕作、省吃俭用,就根本不可能了。显然,韩非强调勤劳和俭约,把这作为富裕的根本途径,这一点即使在现在也仍有合理性。

韩非的运思显然是对老子思想的补充,不能毫无条件地推行"损有余而补不足",关键是不能养成懒惰的风气。对个人而言,即使你有财富,但也不纵容懒惰者,这是育成全社会的俭约之风必须的条件。虽然老子没有认识到在动态层面的"损有余而补不足"的相关条件是整合全社会文化正合力的必要因素,但就俭约而言,他直接把理论基础设置在知足上。他认为:"名与身孰亲？身与货孰多？得与亡孰病？是故甚爱必大费,多藏必厚亡。知足不辱,知止不殆,可以长久"(《老子》第 44 章);"知足者富,强行者有志,不失其所者久,死而不亡者寿"(《老子》第 33 章),即知足是远离侮辱、实现富裕、抵达长久的法宝。在老子看来,"祸莫大于不知足,咎莫大于欲得,故知足之足,常足矣"(《老子》第 46 章),即最大的灾祸就是不知足。这里的"咎"也是灾祸的意思,"欲得"就是不知足。知足所带来的足,是一种恒常之足。在老子那里,知足实际也是一种自足,这是基于本性自能的机能。"甚爱""多藏"显然是不知足的表现,所以结果是"必大费""必厚亡"。

(六)"俭约"的坐标原点

关于这个问题,实际上在前面的论述分析中已经有所涉及,这里再聚焦加以强调,旨在使人们超越俭约为一般个人的节约这一认识局限的疆界,给生活中真正俭约生活方式的形成创造有利的条件。

俭约的坐标原点是他者。在 21 世纪的今天,俭约绝对不是为了个人的省钱,省钱虽然在短视的维度上,仍然具有很强的色彩,这种色彩可能还会延续一定的时间;但在完整的意义上,社会和人与人之间相互依存性从来没有像今天这样重要。例如在非洲凶猛流行的埃博拉病毒,造成了数千人的死亡,而且扩散到了美国、欧洲等地方;因为随着科学技术的发展,跨洲的旅游等活动越发普遍、频繁,若不采取相应措施的话,无疑会加速埃博拉病毒的传播。因此,联合国呼吁各国联合、联动,以控制它的传播势头。个人无法应对突发的自然灾难,也无法应对今天全球面临的资源匮乏、能源枯竭、环境污染等危机。这些都必须依靠人类的合力来攻克。个人不属于你自己,是地球村的公民,个人的价值实现最终取决于对外在社会的贡献,就是个人的生命也最终取决于地球的境遇,这些都决定了俭约的坐标原点是外在的他者。而作为一种生活方式的俭约的落实,也是自己与外在他人保持协调一致生活的需要。如果离开这一点,而仅仅以自己财富的多少而选择生活方式的话,你最终会被外在他人所抛弃,无法在公共生活中找到属于自己的、能够愉悦自己身心的位置。

(七)"俭约"的准则

李世民在贞观十一年曾下诏说:"莫不因多藏而速祸,由有利而招辱……

由此观之,奢侈者可以为戒,节俭者可以为师矣。"(《贞观政要·俭约》)[1]多藏和过多地持有利益必然带来祸害和耻辱,多藏就是超过一定度的行为。因此,俭约美德不是毫无规则的一味的简约,这里需要处理好生产和消费之间关系的问题,这一运思在古代就有。管子认为:"黄金者,用之量也。辨于黄金之理则知侈俭,知侈俭则百用节矣。故俭则伤事,侈则伤货。俭则金贱,金贱则事不成,故伤事。侈则金贵,金贵则货贱,故伤货。货尽而后知不足,是不知量也;事已而后知货之有余,是不知节也。不知量,不知节,不可谓之有道"(《管子·乘马》)。这里的"事"实际就是职事、事业,黄金是计量财用的工具,懂得黄金的道理,就懂得什么是奢侈和俭省。懂得奢侈与俭省,各项用度都能得到适度的满足。对一个国家而言,用度过于俭省则有害于事业的正常发展,用度奢侈则不利于资源的持续利用。这里需要处理好一个尺度的问题。等到资源耗尽以后才醒悟到资源的不足,这是不懂量入为出道理的表现;等到事业停止后才醒悟到资源还有多余,这是不懂有度节俭理路的情况;这两种情况都是不懂生产和消费道理的表现。[2]

在资源的利用上,量入为出最为重要,这是人类社会的生命链,离开资源的持续供给,人类就无法生存,这是铁的规律。在社会的具体发展中,不仅需要有对子孙后代负责的自觉意识的支持,而且各个民族需要存有对人类共同生存的环境即地球持存敬意的自觉意识,不能以一个国家的力量大小来决定对地球资源利用的权利,我们必须有人均地球资源的意识。尤其对一些富人而言,更需要自觉意识的支持,选择俭约的生活方式。另一方面,俭约必须保持在适宜的度上,在本质上,则要从实用功能考虑,远离外表的虚华,"明君制宗庙,足以设宾祀,不求其美;为宫室台榭,足以避燥湿寒暑,不求其大;为雕文刻镂,足以辨贵贱,不求其观。故农夫不失其时,百工不失其功,商无废利,民无游日,财无砥墆。故曰:俭其道乎"(《管子·法法》),昭示的就是这个道

---

[1] [唐]吴兢编著:《贞观政要》,岳麓书社,2009年第2版。
[2] 同时参考:"入国邑,视宫室,观车马衣服,而侈俭之国可知也。夫国城大而田野浅狭者,其野不足以养其民;城域大而人民寡者,其民不足以守其城;宫营大而室屋寡者,其室不足以实其宫;室屋众而人徒寡者,其人不足以处其室;困仓寡而台榭繁者,其藏不足以共其费。故曰:主上无积而宫室美,氓家无积而衣服修,乘车者饰观望,步行者杂文采,本资少而末用多者,侈国之俗也。国侈则用费,用费则民贫,民贫则奸智生,奸智生则邪巧作。故奸邪之所生,生于匮不足;匮不足之所生,生于侈;侈之所生,生于毋度。故曰,审度量,节衣服,俭财用,禁侈泰,为国之急也。不通于若计者,不可使用国。故曰:入国邑,视宫室,观车马衣服,而侈俭之国可知也。"(《管子·八观》)

理。实用、效益最为重要,这实际上向我们昭示了如何实现俭约的途径。

(八)"俭约"的特征

俭约的特征必须是在内外一体的平台上显示出来的价值追求。不难记起,孔子对"一箪食,一瓢饮,在陋巷,人不堪其忧,回也不改其乐"(《论语·雍也》)所作的"贤哉,回也"的赞赏,这与"饭疏食饮水,曲肱而枕之,乐亦在其中矣"(《论语·述而》)所包含的思想在基调上基本是一致的;此外,孔子还提到"奢则不孙,俭则固;与其不孙也,宁固"(《论语·述而》),这也为一些以孔子为节俭的强调者的有力资料而得以使用。初看起来,这没有什么不妥,这样使用资料也为国内大多数人所习惯。但在 21 世纪的今天,在世界汉学的舞台上,联系汉学研究地区的经济和社会发展的整体情况,来审视对中国古代思想诸如儒家思想的诠释和借鉴的实际情况,就显得非常重要,不能一味地沿袭我们自己的习惯思路来坚持。这里同样存在这一问题。起码必须在孔子思想的整体上来考虑对以上资料的使用,如果在这一思维的平台上来运思的话,以上的资料显然就无法作为支持孔子重视节俭的资料来使用了,这是因为我们同样能够找到以下的资料:

> 食不厌精,脍不厌细。食饐而餲,鱼馁而肉败,不食。色恶不食,臭恶不食,失饪不食,不时不食,割不正不食,不得其酱不食。肉虽多,不使胜食气;唯酒无量,不及乱。沽酒市脯不食,不撤姜食不多食。祭于公,不宿肉。祭肉,不出三日;出三日,不食之矣。(《论语·乡党》)

"食不厌精"、"脍不厌细"、"割不正不食"等显示的信息,虽然可以从生活美学、健康美学的角度来进行一定程度的思考,但是,其间所含有的奢繁的倾向显然是比较明显的,这也无法与上面"饭疏食饮水,曲肱而枕之"包含的意思相吻合。

无疑,孔子"食不厌精"含有的特点与这里要讨论的俭约的特征也是完全相异的,俭约的特征不是别的,只是简单,这在俭约所含有的简约的定义中也已经得到了基本的规定。这一特点也是中华俭约美德本身的内容,"礼贵于盛,俭贵于不盛;礼贵于备,俭贵于不备;礼贵于簪绂,俭贵于布素;礼贵于炳焕,俭贵于寂寞。富而富之愈不乐,贵而贵之愈不美,赏而赏之愈不足,爱而爱之愈不敬。金玉者,富之常;官爵者,贵之常。渴饮则甘,饥食则香。夫惟俭,所以能知非〔常〕"(谭景昇撰《化书·俭化·礼道》),就是具体的说明;"不盛"、"不备"、"布素"、"寂寞"都是简单的具象,而"富而富之愈不乐"等正是老子"甚爱必大费,多藏必厚亡"(《老子》第44章)的不同表达形式而已。

总之,俭约美德的特征是简单不备,一切奢繁都是浪费的表现。

(九)"俭约"的功能

在承扬中华传统美德的实践中,俭约作为美德之一来定位,当然与其具有的内在功能存在必然的联系。这些功能主要表现在以下几个方面。

1. 俭德辟难

在中国古代文化中,"君子以俭德辟难,不可荣以禄"(王弼《易·否·象》)[1],是广为人们熟知的,与荣禄相比,俭德具有避开灾难的功能,诸如生活灾难就是其中之一。"御史曰:古者十五入大学,与小役;二十冠而成人,与戎事;五十以上,血脉溢刚曰艾壮。诗曰:方叔元老,克壮其犹。故商师若荼,周师若鸟。今陛下哀怜百姓,宽力役之政,二十三始赋,五十六而免,所以辅耆壮而息老艾也。丁者治其田里,老者修其唐园,俭力趣时,无饥寒之患。不治其家而讼县官,亦悖矣"(《盐铁论·未通》)[2],就是具体的佐证。这里的"治家"是先秦已经确立的著名的"八条目"之一,其内容主要是"俭力趣时",这是非常清晰的。在今天危机重重的情况下,对自然索取时依归俭约的轨道,无疑可以远离一些自然灾害,现在地震频发的现实,不能说与人类仅以自己为中心的价值追求实践无关。心理的简约,也可直接减少抑郁、自闭等精神疾病发生的频率。

2. 强固

俭约美德还具有强固的功能,"人惰而侈则贫,力而俭则富。夫物莫虚至,必有以也"(《管子·形势解》),"必有以也"指的是实现富裕的途径和方法,因为富裕绝对不是从天而降的,"物莫虚至"说的就是这个道理。富裕的途径就是"力而俭",而懒惰、奢侈只能趋向贫穷,所以,"世有悭号者,人以为大辱,殊不知始得为纯俭之道也。于己无所与,于民无所取。我耕我食,我蚕我衣。妻子不寒,婢仆不饥。人不怨之,神不罪之。故一人知俭则一家富,王者知俭则天下富"(《化书·俭化·悭号》)。由于俭约是实现富裕的途径,因

---

〔1〕〔魏〕王弼著,楼宇烈校释:《王弼集校释》,中华书局,1980年。
〔2〕《百子全书》,浙江古籍出版社,1998年。

此,"古者,宫室有度,舆服以庸;采椽茅茨,非先王之制也。君子节奢刺俭,俭则固。昔季文子相楚,妻不衣帛,马不秣粟。孔子曰:'不可,大俭极下',此蟋蟀所为作也。管子曰:不饰宫室,则材木不可胜用;不充庖厨,则禽兽不损其寿"(《盐铁论·通有》),俭约的持续实行,带来的必然结果就是强固[1]。中国强国梦的实现,无疑离不开俭约这一功能的支撑。

3. 平衡

俭约还具有平衡的功能,这种平衡体现在物质和精神两方面。元代许名奎《劝忍百箴》有"以俭治身则无忧"的运思,即通过俭约的践行来排除人的忧愁、烦恼,主要侧重在精神方面。另一方面,"夫水火,常用之物,用之不得其道,以至于败家,盖失于不简也。饮馔,常食之物,食之不得其道,以至于亡身,盖失于不节也。夫礼失于奢,乐失于淫。奢淫若水,去不复返,议欲救之,莫过乎俭。俭者,均食之道也。食均则仁义生,仁义生则礼乐序,礼乐序则民不怨,民不怨则神不怒,太平之业也"(《化书·俭化·太平》)。告诉人们,水火、饮馔等日常生活用品,存在一个"得其道"的问题,得道的关键在简节即俭约,俭约是"均食之道",均食是人实现道德生活的前提,如果不能均食,也就无道德可言,这一运思与诸葛亮的"俭以养德"的提法存在异曲同工之妙。显然,均食和无忧的实现,无疑是对人的物质和精神方面欲望满足的一种平衡。对国家而言,这种平衡无疑是经济持续发展的前提条件。

4. 长寿

在物质和精神平衡的态势下生活,对人而言,带来的直接结果就是长寿,"起居时,饮食节,寒暑适,则身利而寿命益。起居不时,饮食不节,寒暑不适,则形体累而寿命损"(《管子·形势解》),就是具体的说明。而"俭于听可以养虚,俭于视可以养神,俭于言可以养气,俭于私可以获富,俭于公可以保贵,俭于门闼可以无盗贼,俭于环卫可以无叛乱,俭于职官可以无奸佞,俭于嫔嫱可以保寿命,俭于心可以出生死。是知俭可以为万化之柄"(《化书·俭化·化柄》),则在更为宽广的层面,论述了俭约在政府部门等领域的功能,它们就是

---

[1] "文学曰:荆扬南有桂林之饶,内有江湖之利,左陵阳之金,右蜀汉之材,伐木而树谷,燔莱而播粟,火耕而水耨,地广而饶财;然民呰窳偷生,好衣甘食,虽白屋草庐,歌讴鼓琴,日给月单,朝歌暮戚。赵中山带大河,纂四通神衢,当天下之蹊;商贾错于路,诸侯交于道,然民淫好末,侈靡而不务本,田畴不修,男女矜饰,家无斗筲,鸣琴在室。是以楚赵之民,均贫而寡富。宋卫韩梁,好本稼穑,编户齐民,无不家衍人给。故利在自惜,不在势居街衢;富在俭力趣时,不在岁司羽鸠也。"(《盐铁论·通有》)

"万化之柄";"柄"是根本的意思。显然,在这个意义上,俭约对国家机能的健康也无疑存在化育的功能。这也就超越了一般视俭约为个人事务的疆界,一切部门都必须依归俭约的轨道来行为和生活,这是中国强国梦的需要。

(十)"俭约"的目的

健康正在远离我们,外在环境和内在环境的健康都在远离我们,承扬中华传统俭约美德的一个目的,就是要通过营建人们的简约的生活方式来消解失去健康的危机。

1. 消解心理疾病

就内在而言,前面说到人们生活存在焦虑、抑郁、自闭症的情况越来越多,这些心理疾病调控不及时的话,往往容易引起自杀。据世界卫生组织2013年9月的信息,现在世界每年有将近一百万人死于自杀,如果不采取积极措施,到2020年,人数将达一百五十万人;因此,他们呼吁全球采取协调行动对付这种不必要的死亡。具体而言,自杀率最高的地区是东欧(那里是福利国家),最低的是拉丁美洲以及中东等几个亚洲国家。一般来说,自杀率随着年龄的增加而增长。但近年来15—25岁这个年龄段自杀率的上升应该引起全世界的警惕。除中国的农村地区以外,一般来讲,自杀死亡的男性比女性多,然而在大部分地区,自杀未遂的女性比男性多。就2002年11月26日中国首次开展的大规模自杀调查结果表明,我国每年自杀的人数在28.7万,这次调查由北京市回龙观医院在中国疾病预防控制中心支持下,在全国23个有代表性的监测点展开。2008年日本全国自杀人数为32249人,虽比前一年减少了844人,但却是连续11年自杀人数超过3万大关。日本每10万人的自杀人数为23.7,居全球第8位,在西方七国中则排名第一;从职业类别看,无业者最多,为18279人(占总数的56.7%),工薪族8997人(占27.9%),个体营业者3206人(占9.9%),学生972人(占3%)。

造成自杀有许多原因,但心理因素是主要因素,在内外对立矛盾的因素无法得到缓解时往往采取自杀的方式来了却生命。消解来自现代社会生活的压力,尤其是心理的压力,调适心理,履行简约的生活方式是疏通人性情的重要手段,自然也是遏制自杀的最大的武器;俭约美德里的人类理性的价值在对地球和谐持续发展所承担的责任,以及对他者的尊重,无疑也是消解无形心理压力的最好药方。这是承扬俭约美德的目的之一。

2. 缓解外在危机的侵袭

前面已经分析到我们正处在能源枯竭、生态环境危机的漩涡中的事实,现在许多珍稀动植物生长的家园正在消失,发达国家在对待人类理性取得的成果中,只是把来自科技的力量用于占有地球资源的努力上,诸如蓄积力量虎视眈眈地部署北极资源的掠取计划,而无意于对贫穷地区的真正帮助。资源危机的信号和警告并没有丝毫改变人类理性行为的方向,人类至今仍然不愿来重新审视自己和宇宙关系的当为准则或尺度的问题,即使出台一些应对诸如能源、环境危机的对策,但也都是局限于本民族利益的考虑,而不是人类共同生活家园地球的考量。我们承扬中华传统俭约美德的目的之一,就是要通过俭约理念的贯彻,来保证我们这个人口大国的现代化的持续发展,同时也在通过中华俭约美德的弘扬,以辐射地球村浪费的现实,营造让地球村居民重新审视自身理性行为以及再次确认自身价值基点的氛围。威廉·贝内特的《美德书》讨论的9个美德中,就没有俭约的位置,这也充分说明在17世纪从英国传进美国的清教中的节俭的美德,在今日美国人的生活中已经所剩无几的客观事实。

(十一)"俭约"的价值目标

作为中华传统美德承扬的俭约,存在如下两个价值目标。

1. 保证社会的持续发展

这是微观目标。现在各国的发展都受一个共同的因素所制约,这就是资源。诸如煤炭的过分开采,既不符合煤炭储存量视野下长效使用的原则,煤炭的使用又反过来增加了环境的污染;汽车的开发,虽然在性能上有了长足的进步,但是在节能车的开发上仍然显得苍白无力,尤其是发达国家直接把汽车制造厂开到亚洲、非洲等一些后发国家,他们考虑的仍然是制造成本,而不是资源。中国的情况也不例外,走的仍然是西方经济发展的老路,即先发展再治理,现在整个中国的雾霾气候增多的趋向就是环境污染在综合平台上的典型反映。

先发展后治理的模式,实际上在效益上显示的是负效应,本来发展是为了富裕民众,但现在不是,现在是牺牲了我们的环境;而环境是我们生活的家园,是人们生命的保证,希腊"节俭是天然的财富,奢侈是人为的贫困",不愧是最好的警示!"人惰而侈则贫,力而俭则富。夫物莫虚至,必有以也"(《管子·形势解》),"侈而惰者贫,而力而俭者富"(《韩非子·显学》),也是同样的思考。奢侈与贫穷紧密联系,节俭与富裕密切相关,俭约是富裕的原因。现在各国的经济发展都不约而同地出现了瓶颈现象,如何持续发展?这是地球村共同面临的大问题,改变原有的节奏,依归俭约的理念来进行社会的宏观规划发展,无疑是实现社会可持续发展的惟一通途。

2. 俭约生活方式长城的营建

这是宏观目标。1776年英国人瓦特在他人发明的蒸汽机的基础上,经过反复实践,制成了有分离冷凝器的单动式蒸汽机。这种蒸汽机比纽克曼的蒸汽机有显著的优点,可节省75%的燃料。瓦特并没有满足于已取得的成就,1782年又成功地制造了联协式蒸汽机,1784年又为它增加了一种自动调节蒸汽机速率的装置,使它能适用于各种机械的运动。从此之后,纺织业、采矿业、冶金业、造纸业、陶瓷业等工业部门,都先后采用蒸汽机作为动力。1807年美国人富尔顿把瓦特的蒸汽机应用到轮船上,从此结束了航运史上的帆船时代。1814年英国人史蒂芬孙把瓦特的蒸汽机应用到火车上,开始了陆路运输的新时代。此后,蒸汽机在欧洲和北美得到广泛使用,人类进入了"蒸汽时代"。我们今天把发电机和电动机的功率计算单位称为瓦特,现代家庭用的电灯、电暖器、电熨斗的功率都称为"瓦",都是纪念瓦特为人类作出杰出贡献的一种显示。而从蒸汽时代到信息时代,在人类理性得到不断确证的实践中,人类获得了前所未有的生活的便捷。但在200多年的过程中,人类的理性确证也在自然的危机中受到严重的挑战。因为,人类理性的行为违背了自然的规律。

人类需要营建俭约的生活方式来彻底确立人与自然的关系,确立人自己的位置以及理性的价值标准。众所周知,道家老子曾经总结人类文明的经验,他认为"天之道,损有余而补不足。人之道则不然,损不足以奉有余。孰能有余以奉天下? 唯有道者"(《老子》第77章);"损有余而补不足"显示的是平衡两极的特点,使万物在宇宙里都能得到符合自己本性特征的最好的发展,这是厚实万物生活链的最有力的途径;而"损不足以奉有余"彰显的是分化两极的特色,人以自己为中心而肆意占有自然资源,在人类社会的层面上情况也一样,实践的结果不是贫富之间的两极平衡,而是两极的差异的增大。但是,老子对人类的文明并没有失去信心,他认为"有道者"是能够以富济贫的。儒家思想家荀子的"天行有常,不为尧存,不为桀亡。应之以治则吉,应之以乱则凶。强本而节用,则天不能贫,养备而动时,则天不能病;循道而不忒,则天不能祸。故水旱不能使之饥渴,寒暑不能使之疾,袄怪不能使之凶。本荒而用侈,则天不能使之富;养略而动罕,则天不能使之全;倍道而妄行,则天不能使之吉"(《荀子·天论》),这里的"循道",同样告诫我们要过有道的生活;这里的"道"在21世纪的今天,就是俭约之道,营建起俭约的生活方式,这是人类返回健康家园的惟一途径。

(十二)"俭约"的心理机制

安格尔说过,奢侈会破坏人们的心灵纯质,因为不幸的是,你获得愈多,就愈贪婪,而且确实总感到不能满足自己。在这个意义上,在前面讨论理论基础时,我把"自足"作为俭约美德的基础。在对俭约美德的弘扬实践预期效果的预测时,一个不得不重视的因素就是心理机制,如果没有心理机制的确立,俭约无法成为人生活方式的选择频道。如果俭约美德不能成为人的生活方式,那就无法确保人类生存家园的和谐。

人们生活中许多熟视无睹的奢侈现象,其实不过是表象。俭约美德真正在生活中占有自己的地位,成为人们生活的理念乃至生活的一部分,就必须从奢侈和淫靡得以产生的条件中进行相应的文化选择。基于这个前提,我认为俭约美德的心理机制主要在以下两个方面得以确立。

1. 对他者的敬畏

目前能源、生态危机的一个主要原因就是人对自然资源的肆意利用,根本没有考虑自然的感受,没有赋予自然以生命的意义,这与人把自己视为高于其他万物一等的自身定位分不开,这是一种傲慢的态度,孔子说的"奢则不孙,俭则固;与其不孙也,宁固"(《论语·述而》)的"孙",就是这种态度的描绘,"孙"通"逊","不孙"就是不谦逊的意思。其实,在人类文明的历史中,以人为中心的认识是比较普遍的,《列子》里有一则故事,揭示的就是人类的自己中心主义行为的实际生活写照,即"齐田氏祖于庭,食客千人。中坐有献鱼雁者,田氏视之,乃叹曰:天之于民厚矣!殖五谷,生鱼鸟以为之用。众客和之如响……人取可食者而食之,岂天本为人生之?且蚊蚋噆肤,虎狼食肉,非天本为蚊蚋生人、虎狼生肉者哉?"(《列子·说符》)[1]。在其他物类的视野里,天地万物与人是共生的;在物类的层面,所有物种无疑具有相同的地位即"类无贵贱",鱼雁在生物链里的地位与人类没有两样,所以,鱼雁上人的餐桌是不可思议的事情。人对鱼雁的行为实际就是一种大不逊,完全是一种傲慢的表现。

人在地球上生活,必须具有一种自觉,就是自己的生存环境必须依托于

---

[1] 杨伯峻撰:《列子集释》,中华书局,1979年。本书引《列子》,皆据此本。

其他物种的良性共作,要共作,就必须尊重其他物种在宇宙中的权利和地位,因此,对他物的尊重和敬畏之心是保证共作的起码条件。在这个意义上,人必须克服自大的心理,"夫道者,原产有始,始于柔弱,成于刚强;始于短寡,成于众长。十围之木始于把,百仞之台始于下,此天之道也。圣人法之,卑者所以自下也,退者所以自后,俭者所以自小,损之所以自少。卑则尊,退则先,俭则广,损则大,此天道所成也"(《文子·道德》)[1],就是最好的佐证。"俭者所以自小"成立的原因就在他们能够尊重外在的他者,自己不过是其中的一部分,他人是他者里的重要部分;对他者存有敬畏的心理,"自小"的心理是真正落实老子提出的"人法地,地法天,天法道,道法自然"(《老子》第25章)的保证。俭约所以能够实现宽广远大,就在于"自小"。

2. 心理的自足

卡耐基曾经说过,"一个人心灵的平静和生活的乐趣,并非取决于他拥有何物,有何地位,或置身何种情境——要之,与个人的外在条件几乎毫无关联,而是取决于个人的精神态度"[2]。俭约美德的持有、俭约生活方式的履行也一样,必须依靠心理的自足来支撑。短视的节俭仅仅是作为一种生存策略与心理安慰术得以定位的,并不是一种真正的发自内心的美德,不是建立在对世界、对社会、对自然的尊重、敬畏与珍爱的基础上的。要承扬中华传统俭约美德,一个重要条件就是人对自然、他者生命的敬畏,离开敬畏,就不可能建立俭约的生活方式;无论是动物还是植物,以及自然本身,都具有自身独特的价值,这种价值是在宇宙生物链中不可或缺的,人对他物的损害,即使不从结果上立即表现出来,也势必损害宇宙生物链的功能,严重时就是生物链的断裂,断裂意味着宇宙失去平衡,和谐已经不复存在。其实,重视心理满足在中国古代文化资源中就有体现,"奢者,三岁之计,一岁之用;俭者,一岁之计,三岁之用。至奢者犹不及,至俭者尚有馀。奢者富不足,俭者贫有馀。奢者心常贫,俭者心常富。奢者好亲人,所以多过,俭者能远人,所以寡祸。奢者事君必有所辱,俭者事君必保其禄。奢者多忧,俭者多福,能终其俭者,可以为天下之牧"(《化书·俭化·天牧》);奢侈的行为总是"犹不及"、"富不足",俭约的行为总是"尚有馀"、"贫有馀",两者差异的根本在"心常贫"和"心常富"的不同。"心常贫"指的是一种心理贫乏的状态,这是为心理的永不满

---

[1] 王利器撰:《文子疏义》,中华书局,2000年。
[2] [美]戴尔·卡耐基著,陈晓南译:《克服烦恼的艺术》,广东人民出版社,1993年。

足所决定的;"心常富"指的是心理富裕的状态,这是为心理的永远富足所决定的。《老子想尔注》的作者对老子的"希言,自然"所作的"自然,道也,乐清静。希言,人清静。合自然,可久也"的解释,昭示着清静自然的心理状态才合乎道的永恒本性,故"道人当自重精神,清静为本"[1]。

在现实的生活中,那些在经济上有能力讲究奢侈排场,但内心里并不愿意也不屑于这样做的人才是具有俭约美德的人,著名实业家陈嘉庚就是具有俭约美德的华侨代表。他在1929年之前曾拥有过29亿美元的资产,这个数字就是在当时的美国都算是一个大富豪了。但他一生只喜欢穿布鞋,常常吃豆干小菜之类的食品,没有把这些钱浪费在花天酒地的生活中,而是用来办学;他一生办学无数,从幼儿园到厦门大学及整个集美学村,都是他一手创办起来的。他是一个名副其实的俭朴的人,仅有一个独生女,却一分钱也没有留给她。

对他者的敬畏属于外在的方面,心理的自足是内在的方面,内外的整合才是心理机制成立的完整条件,这是俭约成为人生活方式的根本保证。

(十三)"俭约"的当代价值

辜鸿铭曾在1914年出版了《中国人的精神》一书,从东西方文化比较的视野出发,认为美国人博大、纯朴,但不深沉;英国人深沉、纯朴,却不博大;德国人博大、深沉,而不纯朴;法国人没有德国人天然的深沉,不如美国人心胸博大和英国人心地纯朴,却拥有这三个民族所缺乏的灵敏;只有中国人全面具备了深刻、博大、简朴和灵性四种美德,提出用中国传统的智慧去解决西方社会存在的问题并对其进行改造。[2]他把简朴作为中华美德之一,在与西方文化相比较的意义上,我们的俭约具有非常独特的意义,上面已经提到在威廉·贝内特的《美德书》中讨论的9个美德中,无法找到俭约的踪影,这也足以说明西方在现代文明的进程中,俭约美德已经边缘化或者说俭约的习惯已经丢失。

《周易》作为世界文化充分认知的中国文化的代表之一,在"易"的简易、变易、不易三个意思中,就简易而言,诸如"乾以易知,坤以简能。易则易知,简则易从。易知则有亲,易从则有功;有亲则可久,有功则可大;可久则贤人

---

[1] 饶宗颐著:《老子想尔注校证》,上海古籍出版社,1991年。
[2] 参考辜鸿铭著、李晨曦译:《中国人的精神》,译林出版社,2012年。

之德,可大则贤人之业。易简而天下之理得矣"(《系辞上》);韩康伯对此注释曰:"天地之道,不为而善始,不劳而善成,故曰易简。顺万物之情,故曰'有亲';通天下之志,故曰'有功';有易简之德,则能成可久、可大之功。天地易简,万物各载其形;圣人不为,群方各遂其业;德业既成,则入于形器,故以贤人目其德业。天下之理,莫不由于易简,而各得顺其分位也。"说天地之道易简,由于天地自然而为,没有任何人为的臆想先行,这是最易简的,显示的是"不为"、"不劳"的特点;由于是顺万物本性而行为,所以天地的简易之道与万物存在客观的亲和力;万物依归自己的本性而运作,就能收到最大的功效;易简之德能顺畅运行的话,势必收到长久的大功效。俭约作为我国的传统美德,是社会主义核心价值观的重要内容。我们有着悠久的俭约的传统,诸如20世纪30年代的南京,街上挂有一些标语,内容除"不许吐痰"、"振作图强"、"不喝酒"、"不赌博"、"破除迷信"外,还有"勤俭"[1]。目前开展的节俭养德全民节约行动,对于推动生态文明建设,加快构建资源节约型、环境友好型社会,培育和践行社会主义核心价值观,在全社会凝聚起实现"两个一百年"奋斗目标的强大力量,具有重要的现实意义。这些价值意义主要表现在两个方面。

1. 重返人类生活的美丽家园

随着人的生活的便捷化程度的提升,人类面临各种自然灾害的几率也同时在不断增多,一些自然灾难,对人类就是一个谜,这种"谜"也就是老子告诫我们的"道",这是依靠人理性的能力无法即时解释的,人的理性只能在阶段性的层面得到自己价值的确认,在时间的维度里,人的理性永远也无法穷尽"道"。所以,俭约要求人们在与自然的关系上,听从自己的呼声,而不是依据人类的欲望一意孤行,尽量找到人自己与自然和谐共存的平衡点,过俭约、简朴的生活,不向大自然肆意索取;在社会生活的层面,就是"大夫曰:余结发束修,年十三幸得宿卫,给事辇毂之下,以至卿大夫之位,获禄受赐,六十有余年矣。车马衣服之用,妻子仆养之费,量入为出,俭节以居之,奉禄赏赐,一二筹策之,积浸以致富成业"(《盐铁论·贫富》),其中强调"量入为出,俭节以居之"。老子曾认为"法令滋彰,盗贼多有"(《老子》第57章),过犹不及;在生活上也一样,"乳童拱手,谁敢戏之,岂在乎黼黻也。牧竖折腰,谁敢背之,岂在

---

[1] 参考《歌声中的故乡》(载齐邦媛著:《巨流河》,天下远见出版股份有限公司,2009年,第55页)。

乎刑政也。有宾主之敬,则鸡黍可以为大亨,岂在乎箫韶也。有柔淑之态,则荆芋可以行妇道,岂在乎组绣也。而王者之制,设沟隍以御之,陈荣戟以卫之,蓄粟帛以养之,张栏槛以远之。盖有机于民,不得不藏;有私于己,不得不防。夫能张俭之机,民自不欺;用俭之私,我自不疑。夫俭者,可以为大人之师"(《化书·俭化·乳童》),说的也是这个道理。通过承扬中华传统俭约美德,在全社会营建俭约的机制,真正让每一个中国人都演绎俭约的生活方式,这就是"张俭之机"的意义所在。

人的生活其实无法把自然与社会截然分开,诸如"贤良曰:盖桡枉者以直,救文者以质。昔日,晏子相齐,一狐裘三十载。故民奢,示之以俭;民俭,示之以礼。方今公卿大夫子孙,诚能节车舆,适衣服,躬亲节俭,率以敦朴,罢园池,损田宅,内无事乎市列,外无事乎山泽,农夫有所施其功,女工有所著其业;如是则气脉和平,无聚不足之病矣"(《盐铁论·救匮》),说的就是这个道理;"内无事乎市列,外无事乎山泽"里的"无事",昭示的都是遵循简约的原则而过自然生活的意思,这样的生活是平静的,与宇宙万物和谐共处。

2. 营建人类健康的心灵家园

目前侵袭人类的灾害之一就是各种心理疾病,所以,俭约美德的简约的内容,对人复返心灵的本有家园、过健康的生活无疑具有积极的意义。这在韩非对老子"治人事天莫如啬"(《老子》第 59 章)所作的解释中也可得到启发:

聪明睿智天也,动静思虑人也。人也者,乘于天明以视,寄于天聪以听,托于天智以思虑。故视强则目不明,听甚则耳不聪,思虑过度则智识乱。目不明则不能决黑白之分,耳不聪则不能别清浊之声,智识乱则不能审得失之地。目不能决黑白之色则谓之盲,耳不能别清浊之声则谓之聋,心不能审得失之地则谓之狂。盲则不能避昼日之险,聋则不能知雷霆之害,狂则不能免人间法令之祸。书之所谓治人者,适动静之节,省思虑之费也。所谓事天者,不极聪明之力,不尽智识之任。苟极尽则费神多,费神多则盲聋悖狂之祸至,是以啬之。啬之者,爱其精神,啬其智识也。(《韩非子·解老》)

视、听、思过度的话,就无法完成目、耳、大脑认知即心的任务。因此,就治人而言,就是"适动静之节,省思虑之费";这里的"适"、"省"指的都是适度的问题,如果超过适度,则势必"费神多";所以,俭约即"啬"就是爱惜精神的意思,这是非常精到的。韩非没有限于物质层面节俭的解释,而是立足于精神层面的俭约适度来解释"啬",这可谓把握了老子思想的真谛;其实,在认知的系统里,物质层面的欲念最终为精神层面的思虑所决定。

就精神层面的俭约而言,在具体的生活演绎中,实际落实到人依归自己的本性而生活这一点上:

> 君人之道,处静以修身,俭约以率下。静则下不扰矣,俭则民不怨矣。下扰则政乱,民怨则德薄;政乱则贤者不为谋,德薄则勇者不为死。是故人主好鸷鸟猛兽,珍怪奇物,狡躁康荒,不爱民力,驰骋田猎,出入不时,如此则百官务乱,事勤财匮,万民愁苦,生业不修矣。人主好高台深池,雕琢刻镂,黼黻文章,絺绤绮绣,宝玩珠玉,则赋敛无度,而万民力竭矣。尧之有天下也,非贪万民之富而安人主之位也,以为百姓力征,强凌弱,众暴寡,于是尧乃身服节俭之行,而明相爱之仁,以和辑之。是故茅茨不翦,采椽不斲,大路不画,越席不缘,大羹不和,粢食不毇。巡狩行教,勤劳天下,周流五岳。岂其奉养不足乐哉!以为社稷,非有利焉。年衰志悯,举天下而传之舜,犹却行而脱屣也。衰世则不然。一日而有天下之富,处人主之势,则竭百姓之力,以奉耳目之欲,志专在于宫室台榭,陂池苑囿,猛兽熊罴,玩好珍怪。是故贫民糟糠不接于口,而虎狼熊罴厌刍豢;百姓短褐不完,而宫室衣锦绣。人主急兹无用之功,百姓黎民憔悴于天下。是故使天下不安其性。(《淮南子·主术》)

一般民众能否按照本性来生活,除要克服"事勤财匮"的现象以外,统治者的楷模作用也不能忽视,不做无用之功,把功用作为俭约与否的标准,这也是值得我们今天思考的。

有一首流传甚广的《宽心歌》的养生歌谣,对心灵家园的复返存在无法否定的启发作用:

> 日出东海落西山,喜也一天,忧也一天。
> 遇事莫钻牛角尖,身也舒坦,心也舒坦。
> 领取几许退休钱,多也不嫌,少也不嫌。
> 多素少荤日三餐,粗也香甜,细也香甜。
> 新旧衣衫不挑拣,新也御寒,旧也御寒。

住房条件莫攀比,宽也安眠,窄也安眠。
老伴相依贵体谅,急也相容,怨也相容。
家孙外孙同对待,儿也喜欢,女也喜欢。
一家老少相慰勉,贫也相安,富也相安。
常与知友谈谈天,古也谈谈,今也谈谈。
每天不仅看电视,书也看点,报也看点。
好山好水堪欣赏,远也乐观,闲也乐观。
早晚操劳当锻炼,忙也乐观,闲也乐观。
心宽体健养天年,不是神仙,胜似神仙。[1]

最后,需要说明的是,威廉·贝内特的《美德书》里虽然没有俭约的地位,但不能据此就说美国整个社会都不重视俭约。其实,他们的经验也有值得我们借鉴的地方:在美国的公办中小学,课本是循环使用的。课本属于学校财产,随着课桌椅一起编号。学生进校后,不用买课本,向校方租借;课程结束后,学生要把自己读过的课本还回学校图书馆,以便后来的学生再继续使用。这样教科书就可年复一年地重复使用,直到完全用旧为止。实践证明,课本循环制度具有多方面的好处:一来可以为家长省下一笔不小的开支,减轻了负担;二来节约大量的纸张,减少了能源消耗;三来有助于培养学生的良好品质,从小学会勤俭节约,爱护公物。据统计,美国目前在校的中小学生接近5000万,倘若每人每学期使用10本课本,那么一学期就需要印刷出版近5亿本。假定每本书的单价2美元,家长每年需支出10亿美元。按每个学生每学期课本平均重1500克计算,如果课本连续使用5年,就可以将100多万吨印刷用纸节省下来。生产这些纸要用掉森林10多万公顷、纯净水1亿多吨和燃料150万吨。这是笔多么大的数字啊!时至今日,美国各州都已推广课本循环使用制度,制定了严格的制度保护教材。我们今天承扬的中华传统俭约美德,旨在人们过简朴的生活,把俭约作为自觉的生活方式来履行。俭约能否成为21世纪的美德,继续在中华民族的强国梦实践中发挥文化的驱动作用,关键就在我们每一个人能否从自身做起,从今日做起;绝不等待,绝不攀比!同时,国家层面尽快出台诸如美国学校重复循环使用教材的制度,从根本上营建俭约的基础。

---

[1] 钱开慧,肖鸣锵:《宽心歌》,《中药事业报》2006年4月。

三、自　　强

以上在开源和节流的层面讨论了"勤劳"和"俭约"美德,这里紧接着要讨论的是"自强"。在中国古代文化中,"自强"自古以来就作为中华传统美德来进行定位的。社会主义核心价值观中虽然没有"自强",但"富强"无疑与"自强"存在紧密的联系。可以说,要富强,首先必须"自强"。"自强"是作为华夏子孙必须具备的基本的道德素质之一,它是中国梦实现的文化原动力。可以说,没有每个人的自强、没有民族的自强,没有国家的自强,就不可能有中华民族的伟大复兴。

(一)"自强"的解题

自强是中华传统美德之一,在古代文化史上,存有丰富的思想资源。自强是"自"和"强"的结合。在词义上,"自"具有两个意思,一是自然,一是自己;前者没有人为的内容,后者则与人相连,存在人为因素。虽然在汉学研究中,诸如日本的研究严格区分这两个方面来理解中国古代文献。但我认为,在自强的问题上,当综合这两个方面的意思来加以理解。

《说文解字》曰:"自,鼻也,象鼻形"。这里有两个信息值得注意:一是"自"就是"鼻";二是"自"与"鼻形"非常相像。古时候可能用"自"来表达"鼻"的意思,之所以如此行为,原因之一就在字的形体上,"自"与鼻子的形状具有相似性。段玉裁注释曰:"然则许谓自与鼻义同音同,而用自为鼻者绝少也,反从自之字……亦皆于鼻息会意,今义从也,己也,自然也,皆引申之义"。依据段玉裁的解释,我们今天经常使用的自己、自然等与"自"形成的组合词,都是在"自"引申意义上的用例。

另一方面,就"自"的读音而言,《说文解字》说:"自读若鼻,今俗以作始生子为鼻子,是"。在本义上,"自"不仅像"鼻",而且读音也仿照"鼻"即"读若鼻"。段玉裁解释说:"自下曰鼻也,则自鼻二字为转注……杨氏雄方言曰:鼻,始也;兽之初生谓之鼻,人之初生谓之首……今俗乃以自字为之,径作自子……今俗谓汉时也"。显然,"自"、"鼻"两字属于互相转注的情况。根据杨雄《方言》的说明,"鼻"代表"始"即开始、起始、始发等的意思。众所周知,"鼻"是人体的器官之一,在人生命的系统里,它无疑存在着不可替代的功能,这就是"鼻,所以引气自畀也"(《说文解字注》)。"畀"的本义是给予的意思,诸如《春秋左传·僖公二十八年》有"执曹伯,分曹卫之田,以畀宋人"的记载,"以畀宋人"用的正是本义给予的意思。因此,在人体的机能上,鼻子是用来呼吸的,一呼一吸,从而引气于无穷,达到"自畀"即"自给"的效果,即气自然而然地补充,或者说气自己如此,通过这样的自然供给,赋予生命以最必要的条件,从而实现生命的延续。

在以上分析的意义上,自强的"自"也就自然赋予"强"以生命力,而强的主体又是人,在这个角度,就变成了赋予人以无限的生命力。自强是自然系列里的一分子,与自然不同的是,自强的行为主体是人,是人因循自然规律而努力图强的意思。这是必须注意的。

自强就是努力图强;这里既包括个人的自强,也包括民族和国家的自强。个人的自强是民族国家自强的基础和前提,民族国家的自强则成为个人自强的动力和保证。就个人而言,人生是一个究明自身价值的旅程,在这个旅程中,既有一帆风顺取得成功的幸福体验,也有无数挫折与坎坷的艰苦磨炼;在挫折与坎坷的磨炼中,有的人由于经不起磨炼而变得颓废和消沉,有的人由于自己的不屈坚持而驱散阴云并重新走进阳光的生活。显然,前者是自暴自弃、意志薄弱的结果,后者则是自强自励、意志坚强的结果。无论是个人还是民族国家,在前进的道路上,面临困难和荆棘是自然的,没有困难和荆棘是不正常的。因此,对困难的解决,对荆棘的排除,是人前进的必须,不然就只能后退;后退是走向死亡的起点,前进是走向明天的动力。明天动力的开启关键在自强美德在每个人那里生根开花。

作为中华传统美德之一的自强,它是一种精神,是一种美好的品德,是一个人尊严生活、谱写人生价值的必备品质,是一个人健康成长、努力学习、成就事业的强大动力。自强是在自爱、自信的基础上充分认识自己的客观因素,积极进取,努力向上,不甘落后,勇于克服困难,做生活的强者。养成自强的心理,自觉履行自强的行为,无疑有助于克服意志消沉的障碍,逾越性格软弱的屏障,从而走向振奋精神的征途,担负起时代赋予的重任,充分实现自身的价值,为人类文明进步贡献自己应有的力量。自强不息是中华民族几千年来熔铸成的民族精神,正是这种精神,使中华民族历尽沧桑而不衰,屡经磨难而坚强,豪迈地自立于世界民族之林。作为中华传统美德之一的自强,它包括以下几个方面的意思。

1. 坚持不懈

有人说过,坚持的缺失是失败,坚持的今天叫自强,坚持的明天叫成功;

成功和失败近在咫尺,关键在不断的坚持。人的生活本身是一个长途的旅程,既有阳关大道,也有不见阳关的隧道;如果遇到隧道就畏缩不前,或试图改道前行,就永远无法敲开成功的大门,永远无法抵达成功的港湾,因为,成功是一个过程的体验,这个过程包含着征服隧道,这是克服困难的需要,而克服困难本身就是成功的序曲。因此,遇到困难是人生的必然课题,没有困难的磨炼,也不会有成功的价值;克服困难是人生的要务。

　　自强不是偶然的行为,而是在长期行为中表现出的一种品性;对自强的评价,往往不是通过一帆风顺的实践,而是战胜逆境的能力。世界著名数学家华罗庚的故事是路人皆知的。他中学毕业后因交不起学费被迫失学。回到家乡后,一面帮父亲干活,一面继续顽强地读书自学;不久,又身染伤寒,病势垂危,虽在半年后得以痊愈,但却留下了终身的残疾,左腿关节变形而瘸。当时他19岁,在那迷茫、困惑,近似绝望的日子里,他想起了战国初期的军事家、兵家代表人物孙膑(孙膑出身齐国,后到魏国,庞涓嫉妒他的才能,于是捏造罪名将孙膑处以膑刑和黥刑,砍去了孙膑的双足并在他脸上刺字,想使他埋没于世不为人知),不甘心自暴自弃,决心与命运抗争;白天,他拖着病腿,忍着关节剧烈的疼痛,拄着拐杖一颠一颠地干活,晚上,他在油灯下自学。1930年,其论文在《科学》杂志上发表,惊动了清华大学数学系主任熊庆来教授,随后清华大学聘请他为助理员;在名家云集的清华园,华罗庚一边做助理员的工作,一边在数学系旁听,还用四年时间自学了英文、德文、法文,发表了多篇论文,25岁时,已是蜚声国际的青年学者了。自强在坚持不懈中开花结果。

　　2. 因循自然而进

　　自强并非完全是个人依靠自己的图强。生活的实践告诉人们,励志图强往往并非难事,困难的是如何使图强结出丰硕的果实,没有果实的图强也毫无益处。所以,在图强的实践中,思考如何有效图强的问题非常重要,这就是依顺自然规律、客观情势来图强;图强绝对不是个人的盲干。下面的例证就是最好的说明:有三个旅行者,一人带了一把伞,一人带了一支拐杖,一人什么都没带;旅行过程中,他们遇到了大雨,大雨过后,带伞的旅行者淋得浑身是水,拿拐杖的旅行者跌得满身是伤,第三个旅行者却安然无恙。造成这种结局的原因,无疑就是带伞和拐杖人过于依赖工具来应对自然条件,而不知道因循客观情势而选择对自己有利的条件来达到目的,没有带工具的人正是懂得在面临困境时怎样依靠自己的力量来因势利导而从容应对。工具虽然是人依据预设的条件而内置以一定功能的辅助,但并非万能,具体的使用仍然离不开客观的环境,例如大雨伴随大风时,就无法发挥雨伞和拐杖的功用,还不如选择暂时避雨。这就是自己图强中因循客观情势的内容。

3. 创新

中华民族的文明史已超过5000年,我们不仅有许多长期以来为国人赞不绝口的动人的道德故事,更有指南针[1]、火药[2]、造纸术[3]、活字印刷术[4]四大发明,对于后者,英国哲学家弗兰西斯·培根认为,印刷术、火药、

---

[1] 指南针由北宋科学家沈括发明。他介绍了四种方法:水浮法——将磁针上穿几根灯心草浮在水面,可以指示方向;碗唇旋定法——将磁针搁在碗口边缘,磁针可以旋转而指示方向;指甲旋定法——把磁针搁在手指甲上面,借助指甲面的光滑,磁针可以旋转自如而指示方向;缕悬法——在磁针中部涂一些蜡,粘一根蚕丝,挂在没有风的地方,可以指示方向。沈括并且比较了这四种方法的优劣,认为水浮法的最大缺点是水面容易晃动影响测量结果;碗唇旋定法和指甲旋定法,由于摩擦力小,转动很灵活,但容易掉落;比较理想而又切实可行的是缕悬法。指南针是利用磁铁的特性做成的,关于磁铁,《管子》有"上有慈石者,下有铜金"(《地数》)的记载,"铜金"就是一种铁矿;这说明我国最迟在公元前三世纪就知道磁石能够吸铁了。指南针在世界航海史中发挥的作用是不可替代的,但是,最早解答"指南针为何能够指南"问题的并不是中国人,而是英国科学家吉尔伯特。

[2] 火药由硝石、硫黄、木炭混合制成的,当时人们都把这三种物质作为治病的药物,所以取名"火药",顾名思义"着火的药"。秦汉以后,炼丹家用硫黄、硝石等物炼丹,从偶然发生爆炸的现象中得到启示,再经过多次实践,找到了火药的配方。三国时有个聪明的技师马钧,用纸包火药的方法做出了娱乐用的"爆仗",开创了火药应用的先河。唐朝末年,火药开始应用到军事上。人们利用抛射石头的抛石机,把火药包点着以后,抛射出去,烧伤敌人,这是最原始的火炮。到了宋朝,人们将火药装填在竹筒里,火药背后扎有细小的"定向棒",点燃火管上的火硝,引起筒里的火药迅速燃烧,产生向前的推力,使之飞向敌阵爆炸,这是世界上第一种火药火箭。

[3] 大约在3500年前的商朝,我国就有了刻在龟甲和兽骨上的文字,称为甲骨文。到了春秋时,人们用竹片和木片替代龟甲和兽骨,称为竹简和木牍。甲骨和简牍都很笨重,战国时思想家惠施外出讲学,带的书简就装了五车,所以有学富五车的典故。西汉时在宫廷贵族中又用缣帛或绵纸写字,不但比简牍写得多,而且还可以在上面作画,但价格昂贵,只能供少数王宫贵族使用。公元前2世纪西汉初期已经有了纸,东汉蔡伦在总结前人制造丝织品的经验的基础上,在洛阳发明了用树皮、破渔网、破布、麻头等作为原料,制造成了适合书写的植物纤维纸,才使纸成为人们普遍使用的书写材料。被称为"蔡侯纸"。显然,蔡伦只是改进了造纸术,而不是纸的发明人。造纸术在7世纪经朝鲜传到日本;8世纪中叶传到阿拉伯地区。到12世纪,欧洲才仿效中国的方法开始设厂造纸。造纸技术的发明,是中华民族对世界文明的杰出贡献之一。

[4] 北宋毕昇发明了活字印刷。中国在隋朝就有了雕版印刷,这是用刀在一块块木板上雕刻成凸出来的反写字,然后再上墨,印到纸上。每印一种新书,木板就得从头雕起,速度很慢,艰辛之程度,可想而知。刻字工人毕昇在公元1004年至1048年间,用质细且带有黏性的胶泥,做成一个个四方形的长柱体,在上面刻上反写的单字,一个字一个印,放在土窑里用火烧硬,形成活字。然后按文章内容,将字依顺序排好,放在一个个铁框上做成印版,再在火上加热压平,就可以印刷了。刻字可以重复使用,与现代铅字排印原理相同,使印刷技术进入了一个新时代。活字印刷术由蒙古人传到了欧洲,所以后人称毕昇为印刷术的始祖。中国的印刷术是人类近代文明的先导,为知识的广泛传播、交流创造了条件。

指南针这三种发明已经在世界范围内把事物的全部面貌和情况都改变了;英国科学思想家李约瑟博士曾经列举了中国传入西方的26项技术,认为中国重要的发明技术不止这四大发明,这些应该引起我们的重视。毋庸置疑,这是中华民族子孙代代自强的结晶。

对个人而言,自强美德是连续不断的行为;对民族国家而言,自强则是万里长征的征程,需要一代又一代子孙的不懈努力。昔日的发明毕竟属于过去的辉煌,时代在不断进步,古代文明的中心已经不是今日文明的代表,这已是人人皆知的事实。21世纪的今天,世界已经在第一世界、第二世界、第三世界或者发达国家、发展中国家的不同分类中得到文明的重新排位。我们属于发展中的国家,与发达国家相比,我们存在一定的差距,这也正是我们提出伟大民族复兴的中国梦的缘由之一。复兴不仅包括对古代文明水准的回复,同时包含着新时代振兴中华民族的新的内容;我们的祖先创造了古代的辉煌,其子孙也肯定会创造出新时代的辉煌,这是自强的要求。因此,真正的自强包括对历史的超越,超越离不开创新,离开创新就无所谓自强。创新是自强的血液和动力,创新意味着对新的隐性困难的挑战;只有创新,才能最终抵达富强的疆域。

总之,没有创新,就不会出现真正的自强。

4. 超越自己

强没有一个固定不变的内容,强永远是一个动态的过程。上面说过,自强是过程的结晶,或者说是对行为过程的评价。人的一个通病就是容易以自己的是非标准为评价的标准,而无视他人客观价值的存在,这可以说是人性的最大弱点。但人对自己的弱点,并没有理智的认识,孔子就说过,"已矣乎!吾未见能见其过,而自讼者也"(《论语·公冶长》),看到自己犯的过错,但不能反省,这是人的通病,这是人最大的过错,即"过而不改,是谓过矣"(《论语·卫灵公》)。过错是在比较的视野里得出的结论,反省自己,在不断调整自己的行为中弱化乃至消解自己的过错,只有这样才能超越自己。

事实告诉人们,超越自己必须正视自己,客观地评价自己,既清晰自己的长处,又了解自己的短处;短处的存在往往是客观无意识的,这也是难以改变的原因之一。但自强的人必须具备的正是正视自己的缺点和不足的能力,尽量创造自己长处发挥作用的空间,从而有效规避启动自己人性弱点的机会,这也是个人走向终极人生顶点的最为切实的通途,而"会当凌绝顶,一览众山小"时,才是真正自我超越的实现。

总之,自强既是行为链,也是品性的凝聚。不仅个人人生价值的开发需要自强的驱动,而且国家富强的中国梦的实现需要自强的博弈。这就是自强的解题。

(二)"自强"的出典

早在战国时期,著名的思想家屈原在他的《楚辞·九章·怀沙》中,最早提出了"自强"的思想。当时他在极端困难的情形下,拨动了"惩违改忿兮,抑心而自强"的心曲,意思是在自己遭受屈辱的情形下,仍要改变自己的愤怒和怨恨的情绪,压抑自己的感情而图强,保持自己的美好品德而坚定不移;尽管自己遭受了严重的打击,仍要坚守自己的意志,保持自己奋发图强的节操。屈原所提出的自强思想,就是今天我们要加以承扬的中华传统美德的内容。

后来,儒家思想的集大成者荀子则在中国文化长河的层面论述了"自强",他说:

> 空石之中有人焉,其名曰觙。其为人也,善射以好思。耳目之欲接,则败其思;蚊虻之声闻,则挫其精。是以辟耳目之欲,而远蚊虻之声,闲居静思则通。思仁若是,可谓微乎?孟子恶败而出妻,可谓能自强矣,未及思也;有子恶卧而焠掌,可谓能自忍矣,未及好也。辟耳目之欲,而远蚊虻之声,可谓危矣,未可谓微也。夫微者,至人也。至人也,何强!何忍!何危!故浊明外景,清明内景,圣人纵其欲,兼其情,而制焉者理矣;夫何强!何忍!何危!故仁者之行道也,无为也;圣人之行道也,无强也。仁者之思也恭,圣人之思也乐。此治心之道也。(《荀子·解蔽》)

居住在空石城邑里的觙,其生性善于猜测而喜欢思考,耳朵、眼睛所向往的音乐、美色一旦和他接触,就会破坏他的思考;蚊子虻蝇的声音一传到他耳朵里,就会妨害他聚精会神。因此他避开耳朵、眼睛所向往的音乐、美色,并远离蚊子、虻蝇的声音,独居静思,保持自己的思路畅通。如果思考仁德也像这样,可以说达到精妙的境界了吗?孟子怕败坏了自己的仁德而把妻子休出家门,这可谓能够自强的行为,但仍未到能思考仁德的地步。有子怕打瞌睡而用火烧灼自己的手掌,这可谓能够自我克制的行为,但仍未到能爱好仁德的地步。觙避开耳朵、眼睛所向往的音乐、美色,并远离蚊子、虻蝇的声音,可谓达到了戒惧的境界,但仍未达到精妙的程度。抵达精妙境界的行为是至人的行为。对至人而言,无所谓强为、自制、戒惧。

　　这里需要注意的是"浊明"和"清明",前者是混沌的明、表面的明,后者是清晰的明、真正的明;前者局限于外在,后者驻足内在;空石城邑里居住的觙以及孟子的行为无疑都属于前者的"明",只有圣人才是"清明"的承担者和实际的演绎者;圣人的行为体现的是释放自己的欲望,能兼顾满足自己的情感,但管理的事情又能有效实现治理,根本无所谓强为、克制、戒惧。因此,仁者实行道的实践,没有有意而为;圣人实行道的行为,没有强为。仁者的思索恭敬慎重,圣人的思索轻松愉快。这是治理心灵之道。显然,荀子是在习惯的自己努力图强的层面界定自强的,但他并没有对此持认同的态度,其思想体现出道家因循规律而为的特色,这是非常清晰的。这也正是我在上面解题时提到的,21世纪作为承扬的中华传统美德——自强,具有因循规律而努力图强的内容,荀子的运思就是最好的证据。

　　不过,就自强美德而言,在中国历史上,最为引人注目的并不是屈原的思想,自然也不是荀子的规定,而是众所周知的"天行健,君子以自强不息"(《易·乾·象》)。依据这一典型的文献,历来把"自强"界定为自己努力图强,并作为中华传统美德来张扬。显然,站在21世纪地球村的舞台上,紧贴文献来重新理解的话,似乎很难认同已有的解释。文献本身似乎内含荀子上面思想的因子,这就是"天行健"的内容,这是君子自强不息的参照物,昭示了君子如何自强不息这一方法论的运思。"天行健"的意思是天道运行的规则,体现的是自然刚强劲健的特征。所以,君子的自强不息在方法论上,就是必须因循天道的规则而自然行为。对方法论的内容,一直是我们在理解"天行健,君子以自强不息"时所忽视的,这也与世界文明思想史上所体现的单一过分追求人的理性价值的趋向相一致。当然,在中国文化思想史上,也与我们客观存在的儒家思想一统的长期走向分不开,尽管诸如陈鼓应比较系统地总结和分析过《周易》思想中的道家倾向的情况[1],但仍然无法对《周易》儒家思想的定式构成丝毫的冲击。这是今天自强中华传统美德承扬实践首先要关注和矫正之点。

　　基于上面的分析,似乎也可以在道儒融合的层面来界定和理解自强美德。至此虽然揭示了自强作为一个概念出现的文献经纬,但我认为,中国思想史上自强的源头在老子那里。《老子》一书说:"知人者智,自知者明。胜人

---

[1] 参考陈鼓应著:《易学与道家思想》,北京三联书店,1996年。

者有力,自胜者强"(《老子》第33章);必须注意的是,这里"力"和"强"相对应。显然,在老子看来,强不是"力",或"力"不代表强。战胜他人是"力"的表现,因此可以说,它指的当是体力、威力[1];显然,与强比,力是低层次的存在,这与"知人"和"自知"的行为一样;认识人即"知人"是聪明的表现,认识自己即"自知"则是明慧的昭示;显然,明慧不是一般的聪明,是聪明结出的花朵,是聪明机智。老子这一思想为后来的庄子所继承,"吾所谓明者,非谓其见彼也,自见而已矣。夫不自见而见彼,不自得而得彼者,是得人之得而不自得其得者也,适人之适而不自适其适者也。夫适人之适而不自适其适,虽盗跖与伯夷,是同为淫僻也"(《庄子·骈拇》),就是具体的说明。可以说,自知、自胜等是老子自得行为链里的具体环节。因此,"自胜者强"的"强"就是一种自强,这种"强"不仅仅体现为体力、威力,是一种统摄体力、威力的韧性的力量,老子有"守柔曰强"(《老子》第52章)的运思,这在一般的层面也能得到解释,这就是战胜自己依靠的不仅仅是体力和威力,因为,行为的主体和客体都是自己,所以需要勇气和巧劲以及由此形成的韧性;韧性的运思也与老子天道自然的运思相一致。正是在这个意思上,完全可以说,中国文化中自强的源头在老子那里。

客观的事实说明,无论是个人,还是民族国家的富强,离开每一个中国人的努力是绝对无门的,中国梦的实现也不能离开自强;几千年来,中华民族以自强不息的精神历经磨难,创造了伟大的东方文明,屹立于世界民族之林;21世纪中华民族伟大复兴的中国梦的真正实现,需要我们在因循自然规律而努力图强的优化的方法论的轨道上,来驱动我们自强美德的轮子,切实积淀自强的文化力。

(三)"自强"作为美德德目的理由

上面已经在思想史出典的层面,界定了自强当有的时代的内涵,以及迄今为止我们在自强美德认识上存在的不足。接着要解决的问题就是在21世纪中华民族复兴的中国梦的文化强国实践中,在承扬中华传统美德的工程中,为何要继续选择自强这一德目的理由?显然,没有具体理由的辨析,要收

---

[1] 这与孟子"以力假仁者霸,霸必有大国。以德行仁者王,王不待大,汤以七十里,文王以百里。以力服人者,非心服也,力不赡也。以德服人者,中心悦而诚服也"(《孟子·公孙丑上》)的规定存在相似性;依靠威力来使他人服从你,他人虽然在表面上服从你,但心里并不佩服你;依靠德行来使他人服从你,他人会在心底里佩服你。

到中华传统美德文化在当今民族复兴实践中资源化的功效,无疑是画饼充饥的自欺欺人之举。以下就是具体的理由:

1. 富强

"富强"是社会主义核心价值观的内容之一,实现富强是中华民族的共同愿望。富强不是一种口号,是切实的富裕和强大。我国社会主义的实践,至今已有近70年的历史,在这一长征中,我们已经从一个一穷二白的国家,变成了丰衣足食的国家,国内的交通设施等都得到了令人舒适的整备,而且在许多尖端技术上也在世界上有一席之地,诸如火箭发射技术、航天技术、航海技术、无人飞机技术、高铁技术等,尤其是无人飞机技术,在2015年开春之际,成为美国人的话题,他们感觉到他们在这一领域里已经落后于中国,这些都是让外国刮目相看的事实。但是,就人均收入而言,我们仍然与发达国家存在差距,这也正是我们确立富强为核心价值观的缘由所在。只有富强,才能真正在地球村的舞台上扬眉吐气,活出民族的自尊来。审视历史,自强一直成为支撑中国人自立于世界民族之林的一种精神、一种信念、一种境界;无疑它是流淌在中华民族文明长河中的生生不息的元素,是中国人民代代相传的传世之宝。新中国成立后,中国人民继承了自强不息的传统美德,在"独立自主,自力更生"号召的鼓舞下,取得了社会主义建设的伟大胜利。我们今天的社会主义现代化的征程,其外在的境遇具有前所未有的严峻性和复杂性,离开自强,我们无法在日趋激烈的竞争中取得主动权,因为没有别人主动提供我们富强的机会,这些机会必须依靠我们自己的力量去争取。14亿人口的大国的现代化实践,没有任何可以照搬的经验可以因循,我们必须在因循规律的前提下来奋发图强,消解能源枯竭的危机,畅通持续发展的大道。

2. 个人责任

前面提到,在世界文明史的长河里,存在的一个明显的瑕疵就是人道主义和民族主义的分离,尽管问题的表面化已经相当明显,但是,在地球村政治化驱动痕迹越发彰显的情况下,这一分离的现实又在政治化驱动的态势下得到自身价值进一步实现的空间。换言之,地球村事务的政治化倾向助推了人道主义和民族主义分离的发展。毫无疑问,这种分离的存在本身就是人性异化的表现,是人理性价值扭曲的图画。人应该追求理性价值的真正实现,这是人道主义和民族主义真正统一的图画。但何时可能?这是一个思而无果的问题。就目前的世界情势而言,"力"仍代表着"强"。不过,"力"在世界的舞台上的表现往往就是对其他民族国家的威慑力,迫使其他民族国家俯首称臣，这就提供了有力的国家侵吞其他国家资源和利益的机会；也就是在这时，人道主义完全自动地退出了自己角色的承担而给民族主义让出整个表演的舞台。目前的世界局势就是这样，中国梦实现的舞台就是在这个前提下，这也是我们提出富强的理由所在。

富强不是靠天赐予的，在民族主义倾向呈现巨大生长空间的地球村，祈祷或指望其他国家无条件恩赐的行为，实际上是非常可笑和有害的。审视世界现代化发展的历程，完全可以说，所谓的世界现代化无非就是强大国家吞吃弱小国家的过程而已。但是随着世界整体发展水准的提高，弱小国家和强大国家之间的差异在自然缩小，这一结果的另一种的表达就是，强大国家吞吃弱小国家的难度在不断地加大。在这个意义上，所谓的人道主义和民族主义的具体演绎，迄今仍然在利益的轨道上得到驱动。面对这样的背景，我国的富强无疑也必须在民族主义的道路上得到定位和演绎。国家的富强离不开每个人因势利导的努力图强，我认为这是作为中国人的基本责任。真正的强大是每个人的强大，个人要走向强大不能离开自强美德的切实履行。在国家富强的实践征程中，作为一个公民，我们首要的任务不是向国家要求什么，而是要落实自己能为国家担当什么，在对国家义务的切实担当中逐渐实现自己个人的自强。关于这一点，我们出台的依法治国的决策，可以说是为个人实现自强、为个人切实履行对国家的担当创造了客观的条件。这就是自强作为21世纪承扬的中华传统美德在微观层面的理由。

3. 文化力驱动

文化强国是中国顺应世界舞台而出现的借助民族文化资源来润滑民族经济发展趋势而适时提出的落实中国梦的决策，利用古代优秀传统文化来增强个人的自信心和民族的凝聚力，这是最为利于中国人切入和接受的视角。世界现代化的轨迹昭示，现代化的发展依靠的不仅仅是高科技等硬性的条件，它离不开文化这个软性条件的统摄；在硬性和软性条件的对比中，软性条件具有更为重要的位置，它是综合硬性条件使其产生化学反应的酵母，它不仅能让人在自己理性价值具体化的图画中看到文明的真谛，而且能让人在欣赏自身成果的过程中享受到人生的快乐和情感的满足；在这个意义上，完全可以说，文化的现代化是一切现代化中最为重要的课题，这也正是我们现在重视传统文化的缘由所在。可以说，这是在总结中国建设实践和借鉴世界文明成果的基础上得出的科学而合理的结论，这是凝聚民族力的最佳途径。

前面说过，自强是一种坚持不懈的努力，要使这种努力成为文化驱动力的切实的因子,关键是要养成自强的习惯,尤其是在困难的境遇中学会坚持的能力,把自强落实到日常的生活之中,只有这样才会有自强在文化层面的积淀。清朝人金缨编著的《格言联璧·持躬》中说到自强之外无上人之术,意思是除了自己增强自己的本领之外,再没有其他超过别人的办法。必须注意的是,自强不是压制他人的发展来实现自己的强大,这是使坏式的行为,这不是真正的自强。

自强不是完美无瑕,"美德往往是与完美主义相关联的。但对于人类来说,完美并不意味着毫无瑕疵,而是寻求完整和圆美。保持精神的活力和洞察力的整全性,某种程度上就是要接受我们的瑕疵,我们的错误,以及我们的失败,把它们当作给我们带来新知的教育机会。正是在遵循这些我们缺失或过度的美德之中,我们找到获得新生的动力。生活并不在于达到完美,而在于培育和完善我们的美德。完美是实现禀赋的过程"(《我们的孩子究竟是怎样的人?》)[1];克服困难,走出逆境,超越自己,不断增强自己的才干,努力完善自我,才能取得他人无法取得的成功。

中华民族的复兴,在文化的层面,自强具有非常重要的位置,但自强要成为文化力驱动的因子之一,不是靠承扬传统美德的口头提倡,必须落实到生活实践中,"我们在赞赏美德的灵性力量时,却要超脱于对美德名号的依恋,美德不是属于我们自己,所以需要我们每天擦亮心灵之镜。美德是生命之树的果实,这棵大树的根基取决于一个人如何认识人的实质和生命目的。当我们真正明白这个短暂的人生旅程,其实质是领悟人的灵性并把这些灵性品质体现在行动中的一个不断成长的过程,至此,美德之树才能枝繁叶茂,根深蒂固"(《美德点燃心灯》)[2],这是值得我们思考和借鉴的。这也是文化驱动得以落实的切入口和保证。

(四)"自强"的理论基础

上面从文化驱动力等三个层面透视了把自强作为 21 世纪承扬的中华传统美德的德目之一的理由,可以说,这是在世界舞台上透视中国视角得出的考虑之一。但世界文明史的轨迹昭示人们,文明是文化积淀的一种样态,是

---

[1] [美]琳达·凯夫琳·波普夫等著,汤明洁译:《家庭美德指南——激发孩子与我们自己最好的内在品质》,中国言实出版社,2009年,第4页。

[2] [美]琳达·凯夫琳·波普夫等著,汤明洁译:《家庭美德指南——激发孩子与我们自己最好的内在品质》,中国言实出版社,2009年,第7页。

一个自然的过程,虽然不能完全排除人类理性的引导,但绝对不是引导的结果,而应该说是人类理性自然发展的结果;换言之,引导必须有内在的理论的呼应,不然,不会有任何效果。正是在这个层面的思考坐标上,存在审视理论基础的问题。

自强的理论基础是达尔文物竞天择、适者生存的进化理论。达尔文以博物学家的身份,从1831年开始,参加了英国派遣的环球航行,做了五年的科学考察,在动植物和地质方面进行了大量的观察和采集,经过综合探讨,形成了生物进化的概念;1859年出版了震动当时学术界的《物种起源》,书中用大量资料证明了形形色色的生物都不是上帝创造的,而是在遗传、变异、生存斗争里的自然选择,它们由简单到复杂、由低等到高等,不断发展变化,从而提出了生物进化论学说,摧毁了神造论和物种不变论的思想,恩格斯将"进化论"列为19世纪自然科学的三大发现之一。生存斗争的实践是一个适者生存下来、不适者则被淘汰的过程,适与不适不是依据生物的意志所决定的,而完全由自然选择所决定。迄今的基因研究证明,虽然进化包含适应性和非适应性两个方面,即使达尔文理论中的自然选择的使用范围并不如达尔文设想的那么广泛,也就是说达尔文进化理论无法解释所有的进化现象;但由于适应性进化是生物进化的核心现象,说自然选择是进化的主要机制,仍然是成立的。另一方面,这种进化往往呈现渐变的特点,就具体的生物而言,在自然界中占有自己生存的位置,不是短期内的进化所致,而是一个长期的逐渐变化的过程,这个过程就是逐渐适应外在环境的过程。

在激烈的自然竞争中争取到生存的权利和地位,最为关键的因素是"强"。自然选择是一个弱肉强食的过程,这虽然是残酷的,但却是事实。在适者生存的境遇里,"对某一个生存机器来说,另一个生存机器(既不是前者自己的子女,也不是它的另外的近亲)是它的环境的一部分,就像一块岩石、一条河流或一块面包是它的环境一样。对于前者来讲,这一个生存机器既可以制造麻烦,但也能够被它加以利用。它同一块岩石或一条河流的一个重要区别就在于,它往往要具有某种程度的攻击性。因为它也是生存机器,拥有寄托着其美好未来的不朽基因,而且为了保存这些基因,它也会不惜赴汤蹈火。自然选择有利于那些能够控制其生存机器,从而充分利用环境的基因,其中包括充分利用相同物种和不同物种的其他生存机器的基因"(《攻击行为：稳定性和自私的机器》》[1]；显然，利用其他物种基因的过程，也就是该物种在物竞天择过程中实现自强的过程。

21世纪的今天，地球村仍然是一个弱肉强食的园地，仍然是依归达尔文的进化理论演绎着现实故事的场域。中华民族复兴的中国梦的实现，必须在发达国家重重包围的外在环境下进行，我们要实现自己的目的，必须在吸取他人的长处的前提下实现自己的自强，不断优化适应世界环境的民族因子，从而最终让中国梦成为现实，让中国文化的符号在世界的舞台上占据我们应有的份额。

（五）"自强"的坐标原点

为了让自强在中华文化承扬中得到有效的积淀，不得不思考的一个问题是它的坐标原点是什么？由于占据主流的对自强的解释是自己努力图强，这一界定无疑存在狭隘和片面的倾向，因为其坐标原点在个人。

承扬中华传统美德的自强，其坐标原点不仅仅是个人，而是人与宇宙的统一。也就是说，自强不仅仅是个人的事务，它也是民族的事务，是国家的事务。人与宇宙统一的视野要求自强的自己（个人）努力图强，必须依循客观规律而行，这一问题在上面已有分析和论述，这是在方法论上对自强的规定和保证。这是一个方面。另一方面，个人永远是社会整体中的一分子，个人图强不能只顾一己之私利，必须在顾及他人利益的基础上来设计图强的方案和推进其行程，个人的自强必须成为国家富强的有益的因子；没有国家的富强，个人自强的价值无法在世界文化舞台上得到真正的体现，日本现代实业家涩泽荣一的论述，值得我们思考：

> 即使你的财富是你自己千辛万苦积累的，但如果把这些财富视作一人所专有，那就大错而特错。要言之，人如果只靠自己一人，那是什么事也办不成，他必须凭借国家、社会的帮助才能获利，才能安全地生存。如果没有国家、社会，任何一个人也不可能圆满地生活。由此看来，财富增加得越多，所受到的社会帮助也就越大。因此，为了报答社会的恩惠，从事像救济事业这样的工作是理所当然的义务，每个人都应尽力为社会

---

[1]〔英〕理查德·道金斯著，卢允中等译：《自私的基因》，吉林人民出版社，1998年，第83页。

添一分助力才行,如孔子所说:"己欲立而立人,己欲达而达人"(《论语·雍也》),正因为强烈地爱自己,所以也必须以同样的爱心去爱社会,世上的富豪都应该知道这一点。(《仁义与富贵》)[1]

涩泽荣一认同孔子的人性是自私的设定[2],自私的表现就是考虑问题都从自己开始,以自己为一切判断的标准,尽管迄今的研究很少从自私的方面来讨论孔子的人性论[3],自己本位实际上在价值的天平上就是自私。涩泽荣一作为著名的实业家,认为经营等实业活动首要的驱动力就是自己利益的满足,问题是离开其他人,离开国家,自己的利益就失去了获取的渠道;而且利益在最终的意义上,必须在具体的场域中实际得到释放自身价值的环境时才完成实际价值和意义的体现,而场域的主体就是他人和国家。

现实告诉我们,一星陨落,黯淡不了星空的灿烂;一花凋零,荒芜不了整个春天。星的陨落、花的凋零等,都是正常的自然现象,这是宇宙更新生命的活动;相依于此,现今地球村面临的能源枯竭、环境污染、人际残杀的危机,就是异常的人为的现象,它们源于人理性肆意地对自己极限的挑战,而造成的无视宇宙规律带来的负面影响,直接冲击人类生活家园的宁静和美丽。人类生活质量的保证,惟一出路就是要尽快消解这些危机。这需要人类自强,重新确立人类理性的价值,真正确立依顺宇宙自然规律而图强的行为理念和行为方针,确立宇宙是一个整体的概念,民族的生命力必须在宇宙的大视野中找到位置。

(六)"自强"的目的

自强美德的客观目的就是中华民族伟大复兴中国梦的实现。

中国梦是一个系统工程,无疑也是一个长期的工程,需要几代中国人的共同而持续的努力。自强包括中华民族的自强、国家的自强,它不是单一的个人的事务。民族和国家自强的具体载体是每个中国人。在最终的意义上,

---

[1] [日]涩泽荣一著,王中江译:《论语与算盘——人生·道德·财富》,中国青年出版社,1996年,第81页。

[2] 众所周知,孔子认为"性相近也,习相远也"(《论语·阳货》),基于此,不难得出孔子重视人性后天发展的因素,与后来孟子的性善论、荀子的性恶论相比,孔子的性论存在远离价值判断的场域来讨论本性的特点。

[3] 参考许建良:《"己"本位——儒家道德的枢机》(《人文杂志》2006年第2期,第66-71页)的详细论述。

人不可能是孤立的存在者,正如马克思说的"人的本质是一切社会关系的总和"[1]。就中国梦而言,正如习近平所说,"中国梦是民族的梦,也是每个中国人的梦"。个人与民族和国家存在着内在的必然的联系。在这个意义上,每个中国人就是自强的具体执行者和演绎者,中国梦的实现,尤其是中华民族伟大复兴的实现,有赖于每一个人最大限度地把自己的聪明才智和创造力发挥出来;个人的奋斗离不开国家,离不开国家梦的实现。要实现这样的梦,就要在全社会中营造一种氛围,把全民族的梦想和追求凝聚在一起;只有当14亿人的智慧和潜力在自强的轨道上汇集成不可战胜的磅礴力量时,才能把历经苦难而又生生不息的中华民族复兴的中国梦变成真实的故事,让每个人在"国家好,民族好,大家才会好"的逻辑中梦想成真;正如习近平说的那样,生活在我们伟大祖国和伟大时代的中国人民,共同享有人生出彩的机会,共同享有梦想成真的机会,共同享有同祖国和时代一起成长与进步的机会。

民族、国家和个人是相辅相成的关系,但在根本意义上,就个人而言,自强是惟一现实的选择,无论是对个人还是对民族、国家,自己理想的实现和价值的确证,离开自强就无其他的途径可供选择,只有在每个中国人自强的实践切实以国家民族富强为切入点时,民族、国家的富强才有希望。美国第35任总统约翰·肯尼迪在1961年1月20日所作的就职演说辞值得我们深思:

> 纵观人类历史长河,危机时刻有幸担当捍卫自由大任的人们并非多数。我不愿逃避责任,我乐于承担。我不相信谁能避开现实。我们为事业所尽的力量、忠诚和奉献将照亮这个国家和所有为之服务的人们——其光芒也将照亮世界。所以,我亲爱的美国人,不要问你的国家能为你做什么,问你能为你的国家做什么。我亲爱的世界人民,不要问美国能为你做什么,问我们大家能为人类的自由做什么。

作为中国人,在中华民族复兴的中国梦的实践中,我们首先要问的是你自己能为你的国家做什么,而不是国家能为你做什么;在自己的发问中,切实启动个人自强的长征,切实为国家贡献自己的智慧。

---

[1] 《马克思恩格斯选集》第1卷,人民出版社,1995年,第56页。

(七)"自强"的内容

在文化积淀的系统里,自强不是孤立的存在体,它有一个厚实的机制。

众所周知,自强在价值的天平上,显示的是自得的特征,自得自然不是简单的自然而然地获得的意思,而是在这基础上的努力图强行为的价值评价。在整体上,它体现为自理的能力。在世界文明史的维度上审视中华民族的基质,我们可以清晰地看到,中国人的自理在世界舞台上曾引起高度评价:

> 在西方人看来,更令人吃惊的是,从清朝政府派到美国接受教育的学童的表现上,就能证明那个东方民族所具有的高度智慧。他们是一个善于思考的民族。那批被选派到美国的学童共计120名,大多是11岁左右的年龄。他们对母语都有很好的基本功,有一定的读写水平,但没有人接触过西文,他们当中也没有几个人在上述的中国正规学校里念过书。一些美国女士认为,那些孩子一定是出身贵族或者来自豪门,实际上并非如此。按照中国人的收入标准,那些学童都来自中产阶级家庭,家庭的年收入大致在200-500元。那些学童来到美国之后,我们既没有发现他们有些许的行为不当,也没有发现他们的智力存在丝毫缺陷。他们以惊人的速度,学会了世界上第三大难学的语言——英语。接着,他们又攻克一系列完全陌生的学习课程,表现出杰出的悟性和顽强的适应能力。在整个学习过程中,无论中小学阶段还是大学阶段,也无论是理科课程还是文科课程,那些学童在他们所在的班级中都是佼佼者。更值得一提的是,这些学童的所有行为举止都非常得体,表现完美。笔者曾经在一次横跨太平洋的旅行中,同那些学生中的51名同乘一艘客船,与他们共同度过了难忘的25天。那些学生包乘的船舱拥挤不堪。我相信,同等数量的美国青年学生在相同的环境之下,绝不可能坚持那么长时间,而中国学生做到了,并且表现出绅士风范。他们既没有指导教师带队,也没有随行官员负责,在漫长的旅途中,就像一群没有妈妈的孩子,然而他们却都表现出顽强的自理能力。(《中国人的本色·中国的文化教育》)[1]

这是来自中华民族子孙自强美德的骄傲,这是西方人经过体验而得出的评价。

---

[1] [美]何天爵著,周德喜译:《中国人的本色》,文津出版社,2013年,第160-161页。

就自强的机制而言,它由以下的内容组成。

1. 自主

"自主"是自己做主的意思。自强的确立首先要自主,不仅确立自己做自己主人的观念,依靠自己做决定;而且努力维护自己自主的权利。无论是个人还是国家、民族,它需要与一味依附别人的奴化心理彻底决裂,与依赖别人恩赐的侥幸心理划清界限,把争取自己的权利放在自己努力的基础上,因为由别人争取来的权利不是真正意义上的权利。自主不但要求自己,也要求别人不越俎代庖。自主不是专横,因为专横存在对他者权利侵犯的潜在可能,自主是在全面审视各种权利关系的基础上对自己权利的坚持,是一种掌握自己命运的强烈意欲,它是克服自我封闭这一屏障而获得的自身精神的凝聚。

自主也包含着对他人侵犯自主权利行为的斗争和维护,这是自主中公平意识的反映。在现实生活中,到处存在着"自保"的行为,即明哲保身的现象,导致这一行为存在的原因就是仅仅聚焦自己个人利益的狭隘偏见,而无视公正公平,这对社会的文明进步是非常有害的,必须引起大家的警觉!他人侵犯自主权利的行为不仅仅是对自己权力的侵犯,而且包括对别人权利侵犯的内容,这也是逾越明哲保身狭隘屏障的要求。

2. 自立

"自立"是依靠自己的力量有所建树的意思。具体而言,自立主要指不依赖别人,靠自己的劳动而生活。自立是一个人独立生存的能力,是人类生存的重要本领之一,没有哪一个人可以依赖他人生活一辈子,没有一个民族可以依赖其他民族来生存。在人生的港湾中,自己的航程只能由自己来掌舵,必须树立自立意识,培养自立能力,自己掌握自己的未来。自立在人生遇到困难时,能增强我们的勇气;三国时吴国虞翻的《与弟书》曰:"扬雄之才,非出孔氏之门,芝草无根,醴泉无源。"芝草是一种香草,没有根基,比喻人的成就靠自立,没有任何其他帮助;醴泉是甜美的泉水,靠山厚而没有源头。人的成功在于自己的努力,人贵自立;韩非子的"明夫恃人不如自恃也,明于人之为己者不如己之自为也"[1],昭示的也是同样的道理。

---

[1] "公仪休相鲁而嗜鱼,一国尽争买鱼而献之,公仪子不受。其弟谏曰:'夫子嗜鱼而不受者,何也?'对曰:'夫唯嗜鱼,故不受也。夫受鱼,必有下人之色,有下人之色,将枉于法;枉于法,则免于相。虽嗜鱼,此不必能自给致我鱼,我又不能自给鱼。即无受鱼而不免于相,虽嗜鱼,我能长自给鱼。'此明夫恃人不如自恃也,明于人之为己者不如己之自为也。"(《韩非子·外储说右下》)

自立意味着学会承担人生中的一切重任,承担重任并不意味着盲目地拒绝他人的帮助而什么都靠自己。美国当代著名作家海伦·凯勒(Helen Keller,1880 - 1968)就告诉我们这样一个道理:海伦·凯勒以独特而勇敢的生命方式震撼了世界,她度过了生命的 88 个春秋,却熬过了 87 年无光、无声、无语的孤独岁月,正是这么一个幽闭在盲聋世界里的弱女子,在导师安妮·莎莉文和盲人学校的教育帮助下,学会用顽强的毅力克服生理缺陷所造成的精神痛苦。她热爱生活并从中得到许多知识,学会了读书和说话,并开始和其他人沟通,竟然毕业于哈佛大学德克利夫学院;一生发表著作 14 部,1902 年发表的处女作《我的生活》,以真实、自然的笔触再现了自己生命之初 21 年的生活,为世人留下了一首永难遗忘的生命之歌;她用生命的全部力量处处奔走,建起了一个又一个的慈善机构,为残疾人造福;1964 年荣获"总统自由勋章",次年被美国《时代周刊》评选为"二十世纪美国十大英雄偶像"之一;她不仅用行动证明了人类战胜命运的勇气,而且还将自己所经历的痛苦和幸福记录下来,给后世以勉励。创造这一奇迹,全靠一颗不屈不挠而自立的心。海伦接受了生命的挑战,用爱心去拥抱世界,以惊人的毅力面对困境,终于在黑暗中找到了人生的光明面,最后又把慈爱的双手伸向世界。

3. 自尊

"自尊"是自己尊重自己,源于一种良好的心理状态,它首先表现为自我尊重和自我爱护。做人不能没有骨气,要懂得自尊。自尊还包含要求他人、集体和社会对自己尊重的期望,要实现这一点,首先得学会自尊。这是自强的人格动力,是无形的精神力量。皖南事变中,新四军军长叶挺将军被俘,他昂首挺胸,决不屈服,写下了著名的《囚歌》:"为人进出的门紧锁着,为狗爬出的洞敞开着。一个声音高叫着:——爬出来吧,给你自由!我渴望自由,但我深深地知道——人的身躯怎能从狗洞子里爬出!"可以说,这是自尊的自白。

自尊要求既不向别人卑躬屈膝,也不允许别人歧视、侮辱,自尊不是一意孤行,而是智慧地因势利导而行为,《晏子使楚》的故事是最好的描述[1]:

楚王知道晏子身材矮小,就叫人在城门旁边开了一个五尺来高的洞。晏子来到楚国,楚王叫人把城门关了,让晏子从这个洞进去。晏子

---

[1] 参考《晏子春秋内篇·杂下》。

看了看,对接待的人说:"这是个狗洞,不是城门。只有访问狗国,才从狗洞进去。我在这儿等一会儿。你们先去问个明白,楚国到底是个什么样的国家?"接待的人立刻把晏子的话传给了楚王。楚王只好吩咐打开城门,迎接晏子。晏子将要拜见楚王。楚王说:"齐国难道没有人了吗?怎么派你来呢。"晏子回答说:"齐国的都城临淄有七千五百户人家,人们一起张开袖子,天就阴暗下来;一起挥洒汗水,就会汇成大雨;街上行人肩膀靠着肩膀,脚尖碰脚后跟,怎么能说没有人呢?"楚王说:"既然这样,那么为什么会派遣你来呢?"晏子回答说:"齐国派遣使臣,要根据不同的对象,贤能的人被派遣出使到贤能的国王那里去,不贤能的人被派遣出使到不贤能的国王那里去。我晏婴是最没有才能的人,所以只能出使到楚国来了。"

晏子将要出使楚国。楚王听到这消息,对手下的人说:"晏婴,是齐国善于辞令的人,现在将要来,我想羞辱他,用什么办法呢?"手下的人回答说:"当他来到的时候,请允许微臣捆绑一个人,从大王面前走过。大王问:'何为者也?'回答说:'是齐国人。'楚王又问:'犯了什么罪?'回答说:'犯了盗窃罪'。"晏子到了楚国,楚王请晏子喝酒。喝酒喝得正高兴的时候,两个武士押着一个人到楚王面前。楚王问:"押着的是什么人?"武士回答说:"是齐国的人,犯了偷窃罪。"楚王对晏子说:"齐国人本来就善于偷窃吗?"晏子离开座位,郑重地回答说:"我听说过这样一件事,橘子生长在淮南是橘子,生长在淮北就变为枳子,只是叶子的形状相似,它们果实的味道完全不同。造成这样的原因是什么呢?是水土不同吧。现在百姓生活在齐国不偷窃,来到楚国就偷窃,莫非是楚国的水土使百姓善于偷窃吗?"楚王笑着说:"圣人是不能同他开玩笑的,我反而自讨没趣了。"

韩非说过,"重厚自尊,谓之长者"(《韩非子·诡使》);自尊是一个人成熟的标志。但是,自尊的心理品质,不是天生的,而是在生活、学习和工作中逐步培养起来的;个人应该在依据自己特征的情况下,找到个人自尊的支点,把个人的自尊与民族、国家的自尊紧密联系起来,离开民族、国家的自尊,不可能存在个人的自尊;在国际化的实践中,我们的言行都不能离开国家利益的考虑,自尊自爱,不卑不亢,在任何情况下,都不以自己的言行损害祖国的荣誉和民族的尊严,这是每一个中国人所应有的民族自尊,只有这样,才能找到自己的人生价值,赢得别人的尊敬,感受自尊的快乐。

4. 自信

自强的行为关键在于锲而不舍,要锲而不舍,除坚强的意志等因素外,自信心也是一个重要的方面;没有自信的人,不可能在行为上显示出自强的特色。

"自信"是自己对自己有信心,充分认识自己,相信自己的力量。自信是自主的直接渊源,有自主才不对别人抱有幻想;依附于别人的人,往往是缺乏自信的人。信心是一种特殊的力量,它会使人充满活力,缺乏信心的人就会自我萎缩。自信不是自高自大、孤芳自赏,自信是建立在对自己全面认识的基础上的;自信不是认为自己无所不能,而是对自己克服困难的勇气、信心和毅力的信任,是对自己会做得尽可能好的信任;自信的本质是一种自我宣誓式的决心,它是建立在对自己外在周围环境和他者信任的基础上而形成的一种肯定自己的素质,自信行为始终是对周围条件和环境的充分认识和了解,是在对友谊和支援的尊重的基础上结出的花朵。自信不是空想,永远是基于实际行动而结出的果实。

众所周知,小泽征尔是日本名扬世界的指挥家。在一次音乐指挥家大赛中,他按照评委会给的乐谱指挥演奏时,发现有几处不和谐的地方。开始,他以为乐队演奏错了,便停下来重奏,结果依然如故。这时,在场的作曲家和评委郑重申明:乐谱没有问题。面对几百位权威人士,小泽征尔思考片刻,大吼一声:"不,一定是乐谱错了!"话音刚落,评判席上立即响起了热烈的掌声。原来,这是评委精心设计的一个"圈套"。前两名参赛者就是因为盲从权威而被淘汰了。小泽征尔终于获得大赛的桂冠。他的成功,既是艺术造诣上的成功,更是自信美德因子发生威力的结果。

5. 自励

"自励"就是自己勉励自己。自励与自勉具有相同的意思,因为在词义的层面,"励"是勉力、努力、劝勉的意思,如励志;"勉"既有自己力量不够而尽力而为的意思,又有鼓励的意思,自勉正好兼具这两方面的意思。就自勉而言,我们在庄子那里就能找到,即"夫德遗尧舜而不为也,利泽施于万世,天下莫知也,岂直大息而言仁孝乎哉!夫孝悌仁义,忠信贞廉,此皆自勉以役其德者也,不足多也"(《庄子·天运》);这里虽然把"自勉"当成劳役人性的存在,但它直接与"孝悌仁义,忠信贞廉"相联系,这些是儒家基于血缘亲情为标准的东西,具有局限性,并不是对自勉本身的否定,这是要注意的地方。

个人的人生、民族的历程,都是持续过程的整合;这一过程的持续,无法离开动力的补充,自己勉励自己,自己鼓舞自己,自己激励自己,也就是自己激发自己的积极性,自己作为自己的动力源,自己开动自己,自己优化自己;没有内在动力的驱动,就不可能有具体的行动;没有行动的积累,就无法绘制自己航程的图画。自励不能仅仅局限于个人一己的实践,必须通过积极奋发向上的人生态度、精神激昂的人生开拓,汇聚到民族振奋的洪流之中;自励一时并不难,难的是不断自励,终生自励;自励是吃苦、磨炼、奋斗的过程,自励必须具备勇气、毅力和意志,永远不悲观、不颓废、不自弃,调动自己整个生命中蕴含的活动能量去进行人生的创造,为民族的振奋贡献自己的力量。近代思想家梁启超的"献身甘作万矢的,著论求为百世师。誓起民权移旧俗,更研哲理牖新知。十年以后当思我,举国犹狂欲语谁。世界无穷愿无尽,海天寥廓立多时"的诗,就是人生自励的写照。

6. 自省

"自省"是自我反省的意思,这是自我过滤和升华的过程;人需要每天吃饭,这是补足物质能源的需要。可是,人作为一个高级的动物,与其他动物不同的是,他不满足于物质需要的层次,这一点从他会制造和使用工具就开始了,用荀子的话来说就是人具有利用"义"来进行社会管理的能力,这是独特的,其他动物所没有的,这些自然不在物质欲望的范围之内,而属于精神的范畴。自省就是精神的实践活动,个人通过自省来重新认识自己、更新自己,整合自己的能源,保证每天的人生实践都能行进在最佳的征程上;自省是积极的、愉快的、建设性的人生课题。

在中国思想史上,孔子的弟子曾子就非常重视自省,"吾日三省吾身,为人谋而不忠乎?与朋友交而不信乎?传不习乎"(《论语·学而》);孔子对颜回能自省的行为大加赞赏,"吾与回言终日,不违如愚。退而省其私,亦足以发,回也不愚"(《论语·为政》)。在人际关系链里,虽然每个人都是独特的、惟一的,但在比较的关系里,人与人的差异是客观存在的,"见贤思齐焉,见不贤而内自省也"(《论语·里仁》)。"见善,修然必以自存也;见不善,愀然必以自省也"(《荀子·修身》),告诉人们,在人际关系的图画里出现善、不善差异时的做法有两个:一是对道德水准的行为要思考如何努力赶上,一是对不道德的行为要自己反省。显然,这里的"自省"就是自己对自己行为的审视,当然是为了认清自己是否也存在类似的不道德行为;如果在自省的过程中没有歉疚感，这说明自己在人际的行为图画中显示的是正常的色彩，"内省不疚，夫何忧何惧"(《论语·颜渊》)。因此，自省就是为了无忧惧，荀子的"君子博学而日参省乎己，则知明而行无过矣"(《荀子·劝学》)，说得也是这个道理。

自省的过程实际也是实现自知的过程。不过，在认知的实践中，自知是最难的课题，老子就说过，"知人者智，自知者明"(《老子》第33章)，认识他人虽然是智慧的表现，但认识自己则是明慧的见证。这是为什么呢？因为人的一个人性弱点就是判断是非等容易以自己为标准，这就是"夫言非吹也，言者有言，其所言者特未定也。果有言邪？其未尝有言邪？其以为异于鷇音，亦有辩乎，其无辩乎？道恶乎隐而有真伪？言恶乎隐而有是非？道恶乎往而不存？言恶乎存而不可？道隐于小成，言隐于荣华。故有儒墨之是非，以是其所非而非其所是。欲是其所非而非其所是，则莫若以明"(《庄子·齐物论》)告诉我们的道理；也就是说，言论不同于风的自然吹动，风没有人为的因素在内，对自然万物都是公平的；言论的主体是人，因此，人们虽然不断言说，但没有定准；所以，到底是发出了自己的言论了吗？不过，他们都自认为自己的言论不同于小鸟的叫声，但有区别吗？现实生活中真伪、是非等的出现，就在于诸如儒墨那样的是非，在于肯定对方的所非而否定对方的所是，然而，想要达到这一结果，还不如以空明的心境去观照物事的本然样态。

基于以上人性弱点的思考，要做到自知，关键是要克服以自己为是非标准的狭隘偏见，以本然之心来观照物事的本然之状。在自省的过程中，面对自己的弱点和不足，要敢于承认缺点，勇于承担责任；不怨天尤人，外因只是变化的条件，内因才是变化的根据，外因通过内因而起作用；勇于自责，使自省的实践真正走向有形的落实。清代金缨的《格言联璧·持躬》中有"自责之外无胜人之术，自强之外无上人之术"的记载，意思就是除了自己检讨过失之外，再没有其他战胜别人的策术；除了自己增强自己的本领之外，再没有其他超过别人的办法。自责意味着纠正自己的缺点，努力完善自我，是不断超越自我而取得成功的门径之一。

7. 自危

"自危"是自感处境危殆的意思，这是自强因子链中的重要内容。毋庸讳言，对危机的关注虽然是中国文化固有的内容，但迄今对此都没有引起足够的重视。在中国古代文化中，忧患意识是众所周知的，但危机意识就没有多少人关注了，其中反映的问题自然值得我们去思考和总结。其实，忧患意识和危机意识是同时并存的，只是我们在文化利用时仅仅注意到忧患的问题，并以具有忧患意识作为中国知识人的骄傲,并止步于此,而忽视了危机意识存在的事实,这是以偏概全的做法。[1]

有关危机意识的自觉,在《诗经》里就可以找到,"不敢暴虎,不敢冯河,人知其一,莫知其他;战战兢兢,如临深渊,如履薄冰"(《诗经·小雅·小旻》);胆战心惊的样子,犹如临近深渊、在薄冰上行走一样,告诫人们谨慎行事,需要具备戒惧之心,这是一种自我的预警意识,以便前瞻地采取有效的调节措施来规避人生的风险。《诗经》的运思为后来思想家所继承,诸如我们熟悉的"居安思危"的成语就是基于荀子的运思,即"故知者之举事也,满则虑嗛(谦),平则虑险,安则虑危,曲重其豫,犹恐及其祸,是以百举而不陷也"(《荀子·仲尼》),"平则虑险""安则虑危"包含了预警的意识,提醒人提前做好应对的准备。

自危不仅仅局限于个人的安危,也必须思考民族国家的安危。思想史上,荀子就特别关注国家之危,他说:"不利而利之,不如利而后利之之利也;不爱而用之,不如爱而后用之之功也。利而后利之,不如利而不利者之利也;爱而后用之,不如爱而不用者之功也。利而不利也,爱而不用也者,取天下矣。利而后利之,爱而后用之者,保社稷也。不利而利之,不爱而用之者,危国家也。"(《荀子·富国》)爱、利必须以国家的安危为基准来考虑,这是值得我们借鉴的。

众所周知,《周易》的"终日乾乾,反复道也"(《周易·象上·乾·上九》),是对乾"君子终日乾乾,夕惕若厉,无咎"(《周易·乾》)的具体解释。"乾"表示阳刚的特点;"咎"是一个会意词,从人,从各。从"各",表示相违背,即违背人的心愿,所以,本义是灾祸、灾殃的意思;"厉"是祸患、危险的意思。大意是君子成天勤勉修炼,自强不息,到傍晚的时候仍然保持小心翼翼的状态即"夕惕",或者称为警惕的状态,仿佛危险就要降临一样。正因为这样,才能确保自己远离灾殃遭遇的境地;同时,这也是始终依归"道"的前提和条件,即"反复道也"。这是自危意识的典型体现。

自危是前瞻地对可能发生事件的预测的动力,它是基于对自己和外在客观情况综合的考虑,适时调整自己而立于不败之地的非常有效的文化因子,是激活人的各项能力而使之最有效地重聚的积极的力量,也是驱动人的思想而走向行动的最为有力的因素,在自强思想链中具有非常重要的地位。

---

[1] 许建良著:《先秦儒家的道德世界》,中国社会科学出版社,2008年,第366-375页。

8. 自控

"自控"就是自己控制自己。高尔基曾经说过,哪怕是自己的一点小小的克制,也会使人变得强而有力。显然,控制可以使人强大。换言之,控制是自强的润滑油。"有时命运让我们侥幸逢生,我们应引以为戒。如释重负地叹一口气,远远不够。如果我们聪明的话,应该改变我们的行为"(《美德书·自律自己》)[1];蔡元培说过:"自制者,节制情欲之谓也。情欲本非恶名,且高尚之志操,伟大之事业,亦多有发源于此者。然情欲如骏马然,有善走之力,而不能自择其所向,使不加控御,而任其奔逸,则不免陷于沟壑,撞于岩墙,甚或以是而丧其生焉。情欲亦然,苟不以明清之理性,与坚定之意志节制之,其害有不可胜言者。不特一人而已。苟举国民而为情欲之奴隶,则夫政体之改良,学艺之进步,皆不可得而期,而国家之前途,不可问矣。此自制之所以为要也。"(《中学修养教科书上篇·修己·自制》)[2]自控就是对自己行为的控制。自控是人所特有的一种特殊的活动,它是一个人对自身心理与行为的主动的掌握,它运用记号乃至词、语言这些工具,通过自我意识而达到控制自身心理和行为的目的。自控水平的高低是与一个人个性品质与自身锻炼密切联系的,自控能力是抑制神经兴奋的一种能力,也是我们控制、克服气质特征中某种消极因素的重要途径;虽然自控的对象是自己,但主要指对欲望的控制,包括物质和精神两个方面,诸如荀子所说的"分均则不偏,势齐则不壹,众齐则不使。有天有地而上下有差,明王始立而处国有制。夫两贵之不能相事,两贱之不能相使,是天数也。势位齐而欲恶同,物不能澹则必争,争则必乱,乱则穷矣。先王恶其乱也,故制礼义以分之,使有贫富贵贱之等,足以相兼临者,是养天下之本也"(《荀子·王制》),主要指的是物质财富,由于物质财富的有限性,需要制定礼义规则来确定人的"分",使大家都能得到生养的权利,从而避免"物不能澹则必争,争则必乱"的情况的产生,保持社会的安定和谐,使社会实现可持续发展。

21世纪的地球村,科学技术得到了飞速的发展,但一个不可否认的事实是,世界1%的人持有着世界一半的财富,贫富的差距不断在拉大,而且世界政治的趋向也朝着保护富人利益的方向倾斜,诸如美国总统奥巴马提出提高对年收入超过50万美元的家庭收税的标准,把现有的15%的税率增加到

---

[1] [美]威廉·贝内特编著,何吉贤等译:《美德书》,中央编译出版社,2001年,第701-702页。

[2] 高平叔编:《蔡元培全集》第二卷,中华书局,1984年,第176页。

28%,但显然无法得到国会的通过。贫富差距拉大的现象在我国同样存在。富人由于有钱,就可以随意消费。试问:富人存在这样的权利吗?显然不存在。世界的资源和财富为地球村居民所共同拥有,富人的特殊权利只能在克制自己、帮助穷人脱贫中找到位置,这是必须注意的。不能侵占他人享受物质财富的权利,自己无节制地过多享受外在资源的行为本身,就是侵害他人权利的表现。

自控的另一个内容就是精神。蔡元培认为"自制之目有三:节体欲,一也;制欲望,二也;抑热情,三也"(《中学修养教科书上篇·修己·自制》)[1]。人具有七情六欲,情绪往往影响人的行为,影响人际关系的和谐,自控要求个人有效控制自己的情绪,喜怒必须有则,喜怒无常受到伤害的不仅是他人,而且是自己本人。中国有退一步海阔天空的说法,这是和谐人际关系有效的文化资源,在此,老子的"天长地久。天地所以能长且久者,以其不自生,故能长生。是以圣人后其身而身先,外其身而身存"(《老子》第7章),也将不失为有益的启示。天地没有考虑自己的利益,而是自然而然地、公平地对待万物,所以受到宇宙万物的爱戴而实现"长生";圣人也一样,能够有效地自控,客观的效果是民众处处爱戴他。

总之,自强是一个文化链,主要有自主、自立、自尊、自信、自励、自省、自危、自控组成,前四者是最为基本的自强的因素,后四者则是动态层面的激活前四者的活的文化因子,是自强真正确立的实践的活力源。

(八)"自强"的心理机制

自强能否最终形成和确立,心理因素非常重要,这也是这里讨论心理机制的缘由所在。

自强的心理机制主要是自足,自足是自己感觉满足而不奢求的意思。21世纪已经进入到了文化全球化的时代,纷繁多变是总的特点。在这样的时代生活,最为关键的是把握好自己,要把握好自己就必须对自己的特性有比较充分的认识,然后确立好应对之方。人必须在社会群体中生活,个人在群体中的价值,自然不是任意占取群体的资源和利益,也不是盲从他人,或者攀比他人。前面讨论自省问题时,曾经谈到要做到自省,自知是非常重要的环节。但在理性发展的阶梯上,认识自己是人最为困难的问题,这是因为人容易以

---

[1] 高平叔编:《蔡元培全集》第二卷,中华书局,1984年,第176页。

自己为评价的标准这一人性的弱点所决定的。但是，在另一方面，在五彩缤纷的世界里，人往往也存在容易失去自我的可能性。其实，在人的社会链中，个人的价值在于他的独特性，就是自己区别于他人的特性。所以，在群体生活中，盲从他人、以外在他者为衡量自己地位的标准，这样的行为无疑会失去自我。所以，在现代社会生活，最为关键的是在与社会时代的协调中保持自己的个性特征，即庄子所说的"唯至人乃能游于世而不僻，顺人而不失己"（《庄子·外物》）。

要做到这一点，知足的心态非常重要。知足就是对自己所处境遇的满足，"知足者富"（《老子》第33章）告诉我们，知足的行为是富裕的表现。知足不奢求是远离耻辱的最好方法，"知足不辱，知止不殆，可以长久"（《老子》第44章）昭示的就是这个深刻的道理。生活中腐败贪污现象的根源就是个人欲望的无限膨胀，欲壑难填最终会走向身败名裂的深渊，老子"祸莫大于不知足，咎莫大于欲得，故知足之足，常足矣"（《老子》第46章），就是最好的教诲；欲望的无限追求，最终走向祸害，"咎"是灾祸的意思，所以，不知足、欲望的无止境的追求本身就是最大的祸害。在满足的大厦里，知足是一种独特的满足的方式，它能把人带进恒常满足的境地。在具体的实质上，知足就是不为利益所左右，"知足者，不以利自累也"（《庄子·让王》），就是这个意思。下面石匠的故事就告诉我们自足的重要性[1]：

> 古时候有个石匠，他不满意他自己以及他在生活中的地位。一天，他路过一位富商的豪宅，从开着的门缝里，他看到许多精美的物品和有地位的拜访者。他想这位富商一定很有力量。他越发羡慕，盼望自己有一天也成为这样的商人。很吃惊，他突然变成了商人，沉浸在比他梦想的更为奢侈和更有力量的生活中，被其他没有他这样富裕的人所嫉妒和痛恨。但不久，一个高官经过这里，高官被随从用轿子抬着，还有士兵敲打着音乐伴行，每一个人，无论他如何富裕，都不得不在队列前弯腰鞠躬。他想，这位官员多么威武有力啊！他希望自己有一天也成为这样的高官。
>
> 后来，他变成了高官，每到一处，都坐在装饰精美的轿子里，被周边

---

[1] Benjamin Hoff. *The Tao of Pooh*. Viking Penguin Inc., 40 West 23rd Street, New York 10010, U.S.A. 1982: 118-119.

的人所恨和惧怕,他们都不得不在他经过时弯腰鞠躬。在一个炎热的夏天,这位官员在结实的轿子里感到非常不舒服;他抬头看到了在天空骄傲地发光的太阳,没有被他的经过受到任何影响。太阳是多么威武有力啊!他想着,并希望自己有一天成为太阳。

后来,他变成了太阳,对每个人照射着强烈的光线,烧焦了田野,被农民和苦力者所诅咒。但是,一块大的黑云经过他与地球之间,他的光线无法照射到下面的每一个地方。暴风雨的黑云是多么威武有力啊!他想着,并希望自己成为一朵云。

后来,他变成了云,频繁通过田野和村庄并为那里的每一个人所指责,但不久后,他感到他被一股更强大的力量所驱使而无法按照自己的意愿来行为,最后认识到这股力量是风。风是多么威武有力啊!他想着,并希望自己有一天成为风。

后来,他变成了风,吹掉了房顶上的瓦片,拔起了树根,在他下面的人都痛恨和恐惧他。但不久后,他通过某物时,那物根本没有动,无论他花费了多大力量吹它,原来这是一块大石头。这大石头是多么威武有力啊!他想着,并希望有一天自己变成大石头。

后来,他变成了比地球任何东西都有力的大石头。但正当他站立在那里时,他听到了榔头把凿子敲打进坚固岩石的声音,感到自己正在被改变。还有什么东西比我石头更有力量呢?他想着,并往下看,看到在他下面很远的地方有个石匠的影子。

总之,自足作为自强链中的一个因子,必须从两个方面去理解:一是对自己处境的满足,一是对自己给他者贡献的永不满足。这两个方面是紧密联系的,缺一不可。对自己处境的满足,这是一种独特的接受性的心理,这也是西方思想家对中国道家思想的标志评价之一,具有积极的意义。美国心理学家弗洛姆认为,"称道家的接受性为一种技术,可能有一点不准确,因为它主要由能不插手和不开口、有耐心、悬置行为、乐于接受的、被动的特征组成"[1]。"由于某些原因,了知乐于接受的战术,既不在教材里有太多的议论,也没有作为一种科学的技术而得到很高的尊重。这是非常奇怪的,因为

---

〔1〕 Abraham H. Maslow. *The Psychology of Science*: *A Reconnaissance*. Gateway Editions,Led. South Bend Indiana,1966:95.

在知识的许多领域,这种态度是根本性的存在。我认为尤其是民族学家、临床心理学家、行为学家、生态学家,但是,在原则上,在所有的领域,乐于接受的战术是有用的"[1],这无疑是在心理学层面做出的最好的解释。

另一方面,个人对他者贡献的永不满足,这是独特的给予性的心理。人之所以要过群居的生活,就在于个人不是全能的存在,必须与外在他人互相取长补短来演绎生活,这需要人具备给予的心理;通过自己的创造性生活实践,把实践的成果主动给予他者,让他者分享自己的生活实践成果。在21世纪的今天,这一内容对富人尤其重要,这是自强在社会场域里的另样表现。

(九)"自强"的当代价值

在西方强势的现实面前,自强是中国人实现自我利益保护的最为切实的措施。西方的强势不仅仅表现在经济的方面,而且在文化的方面,这从各国推动旅游文化来助推经济发展这一点就可以看出。强势是西方人在世界文明舞台上确定的准星;强势需要规则,确定规则本身就是最为强势的表现。为了经济的发展,美国2015年1月20日奥巴马总统在国会的国情咨文(State of The Union)中就讲到,应该由美国来确定世界经济的规则,而不是中国,希望国会给他更大的授权。我想在世界目前的格局中,只有通过民族的自强,才能保证我们的利益不被西方吞噬,并尽早在世界的舞台占有我们的人均份额。这最为重要,关系到民生。说到底,现代化、文化强国的最终落实就是民众利益的保证,生活家园的保证,让大家在自己的家园感受到现代化建设的成果,并公平地获得享受现代化建设成果的机会,在享受现代化建设成果的实践中,展现全民族的精神风采。

在前面的讨论中提到,自强是因循规律而努力图强的实践行为,因循规则非常重要,我们要在世界的舞台上拓展我们的建设事业,必须研究世界规则,在充分利用规则的前提下来润滑我们的建设。这是一个方面。就我们自己的建设而言,因循自然规则、消解急功近利的短视行为,在与自然保持协调一致的前提下来利用自然,不能无视自然而鼠目寸光地来追求所谓的建设;我们无需一切都看他人的脸色,我们有世界最大的人口,这是最好的销售市场,这是我们的优势。所以,发展规则的确立必须基于这一前提,在以自己市

---

[1] Abraham H. Maslow: *The Psychology of Science: A Reconnaissance*. Gateway Editions,Led. South Bend Indiana,1966,第 96-97 页。

场为主要目标的前提下实现拓展，如果有人认为这是民族保护政策的话，那要反问，世界有哪一个国家不在民族保护中展开一切经济实践！如果能贯彻与自然协调而持续发展的原则的话，环境污染的问题就会得到迎刃而解，而环境质量的回复，无疑又激活了旅游产业这一经济链的活力，这一结果又在更大的范围上助推经济的拓展。这是21世纪承扬的传统美德自强的必然内容所持有的鲜活的价值所在。

自强是中国实现富强的最为扎实的措施。作为社会主义核心价值观之一的富强，是中国人的伟大目标，富强自然不能离开现代化的实践。但是，现代化经济的发展离不开文化的推动，文化才是经济的掌控因素，离开文化的因素不可能存在真正的现代化，这是我们必须迅速确立的认知。文化的价值更在于它的独特性，也就是民族性，民族性的素质是在普世性的基础上开出的绚丽的民族花朵，这正是目前世界各国实行文化救市的原因所在。所以，文化的强大才是真正的强大。我们文化强国的提出正是向14亿中国人敲响的利用民族文化的优势来振兴中华经济的钟声。文化是在坚持中累积其价值的，持之以恒是关键。就自强而言，我们有优良的文化传统，诸如"天行健，君子以自强不息"，就给我们预设了在与自然协调一致的前提下演绎努力图强实践的图式。审视我们的文化实践，客观的事实是我们忽视了与自然一致方面的因素，而仅仅局限在自己努力图强的方面。今天我们需要重新激活自强本有的完整的内涵，重新开始科学自强的民族实践，不断累积自强的文化内涵，为民族的富强在文化的层面真正实现驱动。

总之，自强虽然不能离开个人的努力奋斗，但民族国家的强才是真正的强，才有个人的强，这是必须明白的。中华民族具有自强不息的悠久的历史，我们必须立足自己的文化，增强自信，消解一切以西方为标准来衡量物事的做法，从而为民族文化产生世界影响而开辟实际的路径，为中华文化走向世界而切实培育条件。一切以西方为标准就是丢失、抛弃自己，在这个前提下，中华文化不可能获得走向世界舞台的任何条件。中华民族必须振兴，民族复兴的中国梦必须早日实现，这是辉煌的中华民族文明史昭示我们的信息。在这一目标的感召下，在这一理想的激励下，不屈不挠地坚持，矢志不移地奋斗，直到成功，是每一个中华子孙的义务和职责！

四、务　　实

在中华传统美德"人道"的大厦里,接着要讨论的就是务实。一个民族的文化,在多大程度上在自身民族的经济发展中起作用,归根到底不能离开民族文化所蕴结的内在的力量,它源于民族子孙世代的奋斗和追求,这是民族生命的另种样态。在这个意义上说,每个民众就是自己民族文化的创造者和生力军。但离开民众就无所谓民族文化,这是非常明显的。民族文化所蕴结的力量的大小,在于其本身有无内在的生成和累积细微文化因子的机制,务实就是凝聚民族文化因子的重要的机制因素之一,是人道中的重要德目之一。

(一)"务实"的解题

简单而言,务实是致力于实务的意思。在文字的构成上,"务实"由"务"和"实"组成;"务"的下面是"力"字,这表明"务"的意思与"力"紧密联系,表示要致力于某事,其本义是致力、从事。"实"在这里主要在名词的层面生发具体的意思。务实作为中华传统美德之一,有着悠久的历史传统。在21世纪中华民族伟大复兴中国梦的征程中,务实仍然是必须迅速激活的"人道"之一。它应有的内涵主要包含以下几个方面。

1. 追求殷实、富实

"实"(實)是会意词,从宀,从贯。"宀"指房屋,"贯"表货物,以货物充于屋下。因此,实的本义为财物粮食充足、富有;殷实、富实就是富足,墨子的"实,荣也"(《墨子·经上》),也就是这个意思;"荣"是繁多、丰富的意思。《说文解字》载有"實,富也,贯为货物"的释解,由于"實"的下部是"贯",段玉裁对"贯为货物"解释为"以货物充于屋下是为实";在古代,"富"实际就是一种"备",《说文解字》载有"富,备也",段玉裁注释为"富与福,音义皆同,《释名》曰:福,富也"。显然,幸福必须以富有为前提,富有就是持有的多;所以,本于《孔丛子》抄出别行的《小尔雅》的"实,满也,塞也",表达的也是这个意思。因此,务实就是致力于殷实、富实的事业,并最终走进富实、幸福的大门。

富实是人生活的基础和前提,离开实就无法生活,这是不能有半点虚假的。富实不是天上掉下来的,它需要靠人自己去争取和创造,只有务实才能取得丰硕成果,在学校学习是这样,走上社会工作也是这样。在形而下层面形成的人际差距,其原因之一就在务实程度的差异。这是务实首要的内涵。

2. 致力于实在的事务

务实不是笼统的口号,而是非常具体的,它是通过具体的事务而体现和落实自己的。《警世通言·赵春儿重旺曹家庄》里说:你生长富室,不会经营生理,还是赎几亩田地耕种,这是务实的事。在这个意义上,务实就是做具体的实际事务,而不停止在心里设想上;《初刻拍案惊奇》卷十五里的"你如今当真收心务实了么",正是这个意思。例如,我们强调道德建设,而道德建设的成效始终不尽如人意,这是为什么?问题之一就是我们缺乏务实的态度和行为,我们的道德总是侧重在理论的设计上,而不是务实地将社会生活的道德和学理的道德进行区分;由于不区分,误把学理道德当成生活道德,而学理道德的侧重点始终在理论的阐述上,不在与生活的对接上,这就是道德建设呼声大而效果微的深在原因。作为中华传统美德之一的务实,在道德问题上的务实,就是要切实地紧贴民众的生活来考虑道德,这种道德就是"目中有人,心中有他",这是止步于空论而切实有为于道德的起点。

一个人从不成熟走向成熟,正是务实行为结出的果实。人不可能是一个人自身世界里的存在,其存在的价值必然要落实到具体的社会中,人从学校走向社会,就是个人实现自己价值舞台的扩大。一个民族的强大自然是整个民族长期务实行为的必然结果,民族务实的行为不过是个人务实行为的整合和凝聚而已,离开个人的务实,是不可能存在民族务实的美德行为的。所以,致力于具体实务的关键在个人的务实而不是务虚。

3. 讲究实际

务实虽然是通过扎实而具体的实际事务来显示自己的价值的,但务实的行为不是蛮干,而要使巧劲。众所周知,我们正处在一个科学技术高速发展的时代,现在引领世界市场的几乎都是高科技产业。因此,优先发展高科技也自然成为各国发展优先选择的频道。高科技时代的一个最为重要的事务就是信息,必须及时获取信息,然后建立在信息分析基础上巧干,而不能盲目埋头苦干。总之,必须依托科学技术的平台,来推进务实的实践。如果只是凭主观臆想来行事,那只能收到事与愿违的效果,美国海洋生物学家蕾切尔·卡森(Rachel Carson,1907—1964)于1962年出版的《寂静的春天》(*Silent Spring*)里的事件就是最好的说明:卡森以非常翔实生动的实例,告诉人们一个深刻的道理,我们对待生物界的态度异常狭隘,往往因为某种生物没有直接的用处就用化学制剂消灭它,从而造成了深远而又难以消除的生态恶果。由于亿万年的进化,鼠尾草成为美国西部高寒严酷地区唯一能够生存的植物。鼠尾草是一种灌木,鼠尾草丛原是松鸡和尖角羚羊的栖息地,同时它丰富的营养,除了为野生动物提供食物外,也是绵羊在冬天的主要饲料。消灭鼠尾草的后果,等于撕破了食物链,不但松鸡和羚羊随同鼠尾草一起消亡,就连人们饲养的绵羊也由于冬天缺乏饲料而挨饿。不仅如此,消灭鼠尾草的行为不仅影响到了本地区,同时也影响到了草场周围的地带,周边的柳树因为中毒开始枯萎,河狸因为得不到柳树枝条而不能经营它的池塘,水鸟和鱼也因为食物匮乏开始逃离这个地带,这个周边地区原有的旅游胜地的景象烟消云散。顺便说的是,美国最高法院大法官威廉·道格拉斯曾为《寂静的春天》英文版作序。本书促使公众普遍关注农药与环境污染,美国也于1972年禁止将DDT用于农业。

相反,如果人类能科学地在生物链的层面来考虑解决问题的方案,有意识地保护、利用生物多样性、保持生态系统稳定性的话,慷慨的大自然会给人类以十倍、百倍的回报。美国的例子尽管造成了当地环境的破坏,但在人类文明史的层面,仍然不失为他人提供了借鉴。大家可以记忆犹新,澳大利亚原本草原辽阔,然而,20世纪20年代,澳大利亚从外面引入新牛种后,牧牛业迅速发展起来。牛群的迅速增加,使牛粪越积越多,导致蝇大量繁殖;蝇吮吸牛的体液,危害牛的健康;牛粪压盖在地面上,造成牧草变黄、花变枯萎。草、牛、蝇、人之间失去了生态平衡,严重影响了畜牧业的发展。20世纪70年代,我国黄牛产区的一种蜣螂被引入澳大利亚,这种蜣螂有把牛粪滚成粪球、迅速推入地下埋藏备食的特性。牛粪被埋入地下,既防止蝇的繁殖,又可改善土质,有利牧草生长。这样,使得原来失去平衡的生态系统,由于增加了新的物种而恢复了平衡,畜牧业产量也因而大大增加。

务实所体现的讲究实际,无疑是主客观统一的实现,统一的基准在科学合理性。这是必须注意的。

(二)"务实"的出典

在中国思想史上,对"实"的强调,法家给人留下非常深刻的印象,他们对只说不做的现象深恶痛绝,商鞅下面的论述就是代表:

> 今世主皆忧其国之危而兵之弱也,而强听说者。说者成伍,烦言饰辞,而无实用。主好其辩,不求其实。说者得意,道路曲辩,辈辈成群。

民见其可以取王公大人也,而皆学之。夫人聚党与,说议于国,纷纷焉,小民乐之,大人说之。故其民农者寡,而游食者众。众则农者殆,农者殆则土地荒。学者成俗,则民舍农,从事于谈说,高言伪议,舍农游食,而以言相高也。故民离上,而不臣者成群。此贫国弱兵之教也。夫国庸民以言,则民不畜于农。故惟明君知好言之不可以强兵辟土也,惟圣人之治国作壹,抟之于农而已矣。(《商君书·农战》)[1]

彼言说之势,愚智同学之,士学于言说之人,则民释实事而诵虚词。民释实事而诵虚词,则力少而非多。君人者不察也,以战必损其将,以守必卖其城。(《商君书·慎法》)

"烦言饰辞,而无实用",但跟风者不少,这样形成了"民农者寡,而游食者众"的结果,这是"释实事而诵虚词",必然造成"力少而非多"的结果;农民不从事农业就等于坐吃山空,这直接违背上面说的致力于具体事务的务实精神。

商鞅在这里将"实"与"虚"相对,"虚"就是不实,这就是在务实的层面来审视"实"[2]的。不过,就"务实"这一概念而言,一直到后来的《国语》里才能找到用例:

赵文子冠,见栾武子,武子曰:美哉!昔吾逮事庄主,华则荣矣,实之不知,请务实乎……见范文子,文子曰:而今可以戒矣,夫贤者宠至而益戒,不足者为宠骄。故兴王赏谏臣,逸王罚之。吾闻古之王者,政德既成,又听于民,于是乎使工诵谏于朝,在列者献诗使勿兜,风听胪言于市,辨妖祥于谣,考百事于朝,问谤誉于路,有邪而正之,尽戒之术也。先王疾是骄也……见韩献子,献子曰:戒之,此谓成人。成人在始与善,始与善,善进善,不善蔑由至矣;始与不善,不善进不善,善亦蔑由至矣。如草

─────────
[1] 高亨注译:《商君书注释》,中华书局,1974年。本书引《商君书》,皆据此本。
[2] 不得不说的是,西方一些学者认为在中国思想史中,只有道家的知识才是真实无虚的,儒家、法家的知识都是虚妄的,诸如"因为道家严格的分别两种不同形态的知识,一种是儒家和法家的社会的'知识',这种知识是理性的,但是虚妄而不实;一种是自然的知识,这就是道家所追求的对自然的了解,这种知识是经验的,也许甚至超越人类的逻辑,但是它没有一己的私见,是放诸四海而皆准的,并且是真实不虚的"(《道家与道教》,[英]李约瑟著、陈立夫等译《中国古代科学思想史》,江西人民出版社,1990年,第121-122页),就是例证,可以参考。

木之产也,各以其物。人之有冠,犹宫室之有墙屋也,粪除而已,又何加焉。(《国语·晋语六·赵文子冠》)

赵文子加冠礼[1]后去拜见武子,武子跟他说,美啊！我以前是您父亲的副手,他外表华美,但华而不实,您要努力务实才对。这里的"务实"包括了解实际情况、名副其实、环境对人的实际影响等的意思,下面的"听于民"就是了解掌握实际情况的最好的方法,切忌骄傲；成为成人以后,要注意亲近善,这样不善就失去了接近你的机会；如果你亲近不善,善最终就远离你而去；人与物一样,都是以类而聚的,加戴冠礼以后,并不等于万事大吉了,仍然有个"粪除而已"的工作,用今天的话说就是大扫除,清除来自社会生活中的污秽影响。清除污秽的工作,最主要的就是要做实际的调查,因为,"华而不实,耻也"(《国语·晋语四·秦伯享重耳以国君之礼》)、"华而不实,怨之所聚也"(《春秋左传·文公五年》),所以,"大人不华,君子务实"(《潜夫论·叙录》)[2]。

务实就是讲究实际、实事求是；这是求真的态度,是走向创新的基础和根本。中国古代文化注重现实,崇尚实干的精神,它排斥虚妄,拒绝空想,鄙视华而不实,追求充实而有活力的人生,创造了中国古代社会灿烂的文明。今天夯实文化软实力的工程,本身就包含着"实",更需要务实美德的支撑,离开14亿中国人的务实的行为操守,就无法实现我们富强的中国梦。

(三) "务实"作为德目的理由

"富强"是中国人的核心价值之一,这是中国人民通过长期实践而得出的经验,"富强"这一核心价值观的价值实现,必须在中国人民现实生活中转变为富强的客观事实才有现实的意义；不然,最多的意义也只是舞台唱本的效用,难对民众的现实生活产生实际的影响。"富强"不是虚空的口号,是为实际的数字所支撑的,诸如人均GDP等就是通用的国际评价指标,这些指标的达到,需要务实行为的累积,这就是务实作为美德德目在21世纪承扬的中华传统美德实践中仍然占有位置的理由。具体而言,以下这几个方面就是更为

---

[1] 古代男子20岁举行成人礼,结发戴冠。这一传统风俗现在日本仍然演绎着,日本将20岁定为成人的起始年龄,按照法律,成为成人之后才能拥有选举权,以及抽烟和喝酒的权利。每年1月的第二个周一为"成人节",当天全国放假一天。作为一个长期的传统,各地政府通常会在当天举办"成人式",鼓励"新成人"步入社会,并承担相应的责任。

[2] 〔汉〕王符著,〔清〕汪继培笺,彭铎校正：《潜夫论笺校正》,中华书局,1985年。

深在的回答。

1. 建设的现实要求

在人类数千年文明史的大部分时期,无论是以幅员、人口还是以生产总量计算,中国都是世界第一大国。但当18世纪西方工业革命后出现了一批工业国之后,中国成为事实上贫弱的"巨人",尽管仍然"人口众多",却因工业薄弱而受人欺辱,徒有庞大身躯却无力挺腰站立。相反,"泱泱大国"眼中的偏域小国,诸如英国等,因拥有了强大工业而成为雄霸世界的强者。众所周知,工业革命使欧美国家率先走上了以机器和非人力能源替代人力的现代发展型道路。英国艾伦·麦克法兰的《现代世界的诞生》对此这样描述:突然之间,一个原来主要靠动物和植物将阳光转化为点点滴滴的可再生炭能的世界,变为可以使用千百万年的能量储藏了——最初是煤炭储藏,然后是石油储藏。机器化、城市化、工业化、工厂化的时代在这个小小的岛屿上诞生了,50年后又开始向其他地方蔓延。显然,正是这50年工业化实践的积淀,成为英国之后两三个世纪丰厚的物质基础和治国的理念。从20世纪开始,美国工业后来居上,使美国成为最强大的工业国,从而美音英语也应运而生成为区别于正统英语的强势英语。

新中国的建立,开始了中华民族振兴的历程,尤其是改革开放以来的40多年,中国的发展令世界惊叹。从西欧工业革命算起,经过二三百年的奋斗,才使全球大约20%的人口实现了工业社会的生活;中国的工业化进程则在几十年时间内,使全世界生活于工业社会的人口翻了一番。辉煌的建设成就使中国一改贫穷落后的旧貌,大多数工业品产量位居世界前列,从2010年起,中国已经成功地成为世界第二大经济实体,不过,中国工业创造和积蓄物质财富的使命还远未完成,中国工业仍然重任在肩。研究表明,2008年,美国财富总量是中国的5.9倍,日本是中国的2.8倍;美国生产性财富(工业生产物储存量)是中国的3.8倍,日本是中国的2.4倍。而人均生产性财富美国是中国的16倍,日本是中国的25倍。如果美、日、中三国均保持当前的生产性财富增速,中国的生产性财富要到2034年和2035年才能赶上美、日两国。但人均财富总量赶上美、日,则需要更长的时间。[1]

中国的发展是有目共睹的,但看到我们自己的不足是自强美德心理素质的外在表现之一,也是自强能力的内在因子之一。我们的不足需要全体中国

---

[1] 参考《65年,中国工业不辱使命》,《人民日报》2014年10月08日07版。

人共同的努力和实在的务实行为来填补。

2. 世界变动的局势

世界的发展现在无疑是由西方主导,经济上也不例外,世界经济市场统一的衡量、结算标准是美元,这就是具体的说明。2001年11月10日,世界贸易组织(WTO)第四次部长级会议在多哈做出决定,同意中国加入世界贸易组织,中国于2001年12月11日正式成为世界贸易组织的成员;从申请加入世贸组织起,就说明中国愿意接受世界贸易规则的制约,而正式的加入就是中国必须接受世贸组织规则的开始。在世界舞台上发展经济、建设现代化,不能脱离对世界舞台的认识,尤其是经济;迄今获得诺贝尔经济学奖的基本上是西方人。但是一个不可否认的事实是,世界经济从19世纪30年代第一次危机以来,不仅发生危机的频率越发加快,而且危机本身带来的广视域的危害也越发深刻。诸如2008年开始的金融危机,从美国开始遍及全世界,危机的辐射波至今仍未消失。虽然各国在应对危机上做出了努力,但客观的事实充分显示出人类理性的弱点,这就是人类永远是自己欲望的俘虏,至今仍然没有找到完美的整体克服经济危机的对策,各个国家最大的应对决策就是刺激经济,没有钱就加印纸质货币,这在另一意义上铺设了以后经济危机的隐性因子。在这个意义上说,人类永远是自己理性产品的受害者。人类如果不能跳出自身的限制,把自己看成地球村的一个居民而非主宰者的话,成为受害者的客观可能就永远无法消失。

众所周知,在经济市场上,1944年7月,在44个国家代表参加的于美国新罕布什尔州的布雷顿森林公园召开联合国和盟国货币金融会议上通过了"布雷顿森林协定",确立美元与黄金挂钩,成员国货币和美元挂钩,实行可调整的固定汇率制度(即35美元兑换一盎司黄金)。"布雷顿森林协定"虽然在美联储保证美元按照官价兑换黄金,维持协定成员国对美元的信心,以及提供足够的美元作为国际清偿手段上保证的基本责任,但协定的内在矛盾也非常明显:美元供给过多则不能保证全部都能兑换黄金,供给不足则国际清偿手段不足——这就是"特里芬困境"。随着20世纪50至60年代,欧洲多国经济逐渐复苏,并认为固定汇率对自己国家不利,于是开始利用体系换取较为保值的黄金。美国的黄金储备开始流失。迄今为止,美国已流失了其三分之二的黄金储备(美国原占有全球黄金储备的75%),但美国至今还是全球第一黄金储备大国(目前约为8 100吨);20世纪60至70年代,爆发多次美元危机后,美元进一步贬值,世界各主要货币由于受投机商冲击被迫实行浮动汇率制度,布雷顿森林体系至此完全崩溃。美元与黄金脱钩、浮动汇率的出现都是人为因素加剧所致,布雷顿森林体系崩溃以后,虽然国际货币基金组织和世界银行作为重要的国际组织仍得以继续存在至今,并发挥重要的国际作用,但没有找到解决经济合规律发展的途径是一个众所周知的事实。

中国的发展必须在这个趋势下进行,这样一个经济事实告诉大家,在流行货币与黄金脱钩的情况下,提供了加印货币作为人们度过经济危机的最为简单而可能危害无限的可行性。如何解决经济问题?世界没有一个国家找到科学的方法,经济学家也无法回答这一问题。就发展的趋向而言,以后可能是经济实体的规模即占有世界经济实际比例的多少决定经济的事务。当然,这里说的实际比例不是人均 GDP,提高 GDP 的水准无疑是中国以后现代化建设的主要课题,也是富强的试金石。这是基于世界动荡经济市场而彰显的务实这一中华传统美德德目的理由。

3. 反思历史的启示

从 1840 年开始,西方列强通过战争打开中国门户,1842 年清朝在与英国的第一次鸦片战争中战败,8 月 29 日(清道光二十二年七月二十二日)清政府与英国签署了中国近代史上第一个因与外国战败而需要割让土地和开放通商的不平等的《中英南京条约》,清政府开放沿海的广州、福州、厦门、宁波、上海五个港口,使"贸易通商无碍",割让香港于英国治理,并赔偿损失二千一百万两白银等,中国从此演绎了近代百年屈辱的历史,这无疑是一部国力薄弱史。

鸦片战争以来,中国丢失大片国土,这一国耻至今仍然无法让人忘怀——别人向前发展了,我们没有相应的跟进,自然就落后了,历史的四大发明无法支持中国在世界舞台上强大的位置。弱肉强食,这是宇宙发展的硬道理,没有哪个民族能够超越这一规则的限制。时至今日,世界形势所显示的强力的特征,让人坚信,民族主义无法超越普遍的人道主义,民族要在世界的舞台上占有自己的位置,以及维护在宇宙所自然占有利益的权利,离开富强没有其他出路,而富强的抵达只能由务实美德所维系的务实行为来保证。

4. 动态存在的富足

富足是一个永远变化的存在,故富足是相对的,没有统一不变的标准。美国人彼得·戴曼迪斯(Peter H. Diamandis)和史蒂芬·科特勒(Steven Kotler)在《富足:改变人类未来的 4 大力量》一书中认为:今天,处于贫困线之下的美国人的生活水平不仅远远领先于大部分非洲人,也远远高于一个世纪之前的最富裕的美国人。这告诉我们,富足本身不是一个不变的定数,其内涵随着时代的变化而变化。科学技术的进步,如计算系统、网络与传感器、人工智能、机器人技术、生物技术、生物信息学、3D打印技术、纳米技术、人机对接技术、生物医学工程,使生活于今天的绝大多数人能够体验和享受过去只有富人才有机会拥有的生活。以科学技术进步为基础的工业发展,不仅创造和积蓄大量物质财富,而且是解决人类发展所面临的各种重大问题的最重要手段之一。改革开放以来的中国的发展,不仅表现出生产力最活跃和最具革命性的本性,而且以其彻底的改革开放精神和最具竞争性的进取行为,迅速地提升了中国的国际地位,对中国特色社会主义作出了巨大贡献。伟大的实践孕育伟大的理论,伟大的理论指导伟大的实践。从20世纪50年代起,中国发展就将解放、自主、奋斗、强国的观念注入民族意志,取得的卓越成就是"实践是检验真理的唯一标准"这一最突出、最鲜活的真理的体现。

中国人已经改变了一穷二白的面貌,逐渐走向富裕的生活。世界一些国家诸如加拿大、美国、匈牙利等,专门出台针对中国人的移民政策,这为中国人践履扬眉吐气的生活铺设了道路。但是,我们永远不能忘记,富足是一个动态的概念的道理,中国今日的富裕是与昨天中国比较视域下的结论,在中国与世界发达国家比较的天平上,我们整体上仍然贫穷也是不可否认的事实。这也是需要我们践行务实美德的理由之一,因为我们的最终目标是世界话语背景下的真正的富裕。

5. 贡献世界的需要

《黄帝内经·素问·调经论》曰:"有者为实,无者为虚。""实"是一种具有,如果没有就无法称为实际的持有,"无"就是一种虚;这个意思构成词组就是实有、虚无。随着中国改革实践的推进,中华民族在世界舞台上的地位也得到不断的提升,中国已经成为当今西方媒体里的一个重要内容。西方人深深地体会到,21世纪的今日,要忽视乃至无视中国的存在的话,已经是一个愚蠢的举措。随着我们国际地位的提高,中华民族伟大复兴中国梦的实践也在鸣鼓敲锣中不断推进。复兴不仅仅是中国古代辉煌地位的回复,更是在回复中追求兴盛发达,这是复兴的"兴"所具有的本在的意思。

中华民族复兴的中国梦里的一个重要因子,就是中国在世界事务中权利的追求和责任的承担。无论是学理的层面还是实际的层面,权利与义务都是互为条件的;要权利就必须承担相应的义务,承担了相应的义务则势必要享受一定相应的权利,这在理论上是成立的。当然,在世界文明史的长河里,这也有被扭曲的时候,强权政治就是这方面具体的代表。随着中国世界地位的提高,其他民族和国家对我们的期望也自然不断增长,尽管我们仍没有到达发展国家的行列,但在发展中贡献于世界仍然是我国的一个宗旨;要贡献于世界就必须有实力,没有实力就无法贡献。在今天显示利益驱动特色的世界舞台上,要违背利益的规则来另辟蹊径的话,简直没有任何可能。中国更多地贡献于世界,既是世界人民的心声,也是中华民族复兴的中国梦的要求之一,这一中国梦的真正实质性的实现,需要雄厚的资源来作为后盾。所以,通过务实的行为来最大限度地积累我们的有形的资源,是中国更多贡献于世界的需求之一。

(四)"务实"的理论基础

1. 经济是基础

在马克思主义哲学思想中,经济基础和上层建筑是一个辩证统一的关系。上层建筑必须建立在一定经济基础上,离开具体的经济基础,上层建筑就失去生活的源泉;上层建筑指社会意识形态以及与之相适应的政治法律制度和设施等的总和。这里不禁要问,道德是上层建筑吗?答案是肯定的。众所周知,就学理道德而言,所谓道德,就是人类现实生活中,由经济关系所决定,用善恶标准去评价,依靠社会舆论、内心信念、传统习惯来维持的一类社会现象,是调整人们之间以及个人与社会之间关系的行为规范的总和;它以目中有人、心中有他的方式在社会生活中编织自己的图画。也就是说,道德不是人主观自生的,也不是神的意志,更不能用抽象的人性来说明,道德是由一定经济基础决定的上层建筑。社会意识形态是社会物质生活条件的反映,并受着社会关系特别是经济关系的制约。换言之,经济基础是上层建筑赖以产生、存在和发展的物质基础,其性质决定上层建筑的性质,其具体的变更必然引起上层建筑的变革,并决定着其变革的方向。上层建筑一旦形成,势必在为自己的经济基础的形成和巩固服务的实践中找到自己的价值和确立具体的位置。务实作为中华传统美德之一,其生长的基础自然是具体的经济基础,没有厚实的经济基础,要开出灿烂的传统美德之花无疑会受到巨大的限制。当然,这是整体而普遍的法则,不排除微观层面例外的出现。

2. 仓廪实则知礼节

经济与道德的关系,在中国传统文化中有独到的表达样态,这就是法家管子学派提出的"凡有地牧民者,务在四时,守在仓廪。国多财则远者来,地辟举则民留处,仓廪实则知礼节,衣食足则知荣辱,上服度则六亲固,四维张则君令行"(《管子·牧民》);"仓廪实"、"衣食足"都是人的物质生活基础,物质生活基础充实和丰足了,民众才能懂得"礼节"和"荣辱"这些道德方面的事务。值得重视的是,它强调了物质生活是基础;换言之,道德的生长需要营养,离开具体的生活基础,就无法开出道德的花朵。管子学派的这一思维并不是偶然的。在今天见到的资料里,《管子》中强调"仓廪实"的情况有4次,其中3次是"仓廪实则知礼节"(另两则见《管子·事语》、《管子·轻重甲》),另有1次是"然则得人之道,莫如利之。利之之道,莫如教之以政。故善为政者,田畴垦而国邑实,朝廷闲而官府治,公法行而私曲止,仓廪实而囹圄空,贤人进而奸民退"(《管子·五辅》);这里的"仓廪实"无疑是治理国家的"利之之道";粮食在过去是需要人去辛勤开垦的,民众勤于劳动的话,做坏事的人就少了,所以,犯罪的人也会少,势必导致"囹圄空"即监牢空而无人;荒地得到开垦的话,国家势必丰实起来。在这个意义上,这里的"国邑实"和"仓廪实"是一致的。在整体上,这是对国家社会道德建设的一种智慧的运思,值得我们思考。

法家以上的运思在墨家那里也有相同的反映,墨子说:"贤者之治国也,蚤朝晏退,听狱治政,是以国家治而刑法正。贤者之长官也,夜寝夙兴,收敛关市、山林、泽梁之利,以实官府,是以官府实而财不散。贤者之治邑也,蚤出莫入,耕稼树艺,聚菽粟,是以菽粟多而民足乎食。故国家治则刑法正,官府实则万民富。上有以絜为酒醴粢盛,以祭祀天鬼;外有以为皮币,与四邻诸侯交接。内有以食饥息劳,将养其万民;外有以怀天下之贤人。是故上者天鬼富之,外者诸侯与之,内者万民亲之,贤人归之,以此谋事则得,举事则成,入守则固,出诛则强。"(《墨子·尚贤中》)"实官府"是"万民富"的最好的方法,"聚菽粟"则是"民足乎食"的基本条件,这些都是"万民亲之,贤人归之"的强国的有效的手段。这里表达的是国家的厚实。

"仓廪实"不是个人一己的丰实,而是整个国家的充实,这是最为根本的。这也告诉我们,务实必须以国家利益为追求的目标。但是,生活中表明的务实,在内往往都是为一己的私利所统摄的,中国现代著名史学家陈寅恪(1890-1969)对此有精妙的揭示。他曾经先后在日本、德国、瑞士、法国、美国钻研梵文、巴利文和比较语言学,通晓多种文字,学识渊博,治学有外国文化的亲身体验,于历史、文学、哲学、宗教、语言学等均有造诣。他1926年归国,世人评价他的学问为：近三百年来一人而已；绝世孤衷的畸人；中国文化的托命人。陈寅恪早就对中国存在的浅表的"实用"现象提出了警告，他认为：中国古人素擅长政治及实践伦理学，与罗马人最相似。其言道德，惟重实用，不究虚理。其长处短处均在此。长处即修齐治平之旨；短处则实事之利害得失，观察过明，而乏精深远大之思；天理人事之学精深博奥者，亘万古横九垓而不变。凡时凡地，均可用之。而救国经世，尤必以精神之学问（形而上学）为根基，夫国家如个人也。苟其性专重实事，则处世一切必周备，而研究人群中关系之必发达。故中国孔孟之教，悉人事之学。而佛教则未能大行于中国。尤有说者，专趋实用者，则乏远虑，利己营私，而难以团结，谋长远之公益。即人事一方，一有不足，令人误谓中国过重虚理，专谋以功利机械之事输入，而不图精神之救药，势必至人欲横流，道义沦丧，即求其输诚爱国，且不能得。

务实显然不是简单的"不究虚理"，关键在不能局限于"实事之利害得失"、"利己营私"，而缺乏"长远之公益"和"精神之救药"，这是非常有道理的。局限于物质欲望的满足，或物质利益的追求，而忽视精神文化的涵育；换言之，也就是一切行为鼠目寸光，急功近利，而这种急功近利又往往以自己的私利为目标，缺乏为民族、国家谋福利的情愫。日本现代实业家对日本商人的批判值得我们借鉴：

> 朱子派的儒教主义，被在维新之前掌握着文教大权的林家一派的学说赋予了浓厚的色彩。他们把被统治阶级的农工商阶层人置于道德的规范之外，同时农工商阶级也觉得自己没有去受道义约束的必要。林家学派的宗师朱子，只是一个大学者，是口说实践躬行仁义道德，而并不躬亲履行的人物。因此，林家的学风也产生了说和行的区别，即儒者是讲述圣人学说的，而俗人则是应实地履行者，其结果是孔孟所说的民，即被统治阶级者，只是奉命而行，驯致成了只要不懈怠一村一区课役的惯例就足够了的卑屈劣根性，仁义道德是统治者的事，百姓只要耕种政府所给与的田地，商人只要能拨动算盘珠，就是尽到了责任，这种结果成了习惯，自然就缺乏爱国家、重道德的观念。（《实业与士道》）[1]

---

[1]〔日〕涩泽荣一著，王中江译：《论语与算盘——人生·道德·财富》，中国青年出版社，1996年，第173-174页。

修身、齐家、治国、平天下的这种治国的原则,就成了幕府的方针。所以,当武士的必须修习所谓仁义孝悌忠信之道。他们是仁义道德治理人的人,则同生产谋利不发生关系。也就是根据"为仁不富,为富不仁",而使之见诸实际。治人者一方是消费者,不从事生产,而从事生产致富的则与治人、教人者的身份相反。由此出发,一般认为,武士必须保持有不饮盗泉之水的高风,治人者被人所养。所以,食他人之食者为他人而死,乐他人之乐也忧他人之忧,这就是他们的本分。由于生产谋利被认为是与仁义道德无关系的人所承担的,所以,结果恰恰就成了与过去"所有的商业皆罪恶"那种相同的状态。这几乎成了300年间的风气。这在开始时用简单的方法,还可以扭转,但以后逐渐落后,活力衰退,形式繁多,最终武士的精神颓废了,商人卑屈,社会上虚伪横行。(《实业与士道》)[1]

虚伪的真正去除,务实行为上国家利益最大优位性的保证最为重要。

(五)"务实"的内涵

在上面的论述中,虽然已经提到务实美德的讲究实际和致力于具体事务方面的问题,但在中华传统美德文化中,务实不仅有明确的理论基础,而且存在非常丰富的内容。其具体的内容,将在以下几个视角加以具体的展开。

1. "处实"的时代新解

在人类文明史的维度,人性的一个弱点就是容易以自己为是否的标准,这一弱点在实功方面的延伸就是以对自己有用与否来审定功用。以下的资料就是证明:

> 惠子谓庄子曰:魏王贻我大瓠之种,我树之成而实五石,以盛水浆,其坚不能自举也。剖之以为瓢,则瓠落无所容。非不呺然大也,吾为其无用而掊之。(《庄子·逍遥游》)

> 惠子谓庄子曰:吾有大树,人谓之樗。其大本拥肿而不中绳墨,其

---

[1] [日]涩泽荣一著,王中江译:《论语与算盘——人生·道德·财富》,中国青年出版社,1996年,第177-178页。

小枝卷曲而不中规矩,立之涂,匠者不顾。今子之言,大而无用,众所同去也。(《庄子·逍遥游》)

"无用而掊之","大而无用,众所同去",无疑都是依据人自己的需要而得出的选择。"山木自寇也,膏火自煎也。桂可食,故伐之;漆可用,故割之。人皆知有用之用,而莫知无用之用也"(《庄子·人间世》),告诉我们的道理也一样。人类所谓"有用之用"完全是依归自身而得出结论,而被人类认为"无用"之物,在宇宙世界里,它们仍然是万物链中的一个环节,履行着各自基于生物链而赋予的功能和责任。人类视野所具有的狭隘性是显而易见的。

正是在这个前提下,道家提出了实际的克服人类理性狭隘性的方法,"惠子谓庄子曰:子言无用。庄子曰:知无用而始可与言用矣。夫地非不广且大也,人之所用容足耳。然则厕足而垫之致黄泉,人尚有用乎?惠子曰:无用。庄子曰:然则无用之为用也亦明矣"(《庄子·外物》);这里的"知无用"的"无用",显然是就人而言,但在宇宙的视野里,"无用之为用"的客观存在也是事实。可以说,确立"无用之用"是人克服自身理性狭隘的形上指针,而这一价值指针在现实生活里的具体落实,就是在宇宙生活链的视野里来待物处世,而不是人自己的功用视野,"今子有大树,患其无用,何不树之于无何有之乡,广莫之野,彷徨乎无为其侧,逍遥乎寝卧其下。不夭斤斧,物无害者,无所可用,安所困苦哉"(《庄子·逍遥游》),昭示的就是这一价值取向。这一行为的后果无疑是对宇宙生物链的维护,无疑是对万物合本性轨道发展的强调和坚持。

"无用之用"的追求,当然是"以空虚不毁万物为实"(《庄子·天下》),在这个意义上,"无用之用"演绎的实践,也就是人类"处实"的过程,即"大丈夫处其厚,不居其薄;处其实,不居其华。故去彼取此"(《老子》第38章),大丈夫立身敦厚,而不在浇薄处停留;行为踏实,而不与浮华沾边。所以,舍弃浅薄浮华而选择敦厚扎实。因为,在道家看来,"今使民离实学伪,非所以视民也"(《庄子·列御寇》),民众脱离朴实而学虚伪,这不足以教示民众;朴实是处实的行为之一。这里的"实"与虚无是对立的。"处实"的"实",还有另一内涵,即"虚其心,实其腹"(《老子》第3章),显示的是对"心"的远离,对基本生活需要的保证和满足,用西方人本主义心理学的需要层次来理解的话,"腹"是低级而最为基本的需要,"心"则是高级层次的需要,无论何种环境里的人,基本的生活需要是无法避开的,这是健康人的必须。[1]这两方面都是"处实"的内容,一是人立身的基础,一是人生存的基本。

以上这些运思,对我们今天消解与宇宙自然的紧张关系具有积极的意义,告诉我们不能局限于人类社会这一偏狭的范围来理解务实的美德,必须在与宇宙自然保持和谐一致的前提下,在与他人保持协调一致的步调中来务实行为,这样才能开出真正的务实的花朵。[2]

2. 实地调查

务实除需要超越人类自身利益需要的视野来对实用做新的解释外,另一个主要内容就是遇事必须实地调查,绝不臆想行事,也不以道听途说为准。近代著名思想家蔡元培对实地调查、实验的问题就非常重视,他在谈到"勤"的问题时,赋予了科学的"勤"以务实的要求,"凡实验之事,非一次所可了。盖吾人读古人之书而不慊于心,乃出之实验。然一次实验之结果,不能即断其必是,故必继之以再以三,使有数次实验之结果。如不误,则可以证古人之是否;如与古人之说相刺谬,则尤必详考其所以致误之因,而后可以下断案。凡此者反复推寻,不惮周详,可以养成勤劳之习惯。故'勤'之力行亦必依赖夫科学"(《国民修养 散论科学之修养》)[3],就是具体的证明,他把勤劳与务实紧密结合了起来,强调学习的东西不能轻易相信,而必须进行多次的验证,如果符合才能下结论,如果不符合,则要寻找具体的原因;把务实贯穿到勤劳的实践之中,对提高勤劳的效益无疑具有积极的意义。

众所周知,在中国革命的实践中,1930年5月,毛泽东为了反对当时红军中存在的教条主义思想,专门写了《反对本本主义》一文(原名《调查工作》),这是毛泽东最早的一部哲学著作;文中提出了著名的"没有调查,没有发言权"的论断,认为"你对某个问题没有调查,就停止你对某个问题的

---

[1] 参照"任何真正的需要的满足都有助于个人的改进、巩固和健康发展。这就是说,任何基本需要的满足,都是背离神经病的方向而向健康的方向迈进了一步。"(《心理学理论中基本需要满足的作用》,[美]马斯洛著、许金声等译《动机和人格》,华夏出版社,1987年,第71页)

[2] 参考《老子》原与兵家有关。它讲的'道'也是异常实用的'如何办''如何做'。真是'应用之妙,存乎一心';虽有理则,并无常规。所以'道可道,非常道',如果说道出来,也就不是道了。而无欲(无目的性)才可能客观地观看事理行走的微妙;有欲(有目的性)便可以主观地抓住事物的要害(徼),如此等等。都是实用理性的行动辩证法,并非静观的宇宙论或本体论。"李泽厚:《论语今读》,安徽文艺出版社,1998年,第215页。

[3] 蔡元培著,逸闻、雨潇选编:《中国人的修养》,四川文艺出版社,2010年,第174页。

发言权",并以"中国革命斗争的胜利要靠中国同志了解中国情况"的著名论断寄语大家,阐明了社会调查的重要意义,以及调查的目的、对象、内容、方法和一些技术细节;揭露了教条主义的错误及其对革命事业的危害,批评了红军中一部分人安于现状、墨守成规、迷信"本本"、不愿作实际调查的保守思想。这个论断后来成为中国共产党人深入实际、深入群众、形成正确工作方法的行动指针。

重视调查,我们有优良的传统,1938年,社会学家费孝通在伦敦经济政治学院完成了他的博士论文《江村经济》,马林诺夫斯基教授在序言中曾经给予"我敢预言,费孝通博士的这本书将是人类学实地调查和理论发展上的一个里程碑"的高度评价。在后来的研究中,他始终贯彻实地调查的方法,1984年10月11日他在《乡土中国》重刊序言里说,"我这种尝试,在具体现象中提炼出认识现象的概念……它并不是虚构,也不是理想,而是存在于具体事物中的普遍性质,是通过人们的认识过程而形成的概念。这个概念的形成既然是从具体事物里提炼出来的,那就得不断地在具体事物里去核实,逐步减少误差。我称这是一项探索,又一再说是初步的尝试,得到的还是不成熟的观点,那就是说如果承认这样去做确可加深我们对中国社会的认识,那就还得深入下去,还需要花一番工夫"〔1〕;"核实"就是务实行为的具体表现,这在《乡土中国》的书里是贯穿始终的。

在中国历史上,北宋文学家、书画家苏轼的散文名篇《石钟山记》所记载的他"教子求实"的故事也是脍炙人口的。1079年苏轼被贬谪黄州,43岁的苏轼得以有闲经常与长子苏迈一起读书作文,说古论今。有一天,父子俩不知怎的竟谈到了鄱阳湖畔石钟山这一名称的由来。苏迈从《水经注》等古书中找出许多说法,如"下临深潭,微风鼓浪,水石相搏,声如洪钟","得双石于潭上,扣而聆之,南声函胡,北音清越,桴止响腾,余音徐歇"。对这些说法,苏轼都觉得是牵强附会,实不可信。苏迈想找其他书来进一步证明,苏轼则说:"不用找了。大凡研究学问、考证事物,切不可人云亦云,或者光凭道听途说就妄下结论。看来,石钟山这个问题,还必须实地考察求实才能解决呢!"

石钟山名称由来的问题,在苏轼父子俩的心中一悬就是5年,一直到1084年才有了解决的机会。是年六月初九丁丑日,苏迈到饶州德兴县(今江

---

〔1〕 费孝通著:《乡土中国 生育制度》,北京大学出版社,1998年,第4-5页。

西省鄱阳湖东)担任县尉,48岁的苏轼送他到湖口,顺便带着苏迈一起考察石钟山。白天,庙里的和尚叫一个小童拿着斧头,在乱石间挑了其中的一二块石头来敲打发声,父子俩当然不相信。月光明亮的当晚,父子俩乘着小舟来到山的绝壁下,沿着山脚寻找。寻到一个地方,只听见一阵阵清畅高扬的声音,"噌吰如钟鼓不绝",原来,这里的山脚下遍布石窍,大小、形状、深浅各不相同。它们不停地受到波涛撞击,所以才发出各种不同的音响,宛若周景王的无射钟,魏庄子的歌钟,庞大乐队中的钟鼓齐鸣一般……父子俩此刻终于恍然大悟:这才是"石钟"名称的由来啊!

难能可贵的是,苏轼能抓住父子俩同探石钟山这件事,谆谆告诫儿子苏迈:石钟名称由来,此事本不难明白,只须实地考察就行了,由于一般人不肯去下这功夫,宁愿到书本里去寻找答案,而浅薄的人又往往附会一些莫名其妙的东西来解释,最终以讹传讹,使本不难明白的事千百年来不得明白。你应当切切记住,"事不目见耳闻,而臆断其有无",是不可能找到正确答案的![1]

这些都是需要我们重温并尽快激活的思想资源,实地调查对今天的中国尤其重要,建设中引进设备、项目等,有的在没有严密调查和论证的情况下就仓促下结论,结果带来严重的经济损失,这样的例子大家是心知肚明的。总之,实地调查是务实美德的一个重要内容。

3. 名实相符

名实相符在中国历史上成为实际的评价人的一个因素,三国时魏国曹操

---

〔1〕《石钟山记》:"《水经》云:'彭蠡之口有石钟山焉。'郦元以为下临深潭,微风鼓浪,水石相搏,声如洪钟。是说也,人常疑之。今以钟磬置水中,虽大风浪不能鸣也,而况石乎! 至唐李渤始访其遗踪,得双石于潭上,扣而聆之,南声函胡,北音清越,桴止响腾,余韵徐歇。自以为得之矣。然是说也,余尤疑之。石之铿然有声者,所在皆是也,而此独以钟名,何哉?元丰七年六月丁丑,余自齐安舟行适临汝,而长子迈将赴饶之德兴尉,送之至湖口,因得观所谓石钟者。寺僧使小童持斧,于乱石间择其一二扣之,硿硿焉,余固笑而不信也。至莫夜月明,独与迈乘小舟,至绝壁下。大石侧立千尺,如猛兽奇鬼,森然欲搏人;而山上栖鹘,闻人声亦惊起,磔磔云霄间;又有若老人咳且笑于山谷中者,或曰此鹳鹤也。余方心动欲还,而大声发于水上,噌吰如钟鼓不绝。舟人大恐。徐而察之,则山下皆石穴罅,不知其浅深,微波入焉,涵澹澎湃而为此也。舟回至两山间,将入港口,有大石当中流,可坐百人,空中而多窍,与风水相吞吐,有窾坎镗鞳之声,与向之噌吰者相应,如乐作焉。因笑谓迈曰:'汝识之乎? 噌吰者,周景王之无射也;窾坎镗鞳者,魏庄子之歌钟也。古之人不余欺也!'事不目见耳闻,而臆断其有无,可乎? 郦元之所见闻,殆与余同,而言之不详;士大夫终不肯以小舟夜泊绝壁之下,故莫能知;而渔工水师虽知而不能言。此世所以不传也。而陋者乃以斧斤考击而求之,自以为得其实。余是以记之,盖叹郦元之简,而笑李渤之陋也。"

《与王修书》的"君澡身浴德,流声本州,忠能成绩,为世美谈,名实相副,过人甚远"[1],就是具体的佐证。不过,说起名实问题,在中国思想的视域里,人们不得不想到的是名家。但是,名家思想虽与名实存在关联,但两者是相异的,一直存在混乱的现象,故简要地加以回顾,对清晰名实相符的问题自然不乏益处。

名家在司马谈《论六家之要指》的名单上,显然那是这一概念的最早揭示。即"名家使人俭而善失真;然其正名实,不可不察也"(《史记·太史公自序》)[2];"名家苛察缴绕,使人不得反其意,专决于名而失人情,故曰使人俭而善失真。若夫控名责实,参伍不失,此不可不察也"(同上)。实际上,这里包含两个方面的内容:一是"正名实"和"控名责实,参伍不失";后者是实现正名实的具体方法,用名来对照实,是参验的方法。二是"苛察缴绕"和"使人不得反其意";"苛察"是苛刻烦琐的意思;"缴绕"是在说理、行文等问题上缠绕、纠缠不清的意思。

这两个方面所涉及的内容是不一样的。前者是价值论视域里的审视,它可以在政治学、伦理学等的平台上加以具体的演绎,这基于思想家对现实社会治理的考虑,"《易大传》:'天下一致而百虑,同归而殊途。'夫阴阳、儒、墨、名、法、道德,此务为治者也,直所从言之异路,有省不省耳"(同上)的"务为治者",就是最好的总结。后者是认识论维度的考虑,它可以在逻辑学的平台上得到展示。冯友兰的运思值得我们重视:"名家这个学派,在英文里有时被译作'智者学派'(Sophists),有时被译作'逻辑家'(Logicians)或'辩证法家'(Dialecticians)。名家与西方传统哲学中的智者学派、逻辑家、辩证法家确有某些相似之处,但并不完全相同。为避免混乱,还是称它'名家'较妥,为西方人由此而注意到中国哲学里'名'和'实'的关系这个重要问题,也是有好处的。"(《名家》)[3]承认名家,但这是中国的名家,不是西方的逻辑学;显然这是比较中肯的结论。当代的李泽厚在《论语今读》里有更为精锐的论述:

"语言文字这种原始巨大功能,保存在孔子以及后世高度重视语言的态度上。所以中国古代的名学,并不是逻辑学,它研讨的核心仍然是语言和语词的实际应用和可能出现的现实悖论……如此重'正名',即后

---

[1]《曹操集》,中华书局,1974年,第111页。
[2]〔汉〕司马迁撰:《史记》,中华书局,1982年。
[3] 冯友兰著,赵复兰译:《中国哲学简史》,天津社会科学院出版社,2007年,第131页。

来法家'以名责实,循名求实'的政治统治张本,在一定意义上,法家也是从孔学发展而来,孔子不说'君君臣臣父父子子'吗？这就是名实——正名问题。'名'是社会秩序、规范、礼制的具体法则,谨守不失,即可'无为'而治。儒、道、法均讲'无为而治',均讲'名',此'名'非语言、逻辑,乃实用政治。"(《论语·子路》)

因此,这里的名实相符主要讨论的就是实用政治诸如伦理学等视域里的内容。

概而言之,正如前面李泽厚所揭示的那样,名实相符是中国思想体现的一个共通的特色,儒家孔子主张"名不正,则言不顺；言不顺,则事不成；事不成,则礼乐不兴；礼乐不兴,则刑罚不中；刑罚不中,则民无所措手足。故君子名之必可言也,言之必可行也。君子于其言,无所苟而已矣"(《论语·子路》),墨家也强调"务言而缓行"(《墨子·修身》),显示的都是形名统一的追求取向；道家一方面视无名为最高的名,一方面强调"循名复一"(《黄帝四经·十大经·成法》)[1]、"刑名出声,声实调合"(《黄帝四经·经法·名理》),显示的是形名统一于法度的价值倾向。法家重视形名,不仅在理论上拓宽了形名关系的认识疆界,而且推重名实的落实。具体表现为以下几个方面：

首先,"名生于实"。对人而言,具有反映实的能力,荀子就认为,"凡以知,人之性也；可以知,物之理也"(《荀子·解蔽》)；人具有认识的基本能力,万物可以被人加以认识,这是万物所具有的理则；换言之,客观对象是可以为人认识的,人认识客观对象的成果为"智",即"所以知之在人者谓之知,知有所合谓之智"(《荀子·正名》)。"知"作为"所以知之在人者",指的是人的认识能力,"智"是人的认识能力与外在客观认识对象相接触而产生的相关的认识。荀子的"智"在名实的系统里就是"名"；不过,荀子没有明确名实关系的要求。就名实关系而言,中国古人认为,"名者,实之宾也"(《庄子·逍遥游》)；实是主要而第一的因素,名则是次要而第二的存在,名是对实的具体的反映。名如何正确地反映实,在方法上就是上面分析的实地调查,要实事求是,不能夸大其词,这是对个人言行的具体要求。

其次,形名统一。人必须在社会中生活,并在社会的事务中承担一定的角色,这是迄今为止的人类文明社会管理实践的共同特征,中国也不例外。

---

[1] 陈鼓应注译：《黄帝四经今注今译——马王堆汉墓出土帛书》,商务印书馆,2007年。

名实的关系在社会具体的事务中就是习惯的"形名"即行与言的关系。换言之,就是一个人所做的事情是否与其职位的职责规定相一致,形名一致就说明你完成了自己的职位所规定的事务,尽到了自己的责任,韩非的"有言者自为名,有事者自为形,形名参同,君乃无事焉,归之其情"(《韩非子·主道》),"君操其名,臣效其形,形名参同,上下和调也"(《韩非子·扬权》),都是具体的说明。

在形名统一的实践过程中,如何保证统一的实现,也是不得不考虑的问题,这就是"〔循〕名而督实,按实而定名,名实相生,反相为情"(《管子·九守》)告诉我们的道理;"〔循〕名而督实"就是"循名责实"[1]、"缘形而责实"[2],从而核实名是否与实相称;在进程上,是"按实而定名",依据实来确定名称[3],而不是相反。也就是说,依据一个人在具体职位上完成工作的实际情况,来判断他是否很好地完成了自己必须完成的职责,履行了自己的社会义务。可以说,这是名实在现实生活中的落实。

最后,"德艺周厚"是名的根源。在名实的关系上,古代思想传统中,存在重视以德为实的情况,诸如"名之与实,犹形之与影也。德艺周厚,则名必善焉;容色姝丽,则影必美焉。今不修身而求个名于世者,犹貌甚恶而责妍影于镜也。上士忘名,中士立名,下士窃名。忘名者,体道合德,享鬼神之福佑,非所以求名也;立名者,修身慎行,惧荣观之不显,非所以让名也;窃名者,厚貌深奸,于浮华之虚称,非所以得名也"(《颜氏家训·名实》)[4],就是佐证。这里把德行作为赢得名声的条件;在对待名的态度上,"忘名"、"立名"、"窃名"呈现递降的取向,"窃名"完全是虚无的追求,只能留下恶名,这是不可取的;"忘名"是最高的境界,值得每个人去追求;做不到"忘名",通过修身来"立名"

---

[1] 参照"循名责实,察法立威,是明主也。夫明于形者,分不遇于事;察于动者,用不失则利。故明君审一,万物自足。名不可以外务,智不可以从他,求诸己之谓也。"(《邓子·无厚》,《百子全书》,杭州,浙江古籍出版社,1998年,第473—474页)

[2] 参照"夫治之法莫大于私不行,功莫大于使民不争。今立法而行私,与法争,其乱也甚于无法。立君而争,愚与君争,其乱也甚于无君。故有道之国,则私善不行,君立而愚者不尊,民一于君,事断于法,此国之道也。明君之督大臣,缘身而责名,缘名而责形,缘形而责实,臣惧其重诛之至,于是不敢行其私也。"(《邓子·转辞》,《百子全书》,第474页)

[3] 参照"大任臣之法,阘则不任也,慧则不从也,仁则不亲也,勇则不近也,信则不信也。不以人用人,故谓之神。怒出于不怒,为出于不为;视于无有,则得其所见;听于无声,则得其所闻;故无形者有形之本,无声者声之母。循名责实,实之极也;按实定名,名之极也。参以相平,转而相成,故谓之形名。"(《邓子·转辞》,《百子全书》,第474页)

[4] 王利器撰:《颜氏家训集解》,中华书局,1993年。

也是可以考虑的选择频道。

就整个社会而言,名实的一致非常重要,"名实当则治,不当则乱"(《管子·九守》),"当"就是相符的意思,是否相符直接关系到一个社会的治乱。在务实作为美德的视野中,个人最重要的就是言行一致和尽力完成自己所承担的社会事务的要求,这两个方面的较好履行就是实现"实"的过程;如果名实不一致,社会就会虚伪涌流,最终导致动乱,这是不言而喻的。法家强调的"为人臣者陈而言,君以其言投之事,专以其事责其功。功当其事,事当其言,则赏;功不当其事,事不当其言,则罚。故群臣其言大而功小者则罚,非罚小功也,罚功不当名也;群臣其言小而功大者亦罚,非不说于大功,以为不当名也害甚于有大功,故罚"(《韩非子·二柄》),就是对在社会事务中履行职务时,必须严格保持自己的言说和实际完成的事务的一致性,如出现不一致的情况,就必须受到惩罚,即使是"言小而功大"的情况也不例外。可以说,这是名实相符在社会事务中的具体化。所以,"名与实对,务实之心重一分,则务名之心轻一分;全是务实之心,即全无务名之心;若务实之心如饥之求食,渴之求饮,安得更有工夫好名?"(《王阳明全集·语录一·传习录上》)务实是名实相符的一切。

4. 实际效益

前面提到过,务实不是一味蛮干,而是在科学的导航下的明智行为。因此,效益是衡量务实行为的一个最为重要的元素;效益的有无是真假务实的分水岭,效益的多少则是务实之"实"的厚薄差异的分野;这是21世纪认识务实这一传统美德必须具有的不可或缺的两个新视点。

把效益作为务实的内容来进行认识和界定,旨在确立一个务实行为必须与效益相一致,务实与效益的一致为人生活的利益和福利的保证确立了最为切实的基础。在中国古代思想中,追求效益的思想是客观存在的,当然,存在认识的差异性也是不可避免的,美国汉学家安乐哲说过:"《道德经》包含着引导人类从生活的要素中获取最大利益的策略","在道家传统中,'道',就像'建筑'、'学习'、'工作'这些术语一样,既体现过程,也带来成果。它始终是'情境性创造力'得以发生的时空基架"。[1] 这个视角是我们迄今的研究所忽视的。

---

[1] Roger T. Ames and David L. Hall. *Daodejing*:"*Making This Life Significant*": *A Philosophical Translation*. Ballantine Books, New York, 2003:22, 21.

关于效益的认识,其实有丰富的资料,"名生于实,实生于德"(《管子·九守》),"实生于德"的"德"通"得",是实际获得的意思,获得本身不能离开效益的考虑。早就有研究关注到中国古代儒家思想中重视消费而忽视生产的倾向。[1] 其实,另一方面,法家思想中也有非常鲜明的效益思想,韩非子说:"众人之用神也躁。躁则多费,多费之谓侈。圣人之用神也静。静则少费,少费之谓啬。啬之谓术也生于道理。夫能啬也,是从于道而服于理者也"(《韩非子·解老》)。这里的"多费"、"少费"的问题,实际就是我们今天所说的生产成本多少的问题。毋庸置疑,生产的高效在于带来的利润的丰厚,没有利润的生产不给人带来相应的福利,在最终的意义上是不可取的。"多费"就是多消耗成本,这是一种奢侈,或者说是一种浪费;少费就是消耗成本少,这是一种俭约即"啬"。韩非这里虽然是在人的"用神"的视野上来解释老子思想的,但是,这对我们认识一般的效益问题同样是存在意义的。后来的"文德厩(究)于轻细,[武]刃于[当罪],王之本也。然而不知王述(术),不王天下。知王[术]者,驱骋驰猎而不禽芒(荒),饮食喜乐而不面(湎)康,玩好罢(嬛)好而不惑心,俱与天下用兵,费少而有功,[战胜而令行,故福生于内,则]国富而民[昌。圣人其留,天下]其[与。[不]知王述(术)者,驱骋驰猎则禽芒(荒),饮食喜乐而面(湎)康,玩好罢(嬛)好则或(惑)心,俱与天下用兵,费多而无功,单(战)朕(胜)而令不[行。故福]失[于内,财去而仓廪]空[虚,与天[相逆],则国贫而民芒(荒)"(《黄帝四经·经法·六分》)里反映出的"费少而有功"、"费多而无功",显然是法家效益思想的吸收,也体现出道法思想融合的倾向,这是值得注意的。

从人的"用神"到社会事务中"大费"视野的引入,已把效益问题提到社会治理的高度进行了实际的定位,这就是"举事有道,计其入多,其出少者,可为也。惑主不然,计其入不计其出,出虽倍其入,不知其害,则是名得而实亡,如是者功小而害大矣。凡功者,其入多、其出少乃可谓功。今大费无罪而少得为功,则人臣出大费而成小功,小功成而主亦有害"(《韩非子·南面》)告诉我们的道理;支出少而收入多的情况就是利润丰厚,这是"可为"的行为;支出多

---

[1] 参照"中国人对经济的态度,也同在任何别的伦理中一样,是一个消费问题,而不是生产问题。对于'上等人'来说,犯不上学习经营管理,这样做有失体统,但也不是从根本上拒绝财富,恰恰相反,在一个治理良好的国家里,人们以贫为耻,在一个治理不善的国家里,则以富为耻,怀疑居官不廉。仅仅在考虑财富的获取方面有保留"。(《儒教的处世之道·孝》,[德]马克斯·韦伯著,王容芬译:《儒教与道教》,商务印书馆,1995年,第209页)

而收入少的情况则是赔本的买卖,是"功小而害大"的有害行为。不过,这种有害的行为往往不容易被看出,因为在表面上是完成了任务,实质上的过多的支出一般人并不知情,故称为"名得而实亡";因此,在效益的维度,"大费无罪"、"少得为功",都是有害社会的做法,必须对"出大费而成小功"的行为进行问责,因为这是对国家资源的浪费,对民众资源的挥霍。这一认识非常具有警示性,在今天尤其具有积极的警示意义。

在道德问题上强调效益,在《三国志》裴松之注中引用的《诸葛亮集》载先主遗诏敕后主的内容中有"勿以恶小而为之,勿以善小而不为。惟贤惟德,能服于人"的记载,旨在勉励刘禅进德修业,有所作为,不要再好吃懒做。好事要从小事做起,积小成大,也可成大事;坏事也要从小事开始防范,否则积少成多,也会坏了大事。所以,不要因为好事小而不做,更不能因为不好的事小而去做。小善积多了就成为利天下的大善,而小恶积多了则足以乱国家。显然,这是在如何实现效益问题对我们最好的启示。事业不是一下子就成功的,仿佛饭不是一口就能吃饱的一样。这无疑是方法论上对效益的最好思考。

以上是务实美德的主要内容,名实相符、费少功多等运思,是 21 世纪务实行为必须有的因子,这是非常重要的。

(六)"务实"的目的

"富强"这一核心社会主义价值观的实现,离不开基本国力的积聚,而切实有效的积聚离开务实也无法想象。我们的富强不是与昨天相比的富强,而是在世界舞台上的富强。就目前而言,我们虽然没有任何理由生搬硬套人均 GDP 的框架,但这毕竟是迄今超越民族界限而公认的评价指标,其参考的价值是毋庸置疑的。所以,务实的目的只有一个,就是在世界舞台上,中华民族最终占有的人均经济份额。虽然在 2010 年我们成功地成为世界第二经济实体,并引起了世界其他国家的刮目相看,尤其是美国人的危机意识,他们就怕中国成为第一经济实体,从而影响他们在世界舞台上的主导力。但是,我们是 14 亿的人口大国,成为世界经济第一大实体是迟早的事情,而且可以断定这一结果的出现不会花费太长的时间。所以,我们的目的是人均份额。世界是地球上所有民族的共同居住地,其财产也是大家共同持有的,占有人均 GDP 的份额的想法也是自然的,并不意味着对其他民族经济的威胁,倒是那些侵消弱小国家的利益来支撑自己经济稳定的大国的行为,更具挑战性和侵略性,即经济上的侵略。

我们目前的水准离世界人均份额的目标自然存在比较大的距离,这也正是我们通过务实美德来带动中华民族持久的发展的行为;通过效益的追求,消解乃至最终去除大费而小成这样隐性的劳民伤财的社会事务得以生长的土壤;一切以利润为评价和检验的依据,而不是每年年终简单的数字的统计,或者说习以为常的数字统计表格亟需增加"实现利润"这一醒目的栏目,并以此作为职事考核和问责的依据。我们没有任何理由和权利继续追求虚假的数字,做数字的游戏,必须在务实的行为中,为国家的强大增加实际的利益,给民生带来实际可见的福利。墨子曾经告诫我们,人类社会与其他动物世界不同的规则是"赖力"而生存,即"今人固与禽兽麋鹿、蜚鸟、贞虫异者也。今之禽兽麋鹿、蜚鸟、贞虫因其羽毛以为衣裘,因其蹄蚤以为绔屦,因其水草以为饮食。故唯使雄不耕稼树艺,雌亦不纺绩织纴,衣食之财固已具矣。今人与此异者也,赖其力者生,不赖其力者不生。君子不强听治,即刑政乱;贱人不强从事,即财用不足。今天下之士君子以吾言不然,然即姑尝数天下分事,而观乐之害。王公大人蚤朝晏退,听狱治政,此其分事也;士君子竭股肱之力,亶其思虑之智,内治官府,外收敛关市、山林、泽梁之利,以实仓廪府库,此其分事也;农夫蚤出暮入,耕稼树艺,多聚菽粟,此其分事也;妇人夙兴夜寐,纺绩织纴,多治麻丝葛绪、捆布縿,此其分事也"(《墨子·非乐上》),"赖力"是依赖自己的能力而生存的意思,别人不会拱手给你生存的一切条件,必须自己去争取,这仍然是今天的铁的事实;所以,对每一个公民而言,努力工作即"强从事"是自己的分内之事。由于要依赖自己的力量而实现生存,这也就是这里提出的并没有为他人所关注的人均份额的问题,必须尽快将这一意识纳入我们考虑问题的因素之中。

(七)"务实"的价值目标

务实的目的是在世界舞台上实现中华民族应有的人均份额,务实的价值目标则是"两个一百年"的奋斗目标。第一个一百年,到中国共产党成立100周年时(2021年)全面建成小康社会的目标;第二个一百年,到新中国成立100周年时(2049年)建成富强、民主、文明、和谐、美丽的社会主义现代化国家的目标。

中华民族伟大复兴中国梦与"两个一百年",犹如一枚硬币的两面。实现中华民族伟大复兴中国梦是确定"两个一百年"奋斗目标的导航标,"两个一百年"奋斗目标通过全面建成小康社会,全面推进富强、民主、文明、和谐的社会主义现代化进程的宏伟蓝图的现实绘制,给14亿民众展示中国梦的近期构图;这不仅是对14亿中国人长久期盼情感和愿望的当下的编织,而且是对实现中华民族伟大复兴中国梦的宏大构想的当下的形象表述。实现"两个一百年"奋斗目标也意味着中国的发展水平将登上两个新台阶,这是实现中华民族伟大复兴中国梦的具体而切实的环节,为中国梦的真正实现打下扎实的基础并铺平道路。中华民族伟大复兴中国梦始终是"两个一百年"奋斗目标的航向标和发令枪。

2021年和2049年已经迫在眉睫,在5000年中华文明发展的长河里,我们已经没有了退路,必须迎头赶上。小康与富强是紧密联系的,富强可以说是小康的进一步的发展和提升。但是,无论是小康还是富强,根本的基点是生活的富裕。高楼、高速公路、高铁等基本设施的改进不能完全代表生活的富裕,在这基础上,还必须有优良的生活设施(诸如自来水道、文化娱乐设施、健身养身的设施、医疗保险制度等)和养老保险制度,以及制度公正的落实(诸如城乡差别的打破,不能停留在有形方面的住房等的规格化,必须真正落实到如何保证农民公平享受现代化成果的问题上)。这些问题的切实完成,不仅需要经济实力的支撑,而且需要扎实的工作来保证,这些都不能离开务实的行为。

务实就是实事求是,坚决杜绝报喜不报忧的惯常的做法,以小康、富强等为一切行为检验的基本标准,对此有利的就是符合务实美德的,不利的就不符合务实美德的要求,自然也无法走进小康和富强的境界,这是我们必须有的理性自觉,必须恒常地贯彻实际效益的原则。任何社会事务的实际评价,一个最为重要的因子就是利润有无的问题,离开利润何谈小康、富强。

(八)"务实"的当代价值

在承扬中华传统美德的实践里,确立务实的位置,自然不是为美德而美德的考虑,而在于务实美德所持有的当代价值的谋划。

1. 人生成功的基石

中国现在有14亿多人口,离开这14亿的民众就无所谓中国,每个人都是国家的一分子,都必须为中国的富强尽自己的责任和义务,也正是在这个层面,把务实放在"人道篇"进行讨论。换言之,务实是人的成功之道之一。

首先,老实的生活风格。"老实"就是不自欺欺人,做到不欺骗人家容易,不欺骗自己最难;"老实作风"就是脚踏实地、不占便宜。世界上没有便宜的事,谁想占便宜谁就会吃亏。老实就是不投机取巧,能始终按照自己心灵的节奏来设计自己人生的蓝图和选择自己生活的风格,这对生活在21世纪今天的人尤为重要,因为我们处在一个多变的时代,平常的节奏往往无法跟上社会五彩缤纷的旋律,如何调整自己的心理就成为每一个人必须面对的课题。在外在的诱惑下,一些人因无法调适自我而变得随波逐流,俗话说就是顺人没有己,与庄子所说的"顺人而不失己"(《庄子·外物》)正好相反;一些人则能识外务而正视自己,做到顺人而不失己。人必须在社会中生活,排除对抗社会的心理是第一要务,但融入社会不等于丢失自己;就个人而言,其价值就在自己的独特性,如果没有了自己就等于在社会中失去了你的价值,这是最为可怕的。

个人一己的实在最为重要,本人实在了,务实的行为才有承载的主体,务实美德才有发挥价值的基础。钱三强曾说过,古往今来,能成就事业,对人类有作为的,无一不是脚踏实地攀登的结果。这是千真万确的。俗话说得好,欲速则不达即过于性急图快,反而不能达到目的,做任何事情必须符合自己的条件,不能好高骛远。李大钊说过,凡事都要脚踏实地去做,不驰于空想,不骛于虚声,而惟以求真的态度做踏实的工作;以此态度求学,则真理可明,以此态度做事,则功业可就。这也是最好的诠释。踏实生活的行为注重生活中的点滴积累,而不是追求速成,荀子的"积土成山,风雨兴焉;积水成渊,蛟龙生焉;积善成德,而神明自得,圣心备焉。故不积跬步,无以致千里;不积小流,无以成江海。骐骥一跃,不能十步;驽马十驾,功在不舍。锲而舍之,朽木不折;锲而不舍,金石可镂。螾无爪牙之利,筋骨之强,上食埃土,下饮黄泉,用心一也。蟹八跪而二螯,非蛇鳝之穴无可寄托者,用心躁也"(《荀子·劝学》),告诉我们的也是这个深刻的道理。

真实的生活风格,关键在通过具体的实务而得以落实,而不是停留在空洞的臆想和言说。李光地在《性理精义》中说:学之之博,未若知之之要;知之之要,未若行之之实。学习、认知虽然非常重要,但如果仅仅为了学习而学习,为了认知而认知的话,就缺乏实际的价值。所以,关键要把认识的成果落实到具体行为之中,这样才能结出认识的果实。宋代著名的历史学家司马光"警枕"的故事就是真实生活风格的典型表现。他主编了我国第一部编年体的通史《资治通鉴》,在前后经历的19年里,无时无刻不在专心写作,唯恐睡得过久而耽误工作,特做了一个圆木"警枕",不让自己睡稳。其间,在广泛审察收集材料和仔细研究基础上,最后剪裁润色而定稿,全书编成时共294卷,另有目录30卷,《考异》30卷,可谓是老实生活风格的结晶。著名作家莫言在获得诺贝尔文学奖以后,也诚恳地说道:关键是一种心态,你自己不要把这当作一件什么了不起的惊天动地的大事情,它就是一个奖,你得了这个奖也并不说明你就是中国最好的作家,因为我心里很清楚中国作家有很多,写得很好的作家也是成群结队,具备了获诺贝尔文学奖资格的作家也有很多,所以我很幸运得了这个奖,但头脑要清楚,绝对不要轻飘飘的,要站稳脚跟;作家最重要的还是作品,而不是奖项,作家能够站稳脚跟,让他站稳脚跟的还是他对现实生活的一种关注,对于这个土地的热爱,最重要的还是一种脚踏实地的、勤勤恳恳的、忠诚的一种写作状态,所以我想尽快地从这个状态下摆脱出来赶快写作。通过实际的事务来获得自己生命的营养,这就是老实生活的现实样态。

2. 国家建设的恒常基调

虽然在个人作为国家的有机体的层面,个人的务实对国家建设具有非常重要的意义。但是,另一方面,国家作为集结个人的群体,其管理必须通过一定的规则来加以贯通,以达到对国家事务的整治。与个人相比,国家的管理主要在各个职能部门的协调一致性,个人的品性虽然在一定程度上影响其在国家社会事务中承担的处事态度,但由于协调一致性的现实特点,具体管理事务的完成所要求的素质无疑又远远超过个人务实的要求,正是在这个层面,需要在国家的层面牢固树立起务实的行为方式,必须把务实作为国家建设的恒常基调,这是最为重要的。上面提到的在日常的数据统计中增加"实际利润"这一栏目作为政务考核的一项主要条件,乃至增加"人均利润的实现"这样崭新的条款,作为适应时代要求的新常态因素,而不能在"无功劳也有苦劳"的平稳的评价体系中周旋,这样可以轻松地杜绝许多由习惯性浪费而带来的损害。

法家的集大成者韩非认为,"存亡在虚实,不在于众寡"(《韩非子·安危》),国家存亡的关键不在人口的多少,而是国力的虚实;他的"亡征"即灭亡的征象问题的讨论,就包括"官职之劳废,贵私行而贱公功者,可亡也。公家虚而大臣实,正户贫而寄寓富,耕战之士困,末作之民利者,可亡也"(《韩非子·亡征》),把"贵私行而贱公功"、"公家虚而大臣实"作为国家灭亡的征象之一,把务实作为国家建设的恒常基调正是预防"贱公功"、"公家虚"结果产生的切实的机制之一,只有国力的厚实,个人才有真正的厚实。关于这一方面的认识,随着近年来出境旅游人数的增多,人们对此会得到形象化理解的机会。当然,国家的厚实来源于个人的厚实,这两者是相辅相成的,实现相辅相成的桥梁就是务实。国家是为民众争取利益和服务的公器,而不是某些人获取私利的工具。

务实作为国家建设的恒常基调,就要求体现在日常事务的一切细微之处,因为,任何国家的国力的体现都不是一朝一夕的结果,而是长期积累的自然功效显示,"为之于未有,治之于未乱。合抱之木,生于毫末;九层之台,起于累土;千里之行,始于足下"(《老子》第64章),就是中华民族智慧的最佳总结和表达。

第二部

群 礼 篇

  人类文明的经验昭示，人类是无法孤立生存的，必须与其他物类共同协调而行为，才能获得足以安定生活的一切条件。首次出版于1719年的《鲁滨孙漂流记》，是由丹尼尔·笛福写的第一部长篇小说，小说的主人公鲁宾逊·克鲁索在海难中幸存于一个偏僻荒凉的热带特立尼达拉小岛，他很快发现当地人生活在同类相食的吃人社会下。最初，克鲁索计划将他们全部杀死，但后来他意识到自己无权这么做，因为食人族们并不知道这样做是错误的，但要对付食人族，他需要支持。因此，他从食人族手中俘虏一个土著人并使之成为其伙伴。克鲁索意识到的无权杀死食人族，实际就是"群礼"意识萌发下驱使的行为所致。

  对人而言，"人道"虽然重要，但人不可能离群索居，中国知识人在古代就显示出重视整体的问题意识，"儒家最关心的是规范和现实之间的伦理鸿沟，以及人类道德中介是否有能力沟通这一鸿沟。在这种意义上，人类个体至少潜在地拥有自主的个体生活，但这种生活却与社会政治秩序的整体产生了分离——该整体似乎不具有任何先天植入的、足以保持自身规范的能力。在这里，只有个体成员才能保存整体。不过在老子和庄子那里，人类个体甚至拥有使得个人脱离'道'之整体的不幸而糟糕的能力。作为一种共享的文化假设，中国的整体主义思想——就像其他文明共享的文化假设一样——所创造的并不是完成了的答案，而是范围广阔的问题意识"（《古代中国的思想世界·五经》)[1],就是具体的说明。

人是社会的动物,欲望的满足和需要的实现都无法在自己个人的范围里得到完成,必须依靠社会其他方面的援助,有些是有意识的,有些是在习惯而成自然的状态下运作和完成的。过社会群体的生活,人与其他物种相比更具优势,"水火有气而无生,草木有生而无知,禽兽有知而无义,人有气、有生、有知,亦且有义,故最为天下贵也。力不若牛,走不若马,而牛马为用,何也?曰:人能群,彼不能群也。人何以能群?曰:分。分何以能行?曰:义。故义以分则和,和则一,一则多力,多力则强,强则胜物,故宫室可得而居也"(《荀子·王制》),告诉我们的就是这个道理。人与其他物种的区别就在于具有"群"的能力,而"群"的关键在于"分",即确定人的权分、职分等分际、分限。为何要"分"?因为"人之生,不能无群,群而无分则争,争则乱,乱则穷矣。故无分者,人之大害也;有分者,天下之本利也;而人君者,所以管分之枢要也。故美之者,是美天下之本也;安之者,是安天下之本也;贵之者,是贵天下之本也"(《荀子·富国》);如果没有权分、职分等的区分,人与人之间势必要争斗,"从人之欲则势不能容,物不能赡也"(《荀子·荣辱》);在这个意义上,"分"既是对个人权分的区分和明确,这种明确实际也是一种限制。客观的事实表明,如果不对个人进行一定程度的限制,那一定会出现争斗的情况,因为当时的物质无法满足每个人顺从自己欲望发展的需要。

个人限制的具体落实,就是个人自由对群体让渡的保证,没有个人的让渡,就没有群体的自由。社会群体必须依据一定的规则来进行管理,这些规则是保证每个人权利的基本的符号。在中国古代社会,以提倡法治而著称的法家,认为只有法治才是堵塞私门、建立公信的出路,但在他们看来,只有君主一人才具有制定法度的权力,大臣只有施法的义务,而一般民众只有守法的本分。实际上,这在根本上就承认了不平等,其实他们本身也意识到了这一问题。所以,他们又设定了在法度基础上的"理"的绝对权威性,制定法度必须以"理"为依据,寄希望于在"理"的设定和执行中保证法治的客观公正性,尽可能地限制个人主观意志在社会公共生活中渗透的可能性。随着人类文明的进步,法度的制定和产生已经改变了君主一人事务的局面,民众的意愿得到了充分表达和张扬的机会。

---

[1] [美]本杰明·史华兹著,程钢译:《古代中国的思想世界》,江苏人民出版社,2004年,第430页。

非常清楚,如何来确定权分等的问题,荀子的答案是"义"即"宜",这是社会和个人统一之宜,绝对不仅仅是个人之宜。因此,"群道当则万物皆得其宜,六畜皆得其长,群生皆得其命"(《荀子·王制》),万物都能获得符合自己本性特征的发展。显然,"群道当"的"群道",是整个社会运转机构合理运转的凝聚,既包括硬性机构的运行之道,也含有软性文化的行为之方;"群礼"则是软性文化的有机因子之一,这在今天无疑就是社会主义法制和道德等的规定,荀子"分"的内涵无疑在今天有着不同的内涵规定,但是,"群道当"无疑也是我们今天治国的目标,"仁人在上,则农以力尽田,贾以察尽财,百工以巧尽械器,士大夫以上至于公侯,莫不以仁厚知能尽官职,夫是之谓至平"(《荀子·荣辱》),仍不失一幅"人载其事而各得其宜"(《荀子·荣辱》)的灵性图画。

在社会群体中生活,一个人除需要因循法律而行为外,在法律鞭及不到的地方,则必须依据道德的威慑力来进行接力,中华传统美德的承扬就是要保证在中华民族道德接力赛中威慑力辐射的有效性。社会生活是个人描绘自身图画的重要场地,可以说有一半以上的生活都是在社会领域里进行演绎的,社会生活中存在各种不同的利益群体,利益群体之间、人与人之间关系的协调有序,在共同因循法律而行为的基础上,道德水准的高低将直接影响着群体之间、人与人之间关系的融洽度。虽然,前面讨论的"人道"作为人行为的基本的道德要求,在群体生活中也会起到相应的作用,但作为调节群体关系的道德规范也是不可忽视的部分,这同样是社会道德大厦中不可或缺的部分。我们一般提"三育"教育即德智体,或"四育"即德智体美,邓小平曾提出过"五育"教育即德智体美劳;但我国台湾教育体系相异于我们大陆,他们虽然也提倡"五育",但具体内容是"德智体群美",他们没有"劳动"而有"群",我2011年第一次去台湾研访时,他们的"群育"就给我留下了深刻的印象。在一定的意义上,"群育"就是"群礼"的教育。

因此,依据对人在群体中生活礼仪的重要性,这里将分别讨论"诚信"、"公正"、"仁爱"、"孝慈"、"互助",这5个德目主要调节家庭、社会的关系,属于家庭社会道德规范,故称为"群礼篇"。

五、诚　　信

人在群体中生活，最为重要的是"诚信"。没有"诚信"，不仅个人自身的感情没有任何寄托，简易的生活没有任何可能，人自己的生命也自然会受到威胁。海涅说过，生命不可能从谎言中开出灿烂的鲜花。因此，"诚信"是人生的命脉，是一切价值的根基；没有"诚信"，不仅人的尊严无从谈起，而且人的人格也无所附丽；对人而言，失信就是一种失败。著名作家高尔基认为，人类最不道德处，是不诚实与怯懦。可以说，"诚信"是人生的价值源，没有"诚信"，一切无从谈起。

"诚信"不仅是中华传统美德的德目之一，在中国历史文化中有着非常丰富的思想资源，而且是社会主义核心价值观的重要内容之一，它要求个人在社会生活中，一定要从"诚信"做起，放眼国家，实实在在地为社会主义核心价值观之一的"富强"的实现，切实贡献作为公民一己的责任。

（一）"诚信"的解题

作为中华传统美德的诚信是诚实守信、真实无欺的意思。在字形上，诚信这两个字都与"言"有关联；"言"是通过人来使用和表达情感的，虽然语言存在自己的规则，但人利用语言这个工具表达自己时，无疑包含着自己的情感和思想。因此，言语不是简单的词语的堆积，而是人心理历程的显示，是人思想的凝聚；人的心理历程又包含着人具体社会生活的内容。因此，无论是内外的层面还是主客观的角度，言语都会遇到一个真实与否的问题，对言语的表达者也会产生一个诚实与否的问题。这些就是这里要讨论的诚信的主要内容。

1. 诚实

显然，在语言结构上，诚信由"诚"和"信"组合而成，都与"言"相连。

"诚"是"言"和"成"的组合。"言"和"成"说的是诚为"言"之"成"，即说的话在客观实际生活中得到了兑现，这是主观与客观的一致。就人而言，不说没有凭据的话，就是在前面"务实"美德讨论中分析过的没有调查就没有发言权的问题，调查是保证"言"之"成"的枢机，"言"在客观生活中的兑现；就"言"的行为而言，可以给予诚实、真诚、诚恳的评价。在字形上，"诚"为形声词，从言，成声；本义为诚实、真诚。

"信"是"人"与"言"的组合。"信"是会意词,从人,从言;本义为信实、真心诚意。字形上的"人"与"言",说的是"信"为"人"之"言",也就是说人的言论必须信实。因此,诚、信的意思基本是相同的,《说文解字》正是采取互释的方法来解释诚信的,即"诚,信也,从言,成声";"信,诚也,从人言"。其具体的内涵,可以从下面几个方面来加以认知。

首先,言行一致。言行一致就是说到做到"视远,日绝其义;足高,日弃其德;言爽,日反其信;听淫,日离其名。夫目以处义,足以践德,口以庇信,耳以听名者也,故不可不慎也"(《国语·周语下》),说的就是这个意思。也就是说,眼睛远望,常常看不到合适的地方;脚步抬高,常常会失去应有的德行;言谈反复,常常会丧失信用;胡乱纳言,常常会削弱自己的名声。眼光须依归适宜而做功,行为须依归践行道德而运作,言谈须依归恪守信用来行为,耳朵须依归明辨是非来自处。故不能不小心啊!所以,对一个人而言,不在于能说什么,而在于能做到什么;不能随便进行承诺,一旦承诺,就必须兑现,这是言行一致的要求。

其次,不欺。诚实与虚伪是相互联系的,如果没有虚伪的存在,也就没有诚实的出现和价值,这是一个硬道理,正如真理与谬误是相互存在的情况一样。人类文明史告诫我们,真理虽然具有绝对的价值,它仿佛一盏明灯,指引人们的方向,鼓励人们去探求,因为真理不是自然产生的,虽然它是客观存在的,人的理性在认识和发现真理的实践过程中,往往伴随着谬误而得到发展的。因此,在文明史的殿堂里,真理始终与谬误同时存在,真理的价值就在克服、战胜谬误的实践中产生,这是不能改变和忘记的事实。在这个意义上,我们必须正视生活中的虚伪,给予它以客观存在的位置,这是生活的现实基点,离开这个基点,我们就无法应对生活中出现的各种问题了。

虚伪与弄虚作假、歪曲事实等现象紧密相连,而弄虚作假、歪曲事实就是说谎,说谎是一种欺骗,不仅是对他人的欺骗,也是对自己的欺骗。因为"信"在语言结构上所显示的"人之言"的特点,要求个人说话必须诚恳而信实。因此,诚信美德包括"不欺"的内容,这是非常重要的。以往的认识往往停留在诚信之诚实守信的一面,而忽视了"不欺"方面的因素。其实,从诚信的对立面来审察和思考问题,自然拓宽了营建诚信美德的范围和审察的视角,这是不能忽视的方面。

众所周知,追求真理需要诚实的态度,追求真理是人的价值所在。但不得不注意的是,真理与谎言是同时存在的这一事实,人的责任就在于如果看破谎言而始终坚信对真理的追求,而不是为现实的一些功利所影响而屈服于谎言。《美德书》告诉我们,"美丽的心灵不仅热爱真理本身,而且厌恶虚伪。对这样的心灵来说,欺骗比诚实所招致的困难更加让人难以忍受"(《美德书》)[1],这也就是必须把诚实与不欺同时进行审视和讨论的理由所在;在"真理与谎言"的故事里,真理、谎言也是2个人名,他们一起进行了生活的旅行,旅行生活虽然解决了真理的实际问题,而使他看清了谎言在现实生活中的实际价值,但最后真理仍毫不犹豫地选择了离开谎言而进入自己的生活世界里;这同时提醒人类,真理与谎言的斗争任务是长期而艰巨的,但社会正是在这种斗争中得到相互制衡并逐渐显示出真理的魅力的。[2]

诚实不欺是诚信美德的重要内容之一,这在中国古代文化中存有丰富的思想资源,家喻户晓的"曾子杀彘"的故事昭示的就是这个道理。曾参是春秋末期鲁国有名的思想家,他博学多才,十分注重修身养性,德行高尚。有一天,他妻子要外出办事,在一旁玩耍的儿子闹着要跟去,由于怕小孩无法走远路而不愿带他,又被儿子缠得实在没有办法,只好哄孩子说,"留在家里好好听话,等妈妈回来把咱家那头猪杀了给你煮肉吃,好吗?"儿子听后止住了哭声认真地问:"是真的吗?"母亲只得又点了点头。儿子的脸上露出了天真的笑容,蹦蹦跳跳地跑到一边玩去了。这一切,都被曾参看在眼里。妻子回来后看到曾参正在捆猪,身旁还放着一把杀猪的刀子,急忙上前拉住曾参,"你疯了,我刚才是哄孩子,你怎么当真了?"曾参说:"不能欺骗孩子,小孩子啥也不懂,是从父母这里开始学习的,你欺骗儿子,是教他去欺骗;母亲欺骗儿子,儿子从此不相信母亲,怎么能把孩子教育好呢?"妻子明白培养孩子诚实品德的重要性,于是就把猪杀了。[3] 做人一定要诚信,如果习惯了说谎话,就会失去别人的信任。在比较的层面,巧妙的欺诈根本比不上拙劣的真诚,韩非子的"故曰:'巧诈不如拙诚。'乐羊以有功见疑,秦西巴以有罪益信"(《韩非子·说林上》),昭示的就是这个道理。

---

[1] 〔美〕威廉·贝内特编著,何吉贤等译:《美德书》,中央编译出版社,2001年,第578页。

[2] 详细参考〔美〕威廉·贝内特编著,何吉贤等译:《美德书》,中央编译出版社,2001年,第578-579页。

[3] 参考"曾子之妻之市,其子随之而泣。其母曰:'女还,顾反为女杀彘'。适市来,曾子欲捕彘杀之。妻止之曰:'特与婴儿戏耳。'曾子曰:'婴儿非与戏也。婴儿非有知也,待父母而学者也,听父母之教。今子欺之,是教子欺也。母欺子,而不信其母非以成教也。'遂烹彘也。"(《韩非子·外储说左上》)

诚实即真实、真诚、可靠和守信，不诚实与作假、捏造、伪造或虚假有关；诚实表现的是自尊与对别人的尊重，不诚实者既不尊重自己也不尊重他人；诚实的人生活在真实的世界中，不诚实的人则蛰居于虚假的世界中。诚实使人生充满开放、可靠与坦诚，展现的是一种向往光明的性情；不诚实追求阴暗、遮掩或隐蔽，这是一种走向黑暗的性格。

2. 真诚

诚信是一种真诚、诚恳，表示人的一种诚意，没有诚意，也不可能有真正的诚信；换言之，诚信是心意真诚基础之上的言行一致。上面虽然讨论了言行一致的问题，但这里侧重在聚焦表里如一，墨子的"信，言合于意也"（《墨子·经上》），指的就是这个意思。所以，诚意主要指的是意念上的诚实，它为心理情感所支持，是内在的诚实。诚意也是中国历史上修身"八条目"之一，"所谓诚其意者，毋自欺也。如恶恶臭，如好好色，此之谓自谦。故君子必慎其独也。小人闲居为不善，无所不至，见君子而后厌然，掩其不善而著其善。人之视己，如见其肺肝然，则何益矣。此谓诚于中，形于外"（《礼记·大学》）；诚意就是不自己欺骗自己，这是对自己负责的态度。小人平时做不善的事情，看到君子后掩盖自己不善的行为而彰显自己善的一面，但这显然是不自然的，而君子就是具备内在诚意的人，其行为不过是"诚于中，形于外"即内外一致的表现。

世界上没有绝对的诚意，但我们可以努力去接近它，努力本身就是一种美德，"真诚是一种既可传递又能自反的诚恳。它解决或者说应该解决的是我们和他人以及我们和自身的关系问题。它要求的是，人与人之间和每个人心里都有最大限度的真实，最大限度的坦诚，从而将弄虚作假和掩饰隐瞒降低到最小限度。没有绝对的诚恳，不过也没有绝对的爱和决定的正义：这并不禁止人们倾向它们，朝它们的方向努力，并时不时地稍稍接近它们……真诚就是这种努力，而这种努力就已经是一种美德了。如果愿意，可以称之为理性美德，因为这种美德涉及的是真实，但牵连的（因为，除了我们那些实实在在的错误，除了我们那些实实在在的幻想，一切都是真实的）是个人的全部：肉体与灵魂，智慧和疯狂"（《小爱大德——美德浅论·真诚》）[1]，就是最为形象的表述。

---

[1] 〔法〕安德烈·孔特-斯蓬维尔著，赵克非译：《小爱大德——美德浅论》，作家出版社，2013年，第188页。

诚意虽然可以通过行为来表述,但也必须通过语言来表达,所以,我们在语言上就必须追求实在,老子的"信言不美,美言不信"(《老子》第81章),表达的就是这个意思。诚实的语言不华丽,华丽的语言不一定信实,故必须避免文过饰非的错误,慎重地对待言辞,下面的资料就是这方面的最好的概括:

> 夫貌,情之华也;言,貌之机也。身为情,成于中。言,身之文也。言文而发之,合而后行,离则有衅。今阳子之貌济,其言匮,非其实也。若中不济,而外强之,其卒将复,中以外易矣。若内外类,而言反之,渎其信也。夫言以昭信,奉之如机,历时而发之,胡可渎也!(《国语·晋语五》)

外貌,是人性情的华采;言辞,是外貌的枢机;人的身体产生性情,是在心中形成的。言辞是身体的文饰,言辞文质彬彬地说出来,和性情、外貌相符合才能办事,互相背离就会出毛病。现在阳子外貌堂堂,但是言辞贫乏,不符其实。如果中情不足,而外貌硬要装得很足,最后仍将归于不足,因为中情和外貌不一致。如果中情与外貌相类,而言辞与之相反,那就使诚信受到了亵渎。言辞是用来表明诚信的,应当奉它如枢机,思考成熟了才能说出来,怎么可以亵渎它呢!

关于诚意,美国教育家威廉·贝内特编著的《美德书》,在讨论"诚实"美德时,使用了经沃伦·霍顿·斯图亚特改写的一个中国的家喻户晓的"直躬证父"的故事:

> 楚国有个叫"诚实"的年轻人。他的父亲偷了一只羊,他便到县官那里把父亲告发了。县官把罪犯抓了起来,正要惩罚他,年青的"诚实"要求替父亲受罚。就要行刑时,他对行刑官说:"我父亲偷羊的事,是我报的案,我是不是很诚实?就在我的父亲将要受到惩罚时,我主动受罚,作为儿子我不是为父亲增光添彩了吗?如果你连最诚实与最孝顺的人都惩罚,王国中还有什么人能逃脱惩罚呢?"县官听了他的话后,便把年轻人释放了。孔子听到这件事后说道:"真奇怪!一个小伙子竟会通过出卖亲生父亲的名声来使自己获得诚实的好名声。如果那也称得上诚实

的话,我宁愿做一个不诚实者。"(《美德书·诚实》)[1]

对这则故事的评语是:"我们应该珍爱真理本身,而不应该为谋取私利才那样做。正如这个中国民间故事所揭示的那样,向别人炫耀自己对一种抽象的真理多么忠诚,根本不是什么高贵的追求。"(《美德书·诚实》)[2]

显然,威廉·贝内特对"直躬证父"这件事是否定的。当然,我们不得不注意的是,他引用的材料依据的是《吕氏春秋》[3]。众所周知,直躬的记载我们在孔子《论语》中也能够找到,孔子虽然也不赞成"直躬证父"的行为,但理由与《美德书》是相异的,他的理由是他对"直"即真诚端直的定义为"父为子隐,子为父隐,直在其中矣"(《论语·子路》)。毋庸置疑,对"直躬证父"事件的评价在中国历史上明显存在着争议,这是有关如何确立诚信基准的大问题。在此,有必要对此简要析理,以彰显诚信的内涵。

首先,要提到的是法家思想家韩非的"楚之有直躬,其父窃羊而谒之吏,令尹曰:'杀之'"的记载,显然是一个客观的记载,因此,韩非没有简单地对此进行评价,而是从公、私的维度,分析了维护公的重要性。对一个国家而言,如果既赞成谋求私利的行为,又想求得国家的繁荣富强的话,这是南辕北辙的梦想[4];可以说,韩非对"直躬证父"的事件持的是肯定的态度,因为这样利于公的利益的实现。道家庄子的"直躬证父,尾生溺死,信之患也"(《庄子·盗跖》)的思想,也是不能忽视的。他认为直躬、尾生的事件对诚信是灾难。就资料而言,我们无法证明庄子的资料与《吕氏春秋》的先后关系,从思

---

[1] [美]威廉·贝内特编著,何吉贤等译:《美德书》,中央编译出版社,2001年,第591页。

[2] [美]威廉·贝内特编著,何吉贤等译:《美德书》,中央编译出版社,2001年,第590-591页。

[3] "楚有直躬者,其父窃羊而谒之上,上执而将诛之。直躬者请代之。将诛矣,告吏曰:'父窃羊而谒之,不亦信乎?父诛而代之,不亦孝乎?信且孝而诛之,国将有不诛者乎?'荆王闻之,乃不诛也。孔子闻之曰:'异哉!直躬之为信也。一父而载取名焉。'故直躬之信不若无信。"(《吕氏春秋·仲冬纪·当务》);[战国]吕不韦著,陈奇猷校释:《吕氏春秋新校释》,上海古籍出版社,2002年,第603页)

[4] 参考"楚之有直躬,其父窃羊而谒之吏,令尹曰:'杀之。'以为直于君而曲于父,报而罪之。以是观之,夫君之直臣,父之暴子也。鲁人从君战,三战三北,仲尼问其故,对曰:'吾有老父,身死莫之养也。'仲尼以为孝,举而上之。以是观之,夫父之孝子,君之背臣也。故令尹诛而楚奸不上闻,仲尼赏而鲁民易降北。上下之利若是其异也,而人主兼举匹夫之行,而求致社稷之福,必不几矣。"(《韩非子·五蠹》)

想而言,庄子的观点似乎与孔子存在相似之处。最后,还要提到的是"言而必信,期而必当,天下之高行也。直躬其父攘羊而子证之,尾生与妇人期而死之。直而证父,信而溺死,虽有直信,孰能贵之"(《淮南子·泛论》),"言而必信,期而必当"就是说话一定守信,承诺一定兑现。这里一方面把"言而必信,期而必当"作为高尚的道德行为,另一方面又提出没有人能够以这种高尚道德行为为可贵;换言之,"直信"缺乏现实的号召力。

不得不注意的是,以上围绕"直躬证父"的运思,基本是儒家孔子的运思占绝对的统治地位,说明其持有现实的号召力。众所周知,思想的价值不在其理性的高雅,而在能否与现实形成切入口并对人们生活产生实际的指导作用,从这个意义上说,孔子的运思是成功的。但是,作为21世纪承扬的中华传统美德的诚信,并不是照搬古代思想的原本样式,而必须依据时代和社会的现实所提出的新问题而输进新的血液。在这个意义上,《美德书》中对中国古代诚实的理解自然是值得我们去思考和借鉴的。人是社会的动物,必须过社会的生活;人必须在许多场域进行自己生命的演绎,每个场域的演绎都有具体的角色,因此,人的人生又是由许多角色组成的角色链,人的生命的最强音的出现就是生命角色链的平衡的获得。但必须注意的一点是,角色链的平衡虽然需要每个环节的互动共作,但一个不能忽视的事实,就人生而言,自己生命角色链的每个环节的分量不是均等分配的,而是有所偏重的,社会角色无疑是人生命角色链中重要的环节。所以,在角色环节之间发生矛盾的时候,必须服从依归重要角色环节运转并做功的规则,这是社会顺利运转的要求,也是社会生活的起码条件。在这个意义上,"直躬证父"的行为我们是必须加以肯定的,当然是排除任何私利考虑的样态,而不是《吕氏春秋》中的样式,这一选择也与《美德书》相一致。这为诚信需要从诚意开始这一内容所要求,而孔子的"父为子隐,子为父隐,直在其中矣",已经失去了诚意存在的空间,其消极性是不言而喻的。

3. 守信

守信是诚信的另一要求,守信是守信用的意思;守信不是商品,无法用金钱在市场上买到;守信是人的价值所在,一个人如果无法守信,那在他人眼里就会成为不值得重视和受尊敬的存在,因为,不能守信就意味着失信,失信既是对他人的不尊重,也是对自己的不尊重,"言信必及身"(《国语·周语下》)、"有诸己之谓信"(《孟子·尽心下》),说的就是这个意思。谈论诚信必须紧密联系自身,离开自身而高谈诚信没有任何价值。一个人的生命价值正是在不断的守信行为中得以累积的,守信行为的累积的客观结果,就是一个人在社会生活中信用、信誉的客观获得,"信,文之孚也"(《国语·周语下》),就是这个意思的最好的表达。

因此,对人而言,对他人承诺是一件非常重要的事情,必须量力而行,不能信口开河,荀子就把"已诺不信则兵弱"(《荀子·富国》)作为反映国家强弱的因素之一。"一诺千金"的成语是大家所熟知的,意思是许下的一个诺言有千金的价值,比喻说话算数,重视信用。这一成语源于"季布一诺":汉朝初年,有一个很讲信用的人,叫做季布。他觉得没有把握办到的事,不肯轻易答应人家,如果答应了,那不管怎样困难,也一定要办到。他做人是很重视侠义的,所以在他的故乡楚国很有名气。起先,他在项羽部下,屡次带兵和汉高祖刘邦交战,都把刘邦打败。后来项羽灭亡了,他就在外面流亡。汉高祖因为吃过他很多次亏,所以恨透了他。就出千金重赐来缉捕季布,甚至藏匿他的也要连带被杀。那时他正躲在濮阳一个姓周的朋友家里。他朋友看到情势急,就对季布说:现在外面风声很紧,说不定追捕的人马上会找上门来,我们不能坐以待毙,必须赶快设法才好。如果你能听我的话,那么我告诉你一个办法,如果不能,那我只有自杀来表明我的心机了。季布答应听他的话,他朋友就设法帮他逃亡。那位姓周的朋友把季布的头发剃光了,脖子上套上一个铁圈,化装成奴隶,和几十个家僮一起上一辆大牛车,送到山东,卖给一个有名的侠义之人——朱家。朱家知道那个奴隶就是季布,就买下来,让他在田里做工。同时他就乘车到洛阳,去见汝阴侯滕公。滕公请他喝酒,他就问滕公:"季布犯了什么大罪,追捕得这么紧?"滕公说:"季布以前帮项羽,使皇上吃过亏,所以皇上恨透他,非杀掉他不可。"朱家又问:"您以为季布是个什么样的人?"滕公说:"我觉得他是个很贤能的人。"朱家就说:"季布帮项羽,那时候是各为其主,现在项羽已经灭亡,难道以前帮过项羽的人能够全部杀光吗?皇上刚得到天下,就为了个人的私怨,而非杀他不可,为什么这样小气?而且像季布这样贤能的人,如果逼得他跑到敌国去,为敌人所利用,这不是大错吗?我看还是请你向皇上讲讲看。"滕公知道朱家是个大侠,季布一定藏在他家里。便把朱家这一番话对汉高祖讲。高祖认为有理,便赦免了季布。并且召见他,拜他为郎中。季布的故事说明以信取人,事后得到他人帮助。

季布有一个同乡曹邱生是一个辩士,喜欢结交权贵,藉以夸耀。季布听说他跟窦长君很要好,便写信劝告窦长君说:"曹邱生这个人,并非长者,还是不和他交往的好。"而曹邱生却去请窦长君写封信,介绍他去见季布。窦长君说:"季布不喜欢你,还是不要去吧。"曹邱生不听,一定要去,窦长君只好写了信。信先派人送去,季布一看,果然很生气。后来曹邱生见了季布就说:"楚国人有句俗话说:'得黄金百金,不如得季布一言',您怎会有这样好名声的呢?我们因为是同乡,所以到处宣扬您的名声,您为什么这样瞧不起我呢?"季布听了觉得很高兴,便好好地招待他,住了几个月。由于曹邱生的宣扬,季布也就更有名。后来"一诺千金"这句成语,就从这里的"黄金百斤,不如得季布一诺"演变而出,用来形容信守承诺,说话算数。[1]

　　守信不仅对个人重要,对群体、国家同样重要。"商鞅立木"的故事给我们的就是一个最好的启发。商鞅是战国时期著名的政治家、法家的代表之一,他在秦国主政 19 年,秦国大治,史称商鞅变法。商鞅以变法著称,得到秦孝公的赞赏,但遭到重臣们的反对,就是百姓也将信将疑。为了推行新法,并博得民众的信任,树立法律的权威,从而推进革新,商鞅下令在都城南门外立起一根三丈长的木头,并当众许下诺言:谁能把这根木头搬到北门,赏 10 两黄金。围观的人虽然很多,但大家颇多疑虑,因为搬木头并不是难事,为什么赏金这么多呢?揣摩着可能这不会是真的,故没有人问津此事。于是,商鞅把奖赏金提高到 50 两黄金。围观的人虽然有心动者,但大多面面相觑,大家议论纷纷,仍没有人动手,生怕里面潜藏着什么阴谋。然而,毕竟重赏之下出勇夫,很久以后,终于有一人行动了,轻松地将木头搬到了北门。商鞅立即命人给那人兑现赏金 50 两黄金,在场的人都兴奋不已,为商鞅守信的行为所激励。商鞅的举动在民众中树立了良好的威信,使其推行的新法得到了民众广泛的响应,新法使秦国逐渐强盛,最后统一了中国。可见,守信是立国的根本。

(二)"诚信"的出典

　　诚信的产生是与人类社会的产生相伴随的,因为诚信是人际交往的基本美德,是基础。在中国古代社会,诚信与"信"是紧密联系的,它最初是依托"信"而得以展示并实现自己的生命样态的。在中国文明的发展中,信德被作为中国古代社会核心道德规范的"五常"之一,成为中华民族的美德。21 世

---

〔1〕 参考"曹丘至,即揖季布曰:'楚人谚曰:得黄金百,不如得季布一诺。足下何以得此声于梁楚之间哉?'"(《史记·季布栾布列传》)

纪的今天,诚信仍是社会主义核心价值观之一,存在承扬的无限空间。

在现有的文献中,我们不难在1977年出土于河北省平山中山王墓中的中山王鼎的铭文中找到"信"的字样,这个战国时代的铭文中有"余知其忠信也"的文字;同时出土的中山王方壶上也铸有"忠信"二字。无疑,"信"很早就是中国人推重的美德。在此,还需要说明的是,"忠信"的"忠"的本义是忠诚无私、尽心竭力,这本身就是诚实的表现。另外,忠还有忠实的意思,这一概念至今仍在使用,这也与诚实存在联系。可以说,在词义上,忠信具有相同的意思。

在前面分析时已经谈到"信"是"人之言",这里的"人之言"并非所有的言语,而是真心诚意的话,才称得上诚信,不真心诚意的话语就是谎言或谬误之言。所以,真心诚意非常重要,"此谓诚于中,形于外"(《礼记·大学》),这是诚信的基本要求,即表里如一。正是在这个意义上,才有"人之所以为人者,言也;人而不能言,何以为人?言之所以为言者,信也;言而不信,何以为言?信之所以为信者,道也;信而不道,何以为道?道之贵者时,其行势也。"(《十三经注疏·春秋谷梁传·僖公二十二年》)这里有两个概念值得注意,即"信"和"道"。"信"就是诚信即真实可信的意思,"道"是道理、规律的意思。也就是说,人之所以为人的根本在其能用言语表达自己的情感和认识,人如果不能用言语来表达自己的情感和认识的话,凭什么称其为人呢?言语之所以成为言语,就在于其真实可信;言语表达如果不真实可信的话,那凭什么符合言语这一称号呢?诚信之所以为诚信的根本,在于其诚实而符合客观的道理或规律;诚信如果不符合道理或规律,那凭什么符合道理或规律这个称号呢?道理、规律的可贵之处就在于它能顺应时势。这告诉我们,道理、规律永远是一个开放的系统,人只能接近它而无法终结对它的认识。这里表明了人言语的独特性,即能表达自己的情感和认识。

"信"在古代文化中有着自己独特的社会担当。众所周知,言语表达有时可以面对面进行,有时无法直接交谈,此时一般可以通过两种方法来延伸言语的功能:一是带口信,这一般用在距离比较近的情况,拜托第三者把口信带给关系者,具有简便快捷的特点;一是距离比较远,无法通过口信来传达意思,只能用书信记载自己要表达的内容,然后再通过信使进行传递。这两种方式我们今天仍在使用,当然,随着电子邮件E-mail的兴起,通过邮局传递书信的业务量在大大减少,不过仍然没有灭绝。口信和书信都是信,这里的信是信符的意思,表达了采用口信和书信这两种信符的方式来表达彼此之间的情感并进行交流,这自然是真实可信的,这是基本的条件,不然也失去其原本的意义。

作为传统美德的诚信,其概念的出现要相对晚一些。"好恶形于心,百姓化于下,罚未行而民畏恐,赏未加而民劝勉,诚信之所期也"(《管子·立政》);"故君子可欺以其方,难罔以非其道。彼以爱兄之道来,故诚信而喜之,奚伪焉"(《孟子·万章上》),这两则是迄今可以找到的最早的资料。诚信是真心真意的意思,与之相对的是虚伪;守信是诚实不欺,与之相对的是欺诈。不得不指出的是,孟子不仅重视诚信,而且推重诚信与美互相联系,"可欲之谓善,有诸己之谓信,充实之谓美,充实而有光辉之谓大,大而化之之谓圣,圣而不可知之之谓神。乐正子二之中,四之下也"(《孟子·尽心下》),这一认识存在一定的启发性。

"精诚所至,金石为开"的道理广为流传,也揭示了诚信具有的文化力量。21世纪的今天,出现了假冒伪劣产品的现象,故社会呼唤诚信美德。为一时的利益而没有诚信,无法实现美德文化带来的长久效益。这也正是必须承扬诚信美德的条件。

(三)"诚信"作为德目的理由

这里要讨论的是为什么在21世纪的今天,我们仍然要承扬诚信这一传统美德?这个问题不解决,诚信就无法与现实实现对接并产生其持有的文化价值。综而言之,诚信作为承扬中华传统美德德目的理由主要集中在以下几个方面。

1. 语言实现社会功能的主客观性

在前面的分析中,在提到"言之所以为言者,信也"的同时,还揭示了"信之所以为信者,道也"的问题,这是一个问题的两个方面,易言之,就是主观和客观的问题。人们在言语时可以自由地使用语言,语言是客观的,可以供人使用。但是,言语之所以为言语的根本在真实可信,可是人通过言语表达自己的观点时,往往伴随着自己的情感和认识,因此,不同的人针对相同的物事,言语的表达就会存在差异,这差异源于个人之间情感和认识的不同的图画,这就是我说的主观性的因素;相同的物事即被表达的对象是客观的,具有客观性。显然,主观和客观互相契合的程度就成为诚信所持有的程度,诚信程度的高低直接维系于对客观物事规律等认识的准确性。换言之,言语的表达存在主观性的因素,正是这主观性因素的存在,就使诚信程度成为一个变数,谎言就是诚信程度负面发展的极端形式,这也是我们需要把诚信作为美德进行承扬的一般理由。"语言的发明本身没有创造出任何真理(因为发明创造和真理都是永恒的);但是,这项发明却带来了一种新东西:可能性。不仅是狡诈或欺骗的可能性,像动物身上的那种,还有谎言的可能性。多嘴多舌者,谎话连篇。人是能够撒谎的动物,人撒谎。这样一来就使真诚变得从逻辑上来讲是可能的,从道德伦理上来讲是必须的了"(《小爱大德——美德浅论·真诚》)[1],就是最好的总结。

2. 人的欲望与理性的不协调性

安德烈认为,"真理不属于我,是我属于真理,或者说真理把我包括在内,穿越了我,熔化了我。自我总是虚假的,总是虚幻的,总是不好的。真诚摆脱了这一切,所以是好的"(《小爱大德——美德浅论·真诚》)[2]。在人性的层面,人客观存在许多欲望,有时为了自己欲望的满足,出现与一般理性不协调的事情是非常正常的,这也可以作为对为什么存在不诚实现象这一问题的回答。

爱尔兰作家乔纳森·斯威夫特(Jonathan Swift)在《格利佛游记》(Gulliver's Travels)一书的"慧骃国游记"中,曾经提到过为什么存在不诚实的问题。格利佛在一次远洋航行中,聘请的水手们叛变他,并把他流放到一个岛上,这个岛由慧骃(智马)掌控一切并当家作主;岛上另有一种动物叫"犽猢",被视为最低劣、最野蛮的畜生,对之完全无法调教,只是被慧骃用来拉车做工甚至宰了当食物吃,只有具有高度智慧的慧骃才能驯服它们,其他动物对"犽猢"都避之唯恐不及。游记中"犽猢"暗指人类,而岛上的慧骃对于格列佛这个拥有智慧的"犽猢"感到好奇,但最后因担心格列佛会危害慧骃国的社会而把他驱逐出境。格列佛在海上被一名仁慈的葡萄牙船长救起并送返英国,但他无法忍受与自己的家人(他这时已经把其他人看成"犽猢")共处,结果他在家里养了两匹马并每天花上几小时与它们沟通。在岛上与慧骃相处时,正如其中的一位慧骃国民向格列佛解释的那样:"使用语言的目的是使我们相互沟通,接收有关各种事实情况的信息;如果现在有人说一些不存在的事情(慧骃用来表达说谎的笨拙说法),他们不会得逞的。"客观的事实是,与

---

[1] [法]安德烈·孔特-斯蓬维尔著,赵克非译:《小爱大德——美德浅论》,作家出版社,2013年,第188页。

[2] [法]安德烈·孔特-斯蓬维尔著,赵克非译:《小爱大德——美德浅论》,作家出版社,2013年,第189页。

慧骃不同的是,人内心深处隐藏着各种与理性不相协调的趋势和冲动;人需要经过一段时间的学习和实践才能成长为一个刚正不阿、与人为善的人。在达到这一境界之前,人会做出各种出于谨慎而必须加以隐藏的事情。说谎是一种隐藏的"好手段"。但如果一个人经常说谎,极有可能转化为一种严重的恶习。"拉罗什福科说过:'诚恳是心灵的一扇窗子,让我们看到了自己的本来面目;那是对真理的热爱,对伪装的厌恶,是想弥补自己的缺点,甚至想通过坦坦然然地承认减少这些缺点的愿望。这就是拒绝欺骗,拒绝隐瞒,拒绝美化'"(《小爱大德——美德浅论·真诚》)[1];拒绝的过程本身就是需要诚信美德熏陶的过程。

3. 客观的现实

以上从理性和人性的层面,分析了把诚信作为21世纪中华传统美德承扬对象的理由,这里则从客观现实的层面来揭示其理由。众所周知,随着经济发展的深入,诚信也成为热门的话题。审视客观现实,不仅造假的工厂比比皆是,欺诈的手段也越发多样,真可谓屡禁不止!这一现实无疑给人的现实生活添加了疑虑和困难,人们经常会遇到一个问题,就是如何才能不上当受骗!个人在这一大环境中如何行为?国家如何实现有所作为?都是不得不思考的棘手的现实问题。毋庸置疑,人生活在自己本性劣根性的包围之中。

不诚信就是失信,其行为有时虽然可能侥幸躲过一时的风险,但最终无法逃过自身失信行为带来的恶果,因为历史是见证人,是公平的使者,它把一切都记载在册。明代刘基的《郁离子》里记载着这样一个故事:济阳有个商人过河时船沉了,他抓住一根大麻杆大声呼救,这时有个渔夫闻声而致。商人急忙喊:"我是济阳最大的富翁,你若能救我,给你100两金子。"渔夫救他上岸后,商人却失信只给了渔夫10两金子。渔夫责怪他出尔反尔而不守信,富翁却说:"你一个打鱼的,一生都挣不了几个钱,突然得10两金子还不满足吗?"渔夫只得怏怏而去。不料后来那富翁又一次在原地翻船了,这时有人欲救,但那个曾被他骗过的渔夫说:"他就是那个说话不算数的人!"于是商人活活被淹死了。商人两次翻船而遇同一渔夫虽属偶然,但商人的不得好报却是在意料之中的。因为一个人若不守信,便会失去别人对他的信任,没有信任

---

[1] [法]安德烈·孔特-斯蓬维尔著,赵克非译:《小爱大德——美德浅论》,作家出版社,2013年,第189页。

就切断了他人与你联系的基础,遇难时自然只能坐以待毙。这难道不是承扬中华传统美德诚信的最好理由吗!

(四)"诚信"的本质

诚信是心灵的对话,没有任何功利,不图回报,前面提到的美国教育家威廉·贝内特编著的《美德书》引用"直躬证父"故事时所做的评论是"我们应该珍爱真理本身,而不应该为谋取私利才那样做",所以,他给冠以"直躬证父"的题目是"缺乏诚意的诚实",这也从另一角度表明诚实不能没有诚意,而诚意是没有任何功利之心的,而直躬以自己的"诚实"和孝行为条件请求不杀的举措,是谋取私利的表现。诚信就是自己,自己是自己的评判人,因此,无功利是其最大的本质。不过,诚信正是通过自己无功利的行为,获得他人的敬重,他人的敬重无疑架起了人生最大财富的桥梁,成为财富不尽的源泉。

清朝时,吴县有一个叫蔡璘的人。他重视诺言和责任,看重朋友之间的情谊。有一个朋友寄放了千两白银在他那里,没有立下任何字据。过了不久,那朋友死了。蔡璘把朋友的儿子叫来,要把千两白银还给他。朋友的儿子感到吃惊,不肯接受,说道:"哎呀!没有这样的事情,哪里有寄放千两白银却不立字据的人?而且我的父亲从来没有告诉过我呀。"蔡璘笑着说:"字据是在心里,不是在纸上。你的父亲了解我,所以不告诉你。"最终,蔡璘用车子把千两白银送还给了他。[1]

这个故事告诉我们这样一个道理:一个人如果是真心对待别人,讲信用,别人也会真心地对待你。所以信任是彼此的,只要大家互相信任,世界就会变得真实而甜美。

(五)"诚信"的担当

人作为文化的主体,既是文化的创造者又是文化的欣赏者。在动态的层面,人也是文化的信使;在具体境遇里,人不仅是物理的存在体,而且是精神的存在体,时刻释放着文化的信息。尤其在21世纪的今天,人作为文化传递者的角色更为突出。因此,在文化强国视域里承扬的诚信美德,有其独特的

---

[1] "蔡璘,字勉旃,吴县人。重诺责,敦风义。有友某以千金寄之,不立券。亡何,其人亡。蔡召其子至,归之。愕然不受,曰:'嘻!无此事也,安有寄千金而无券者?且父未尝语我也。'蔡笑曰:'券在心,不在纸。而翁知我,故不语郎君。'卒辇而致之。"(《敬信类·蔡璘重诺责》,[清]徐珂编撰《清稗类钞》第六册,中华书局,1986年,第2597页)

担当。

1. 立人之基

前面提到,在字形上,"信"是"人"与"言"的组合,由于"信"的本义是信实、信符的意思,但"人之言"与信实、信符并没有必然的关系。所以,人在表达言语时,必须有真诚的情意、诚恳的态度,只有在这个前提下才能符合信实的要求,做到表里如一。另一方面,诚信的"诚",是"言"与"成"的组合,说明的是言语在现实生活中的兑现,这是对言语真实性的证实,只有这样才能内外合一。在综合的意义上,可以说"诚"是"信"的前提和条件,"信"是"诚"的归向和结果。

对一个人而言,在人际关系中,除在极端的情况下需要用形体的语言来表达自己的思想,大部分情况下都是通过言语来表达自己的思想和情感的,实话实说必须是做人的基点,离开"实"就无所谓人,因为每个人是实在的,别人首先是通过你的言语来对你进行判断的,然后再在动态的层面,对你言语在实际生活中形成的客观结果进行跟踪关注,如果真实,那你就会获得诚信的评价,这是金钱无法买到的,这是无价的人格砝码。

正是在与外在客观实际联系的层面,言语始终离不开人的认识的能力,所以,开发智力无疑是落实诚信的必要条件,我们不能停止在对简单的诚信的预期上,在高科技发展的21世纪,纯朴的诚信已经无法应对诚信发展的趋向,所以,开发智力是维护新时期诚信的必然要求。因为,中国古代思想家认为,诚实会自然而然地获得成功或成就,"诚者自成也,而道自道也。诚者物之终始,不诚无物。是故君子诚之为贵。诚者非自成己而已也,所以成物也。成己,仁也;成物,知也。性之德也,合外内之道也,故时措之宜也"(《礼记·中庸》),说的就是这个道理。诚信永远也不是个人的事务,包含着成就他物的方面。但是,如果个人都没有诚实胸怀的基础,如何可能成就他物呢?

2. 立业之本

在古代徽商、晋商成功的秘诀中,诚信是最为重要的砝码,对于"山西票号"的信誉,清朝《续文献通考》卷十八评价说:山右钜(巨)商,所立票号,法至精密,人尤敦朴,信用显著。上海汇丰银行说,二十五年来与山西商人作了上亿两的巨额交易,没有遇到一个骗人的中国人。西方对中国古代商人的诚信美德也是赞誉不易:

不管中国商人在他们自己的国家内处于社会阶层的什么位置,他们都不比世界上其他任何国家的同行逊色。他们精明机智,积极进取,诚实可敬。他们总是严谨地维护良好的商业信誉,因为他们懂得它的重要意义。一位英国学者曾公正地评论说:"中国的商人赢得了所有与他们交往的外国人的敬重。"几年以前,东方最大的商贸金融中心城市的一家实力雄厚的外国银行经理,在谈到这一问题时说:"我很欣赏我们商号的良好信誉,但是在这方面,中国人并不比我们逊色。同世界上其他国家的同行业相比,我更信任中国的商人和金融家。顺便说一句,在过去的25年里,我们银行同中国有过一笔笔很大的交易,金额高达白银上亿两。迄今为止,我们还没有发现一位中国商人不守信用。"我还想告诉大家,无论是在东方还是在西方,这位经理大人在这个问题上都是最具权威的人物。(《中国人的本色·中国的商人和商道》)[1]

诚信美德在商业上形成的信誉,真可谓中国的骄傲,也是中国文化的魅力所在。

商业没有诚信就无法开辟市场,"所谓商业道德,最重要的是一个信字。如果不能守信,实业界的基础就无法巩固……如果它被所有的实业家所履行,那么,日本实业界的财富就会有更进一步的增加,同时,在人格方面也将有大幅度的提高"(《论语与算盘·理想与迷信》)[2],就是对这一哲理的揭示。商业的关键在机会,没有机会就无法走出去,就无法占有市场,但这一切都在于商人的诚信,离开诚信,只能与机会失之交臂。下面这个故事就是最好的例证:

> 从前有两位珠宝商人,一起到城市里做生意,他们分别沿街贩卖珠宝。城里有一户人家,原本家里很有钱,后来做生意失败,为了生活,家人纷纷到外地赚钱,只剩下祖孙两人相依为命,过着贫苦的生活。这天,小孙女听到商人叫卖珠宝的声音,忍不住向祖母提出要求:祖母,我好想拥有一条项链,只要最便宜的就好了。祖母一听,内心很难过,心想若是以前,要什么昂贵的项链都有,可是现在哪有能力买。所以只好告诉小孙女:祖母也想买给你,可是我们实在买不起。小孙女回答:我记得

---

[1] [美]何天爵著,周德喜译:《中国人的本色》,文津出版社,2013年,第186页。
[2] [日]涩泽荣一著,王中江译:《论语与算盘——人生·道德·财富》,中国青年出版社,1996年,第97-98页。

家中那堆破烂的东西里,还有几个完整的碗,也许能拿来换钱呀。祖母听完后去找,果然找到数个完整的碗。一位陈姓商人经过时,祖母取出其中一个碗说:我想用这个碗,跟你换一条最便宜的项链。陈姓商人一看这个碗竟然是价值昂贵的古董碗,他认为祖孙两人好欺负,便假装这个碗不值钱,将碗还给祖母,拒绝了她的要求。心中却暗自盘算着等会回头再将古董碗便宜收下。这时,另一位沿街贩卖的吴姓珠宝商来到了祖孙俩家门口,祖母再次鼓起勇气,将碗取出并提出相同的请求。吴姓商人一看便知是个古董碗,并说:这是个价值昂贵的古董碗,想必是您祖先留下来的,我想将它买下,可惜我身上没有这么多钱。祖母被吴姓商人的诚实所感动,你身上有多少价值的东西都给我好了,我决定将碗卖给你。吴姓商人掏出身上所有值钱的东西,换了祖母的古董碗,高高兴兴地回家去。陈姓商人回过头,要找祖孙俩买古董碗,已经来不及了。

(慈济《妙语生华·上册》)

诚信永远是立业之本,投机之心只能腐蚀商业。

3. 治国之宗

世界文明史的轨迹虽然在一定程度上昭示人们:力量就是一切。这的确是事实,但是,我们不得不思考如何获得力量的方法和途径。这就是诚信在国家整治实践中的魅力所在。众所周知,国家的实力不是上天赐予的,而是依靠其民众奋斗而获得的,即使在今天高科技的时代仍然印证着这一规律。说到底,国家的实力往往决定于简单的形式,就是持有的经济能力,因为在最终的意义上,国家所持有的资源最终也可以在经济能力的平台上得到评价。在目前高科技主导的世界舞台上,持有高科技并不等于就是经济能力本身,高科技仍然需要找到应用的市场才能最后转化成经济能力。换言之,科技必须与人联系时才能实现价值,因为是否采用科技的决定权在人,而选择谁的技术,除技术本身的含金量的因素以外,就是价格和供应商的人格信誉等人文的要素。在今天,人文要素所起的作用越来越大。换言之,商品的质量和制造者人格魅力的结合才决定商品综合的魅力,仅仅依靠商品本身的质量已经无法在当今的世界经济舞台的竞争中保持不败的地位。因此,诚信在国家的整治实践中占有的地位和影响力越来越大。这是国家对外聚集力量的方面。对内的方面也不例外,国家和谐稳定的状态,是一个国家最强的状态,是任何其他国家都无法打败的。中国这样一个人口大国,和谐稳定形成之时,自然也是世界其他国家无法战胜之时,问题的关键是如何做到这一点?重要的是要让民众知道真实情况,他们的真实的利益要得到维护和保证,他们必须成为国家的真正的主人,而不是形式上的主人,这就是社会主义核心价值观的追求所在,贯穿其中的就是诚信。"子贡问政。子曰:足食,足兵,民信之矣。子贡曰:必不得已而去,于斯三者何先?曰:去兵。子贡曰:必不得已而去,于斯二者何先?曰:去食。自古皆有死,民无信不立"(《论语·颜渊》),就是一种理性的表达,如果不能对民众守信就无法立国。诚信是立国之根本,也是中华民族伟大复兴中国梦的重要内容。

中华民族具有悠久的文明历史,诚信在立国的实践中一直闪耀着耀眼的光芒。众所周知,管仲视"礼义廉耻"这"四维"为立国的根本,认为"四维不张,国乃灭亡"(《管子·牧民》),他劝说齐桓公要遵循礼义,取信于诸侯,方可称霸天下。齐桓公五年(公元前681年),齐桓公与鲁庄公会盟于柯(今山东东阿西南),鲁将曹沫以匕首挟持齐桓公,要求归还被侵占的土地,桓公应允。不久,桓公想背约,管仲劝他实践诺言,于是归还了鲁国的土地。各国诸侯得知此事,都认为齐国守信,不少诸侯想归附齐国。[1]《箕郑对文公问》的故事也是诚信整治国家的最好例子之一。当时晋国闹饥荒,文公向箕郑询问说:"怎么救灾荒?"回答说:"讲诚信。"文公说:"怎么讲诚信?"回答说:"君内心要有诚信,职位名分要有诚信,法令要有诚信,社会事务要有诚信。"文公说:"有了诚信将会怎样?"回答说:"内心诚信善恶就界限分明,职位名分诚信则上下司职有条不紊,法令诚信则功效明显,社会事务诚信则百姓就会在具体的职事上建树业绩。这样的话,民众知道君主内心真诚,即使贫穷也不惧怕,富裕的拿出自己的积藏如同往自己家拿一样痛快,有什么贫困匮乏呢?"文公拜他为箕大夫,这就是守信的重要性。可见,诚信不在于法令的规定里有没有具

---

〔1〕"管仲既任政相齐,以区区之齐在海滨,通货积财,富国强兵,与俗同好恶。故其称曰:'仓廪实而知礼节,衣食足而知荣辱,上服度则六亲固。四维不张,国乃灭亡。下令如流水之原,令顺民心。'故论卑而易行。俗之所欲,因而予之;俗之所否,因而去之。其为政也,善因祸而为福,转败而为功。贵轻重,慎权衡……于柯之会,桓公欲背曹沫之约,管仲因而信之,诸侯由是归齐。"(《史记·管晏列传》)

体的规定,关键在执行的实践里能否切实遵守兑现,这最为重要。[1]

4. 美德之源

在中华传统美德系统里,诚信不是一个普通的德目,而是一个最为基本的德目,它是其他美德的源泉。法国思想家安德烈说,"一切美德的基础,正如蒙田说过的,只有真实是'美德最重要最根本的部分',真实制约着其他所有美德,而原则上不受任何美德制约。真实不需要成为慷慨、亲切或公正的才成其为真实,才有价值,才不可或缺,而爱、慷慨或公正却只有在首先是真实(要真像它们所显示出来的那样)的条件下因而是在真诚的条件下,才能成为美德。真实不需要服从什么,哪怕是正义,哪怕是爱;真实不为谁服务,不付出,也不安慰谁"(《小爱大德——美德浅论·真诚》)[2],说的就是这个道理。诚信的价值在自身,不需要其他文化诸如慷慨、公正等文化因子的援助,这一强调具有一定的意义。但在另一方面,社会其他美德不能没有诚信的援助,离开诚信就无所谓公正、互助、仁爱等。当然,我们也不能对此绝对化,虽然可以把诚信作为人的行为的原点,如果缺乏诚信,那行为自然也游离了真诚而与虚伪列为同伍。但是,由于真诚在动态上的维持,并不毫无条件,它需要社会其他条件的支持,诚信虽然不需要服从其他的美德,但它的健康运行仍然需要其他社会机制的切实有效的支持,这也是不能忽视的。

(六)"诚信"的目的

21世纪的今天,在承扬中华传统美德的实践中,诚信占有自己位置的关键之一就在于现实生活需要诚信。不是因为诚信本身的善好我们才应该热爱它,而是因为我们热爱它才觉得它好;对于热爱诚信的人来说,诚信确实是好。但诚信不是灵丹妙药:它只对热爱它的人有价值,通过热爱诚信的人,诚信也只对守信的人有价值。弘扬诚信这一美德显然就是要激发起人们热爱诚信的热情,装备个人按照自己本性中真性的呼唤来生活的素质。

---

[1] "晋饥,公问于箕郑曰:'救饥何以?'对曰:'信。'公曰:'安信?'对曰:'信于君心,信于名,信于令,信于事。'公曰:'然则若何?'对曰:'信于君心则美恶不逾,信于名则上下不干,信于令时无废功,信于事则民从事有业。于是乎民知君心,贫而不惧,藏出如入,何匮之有?'公使为箕。"(《国语·晋语四》)

[2] [法]安德烈·孔特-斯蓬维尔著,赵克非译:《小爱大德——美德浅论》,作家出版社,2013年,第189-190页。

我们生活在现实中,真实的生活、真诚的情感、诚实的态度、信实的言行,是人之所以为人的最为简洁而真实的要素,这是个人真实存在的起码要求。诚信如土,一块心灵之土,为无数幼苗提供营养,使他们开出美丽鲜艳的花朵;诚信如水,滋润万物舒枝展叶、天天向上。前面提到诚信就是目的本身,因此没有任何功利的考虑。其实,如果当一个人的某个行为能在他人的生活中产生实际的用处,对行为者而言,那无疑是一种快乐!而且也根本不图什么回报。韩信"一饭千金"的故事是家喻户晓的。汉初名将韩信,淮阴人,少年时父母双亡,日子过得很艰难,常常没处吃饭,只能到城下淮水边钓鱼,钓到就卖几个钱,钓不到就饿肚子。淮水边上有一群漂洗丝絮的老大娘,各自带着饭篮在那里干活。其中一位大娘见韩信饿得有气无力,就把自己的饭分给他吃,一连几十天都这样。韩信非常感激,对大娘说:我将来一定要好好报答你。大娘却生气地说:我是看你可怜才送饭给你吃,哪图什么报答![1]韩信后来受到汉高祖刘邦赏识,拜为大将,在楚汉战争中为汉高祖得天下立下赫赫战功,与张良、萧何合称"汉兴三杰",韩信功封楚地。楚地本是韩信的故乡,他有恩报恩;设法找到了当年那位漂絮大娘,对她谢了又谢,送给她一千金作为报答;漂母并不图这钱,但推辞不得,只好领谢而去。韩信"一饭千金"以履行自己的诺言,表示了诚信对人的重要性;里面漂絮大娘不图回报的内容,就是对道德行为的一种素朴而形象的表达。

人类理性的发展虽然给人类提供了无限的便捷,但在人类享受这些便捷的同时,也伴随着产生了失落感,这就是生活中不诚信的高频率存在,冲淡了生活的真性,淡化了人们的真情。用古代思想家庄子的话说,就是"北海若曰:'牛马四足,是谓天;落马首,穿牛鼻,是谓人。故曰:无以人灭天,无以故灭命,无以得殉名。谨守而勿失,是谓反其真'"(《庄子·秋水》)。显然,理性对真情的淡化,就是"以人灭天"的结果。因此,我们必须"反其真"即返回真性而生活,这是轻松减压的生活样式,是自由舒展情感的样态。那么,何谓真呢?"真者,精诚之至也。不精不诚,不能动人。故强哭者虽悲不哀,强怒者虽严不威,强亲者虽笑不和。真悲无声而哀,真怒未发而威,真亲未笑而和。真在内者,神动于外,是所以贵真也。其用于人理也,事亲则慈孝,事君则忠贞,饮酒则欢乐,处丧则悲哀。忠贞以功为主,饮酒以乐为主,处丧以哀为主,

---

[1] "信钓于城下,诸母漂,有一母见信饥,饭信,竟漂数十日。信喜,谓漂母曰:'吾必有以重报母。'母怒曰:'大丈夫不能自食,吾哀王孙而进食,岂望报乎!'"(《史记·淮阴侯列传》)

事亲以适为主，功成之美，无一其迹矣。事亲以适，不论所以矣；饮酒以乐，不选其具矣；处丧以哀，无问其礼矣。礼者，世俗之所为也；真者，所以受于天也，自然不可易也。故圣人法天贵真，不拘于俗。愚者反此。不能法天而恤于人，不知贵真，禄禄而受变于俗，故不足"《庄子·渔父》)，可以给予我们一定的参考。本真是精诚的极致，精诚是真情实感的流露，是自然而表里如一的行为，没有人勉强之感；本真是客观的，但在不同的事务中有不同的存在样式，诸如事君的"功"、饮酒的"乐"、处丧的"哀"、事亲的"适"，同样是完美，但不拘泥于相同的途径；本真源于人的天性，这是自然不可改变的。

诚信是与不诚信同时存在的，承扬诚信这一传统美德，其目的就在于引导激发人们真诚简易生活的热情，而远离不诚信的污染，从而建立起自然而表里如一的社会环境。

(七)"诚信"的内容

在前面对诚信的界定中，实际上已经揭示了它的内容，这里特别开辟空间讨论内容的问题，是为诚信的特殊性规定的，有些在传统美德的本有内容中没有，正是现在承扬之际需要重新补充的。

1. 责任的承担

诚信虽然是真诚、真实的行为，但承担责任是其不可或缺的方面。人是理性的动物，其动物性决定了人本身需要欲望的满足，如果离开欲望的满足，生命本身就难以持续。由于人有欲望、情感的因素，决定了人客观存在从理性那里离脱而为情感所牵引的可能性，情感性无疑存在不稳定性和不准确性。换言之，人是会犯错误的，人不是神；即使是神，就保证能不犯错误吗？美国当代著名文化人类学家鲁思·本尼迪克特[1]在研究日本文化的双重性时，提出日本的神也是兼具双重人格的。她说：

> 甚至他们的神也显然如此兼具善恶两性。他们的最著名的神素盏

---

[1] 美国当代著名文化人类学家鲁思·本尼迪克特（Ruth Benedict, 1987—1948）在实际调查的基础上，通过《菊与刀》对日本文化的双重性进行了揭示，1946年出版后立即在日本引起反响，1949年翻译成日文，1949年至1951年，日本几家杂志约请专家举行座谈，对此书进行评论，有的出版了特集，1951年此书被列入日本《现代教养文库》，至1963年已重印三十六次。1982年出版的一本介绍"日本学"名著的书中称此书为现代日本学的鼻祖，是文化人类学者研究日本的经典性著作，此书影响至今不衰。

鸣尊是天照大神(女神)之弟,是"迅猛的男神"。这位男神对其姐姐极为粗暴,在西方神话中可能把他定为魔鬼……他放肆地胡闹,在天照大神的大饭厅里乱拉大便……他毁坏稻田的田埂……由于素盏鸣尊干了这些坏事,受到诸神的审判,被处以重刑,赶出天国,放逐到"黑暗之国"。可是,他仍然是日本众神中一位招人喜爱的神,受到应有的尊敬。这样的神在世界神话中虽不罕见,但在高级的伦理性宗教中,这种神则被排除在外,因为把超自然的东西划成善恶两个集团,以分清黑白是非,更符合善与恶的宇宙斗争哲学。(《菊与刀·人情的世界》)[1]

善恶置于神一身,这的确是一个较为新型的运思,也比较符合实际,"事实上,日本人始终拒绝把恶的问题看作人生观。他们相信人有两种灵魂,但却不是善的冲动与恶的冲动之间的斗争,而是'温和的'灵魂和'粗暴的'灵魂,每个人、每个民族的生涯中都既有'温和'的时候,也有必须'粗暴'的时候。并没有注定一个灵魂要进地狱,另一个则要上天堂。这两个灵魂都是必须的,并且在不同场合都是善的"(同上,第131页)。

因此,人犯错误是正常的事情,不必回避,关键是犯了过错要改正。孔子在谈到君子时说:"君子不重,则不威;学则不固。主忠信。无友不如己者。过,则勿惮改"(《论语·学而》);有了过错时,不惧怕改正,过错是无法避免的,而"过而不改,是谓过矣"(《论语·卫灵公》)。对个人而言,这是一件非常具体的事情,你能否时时做到真实生活,以保持自己诚信的品性,尤其是在犯了过错的时候。诚信美德要求个人在犯了过错时一定要敢于承担责任,而不是为自己掩饰。美国总统林肯年轻的时候曾经当过店铺的伙计,一次因计算错误而多收顾客6.25美分,他非常不安并尽快把多收的部分退回了顾客;另一次因用错砝码而少给了顾客茶叶,第二天发现后迅即把少的茶叶补给了顾客,林肯的行为无疑是敢于承担责任的具体表现。[2]事实告诉我们,如果一个人在个人生活中诚实行事,那么他在大众生活中也会诚实做人;诚实是一种习惯,是从小逐渐养成的。

诚信永远是一个努力的过程,承担责任就是这一过程中的一个必不可少

---

[1] [美]鲁思·本尼迪克特著,吕万和等译:《菊与刀》,商务印书馆,1990年,第131-132页。

[2] 详细参考《美德书·诚实·诚实的亚伯》,[美]威廉·贝内特编著,何吉贤等译:《美德书》,中央编译出版社,2001年,第561-562页。

的最初的驿站。

2. 生命的安全

诚信虽然以自身为目的,但诚信的行为势必在人际关系中得到具体的表现,其行为的最终确立自然会受到环境中其他因素的影响,这在古代文化中有值得注意的例子。春秋时,鲁国曲阜有个年轻人名叫尾生(也称微生),为人正直,乐于助人,和朋友交往很守信用,受到四乡八邻的普遍赞誉。有一次,有人向他借醋,恰好他家也没有醋,但他没有立即回绝却说:"你稍等一下,我到里屋给你拿";尾生立即悄悄从后面出去向邻居借了一坛醋,给了借醋的人。他的行为虽然说了谎,但出发点是对的,谎言不也有美丽吗?[1]同样是这个尾生,与一女子约会于桥下,他提前来到桥上等候,许久后那女子仍没有如约;后来暴雨引起河水暴涨,大桥被淹没,没过了尾生的膝盖,但他寸步不离,死死抱着桥柱子,最终被活活淹死。尾生苦苦等候,可谓守信,但河水暴涨,人无法在桥下驻足,一般来说必须临时应变而离开桥下,但尾生拘泥于守信而不考虑即时的情况,最后则只能面对死亡。[2]综合地看,这种行为非常不明智。我们要做诚信的人,但诚信不是呆板守信,在生命和安全遭到威胁的情况下,不能忘了机智。

3. 客观的时势

生活中有时需要一些善意的谎言(white lie)来加以美化和装饰。善意的谎言就是依据具体的时势要求而做出的行为,虽然对行为主体而言有违诚信美德的要求,但对行为客体而言,可以从中获得快乐和希望。例如,医生出于病人的切身利益以及家族的要求,对患有不治之症的病人,可以隐瞒真实病情,以减少其痛苦和心理的压力,有选择地告诉病人病情的发展,甚至说一些增强病人求生希望的内容,虽然这些内容与病人的实际病情是相违背的。医生的责任是治病救人,采取灵活机动的策略,这也是医生的责任所在,也是医生这一行业中特定的诚信的内容。

当然,在社会生活的领域,尤其是在世界环境越发复杂的情况下,各种情况都会发生,在选择谎言来应对更有效果的情况下,我们要机智地选择谎言来周旋,不能一味地实话实说。

---

〔1〕 参考"子曰:孰谓微生高直?或乞酼焉,乞诸邻而与之。"(《论语·公冶长》)

〔2〕 "尾生与女子期于梁下,女子不来,水至不去,抱梁柱而死……无异于磔犬流豕操瓢而乞者,皆离名轻死,不念本养寿命者也。"(《庄子·盗跖》)

4. 与不诚信斗争

现实生活中诚信与不诚信是同时存在的,这是客观而必然的;如果没有不诚信的存在,诚信就没有出现的必要,"天下皆知美之为美,斯恶已;皆知善之为善,斯不善已。故有无相生,难易相成,长短相较,高下相倾,音声相和,前后相随"(《老子》第2章),告诉我们的就是这个道理。因此,在一定程度上可以说,不诚信是诚信生活的土壤;诚信之花的鲜艳就在于不诚信的衬托,这是客观的事实。

迄今为止的诚信美德的提出,主要集中在对诚信本身的规定和要求上,而缺乏与不诚信斗争这一环节的考虑,显然这是非常欠缺的。必须注意的是,不诚信的行为本身,有时具体的不诚信的行为不一定对你造成有害的后果,但作为当事人的你,哪怕你是受益人,也必须站出来揭露不诚信的行为。一是提醒大家不要上当,二是尽快为创设终止不诚信行为的社会环境作出必要的努力。

提倡诚信美德和与不诚信进行斗争是必须相互协调一致的两面,缺一不可。现实生活中不诚信的行为猖獗,就在于我们与不诚信行为斗争的事宜没有提到当有位置上,作为一个社会公民,对不诚信的行为作斗争是基本的责任,这是诚信美德本身的内容。

(八)"诚信"的机制

诚信美德虽然以自身为目的,但它的实践场域则在现实生活之中,前面的分析中,已经谈到一些迄今仍被忽视却是诚信本有内容的问题,我们不是因为诚信本身善好而去践行它,而是因为我们热爱它才去践行它。在承扬诚信美德的实践中,营建良好的社会氛围,润滑人们对诚信的喜爱,就是一个营建社会机制的问题,虽然社会机制统括整个传承美德的实践,但诚信也有特殊的方面。

1. 诚信受奖

如果一个社会总是出现老实人吃亏的情况,就说明这个社会存在着严重的虚伪性。换言之,这是不正的风气,这不是演绎真实人生的当有环境,而是虚伪生活的染缸。由于诚信不存在大小、高低之分,只要是诚信,其社会价值是一样的。也就是说,诚信的价值不为具体境遇里的主客体的身份等因素所左右,它仅仅决定于行为本身的诚实与否;诚信是人际关系良性运作的纽带,如果人与人之间缺乏诚意,需要同心协力才能完成的各项社会活动与事业将会受阻。诚实不仅是说实话,而且是"一分辛劳,一分收获",依据让·拉·方丹(1621—1695)的一首寓言诗改写的《诚实的樵夫》的故事就是很好的说明:

> 从前,有个樵夫住在绿林深处,为了维持家庭生计,他每天都得扛着锋利的斧头去辛勤地砍树。一天,他一不小心,将斧头掉进水里,由于河水太深,他无法找回斧头;正当他担心以后如何养家时,河面上出现了一位漂亮的女子,她是这条河的女神,询问樵夫缘由后,只见她潜入水下,一会儿拿着一把银斧浮上来,问樵夫这是你的斧头吗?樵夫想,用这把银斧虽然能给孩子们买很多东西,但那不是他的东西,于是回答说:"我的斧头是钢制的"。女神把银斧放在岸上,又潜入水下,不一会儿手里拿着另一把斧头给樵夫看,"也许这是你的吧?"樵夫看了一眼说:"这是金子做的,比我的贵许多倍!"女神把它放在岸上,再次潜入水中,此次拿出的才是樵夫的斧头,"那是我的!"樵夫喊道:"那才是我的斧子呢!""这是你的,另外两把也属于你的了。他们是河水送你的礼物,因为你刚才说的是实话。"〔1〕

寓言故事里发生的事,无疑寄托着人的期望。在诚信问题上,我们需要做的就是尽快建立诚信受奖的社会机制,而不是让诚实守信的老实人吃亏,从而形成大家喜爱诚信的社会氛围。虽然道德不以图报为动机和目的,但在社会的层面,针对人性的现实,设计和建立相应的机制来激发人们诚信行为的热情是完全必要的。〔2〕

2. 不诚实受罚

既然诚信必须受到嘉奖,那不诚信也必须受到相应的惩罚。如果一个社会对不诚信的行为听之任之而不采取果断措施的话,结果只能是假冒伪劣产品等充斥现实生活,使人们失去对生活的安全感。一旦生活的安全感丢失,

---

〔1〕 详细参考〔美〕威廉·贝内特编著,何吉贤等译:《美德书》,中央编译出版社,2001年,第542-543页。

〔2〕 例如在日本,捡到他人丢失的东西,从诚信出发就必须交到当地的派出所;日本的制度规定,自你交去之日起的6个月内,如果没有人来认领的话,派出所就会派人把你交的物件送给你,这时这东西就属于你了,而不归公家所有。这实际上也是一种形式的奖励;如果当事人去认领后,也会通过派出所感谢你。

那无疑在人们的心理造成最大的精神的压力,直接影响人们的身体健康和生活的质量,这也与我们建设小康社会的本意不相符合。因此,从严格整肃不诚信的行为着手彰显诚信的魅力,也不失为营筑诚信长城的一种选择。众所周知"狼来了"的故事,故事的主人公从戏言开始而丢失他人的信任,最后成为狼的盘中美餐。其实,中国也有一个相同的真实的故事,这就是"烽火戏诸侯":周幽王是西周晚期的暴君,他为了逗宠妃褒姒一笑,在无战况时竟派人点燃了烽火台上的烽火;各路诸侯以为天子有难,急忙率兵至镐京;褒姒在城楼上看到诸侯的狼狈相时就放声大笑;诸侯知道自己被戏弄后都十分不满[1];后来西夷犬戎攻打西周,周幽王再燃烽火征兵援助时,诸侯未应,结果周幽王被杀而褒姒被俘。[2]

这些都是不诚信行为遭到的自然的报应,在一定程度上虽然可以警示人,但21世纪今天的生活现实告诉我们,不诚信行为虽然会遭到自然的报应,但毕竟要时间的耗费,在警示人们的及时性上无疑受到很大的影响。所以,在现实生活中,我们应该尽快营建处罚不诚信行为的机制,惩治的力度要大,不能不痛不痒;对不诚信行为的有力的整治,又是在另一层面对诚信行为的肯定,人们也会在对不诚信行为受到惩治的事实中得到警示,从而增强选择诚信行为的信心和热情。

3. 诚信社会机制的设置

诚信是一切美德的土壤和源泉,是最为基本的美德,在中华传统美德体系中具有独特的位置。不仅如此,西方社会对诚信同样重视,诸如在法国,在地铁上定期查票,这是抽查,不是每一列地铁都查,抽查的比率是万分之一,如果某人在这万分之一的概率中抽查到无票乘车,那就会被记录在案,而如果一人在几年中有3次这样记录的话,那几乎等于一切社会的大门自然对他关闭了,这是不言而喻的社会法则,这种做法就是我们一般称为的诚信档案。

中国必须尽快启动并且完善这样的社会机制,把个人的身份证号码作为个人通用的社会名号,一切不诚信、不合法的事务都自然记录在案,这样建立

---

[1] "褒姒不好笑,幽王欲其笑万方,故不笑。幽王为烽燧大鼓,有寇至则举烽火。诸侯悉至,至而无寇,褒姒乃大笑。幽王说之,为数举烽火。其后不信,诸侯益亦不至。"(《史记·周本纪》)

[2] "幽王以虢石父为卿,用事,国人皆怨。石父为人佞巧善谀好利,王用之。又废申后,去太子也。申侯怒,与缯、西夷犬戎攻幽王。幽王举烽火征兵,兵莫至。遂杀幽王骊山下,虏褒姒,尽取周赂而去。"(《史记·周本纪》)

个人终生的档案,既可以对个人起到警示的作用,也会对个人的成长起到客观的引导作用。道德教育的效果不是简单地依靠课堂教育来完成的,我们必须重视人生活的环境。由于通过电脑记录在案,就会在客观上杜绝托关系、找人情来疏通而耗费社会精力现象的产生。我认为,社会主义核心价值观教育、中华传统美德的承扬等,最为需要的是客观上形成的震慑人的制度性的措施,而不是宣传和教育,相关知识的教育是比较容易的,关键是知识能否成为指导人行为的内在素质。从社会机制的层面入手,把社会机制的整肃作为道德教育的一部分,正是21世纪当下承扬中华传统美德最为需要的环节。

(九)"诚信"的当代价值

诚信与当代社会的紧密联系是显而易见的,它主要体现在以下几个方面:

1. 强国的主要文化力

真正意义上的现代化不是经济的现代化,而是文化的现代化。经济的现代化必须通过文化来推进和提升品质,人类理性的价值也正是在这样的推进和提升中得到不断的展现。我国提出文化强国的战略口号,在文化的体系中,诚信无疑是最为基本的元素;在这个意义上,文化必须首先是诚信的文化,只有诚信文化的形成,中国文化强国的战略才能最终得以在现实生活中奏效,只有当诚信成为文化的主要旋律、主要色彩时,文化作为一种软性的力量才有可能实现,文化作为一种产品才有可能,中华文化才有可能走向世界舞台,从而向全世界展示中华民族5000年文明史的风采。中华民族5000年文明史虽然是事实,但地球村的村民并不真正了解中华民族文明的细节,只有了解,才有使他们产生喜爱的可能,这是我们必须有的自觉意识。所以,花气力打造诚信文化,是中国文化强国的最为基础的工程。也就是"缺乏了真实的美德,任何美德都不是真的,或者不是真正高尚的。没有真诚的美德是不真诚,不是美德"(《小爱大德——美德浅论·真诚》)[1]所昭示的道理。

2. 实现商品顺畅流通的养料

毋庸置疑,我们今天生活的时代是数码时代,数码时代改变了人们生活的方式,几年前还梦寐以求的视频通话,现在已经成为现实,诸如 weChat/

---

[1] [法]安德烈·孔特-斯蓬维尔著,赵克非译:《小爱大德——美德浅论》,作家出版社,2013年,第189页。

skype已经成为人们视频通话的工具而为人们所熟知并喜好,真可谓是一个信息的时代,充分体现出了时间就是金钱的意义。在人们的日常生活中,无论是食品还是日用品,在传统的视野里,我们都是到商店去现场购买,虽然现场购买仍为许多人所选择,但不可否认的是,网购已经成为许多人的首选,尤其是年轻人;同时,这也已经成为整个世界的趋势。

中国的网购得到了很快的发展,但在具体的实践中,网购物品的质量等问题也不断反映出来,产品质量的本质就是一个诚信问题。与此同时,这几年的物流业得到了很快的发展,但物流的问题更多。网购、货运是发展的必然趋势,这些需要诚信的文化支持,不然会带来意想不到的损失。承扬中华传统诚信美德,在充分利用古代文化资源的同时,打造完美的诚信文化,为中国经济迎接全新的属于自己的时代而积累力量,这是中华民族发展的需要,也是诚信本身所具魅力的自然表现。

3. 凝聚海外人力的法门

中国的改革开放,在伴随着经济发展的同时,许多中国人也走出了国门,现在不仅每年出国留学的人数直线上升,而且来华的人数也在不断攀升。经济的发达说到底就是要有人买你的产品,美国人之所以把签证放宽到10年,无非在促进中国人去美国旅游,以此来带动美国国内的经济,2014年美国由旅游带来的经济效益是2200亿美金。要吸引人到中国来旅游,不仅需要整洁的环境,还要快捷的流通渠道,高质的服务,优质过硬的商品,能把这些贯穿起来的就是诚信,诚信能不断积累顾客,有了顾客自然也就有了财富。对待外国人,我们不需要崇洋媚外,给予他们以特殊的政策,把他们当成一般人就行,与我们自己一样,以前机场里有"外宾接待室"(其实外国人在享受这一特殊待遇时也有莫名其妙的感觉,在他们的文化系统中,这是难以理解的现象),把外国人高出一等看待,这样的时代已经一去不复返了,这是我们文明的进步,尤其是对人权理解的进步。

吸引海外人力来中国,关键要依靠诚信,说真话,办实事,让海外的人知道中国的真情、真面貌,尤其是在海外的华裔,要让它们知道中国这些年的进步,这需要我们本着诚信的原则来进行国家的建设,包括资源的利用、民众福利的保证、国内生态环境的改善等情况,以及对这些的诚信介绍,从而增强华裔热爱祖国的信心,这是争取他们以各种方式润滑中国建设的关键,也是吸引外国人来华旅游投资的关键。美国学者史密斯虽然对中国人的诚信颇有看法,诸如"许多了解中国人的人都会同意基德(Samuel Kidd,1799—1843)

教授的观点,他在谈了中国人的'信'观念之后说:但是,如果选择这个美德作为一种民族特质,不仅是为了在实践上蔑视它,而且也是为了与现存的处世方式形成一种对比,那么就没有比'信'更合适的了。中国人在公开或私下场合的表现与诚信如此背离,因而他们的敌人会抓住这一点来讽刺他们的表里不一。虚情假意、欺骗、不真诚和趋炎附势是这个民族的显著特征。"(《中国人的德行·缺乏诚信》)[1],但是,他同时坚信:"只要开发自身的资源,中国就会足以富强,但如果没有信心的话,胆小谨慎的资金自己不会从藏身之处跑出来。在中国,开发资源所需要的各种知识都十分丰富,各类人才应有尽有。但是,如果没有建立在真诚基础上的彼此信任,所有的一切都不足以振兴这个帝国。"(《中国人的德行·缺乏诚信》)[2]我们现在提倡文化强国,承扬中华传统美德,就是要开发诚信美德这一资源,这是毫无疑问的。

我们需要诚信美德的承扬,是因为现实缺乏理想的诚信的氛围,是因为现代化建设需要古代丰富文化资源的润滑和支持。诚信作为最为基本的美德,是一切其他美德的土壤和源泉,离开诚信,其他美德必然如无花之果、无根之树。诚信只有不同场景的不同表现样态,没有高低、大小的区分,这是必须明确的,那种把诚信分档次的做法是没有真正把握诚信内质的表现。中华民族不仅具有丰富的诚信美德资源,而且有信心通过承扬诚信美德的实践,来提振中华民族的人格魅力。何天爵的评论就是例证:

> 不管中国商人在他们自己的国家内处于社会阶层的什么位置,他们都不比世界上其他任何国家的同行逊色。他们精明机智,积极进取,诚实可敬。他们总是严谨地维护良好的商业信誉,因为他们懂得它的重要意义。一位英国学者曾公正地评论说:"中国的商人赢得了所有与他们交往的外国人的敬重。"几年以前,东方最大的商贸金融中心城市的一家实力雄厚的外国银行经理,在谈到这一问题时说:"我很欣赏我们商号的良好信誉,但是在这方面,中国人并不比我们逊色。同世界上其他国家的同行业相比,我更信任中国的商人和金融家。顺便说一句,在过去的25年里,我们银行同中国有过一笔笔很大的交易,金额高达白银上亿两。迄今为止,我们还没有发现一位中国商人不守信用。"我还想告诉大

---

[1] 亚瑟·亨·史密斯著,陈新峰译:《中国人的德行》,金城出版社,2005年,第301页。
[2] 亚瑟·亨·史密斯著,陈新峰译:《中国人的德行》,金城出版社,2005年,第319页。

家,无论是在东方还是在西方,这位经理大人在这个问题上都是最具权威的人物。(《中国人的本色·中国的商人和商道》)[1]

营建着实可见的诚信文化,是我们中华民族伟大复兴中国梦的任务,这是不能有半点含糊的。

六、公　正

在"群礼"的殿堂里,"诚信"是"群礼"的基础,没有"诚信",其他一切"群礼"的德目都将失去存在的真实性;真实性是一切德目生命的源泉,离开它,德目本身就自然走向枯竭的终点,这仿佛眼下我们现实生活中呼吁诚信的缺失,以及重建诚信风范的实践努力,都是为了缓解乃至远离生活中缺乏诚信道德而陷入困境的举措。在另一意思上,这也是解决生活食粮的问题。"公正"也是无法抗拒的另一种基本美德,"公正"本身无法取代其他美德,尽管它本身把其他美德都包含其中,但在承扬中华传统美德的德目体系中,如果没有"公正",就可能导致对其他美德的曲解。换言之,道德的东西必须基于"公正",包含"公正",并通过公正的途径去获取。但是,一个不可否认的事实是,正如法国哲学家阿兰(埃米尔·奥古斯特提耶,1868—1951)所说:"正义根本不存在,正义属于现在根本不存在而要公正地去做的事情的范畴";"如果有人主持正义,正义就会存在。所以这是人类的问题。"公正就是今天我们承扬的中华传统美德的体系中不可或缺的美德规范,也是讨论完"诚信"以后紧接着要讨论的理由。

(一)"公正"的解题

作为承扬的中华传统美德之一的公正,是中华文化中固有的美德德目。值得注意的是,公正不是作为具体事实而存在的,而是作为价值观在文化的系统中占有自己的位置的。公正不属于任何个人,不属于任何阵营。但是,公正是与每个人的利益紧密联系的无形的存在,故维护公正的实现是每个人的义务。

在一般的词义上,公正与正义是互相联系的。公正这个词的字源,是正

---

[1]〔美〕何天爵著,周德喜译:《中国人的本色》,文津出版社,2013年,第186页。

义的同义词,是正义这个词义的完美表达。[1]在中国的文字中,公正无疑是"公"和"正"的整合体。"公"的甲骨文为ㅂ,它是)("八"是"分"的本字,表示分配)和ㅂ("口"是吃、进食的意思),合起来表示平均分配食物。远古时代,生产力低下,食物匮乏,人们只能靠平均分配食物来求生存。"公"是会意词,上面是"八",表示相背的意思;下面是"厶",是"私"的本字;在整合的意义上,"公"与"私"是紧密联系的,"相背"的"相"显示的就是相互性的特征。我们历来对此的解释着重在"背"这个字眼上,把它解释成"与私相背"即"公正无私"的意思,并赋予其公正、无私的本义。这显然是无法认可的,因为不符合事实,在字形上,"公"如果没有下面的"私",就不成其为"公"。另一方面,迄今为止的字源解释也存在可以商榷的地方,诸如《辞海》把"公"解释为"公平、公正。与'私'相对;如:大公无私。《新书·道术》:'兼覆无私谓之公,反公为私。'"[2];《辞源》把"公"解释为"正直无私"[3],都是具体的例证。如果在以上各种解释中的"私",用引号来加以区别的话,倒是可以考虑接受的,因为在"私"的词义里,最早表示的是"偏"的意思。可以说,"公"与"私"是相应的存在,离开"私"就不存在"公","公"的价值的体现就在于对"私"的权益等的保证;它不偏狭地聚焦于个别私人的利益,而是在整体上谋划的克服偏狭于一己私人利益而确保所有私人利益实现的规范。

在以上的意义上,就不难理解韩非"古者仓颉之作书也,自环者谓之私,背私谓之公,公私之相背也,乃仓颉固以知之矣"(《韩非子·五蠹》)的论述了;这里强调的显然是公私具有相反的意思,但公不是在否定私的过程中实现自己的价值的,而是在超越一己私利的狭隘视野上达到的一种对私人利益的综合把握的规则,或者说就是打破"自环"式所带有的封闭、偏狭屏障,开通私人互通的途径。

"正"甲骨文为ㅂ,是 ロ("口"表示村邑或部落)和ㅂ("止"是行军的意思)的组合,表示征伐不义部落,故"正"是"征"的本字;古人称不义的侵略为"各",称仗义的讨伐为"正";《说文解字》释正,是也,换言之,"正"的本义为是正,讨伐不义部落的行为即为是正的行为。"正"是指事字,属甲骨文字形,上面的符号表示方向、目标,下面是足(止),意思是向这个方位或目标不偏不

---

〔1〕 参照〔法〕安德烈·孔特-斯蓬维尔著,赵克非译:《小爱大德——美德浅论》,作家出版社,2013年,第63页。

〔2〕《辞海》,上海辞书出版社,1980年。

〔3〕《辞源》(修订本)第一册,商务印书馆,1979年。

斜地走去,故本义为不偏斜、平正;一旦偏斜就无法达到是正不义部落的效果。

在以上"公"、"正"的分析中,可以清晰地看到,公平、平正不偏是两者互通的桥梁,这也就是公正的涵义。值得注意的是,在中国古代文化中,与公正相吻合的概念还有"义"。众所周知,"义"是会意词,从我,从羊;"我"示兵器,又表仪仗;"羊"表祭牲。"义"的本义是适宜;作为一个道德规范的"义",就是一个社会公认的适宜而应然的道德准则,表示公正合宜的道理或举动。刘熙《释名》的"义者,宜也;制裁事物使合宜也",正是从字义和规范两个方面来立论的代表。在中国古代对"义"的界定中,孟子认为作为人性"四端"之一"羞恶之心"(《孟子·公孙丑上》)的"义",是"从皆有所不为,达之于其所为"(《孟子·尽心下》)。"有所不为"是人性固有的特性,而"达之于其所为"显然是对人性萌芽的"羞恶之心"扩充实践的结果,这一实践依据的规则就是"义"。荀子则认为"义"是一个群居社会按照分际而生活的依据,即"水火有气而无生,草木有生而无知,禽兽有知而无义,人有气、有生、有知,亦且有义,故最为天下贵也。力不若牛,走不若马,而牛马为用,何也?曰:人能群,彼不能群也。人何以能群?曰:分。分何以能行?曰:义。故义以分则和,和则一,一则多力,多力则强,强则胜物,故宫室可得而居也"(《荀子·王制》)。孟子和荀子的说法虽然存在不同,但在人类社会不能没有"义"的问题上,得出相同的不能不讲"义"的结论;不讲"义"的社会不仅难以想象,而且无法维系。尽管不同社会、不同时代"义"的内涵会有所不同,但不同社会、不同时代在依据"义"来维持社会秩序的和谐上又显示出一定的共性和延续性。随着科学技术的不断进步,洲际以及人与人之间的距离变得越发接近,在冲破狭小封闭文化圈的文明进行曲的奏鸣中,人际间的各种交往正趋于日益频繁而多样,人们多样交往所依据的价值观自然也越发多样,这不仅昭示人们之间共识的多样性,而且说明人性本身宽容性因子得到空前的开发。人们向往和谐的生活,地球村居民普遍认可的"适宜"原则,已经冲破了道德乌托邦的藩篱而映入人们的眼帘,在中国文化的语境里,这就是"天下之公义"。

"天下"的概念是中国古代文化中最具浓厚色彩的因子。在中国古代文化的长河里,"公义"实际也在较早的时段上得到认可,不说别的,就以上面提到的荀子为例。荀子 2 次使用"公义"的概念,即"君子之能以公义胜私欲"[1]《荀子·修身》),"公义明而私事息"[2]（《荀子·君道》);所以,荀子不仅有与孟子相异的"义"的运思,而且他的"公义"基本就是我们今天说的正义或公正,这是他超越孟子的地方,也是他接近法家的方面。此外,我们还要注意的是,荀子"公义"的内涵,与我们在前面介绍的《辞海》《辞源》上的解释形成了鲜明的对照,既不是"大公无私",也不是"正直无私",而是"公义胜私欲"和"公义明而私事息"。换言之,不是对"私"的完全否定,"无私"是完全的否定,"胜私欲"、"私事息"显示的信息是"私欲"、"私事"在公私的系统里,客观地占有着自己的位置。不过,荀子整治社会的方针,旨在引导人们远离"私欲"、"私事"而依归"公义"来行为,这也是我们今天要承扬的公正美德的内容。

上面从公正的词义到选取以"义"、"公义"为问题的切入口,在公正思想资源的天平上,对中国古代相关思想进行了回顾。一切公正都是人类的,一切公正都是历史的;没有社会就没有公正,没有法律也就没有公正,没有文化也没有公正。这里要进行的就是公正的具体内涵的界定。

1. 无偏

自然界里没什么可以被说成是这个人或那个人的东西,所有的东西属于所有的人;而且,在自然状态下,也无法产生把属于所有人的东西给某个人、或把属于某个人的东西加以剥夺的想法;就是说,在自然状态下,没有任何东西可以被说成是公正或不公正的。"自其异者视之,肝胆楚越也;自其同者视之,万物皆一也。夫若然者,且不知耳目之所宜,而游心乎德之和;物视其所一,而不见其所丧"（《庄子·德充符》),说的就是这个意思。因此,可以说,公正是人的专利。公正不是无私,而是无偏。这是依据"公正"文字本身的含义而得出的结论。"公正"是公平正直、没有偏私的意思;另一方面,"公正"的"公",还具有共同的意思,"有生之初,人各自私也,人各自利也,天下有公利

---

[1] "君子之求利也略,其远害也早,其避辱也惧,其行道理也勇。君子贫穷而志广,富贵而体恭,安燕而血气不惰,劳倦而容貌不枯,怒不过夺,喜不过予。君子贫穷而志广,隆仁也;富贵而体恭,杀势也;安燕而血气不惰,柬理也;劳倦而容貌不枯,好交也。怒不过夺,喜不过予,是法胜私也。书曰:无有作好,遵王之道;无有作恶,遵王之路。此言君子之能以公义胜私欲也。"（《荀子·修身》）

[2] "至道大形,隆礼至法则国有常,尚贤使能则民知方,纂论公察则民不疑,赏克罚偷则民不怠,兼听齐明则天下归之。然后明分职,序事业,材技官能,莫不治理,则公道达而私门塞矣,公义明而私事息矣。如是,则德厚者进而佞说者止,贪利者退而廉节者起。"（《荀子·君道》）

而莫或兴之,有公害而莫或除之"(《明夷待访录·原君》)[1]里的"公",就是在共同的层面使用的。在共同的层面,"公正"就是共同的"正"。换言之,是人际间、洲际间的共同认可的不偏。

2. 行为

古罗马政治家西塞罗说过:让我们记住,公正的原则必须贯彻到社会的最底层。据此我们可以得知,公正对民众社会生活的重要性。可以说,公正是社会永恒的主题。另一方面,我们不得不思考的是,公正的原则是抽象的,如何让民众真实地感到他们沐浴在公正的生活海洋之中?这也是我们不得不思考的问题,这是文化建设的效益性原则告诉我们首先要做的事情。如果无视这一问题,显然是空谈公正,这是民众最不愿意看到的事情。因此,公正的原则要贯彻到最底层,必须通过具体的行为来落实。也就是说,中华传统美德的公正不仅仅作为社会的价值观而得到定位,它更应是一种行为而得到确立。俄国哲学家别林斯基认为:种种痛苦的经验证明,在认识真理的过程中,渊博的学识同公正和正义不是一回事;古希腊哲学家德谟克利特的"智慧三果"之一就是"行为公正"(其他二果是"思虑周到"和"语言得当")。可以说公正的行为是公正的骨髓。

从行为的维度来审视公正的价值运思,在中国古代思想中以法家为代表,"气者,身之充也,行者,正之义也。充不美则心不得,行不正则民不服。是故圣人若天然,无私覆也;若地然,无私载也。私者,乱天下者也"(《管子·心术下》),就是典型的表述。"行者,正之义也";"行不正则民不服",都强调行为的正直。众所周知,社会生活中的公正直接关系到社会秩序的和谐和稳定,社会行为的公正是机会的公正,不是结果的公正;是起点的公正,不是终点的公正。结果的公正和终点的公正都是平均主义的代名词。事实证明,人性的本质虽然存在相同的场域,诸如孔子的"性相近,习相远"的运思,揭示的自然是人性先天性层面的相同、相近的特征,而在后天的人性实践中,由于人与外在"道"实现对接程度上的差异性客观存在,老子的"上士闻道,勤而行之;中士闻道,若存若亡;下士闻道,大笑之,不笑不足以为道"(《老子》第41章),可谓经典的描述。"上士"、"中士"、"下士"的区分基准就是对"道"的认识程度。公正美德坚持的是起点和机会的公正,这对每个个人而言,是与社会建立对接最为重要的方面。如果强调终点或结果上的公正,这无疑为一些

---

[1] 《黄宗羲全集》(第一册),浙江古籍出版社,2005年。

懒惰行为不当占有社会成果创造了条件。而且,起点和机会的公正,向人昭示的是,人必须通过自己的努力来回报社会赋予自己享受的公平的机会,这无形中建立了个人与社会之间的一座桥梁,在个人发挥自己能力的实践过程中,社会得到了丰实的发展,而得到丰实发展的社会依据公正的规则又反馈于个人,这种行为的重复,无疑加固了个人与社会之间这座桥梁的坚固度,这一坚固度是社会稳定和谐的保证。

3. 幸福

这里要说的是公正与幸福的关系,应该说,公正在美德系统中占有自己的位置,主要在于美德作为社会文明水准的标识之一,公正是一切其他美德得以合规则生长的雨露和阳光,没有公正,其他美德也无法找到自身合规律发展的基点。另一方面,美德也是生活在文明社会里的人追求幸福生活的需要。

众所周知,21世纪世界文明的趋向昭示人们,幸福已经成为地球村所有民族部落的共同追求,联合国从2012年开始,首次发布世界幸福报告(World Happiness Report),通过人均GDP、健康预期寿命(健康平均寿命)、社会支持网络、人生选择自由、社会廉洁程度、乐善好施等各项指标的评估,显示经济危机或天然灾难未必能摧毁幸福感,幸福感本身也与人均GDP不成正比。2015年4月23日联合国第3度发布世界幸福报告,希望通过各个国家和地区的幸福程度量化的方式,以影响各国政府的政策。参与编纂世界幸福报告的美国哥伦比亚大学地球研究所所长沙克斯说,排名最前的13个国家已连续2年相同,但次序有些变动。他说,这些国家除了富裕,还有坚强的社会支持网络和相对廉洁、负责的政府。

《2019年世界幸福报告》(World Happiness Report,2019)显示,在156个国家与地区中,芬兰是全世界最幸福的国家,其次依序是丹麦、挪威、冰岛、荷兰、瑞士、瑞典、新西兰、加拿大、奥地利。就亚洲而言,新加坡排在第34名,泰国第52名,中国台湾第25名,日本第58名,韩国第54名,中国香港第76名;中国(大陆)位列第93名。

政府的政策影响其民众的幸福度,而在政策的维度,公正无疑是最为主要的因子。联系以上的联合国报告,我们不得不思考的是:在幸福与公正的关系上,人类面临的挑战是:为了追求最大的幸福,是否可以无视公正乃至牺牲公正?或者说为了最大多数人的幸福,是否可以无视公正乃至牺牲公正?答案是否定的。无论是哪一种挑战,都不能无视公正的存在,没有公正就无所谓幸福,"正义本身就是好的,和康德的善良意志一样,因此善良意志不能无视正义。义务当然要尽,但不能以牺牲正义为代价,也不能违背正义!另外,既然我说义务为前提,既然义务作为要求和限制就是正义本身,又怎么可能以牺牲或违背正义为代价呢?正义不是随便一种什么美德,它是各种美德的愿景,是各种美德共处的法则……任何价值都以正义为前提,任何人性都要求正义。虽然正义不能取代幸福,但任何幸福都缺少不了正义"(《小爱大德——美德浅论·正义》)[1],就是具体的说明。亚里士多德(Aristotle,前384-322)的"正义是完全的美德"、"一切价值都以它为条件,整个人类都需要它,所有的幸福少不了它",可谓绝妙的揭示。

(二)"公正"的出典

众所周知,古希腊哲学家亚里士多德倡导的四大传统美德中,公正就是其中之一,这不仅在西方文化中成为强烈的音符,而且也在世界文化中成为永不褪色的因子。在世界文化逐渐加速融合的进程中,了解其他文化,从其他文化中学习,不仅是跟上世界文化现代化节奏的需要,也是强大中华民族文化的必要之路。中国的文化强国历程,无法逾越有效传递中华民族文化信息波的途径。因此,必须立足世界舞台,把握时代的特征和脉搏,在与西方文化的切合中,找到中华民族文化的切入点,从而传递中华民族传统文化的强烈信息。

在这个问题上,我们最缺乏的就是对中华民族文化的信心,克服一切以西方为自然的评价标准的做法。在公正的问题上也一样。虽然我国与西方有着不同的社会制度,但是,我们也有丰富的公正的思想资源。在上面的分析中,提到了荀子的"公义",实际上,荀子就使用了"公正"的概念,我们一共可以找到4个用例,这是今天所见资料中较早的,诸如"上公正则下易直"(《荀子·正论》)、"公正之士"(《荀子·君道》)、"贵公正而贱鄙争"(《荀子·正名》)和"公正无私"(《荀子·赋》)。"公正无私"的"私"的意思显然是"偏",与前面的"正"即不偏是相对应的。中国古代有着非常丰富的公正的思想,虽然"公正"概念仅能在荀子那里找到,但就思想的脉络而言,我们也能找到"好是正直"(《诗经·小雅·小明》)、"举公义,辟私怨"(《墨子·尚贤上》)的身

---

[1] [法]安德烈·孔特-斯蓬维尔著,赵克非译:《小爱大德——美德浅论》,作家出版社,2013年,第57页。

影,强调公正,反对偏私,强调统治者实行公正统治的重要性。

同时,"齐桓公问管子曰:'吾念有而勿失,得而勿忘,为之有道乎?'对曰:'勿创勿作,时至而随。毋以私好恶害公正,察民所恶,以自为戒……'"(《管子·桓公问》),"上以公正论,以法制断,故任天下而不重也"(《管子·任法》),也是不能忽视的思想资料。管子的"毋以私好恶害公正"正是我们今天所说的公私意义上的运思。这一思想为后来的韩非子所承继,诸如"私义行则乱,公义行则治,故公私有分"(《韩非子·饰邪》);"所谓直者,义必公正,公心不偏党也"(《韩非子·解老》);"故群臣公正而无私,不隐贤,不进不肖"(《韩非子·难三》),就是佐证。这里的"无私"就是前面的"不偏党"。我们的经济建设处在瓶颈之中,社会处在转型过程中,各种制度的改革都在进行,要处理好各种矛盾而实现稳定,最为重要的是让民众见到公正的威力,这是希望之光。所以,公正在德目中具有独到的位置。

(三)"公正"作为德目的理由

在个人的层面,诚实无疑是一切其他美德立足的基石;在社会的层面,公正则是其他美德生长的营养。随着和谐社会实践的深入,社会公平正义问题的研究也得到不断的重视。[1] 研究的不断问世表明,公正成为人们瞩目的焦点,这虽然可以视为公正作为承扬的中华传统美德背景的参考,但公正仍然存在作为美德德目的理由。

1. 社会稳定的需要

正如中国梦是人民的梦、每个中国人的梦一样,中国"两个一百年"的目标,自然也是每个中国人的目标,这两个目标的实现,不仅直接关系到14亿中国人真正过上小康社会的生活,而且关系到14亿中国人真正走进现代化的社会,在社会秩序稳定和谐的旋律中,享受基于富强优裕的社会健康福利

---

〔1〕 吴忠民的《社会公正论》(山东人民出版社,2004年)兼顾公正的理论与实证分析,视公正为现代社会的制度设计的基本依据和社会安全运行的必要条件;董建萍的《公正视域中的中国特色社会主义:当代中国社会公正若干问题研究》(学林出版社,2010年),着力探索社会主义初级阶段社会公正的理论体系、发展路径,勾勒当下中国社会公正的大致模式;陈少峰的《正义的公平》(人民出版社,2009年)则分析了在"新仁学"的价值体系框架内的正义理论如何解决中国正义制度建设的实践问题;何跃军的《公平的三维透视:观念、现实与制度》(《华东理工大学学报》2010年第1期)认为社会正义的真正实现需要观念、现实与制度三个维度的公平实现良性互动;高兆明的《"分配正义"三题》(《社会科学》2010年第1期)提出分配正义现阶段需解决制度变迁成本、二次分配和公共财政支付的正义;等等。

以及各种优雅生活的愉悦,在尊重他者(他人和他民族)的同时,强烈地感受到自己同样为他者所尊重,使每个人在社会中完成优雅人格的营造,保证中华民族在现代化的征程中早日完成中华民族人格的营造,扎实打好中华民族伟大复兴中国梦的基石。这一基石的营筑,最为基本的条件无疑是稳定的社会秩序。在社会秩序是人的秩序这一环节点上,处理社会秩序实际就是处理人际关系的秩序。在当今社会处于多变的序曲中,影响人际关系和谐的最为基本的因子就是公正。每个中国人是否都能获得公平的机会,社会的利益分配是否按统一公平的规则来决定,这是最为关键的。要做到这些,关键在于动态层面操作过程的透明化,不能暗箱操作;不透明就是心中有鬼,这是最素朴的判断方法。这是公正作为美德德目的现实理由之一。

2. 凝聚社会合力的枢机

社会稳定可谓中国现代化的长征得以顺利进行的外在环境,但现代化事业的辉煌成就无法离开民力民智的发挥。因此,如何构建让每个人在现代化长征中把自己的利益与民族的尊严牢固连接的环境,让华夏子孙在创造中华民族辉煌的实践中体会到自己价值的氛围,这是我们必须要做的重点工作。只有这样,中华民族伟大复兴中国梦的实现才有可能。换言之,中国梦无法离开民众内在潜力的发挥,而公正就是激发个人内在潜力的真正的驱动器,公正是凝聚社会合力的磁石,公正的失去自然成为消解合力的缺口。"地者,政之本也,是故地可以正政也。地不平均和调,则政不可正也。政不正,则事不可理也"(《管子·乘马》),就是最好的表述。这是必须引起注意的。

3. 彰显"袭常"美德的需要

这是地球村视野上的运思。"袭常"[1]是中华传统美德的德目之一,是因循规则而行为的意思。它在中国古代思想史上有着丰富的思想资源。"袭常"之"常"是常则的意思,但这是人类理性之常,不是宇宙客观之常即宇宙的真正法则,宇宙真正的法则对人而言,永远是屹立在人类前面的灯塔,鼓励人类努力去摘取。但是,作为人类必须明确一点,就是自己的理性只能接近宇宙本真的灯塔,无法抵达灯塔,因此只能对灯塔进行部分的描绘,而无法做到完整的阐释;人类的价值就在于认知无法完全阐释的情况下仍然不断努力去投身部分描绘的实践,在不断的阶段性的理性成果中编织人类文明的花絮。

---

〔1〕老子曰:"见小曰明,守柔曰强。用其光,复归其明,无遗身殃,是为袭常。"(《老子》第52章),本书"实践篇"中对"袭常"美德将进行专门的分析讨论。

由于人类无法完全认识宇宙的规则,所以人类必须具备对宇宙法则敬畏的心理,这是依照规则行事的最大要素。

当今的国际舞台,不仅贫富差距加大,暴力也不断加剧,这里存在一个如何尊重各个民族自己的特性来进行与该民族的协作的问题,而不是本着自己民族的私利而无视其他民族的利益,将所谓的人道主义变成了唯利是图的代名词。中国作为大国之一,长期以来有与其他国家"和平共处"的历史画卷,更有在国内依据各少数民族的特点来处理其事务的辉煌经验,我们必须在世界舞台上,通过"和平共处五项原则"的坚持,来弘扬中华民族的"袭常"美德文化,传递中华民族的按常则办事的强烈信息,这是渗透中华民族美德文化的具体途径之一,也是我国文化强国的现实切入口之一。

4. 与社会主义核心价值观互动

社会主义核心价值观之一的"公正"即社会公平和正义,它以人的解放、人的自由平等权利的获得为前提,是国家、社会的根本价值理念。众所周知,一个国家的整治,必须依据社会公器的法律,但是,具备法律和具备执行法律的实际能力,在现实社会中实际不是一回事。一般而言,法律代表公平,《说文解字》曰:"灋(法),刑也。平之如水,从水;廌所以触不直者去之,从廌去。"所以,在现实生活中,"法"对人是客观的外在存在,对人具有逼迫的意思,如"法,逼也;莫不欲从其志,逼正使有所限也。"(《释名·释典艺》)[1]在中国先秦诸子百家争鸣的时代,在法家依据"理"来应对法的思想里[2],实际上,推重的法律的公正并不彻底,这就是君主一人始终排除在法律之外,这本身就是不公正的表示。余英时的评论极为精当:"'法'当然含有现代所谓法律的意思,不过法家的法律是严峻的,是罚重于赏的。'法'的另一个含义则正指客观化的官僚制度。从'编著之图籍,设之于官府'的话来看韩非此处的'法'字,决不能解释为狭义的刑法。治国必须有一套客观有效的行政系统,这个道理韩非是完全了解的。这个有效性当然要仰赖于君、臣、民上下都尊重这种公开建立的制度。诚然,在法家的理论中,君主是超乎法律、制度之上的。但是为了充分地达到专制的效果,君主只有尊重法度才能把他的权力发挥到

---

[1] [东汉]刘熙撰、任继昉纂:《释名汇校》,齐鲁书社,2006年。
[2] "田子读书,曰:尧时太平。宋子曰:圣人之治以致此乎?彭蒙在侧,越次答曰:圣法之治以至此,非圣人之治也。宋子曰:圣人与圣法,何以异?彭蒙曰:子之乱名甚矣!圣人者,自己出也;圣法者,自理出也;理出于己,己非理也;己能出理,理非己也;故圣人之治,独治者也;圣法之治,则无不治矣。"钱熙祚校《尹文子》,中华书局,1954年,第9-10页。

最大的限度。"(《"君尊臣卑"下的君权与相权——"反智论与中国政治传统"余论》)[1]

在现代的意义上,不仅制定法律不是君主一人,执法主体的范围也大大扩大。由于执法的主体是人,在对法律的理解和如何执行的过程中,人的道德素质直接会制约执法的质量,法律包含的公正无法离开个人的道德素质来实现完全的绽放;尤其是多变的时代,法律的生成无法跟上发展形势的速度,这时就需要道德发挥自己的功能,在依归法律的前提下创造性地阐释法律,从而彰显和维护法律的公正性。因此,可以说,社会主义核心价值观的公正主要在社会的公正,而公正美德主要在价值理念的公正,价值理念的公正无疑制约着社会公正实现的完美度。

5. 营建其他美德的营养源

就中国道德建设的实践而言,我认为最值得注意的就是如何避免就道德而论道德,不在文化的联系中运思营建道德生长的土壤和环境,对这一重大问题的无视,造成的结果就是物质和精神两个方面资源的极大浪费。作为中华民族的子孙,我们有责任在效益化的天平上来运思文化的建设。

就美德德目的提炼而言,可以有许多方法,也可以提炼出许多德目,本书最后聚焦12个德目,本着德目之间的互动联系而形成互相张弛的动力机制的思考,超越中国古代"公义"、"公正"的时代限制,融进21世纪新时代的效益、机会公平等新的因子,从而形成新时代的公正美德规范。这样的美德不仅在激发人的内在潜力方面存在积极的意义,而且为人们在诸如勤劳、仁爱、互助等美德行为的实施中得到公正的体验装备了正能量,从而成为人们生活中其他美德德目活力的营养源。

(四)"公正"的理论基础

公正的理论基础是社会整体性的运思。科学技术的发展早已把我们带到了地球村的舞台,地球村的每个民族都具有利用地球资源的平等权利,这是地球村每个民族必须"袭常"行为的要求所在。在国家的视野上,每个民族具有相等的权利,每个公民具有相等的权利,即使不是中国本土的公民(外国居民),但只要加入了中国籍,就要有客观公正地享受到一切中国公民的权利。在乡村城市化的进程中,城镇区划的翻新不断加快,但是,不能为翻新而

---

[1] 余英时著:《中国思想传统的现代诠释》,江苏人民出版社,2006年,第94页。

翻新,而必须保证这些因翻新而来的变化存在的生命力以及翻新实践本有的价值,这是翻新本身的生命力,不然就是形式上的翻新,而跟随翻新步伐的民众并没有体会到翻新的魅力。这也是最为重要的,可以说,这是中国深层次公正的问题。产生现实问题的关键在翻新的依归重心不在民众,而在外在的其他方面。

  中国古代思想告诉我们"冲气以为和",在宇宙的层面,要求人类以宇宙为自己视野的基点,把自己看成宇宙的一部分,公正地利用宇宙的自然资源,不能为人欲望的满足而肆意无节制地利用自然资源。在社会的层面,公正就是这样的"冲气",没有这个责任无法达到和谐的境地。客观的事实告诉我们,人的生活是"有所待"的。"有所待"的客观实践表明,生活实践里的人,具有"善人"、"不善人"的差异。道家的价值指针,并不告诉人们用"善人"来否定"不善人",而是告诫人们,"不善人"应该成为"善人"的"资",显示了努力在"善人"与"不善人"之间实现平衡的苦心。这是基于公正的思维。如何给予现实层面翻新的行为以真正的生命力,关键在于我们必须改变一成不变的价值观,不能拘泥于陈旧的解决问题的套式。道家的思想,给我们提供了解决这一问题的运思,这就是在世俗的价值坐标里,增加"无用之用"(《庄子·人间世》)的新的价值星座。因为,在世俗的眼光里,大树可以做东西才是有用;"无用之用"的观点告诉我们,大树即使不能做东西而为人们日用,它在荒野实现自身生物链价值功能的同时,也仍然可以给行人提供乘凉而实现自己的现实价值。个体之间的差异是非常明显的,而个体之所以为该个体的理由就在该个体自身,"物固有所然,物固有所可",因此,对"恶乎可"、"恶乎不可"和"恶乎然"、"恶乎不然"等问题的回答,只能是"可乎可"、"不可乎不可"和"然于然"、"不然于不然"。换言之,"可"、"不可"、"然"、"不然"的判断标准不在外在于自身的其他地方,只能以其自身为判断的标准。在这个意义上,客观的结果必然是"无物不然,无物不可"(《庄子·齐物论》);所有个体不仅具有自己存在的理由,而且社会的法律制度必须一视同仁地对待所有的个体,为个体发挥自身的社会作用、实现自己的价值创造客观的外在条件,形成多维度高效尽人之才的机制,把人使用到适合自身特性的岗位上,保证他们"各尽其能"、"各得其所"。"无用之用"的道理告诫我们必须宽容地对待他人,最大限度地给予个人发挥自己能力的多样机会,从而形成最大的社会合力。它同时告诫我们在培养人才时,应该根据个体的具体特性来成就个体,即道家所说的"以辅万物之自然,而不敢为"(《老子》第64章),教育只是"辅助"个体的成长,不是违背其本性特点而限定个体发展的方向。在人的成长过程里,社会必须给个体兴趣的满足提供多样的实现途径,而不是考虑把人教育成为什么样子的问题,应该考虑的唯一问题就是具体的个体能够成为什么样的人才,这是"唯一"教育模式的要求,而"唯一"教育模式的真正实行,是个体潜力最大限度发挥的较为现实的可能途径。而人的潜力的发挥,是凝聚国力、增强国力的必然要求,也是我国在国际的舞台上尽快占有自己人均份额的当下最紧迫的课题,当下和谐社会建设工程里正在进行的教育等各项改革就是增强国力的切实驱动。[1]

(五)"公正"的性格特征

作为承扬的中华传统美德公正,将具有以下的性格特征。

1. 显性

前面已经提到,公正必须是透明的,所有的社会操作机制都必须透明,要让百姓知道社会行政事务的动向,民众有权知道,而不是暗箱操作,暗箱操作就是心中有鬼。正如"自环为厶"一样,"自环"无疑是一种自我封闭、自我限制,暗箱就是一种"自环",打破这个以自己为中心的环绕圈,就是打破暗箱而走向光明公正。公正具有显性的特征,容易为大家所把握,而不是被琢磨的对象。公正不但必须做到,为了令人信服,其本身的真容还必须易于一般人来把握。这也是让民众真正发挥社会监督作用的起码要求。

2. 宽容

公正往往通过具体的行为来得以体现,但公正有时往往是在经过具体过程的曲折磨难以后才最终得到彰显的。美国思想家富兰克林就说过:牺牲眼前的一些虚荣,日后就会大有收获;当荣誉一时尚未确定归属的时候,某些虚荣心比你更强的人就会跃跃欲试,把荣誉据为己有;但是过后,甚至心怀嫉妒的人,也会倾向给你公正的评价,拔下那些冒名插上的羽毛,把它奉还真正的主人。生活是实事求是的,过程的曲折恰恰证明了公正可贵的价值所在。就个人而言,宽容地对待他人的行为是起码的准则,不要操之过急地下结论,要给他人充分思考的余地,宽容就是允许别人有判断和行动的自由,对不同于自己的观点和行为,哪怕已经遇见到了一切危险的结局,也仍然耐心而公正地等待。这本身就是公正的组成部分。

---

[1] 参照许建良:《"唯一"教育模式论纲》,《前沿》,2003年第4期,第64-68页。

(六)"公正"的坐标原点

公正的坐标原点不仅仅是人,而是整个宇宙。在宇宙的视野上,各个民族国家都是平等的,所以在处理外交事务时必须遵循平等的原则,不能依仗武力来威逼他者。人是具有自私心的,这是人的生物特性之一。但地球村里的所有公民都是平等的,具有同等的享受地球资源等的权利;地球村的事务必须在联合国的框架下按照统一的规则来处理,而不能凭借武力而跳出联合国的制约并打着人道主义的旗帜来实现自己的私利。当今世界舞台的真实情况是,人道主义成了标签,成了一些国家自我美化的代名词。

公正作为美德规范,万物只有当当事者受到不公正的待遇或排除在公正之外的时候才会感觉和体会到公正的重要性,这也就是古希腊哲学家柏拉图的"待人不公正比受到不公正的待遇更有失体面"所包含的深刻含义。就个人来说,不能局限于自己利益的考虑。古希腊哲学家德谟克利特说得好:让自己完全受财富支配的人是永不能合乎公正的;英国作家菲马辛杰的"谁也不会在审理自己的案件时当一名公正的法官"表明了同样的意思。众所周知,虽然"只要不违反公正的法律,那么人人都有完全的自由以自己的方式追求自己的利益"(亚当·斯密),但是,英国小说家狄更斯说得好,"仁爱先从自己开始,公正先从别人开始",因为从他人开始,是自己利益保障的有效方法之一,也就是中国道家老子的"圣人不积,既以为人,己愈有;既以与人,己愈多。天之道,利而不害;圣人之道,为而不争"(《老子》第81章),这种从他人开始到自己的行为方法,并不是没有自己,只是在对待人我关系上的主次选择的不同,"是以圣人后其身而身先,外其身而身存。非以其无私邪?故能成其私"(《老子》第7章),就是最好的总结。

在宇宙这个坐标原点上,个人仅仅是社会整体中的一个因子,当人遇到公正与自己利益发生矛盾时,遵守公正法则是第一原则。下面的故事告诉我们的就是这个道理:考古学家威尔逊在周游世界的考察日记中,记载了这样一个亲身经历的事情。在非洲的一个原始部落,人们发现部落中有人偷窃。于是,德高望重的酋长召集全族的人开会说:为了使我们能够继续保持安宁与和谐的生活,偷窃者一旦被抓住,按照部落的规矩将受到鞭打20下的惩罚。但是偷窃者没有听从警告,继续偷别人的东西。于是,酋长再次召集全族的人开会,进行了警告。然而,偷窃者依然置若罔闻,我行我素。酋长第三次召集全族的人开会,忍无可忍地说:偷窃者一旦被抓住,惩罚将增加到鞭打 40 下。几天之后,有人报告说:偷窃者已经被捉到了。消息传开,大家义愤填膺,要看看这个胆大包天的小偷究竟是谁。当偷窃者被带出来的时候,大家不禁发出声声惊叹。谁也没有想到,偷窃者竟然是酋长年老体弱的妈妈! 酋长终于开口了,用沙哑的近乎耳语的声音说:亲爱的同胞们,为了我们部落的安宁与和谐,我的母亲也不能例外,务必受到鞭打 40 下的惩罚。他点头示意,随即母亲身上的袍子被轻轻地脱了下去,与此同时,魁梧的酋长走到母亲身边,脱去了自己身上的袍子,露出那历经风霜、结实宽厚的后背。他紧贴着母亲的脸颊,轻声耳语,母子俩的泪水潸然而下。他温柔地将手臂环绕着母亲,用自己的身体做好了替母亲遮挡鞭打惩罚的准备。他再次点头示意,无情的鞭子便一下接一下地打在酋长的后背上。公者无私之谓也,平者无偏之谓也。公与平者,理国的要道。在公平的世界里,在法规与制度面前,只有人中人,而没有"人上人"或"人下人"。

(七)"公正"的目的

公正作为承扬中华传统美德的德目之一,自然不是随意之举,有着目的思考。这主要表现在以下 2 个方面。

1. 重建道德风范

随着我国经济建设的深入,现实生活中的不诚信行为已经成为人们最大的心病之一,面对金钱的诱惑,医生、专家等的意见还有几分可信? 我们一贯倡导的团队合作会让我们更诚实还是更不诚实? 大多数人都认为自己是诚实的,但实际上,无论从企业到社会,还是从机关到学校,不诚实的行为无处不在;无论是怕招惹麻烦而说出口的善意的谎言,还是出于贪婪而虚报公款开销,每一个人都无法对谎言免疫,不诚实行为渗透到社会的每一个细胞,尤其是集体的不诚实到了令人发指的地步。可以说,社会上的每一个行为都不是偶然的,后面都有经济力量的推动。这其实不局限在中国社会,西方社会也一样,收买、贿赂等行为已经成为吞噬人们的毒虫。美国作者丹·艾瑞里继《怪诞行为学》(*Predictably Irrational*)[1],在《不诚实的诚实真相》(*The Honest Truth About Dishonesty*)[2]里,继续聚焦非理性决策,以独到的视角和新颖的行为心理实验,告诉我们关于不诚实行为的最诚实的真相,尝试揭

---

[1] 〔美〕丹·艾瑞里著,赵德亮、夏蓓洁译:《怪诞行为学》,中信出版社,2010 年。
[2] 〔美〕丹·艾瑞里著,胡晓姣、李爱民、何梦莹译:《不诚实的诚实真相》,中信出版社,2013 年。

开不诚实行为的神秘面纱,并探讨制止不诚实行为的本质;认为非理性才是决定我们诚实或不诚实的根本力量,并深入剖析了在个人身上、职场中和政治世界里,不诚实行为是如何发生和产生影响的,即使我们一直自诩自己的道德水准很高;我们都想让自己看起来诚实可信,我们都有为一己私利而欺骗他人的本能,但同时还会给自己贴上"诚实"的标签;在结果上,我们擅长将自己的不理性行为合理化,并将其归咎于缺乏意志力,为自己的不诚实行为找借口。

  这种不诚实行为带来的社会效应就是道德冷漠现象的频发,这一社会问题的真正解决,需要公正美德规范真正发挥自己的功效,不诚实行为本身就是缺乏公正的因素所致,"公平秤"表明的就是这个道理。有一杆公平秤,主人对它很器重,它自己也渐渐骄傲起来,吹嘘世间一切东西它都可以知道重量。起初没人愿意与它争辩,突然有一天,一只被它称过的土豆实在忍不住了,问它:你知道自己的重量吗?公平秤答不上来,哑口无言。有时,我们总是衡量别人的重量与优劣,却常常不知道自己的重量与好坏。我们只有更清楚地认识了自身,才能做到以公平的眼光去看待其他事物,从而赢得人们的认同与支持。不诚实行为本身就是缺乏对自己认识、自己价值衡量的直接结果。公正功效的发挥,不仅对个人行为的动机产生积极的制约作用,而且对社会评价的积极反作用于个人行为产生巨大效应,是重建社会道德长城的内在驱动因子。

  2. 心理健康

  由社会不公正而引起的心理问题即心理疾病,已经成为全球范围内的重大社会问题,我国也不例外。心理疾病主要指一个人由于精神上的紧张、干扰,而使自己在思维上、情感上和行为上,发生了偏离社会生活规范轨道的现象;偏离社会生活规范的程度越厉害,心理疾病也就愈严重;长期过度紧张可能会导致一系列的心理疾病,长期处于这种状态可能使人产生精神病变。完全可以说,心理疾病已经成为现在普遍的问题,只不过存在着程度区别而已,诸如躁狂症、焦虑症、抑郁症、自闭症等,就是典型的表现。这些心理疾病造成了人际关系疏离这一被公认为世界性的危机,而现在的恐怖主义的行为造成的大量的人的死亡,可以说是人与人之间危机的极致,是来自自闭症等限于个人内心问题的另一种样态,是基于对外在不平带来的仇恨、愤怒而激发起的一种极端行为,这是属于人的危机。其他的如能源枯竭和环境污染危机,虽然与人的危机存在一些差异,但在本质上没有什么差异,它们同样对人的生活和心理产生消极的影响。其实,这些都与不公存在联系,能源枯竭和环境污染也是人对宇宙自然不公的行为造成的消极后果,这是人无法推卸的责任。承扬中华传统美德公正,正是要通过公正理念的营建、公正行为的诉求,在社会上真正建立起公正的美德规范,让公正成为人们希望抉择的一切生活的指导原则,让公正成为激励个人积极性、凝聚社会整体合力的一把利剑。

(八)"公正"的功效

在上面的分析中,实际已经接触到了公正功效的问题,不过没有专题总结,这正是这里要设置专题研究的缘由所在。

1. 和调社会

从《美国百科全书》的"公正是一个社会的全体成员相互间恰当关系的最高概念"的界定中,也可清晰地看到,公正对社会整治的重要性。公正虽然可以体现在一切法律制度中,但是,法律的执行主体仍然是人,人的道德素质直接影响到对公正的理解程度。众所周知,人必须过社会的生活,共存共荣无疑是超越人际、洲际的共识;如何达到共存共荣?我们无法仅靠我们美好的愿望来实现,必须依靠一定的规则,这个规则就是公正。这就是不公正的东西实在无益于人,公正的东西至少无损于人所包含的道理。

人类进入文明社会以后,选择公正也是经过实践检验后的结论,"天地设而民生之,当此之时也,民知其母而不知其父,其道亲亲而爱私。亲亲则别,爱私则险。民众,而以别险为务,则民乱。当此时也,民务胜而力征,务胜则争,力征则讼,讼而无正,则莫得其性也。故贤者立中正,设无私,而民说仁。当此时也,亲亲废,上贤立矣。凡仁者以爱利为务,而贤者以相出为道。民众而无制,久而相出为道,则有乱。故圣人承之,作为土地货财男女之分。分定而无制,不可,故立禁。禁立而莫之司,不可,故立官。官设而莫之一,不可,故立君。既立君,则上贤废而贵贵立矣。然则,上世亲亲而爱私,中世上贤而说仁,下世贵贵而尊官。上贤者以道相出也,而立君者使贤无用也。亲亲者以私为道也,而中正者使私无行也。此三者非事相反也,民道弊而所重易也,世事变而行道异也"(《商君书·开塞》),就是具体的说明。显然,公正是时代发展的产物,是超越"亲亲"之私而堵塞"私"道的最好价值规范,它具有和调社会的功效,"夫民必知义然后中正,中正然后和调,和调乃能处安,处安然后动威,动威乃可以战胜而守固"(《管子·五辅》),和调是实现社会巩固的法宝。唐代书法家欧阳询的"一言正,天下定;一言倚,天下靡",也不失经典的表达。

2. 抑制私邪

正如公私是互为对应的一对范畴一样,公的力量在很大程度上也只有在对私的威慑中才能获取,它们是相辅相成的关系,故我们不能仅仅局限于公而无视对私的应对策略。公正也一样,它是与邪恶相对应而存的,唐宋八大家之一的北宋文学家苏洵(1009-1066)《用间》中的"用心于正,一振群纲举;用心于诈,百补而千穴败",就是最好说明。也就是说,把心思用在公正上,振臂一呼犹如纲举目张一样,响应甚多;把心思用在欺诈上,办事仿佛补一百个漏洞而又出现上千个漏洞一样,防不胜防。换言之,公正可以得到多数人的响应,私邪只能远离他人而使自己成为孤家寡人。孟子的"得道者多助,失道者寡助;寡助之至,亲戚畔之,多助之至,天下顺之"(《孟子·公孙丑下》),显示的也是这个道理。

公正具有强烈的生命力,明代薛宣的"人心公则如烛,四方上下,无所不照",就是具体的说明。公正的力量是在与私邪的抗争中逐步获得的,并非永恒不变的。现实生活中我们大家都有遇到私邪行为的不快经历,这些行为并非都与自己的直接利益息息相关。因此,有时即使洞明私邪行为,但当其他的当事者需要你说出真相时,许多人往往保持沉默,这就是"明哲保身"、"事不关己,高高挂起"等成语所包含的全部意思。不站出来为维护公正而投注自己的心力,虽然在形式上不给自己带来直接的损失,但却给私邪留下了不该有的活动空间,这些活动空间作用的后果之一,必然影响到其他人的公正行为的施行。公正属于人的专利,但公正不是自然与人为伴,而是人要求与公正为伴,公正需要人去争取。唐代思想家韩愈《释言》的"聪明则视听不惑,公正则不迩谗邪",就是这个层面的说明。也就是说,耳聪目明,则所见所闻不受迷惑;公正不偏,则不会接近邪恶谗言。耳聪目明,自然是在不偏听偏信轨道上的听得真、看得清;公正不偏,一身正气,私邪等难以入侵,所以能保持健康的机体。总之,正如古希腊哲学家赫拉克利特所说的那样,"公正,一定会打倒那些说假话和假作证的人。"

社会公正是个人耿直正气的整合,法国政治家拿破仑·波拿巴(Napoléon Bonaparte,1769-1821)认为:在政府事务中,公正不仅是一种美德,而且是一种力量。就是对公正社会功效的肯定。中国具有独特的社会公正体系,这是以道德来带动的,在历史上起过积极的作用,这一点也为西方人所肯定。辜鸿铭(1857-1928)说,"如今在中国,由于我们中国人有良民的信仰,一个人不会觉得有必要利用物质力量来保护自己,他甚至很少需要寻找和借助国家警察的外力来保护自己。在中国,一个人因为他邻居的正义感而得到保护;他因为他的同伴愿意服从的道德责任感而得到保护。实际上在中国,人们觉得无需物质力量来保护自己,因为他确信每个人都认同:正义和公平作为一种力量比起物质力量更重要,道德责任必须被服从"(《绪论:良民的信仰》)[1]。

(九)"公正"的价值目标

承扬公正美德的目标主要在以下两个方面得到体现。

1. 民主社会的真正形成

在制度和道德两个层面上的公正的真正形成,不仅能保证每个人的利益不受侵犯,而且能在动态的层面给个人声张不公待遇凝聚氛围和提供途径,这就是民主的氛围。社会主义核心价值观之一就是"民主",众所周知,民主是人类社会的美好诉求,我们追求的民主是人民民主,其实质和核心是人民当家作主。我国"民主"这一核心价值观的确立,无疑是为了保证民众的利益,也是中国现代化的决心和当然课题。我们相信,民主虽然是普世的价值观,民主是一切民族的共同价值追求,但是,民主的路径并不是普世的,它必须紧贴具体民族的文化,以自己民族文化为营养而显示自己的面貌和特征。所以,仅仅用缺乏民主或不民主来讨伐其他国家,显然是对世界文明文化形成特征这一活跃因子缺乏思考,这一行为本身就是无知的表现。承扬传统美德公正,就是吸取中国古代文化的营养,把中国这个世界人口最多的国家建成真正民主的国家。

2. 国家的真正强大

"富强"是中国社会主义核心价值观之一,富强就是民富国强,是我国现代化建设的理想目标,是中华民族梦寐以求的美好夙愿,也是国家繁荣昌盛、人民幸福安康的物质基础。在最终的意义上,国家永远是人民的国家,没有民众就没有国家存在的任何必要;国家的富强就是人民的富强,国家的强大是人民富裕的基础。中国的现代化建设,走的是一条从来没过的路径。人民的富裕就是民生问题,民生已成为中国社会主义现代化建设的重大问题。

---

[1] 辜鸿铭著,李晨曦译:《中国人的精神》,上海三联书店,2010年,第3-4页。

众所周知,"民生"一词最早出现在《左传》中,即"民生在勤,勤则不匮"(《春秋左传·宣公十二年》);"德刑详义礼信,战之器也。德以施惠,刑以正邪,详以事神,义以建利,礼以顺时,信以守物;民生后而德正,用利而事节,顺时而物成,上下和睦,周旋不逆,求无不具,各知其极"(《春秋左传·成公十六年》)。前者的意思主要指民生在于通过勤劳来解决,勤劳可以实现物质生活充足;后者则直接与"德刑详义礼信"相连,内容既包括社会的司法,也含有道德。这里值得注意的是民生的厚实与"德正"紧密相连。可以说,民生是物质的方面,"德正"是精神的方面;物质生活是精神生活的基础,这与管子"仓廪实则知礼节,衣食足则知荣辱"(《管子·牧民》),具有相同的思维视野。

在一般的意义上,民生主要是指民众的基本生存和生活状态,以及民众的基本发展机会、基本发展能力和基本权益保护的状况。简言之,就是百姓的基本生计。值得一提的是孙中山对民生问题的精妙解释,即"民生就是人民的生活——社会的生存,国民的生计,群众的生命"[1];"民生就是政治的中心,就是经济的中心和种种历史活动的中心"[2];"民生是社会一切活动的原动力"[3]。民生作为一种原动力,实际上就是把民生问题等同为国家强大的问题。民众利益的保证,道德层面的公正是一个重大的活力因子,它是无形的,但却是非常有力的。公正的价值目标无疑是国家的强大,国家的强大的具体落实就是民生的厚实,民生的厚实是民众生命力的源泉,民众生命力源泉的保证是国家真正强大的表现。作为中华民族的子孙,在国家强大的征程中,不是看客,而是这个舞台的一员。

(十)"公正"的心理机制

无论是在制度层面体现的公正,还是道德的公正,都为人心所左右,"所谓直者,义必公正,公心不偏党也"(《韩非子·解老》),就是在这个视野的运思。中国的法家选择了儒家不同的整治社会和育养人性的方法,这就是推重外在的法律,这与道家重视外在的"道"是相同的取向,这是对强调内在人性的运思的一种相异的选择,这也是对人性最为现实、客观审视后作出的决定。这在今天世界文明史的长河里,已经充分得到证明:人性的弱点是人性的一部分。人性是由人的生理机能运作而组成的图案,这为人的生物特性所决

---

[1]《孙中山选集》,人民出版社,1981年,第802页。
[2]《孙中山选集》,人民出版社,1981年,第825页。
[3]《孙中山选集》,人民出版社,1981年,第835页。

定,因为在根本上人属于生物的一个种类;人的弱点与人共生存,这是人必须正视的。在这个前提下,如何量定人性的功能?在历史上就有了上面提到的不同的选择。就韩非上面的运思而言,强调外在法律的重要性,仍然没有忽视人心及其对人行为制约这一客观事实的存在。

对心的重视,可以说是中国古代思想家的共识,"夫能通天下之志,莫大乎至公;能行至公者,莫要乎无忌心;惟至公,故近者安焉,远者归焉。枉直取正而天下信之,惟无忌心,故进者自尽,而退不怀疑……夫有公心必有公道,有公道必有公制"(《傅子·通志》)[1]。这里的公心、公道、公制,实际上就是制度层面的公正和道德公正的问题,显示的取向仍然是心。心是基本的,"无忌心"即无忌妒之心,忌妒之心显然是仅仅基于个人私利的情感,这种情感对待他人显然是不公,因此,"忌心"的消除过程就是人向人性真诚之心的回归。正是在这个意义上,古罗马政治家西塞罗断定:真诚是公正的基础。公心是涵育一切美好善心的原素,明代文学家方孝孺的"公其心,万善出"就是这个意思。

中华民族伟大复兴中国梦的实现,最为基本的力量就是中华民族子孙凝成一股绳,心往一处想,劲往一处使。众所周知,古希腊神话中的两位代表公平的女神之一是西弥斯(Themis),她一手持"公正之天平",另一手持一把剑;她的双眼总是合的,意味着她在作出决定时的依据,全凭心中的公平,不受任何现实的干扰。

毋庸置疑,人的生物性决定人本身只能是人,不可能是神;人需要吃喝住行、音乐欣赏等需要的满足,外在利益永远是诱惑人的存在。"夫凡人之情,见利莫能勿就,见害莫能勿避。其商人通贾,倍道兼行,夜以续日,千里而不远者,利在前也。渔人之入海,海深万仞,就彼逆流,乘危百里,宿夜不出者,利在水也。故利之所在,虽千仞之山,无所不上;深源之下,无所不入焉"(《管子·禁藏》),说的就是这个道理。人为了利益的满足可以不辞辛苦,但公正不是放弃个人自己的利益,而是让自己的利益服从公正。由于人性的特点又在于着眼自己个人的利益的天平上而留置不前,所以,只有把自己看成一个整体中的一员并设身处地地为整体中的他人着想的情况下,公正才有可能发生。也就是"人只能在将自我排除在外或使自我无能为力,无论如何不可能

---

[1] 收入《百子全书》,浙江古籍出版社,1998年。

控制判断力时,人才能想到公正"(《小爱大德——美德浅论·正义》)[1],自己的利益受到损害时想到公正固然重要,但最为重要的是个人的行为决策时对他人利益的考虑。总之,人心即个人的内在情感的公正是公正本身的基石。换言之,个人的正直之心是公正的基石:"做个正直的人,就正直这个词的道德意义而言,是拒绝将自己置身于法律之上(这样一来,正义,即使作为美德,也就仍然是和法制连在一起的),拒绝使自己置身于他人之上(这样一来,正义,即使作为美德,也仍然是和平等连在一起的)。如果这不是意味着正义是一种美德,又意味着什么呢?每个人都凭着正义倾向于克服相反的意愿,这种意愿就是把自己置于一切之上,结果就为他的欲望或利益牺牲了一切。'自我以自己为一切的中心',帕斯卡写道,'这本身就不公正';'在奴役别人这一点上,自我惹人讨厌,因为每一个自我都是其他所有人的敌人,都想成为其他所有人的暴君。'正义是暴政的反面,所以也是利己主义者和自我中心的反面(所有的美德可能都是如此);或者,这么说吧,正义就是拒绝成为利己主义者和以自我为中心的人。"(《小爱大德——美德浅论·正义》)[2]

(十一)"公正"的实践机制

人心即人的情感直接决定着公正在最高的舞台上表现的完美度,对人而言,虽然无法无视自己个人的利益,但在方法上,个人利益的实现仍然存在如何可能的问题。在公正的层面,法国启蒙思想家、西方国家学说和法学理论的奠基人查理·路易·孟德斯鸠(Charles de Secondat, Baron de Montesquieu, 1689-1755)的"对他人的公正就是对自己的施舍",可以说就是精当的概括;美国思想家本杰明·富兰克林(Benjamin Franklin, 1706-1790)的"待人公正,不以不端的行为或者办事不诚实去伤害他人",可以说是基于他自己的经历在社会全方位的视野得出的结论,与孟德斯鸠的结论殊途同归。

作为承扬中华传统美德的公正,对其内涵的理论规定虽然是公正美德在现实生活中得以生存的必要前提,但不是关键的因子;在完整的意义上,公正美德和其他美德一样,虽然必须在如何可能的问题上进行聚焦,但由于公正所牵涉内容的广域性,使公正不能停留在理论层面的内涵规定上,或停留在

---

[1] [法]安德烈·孔特-斯蓬维尔著,赵克非译:《小爱大德——美德浅论》,作家出版社,2013年,第68页。

[2] [法]安德烈·孔特-斯蓬维尔著,赵克非译:《小爱大德——美德浅论》,作家出版社,2013年,第69页。

如何可能层面的规定上,而应该在实践机制上凝聚为具体化设计和运筹方案的努力。不然,公正美德最终也只能成为美好的道德乌托邦而终结自己的使命。基于这样的考虑,这里就来专门讨论实践机制的问题。

1. 法律的保证

法律是公正的具象,完善社会法制系统,方便民众通过法律寻求公正的渠道,这是关键中的关键。审视中国文明史,给大家留下最深印象的是中国人重视情感,处理事情不是先找主管部门,而是先找主管部门的熟人,这是中国宗法化社会的特色之一,这些西方人也有深刻的认识。首先是中国的法律制度是民众实现公正的途径,"中国的司法制度具有悠久的历史,可能是世界上最古老的,而且若干个世纪以来,都没有发生本质的变化。事实充分地说明,这一体制虽然程序比较简单,但它能够保护那些寻求公理的人们,无论是原告还是被告,也无论是控告司法不公还是他人的强取豪夺。案件的审理程序,设置许多监督和预防机制,比如,不服判决可以向上级衙门申诉,某些特殊的案件甚至需要皇帝亲自裁决"(《中国人的本色·中国的司法制度》)[1];其次,中国的法律是温和的,"站在整体的角度来看,清朝的法律是智慧的产物,立法思想温和而尊重人道。这部法律具体而严密地设定了针对各种不同违法犯罪行为的花样繁多、轻重不同的惩罚措施……如果有人被判杖打一百大板,他就可以交纳五两银子而免除皮肉之苦。还有其他一些免责条款,其温和的程度要超过我们的想象"(《中国人的本色·中国的司法制度》)[2];最后,中国的法律宗法化,"我们应当引起足够重视的是,多少个世纪以来,中国这种政治制度一直得到社会各阶层的拥护和支持,其中有两个至关重要的因素。我们称这种制度为家长式统治,它的基础是权力的宗法化。学者对此可能产生两种见解:一个是,把这种制度看作是中国人的天才创造,或者是出于他们某种个性的天然选择;另一个是,这种制度是人类历史上早期的一种自然选择,而它的长久生命力则是中国特色的教育理念影响了整个民族的价值取向,使之与其实行的政治制度相适应"(《中国人的本色·中国的政府》)[3],宗法化的特征是得到教育助推后的产物。

无论如何,中国具有法制的历史积累,这得到西方人的肯定。当然,我们的问题是如何脱离宗法化的轨道,营建真正的法制。对中国人而言,要提高

---

[1] [美]何天爵著,周德喜译:《中国人的本色》,文津出版社,2013年,第122页。
[2] [美]何天爵著,周德喜译:《中国人的本色》,文津出版社,2013年,第123页。
[3] [美]何天爵著,周德喜译:《中国人的本色》,文津出版社,2013年,第25页。

法律在民众生活中的地位,就要改变他们法律意识薄弱的状态,增加更多的让一般民众受到法律洗礼的机会,让法律走进民众的日常生活,杜绝一切单凭个人影响力就能实现价值的机会和渠道。让民众实践法律,从而提高他们对法律的认识,这是他们维护自己权利的需要,法律就是要保证民众有表达自己意见的机会和权利,从而伸张正义。对此的认识,前面已经提到西方人对中国古代法律的认可,其实中国古代思想家对此也有深刻的认识。主张严刑峻法的商鞅,其目的实际是"以法去法"(《商君书·靳令》),这一运思的得出,实际是基于对人性现实的考量,即"夫微妙意志之言,上知之所难也。夫不待法令绳墨,而无不正者,千万之一也。故圣人以千万治天下。故夫知者而后能知之,不可以为法,民不尽知。贤者而后知之,不可以为法,民不尽贤。故圣人为法,必使之明白易知,名正,愚知遍能知之;为置法官,置主法之吏,以为天下师,令万民无陷于险危"(《商君书·定分》)。人的能力不可能应对一切事务,需要借助外力的辅助,用庄子的话说就是"有待",诸如"古之人目短于自见,故以镜观面;智短于自知,故以道正己。故镜无见疵之罪,道无明过之怨。目失镜,则无以正须眉;身失道,则无以知迷惑。西门豹之性急,故佩韦以缓己;董安于之性缓,故佩弦以自急。故以有余补不足,以长续短之谓明主"(《韩非子·观行》),就是具体的情况。"有待"实际就是通过利用外在的客观条件,来弥补人性内置的不足,从而美化人自身的生活的过程,借助镜子来"自见",凭借秤来称量,都是因循"道"来有序生活的方法,无疑都是"有待"。用镜子和秤来具体说明问题,当然不是偶然之举,这是因为它们都外在于人,具有客观性,镜子的清洁无瑕、秤公正无偏就是客观性,显示的是公正的特性,法律也具有这样的功能,"镜执清而无事,美恶从而比焉;衡执正而无事,轻重从而载焉。夫摇镜则不得为明,摇衡则不得为正,法之谓也。故先王以道为常,以法为本……道法万全,智能多失。夫悬衡而知平,设规而知圆,万全之道也……释规而任巧,释法而任智,惑乱之道也。乱主使民饰于智,不知道之故,故劳而无功"(《韩非子·饰邪》),法律正是弥补防止人的智力受到情感影响而容易置于公正轨道的武器。

  法律虽然是人制定的,但法律一旦形成就外在于人而得到自己独立的位置,人必须依据法律来治理社会,处理一切事务以保证公正,这就是"规矩者,方圆之正也。虽有巧目利手,不如拙规矩之正方圆也。故巧者能生规矩,不能废规矩而正方圜。虽圣人能生法,不能废法而治国"(《管子·法法》),所昭示的道理。通过法律来整治社会,使每个民众都能在公正的待处下享受到生活的快乐,并在生活中养成因循遵守法律而行为的自然习惯,这就是"置法以自治,立仪以自正也"(《管子·法法》),以及"正者,正也;统致其气,万物皆应,而正统正,其余皆正。凡岁之要,在正月也。法正之道,正本而末应,正内而外应,动作举措,靡不变化随从,可谓法正也"(《春秋董氏学·春秋微言大义》)[1]所昭示的价值信息。

2. 营建道德共作共存的机制

道德的建设不能单枪匹马地进行这一问题,迄今仍然没有得到学界的共识,自然也无法成为生活的指针。世界文明史向我们昭示,一个国家文明的水准除与其经济实力存在必然的联系外,文明水准本身就是文化的综合实力。而且文明建设的过程本身就是一部实践的交响曲,实践不是何谓的问题,而是如何的问题,对如何问题的轻视乃至无视,可谓我们思维上的一个弱点,这一认识虽然已得到学界的认同,但对此矫正的努力仍然显得非常不够。迈进21世纪以来,我们似乎仍然停留在为道德而道德的环节,而没有推进到如何才能培育道德这一实质性的层面来营筑、育养我们的道德文化。这是在公正美德实践问题上必须首先重视的现实。

公正涉及整个社会的一切领域,就道德领域而言,公正美德自身力量的发挥,仅仅依靠习惯的提倡和弘扬的手段是不够的。公正的实践必须在道德文化乃至整个中华文化的系统中来加以定位和运思。在古代思想史上,法家思想家管子的"四维"是最为大家熟知的,即"国有四维,一维绝则倾,二维绝则危,三维绝则覆,四维绝则灭。倾可正也,危可安也,覆可起也,灭不可复(错)也。何谓四维?一曰礼,二曰义,三曰廉,四曰耻。礼不逾节,义不自进,廉不蔽恶,耻不从枉。故不逾节则上位安,不自进则民无巧诈,不蔽恶则行自全,不从枉则邪事不生"(《管子·牧民》);社会的安定在于"四维"的共存互作,如果其中有一个环节不能运作到位,那势必影响到整个社会的安定,"倾"、"危"、"覆"、"灭"就是不安定的程度。

就具体细节而言,"礼"即礼仪,表明的是人必须按礼仪而生活;"义"的繁体是"義",是"仪"之古字。这是个会意字,从我、从羊,《说文解字》载有"义,己之威仪也",段玉裁有"仪者,度也"的注释。显然,《说文解字》把"义"解释成"己之威仪",是基于繁体词"義"下面"我"而得出的结论。显然,之所以是"威仪",是因为人的行为仪表符合"度"的要求,符合"度"的状态就是一种适

---

[1] 参见刘梦溪主编:《中国现代学术经典·康有为卷》,河北教育出版社,1996年。

宜,是与外在他者和内在自我保持的一种适宜度。不能仅仅把"义"理解为表示合宜的道德或道理,而是一种合宜的行为。"廉"是行为正直不隐瞒邪恶;"耻"是知羞耻而不屈从不正当的行为。这"四维"基本都有相同的价值取向,这就是公正。在这一意义上,"四维"共作的结果正是一幅绚丽美妙的道德画卷,这也就是"道生德,德生正,正生事"(《管子·四时》)蕴涵的道理。

这里以"四维"为例说明问题,自然不是随意之举,因为管子正是在这里使用共作共荣这一联系的视野得出结论的。这在管子对"义有七体"的讨论中就可以得到印证。"七体者何?曰:孝悌慈惠以养亲戚,恭敬忠信以事君上,中正比宜以行礼节,整齐撙诎以辟刑僇,纤啬省用以备饥馑,敦懞纯固以备祸乱,和协辑睦以备寇戎。凡此七者,义之体也。夫民必知义然后中正,中正然后和调,和调乃能处安,处安然后动威,动威乃可以战胜而守固。故曰:义不可不行也"(《管子·五辅》)。毋庸置疑,"知义"是通向"中正"、"和调"、"处安"、"动威"的基点,"动威"是产生威信的意思。

基于以上的分析,我们要承扬的传统美德公正,也必须与其他美德共作,诸如"谦下"、"袭常"等。先说"谦下",表现在行为上谦下的态度和举止,完全是基于对外在他者的尊敬、敬畏的心理,是他者第一的价值取向。但是,这种行为的持续必须具备相应的氛围和环境,就是这样做能得到公正的待处,而不是视这种行为为"懦弱"或娘娘腔。再说"袭常",作为美德,主要是因循规则处理一切事情,这种行为的持续也需要社会氛围的支持,如果社会的评价机制只是看好那些所谓灵活机动的投机取巧而钻法律空子的人的话,也就无声地宣布了"袭常"是一种呆板迂腐的行为,有时生活中往往出现那些守规则的人反被取笑的不健康的现象,这实际上是缺乏公正健康氛围的原因。另一方面,生活中如果没有谦下、袭常美德的施行,永远也无法真正抵达公正美德的港湾,因为它们本身就是社会公正美德精神的体现。

3. 个人维护公正的义务

英国作家丹尼尔·笛福(Daniel Defoe,1660-1731)虽然认为公正是施政的目的,但施政的主体永远是人,机构的公正需要人来显示和释放。所以,公正的维持永远是人的义务和责任。具体而言,公正最为基本的是是非观,古希腊哲学家亚里士多德说公正是赏罚分明者的美德,昭示的就是这个道理。该赏者赏、该罚者罚的行为本身就是正确是非观的显示,合理的是非观无疑是公正得以彰显的基础;管子的"正者,所以止过而逮不及也。过与不及也,皆非正也;非正,则伤国一也"(《管子·法法》),昭示的也是同样的意思。

个人的是非观虽然对公正的施行非常重要,但客观的事实是,并非公正需要人,而是人需要公正。换言之,公正不是生活的永恒存在,有时会偏离航道而消失。这告诉我们,公正需要人为之奋斗,美国第 16 任总统亚伯拉罕·林肯(Abraham Lincoln,1809 - 1865)认为:我们要想涵养公正的品德,就应养成一种"不苟"的优良习惯。"不苟"就是不马虎的意思,需要站出来斗争的时候就要毫不犹豫地站出来;由于公正并不永恒地存在,只有正义之士挺身捍卫它的时候,公正才是一种无形的价值观为人们所感受。不是公正创造了公正的社会和具有正义感的有识之士,而是人的公正的举措和行为创设了公正的社会,营设了公正的氛围。传统美德公正的施行需要每个人的勇气,罗马帝国时代希腊作家普鲁塔克(Plutarch,46 - 102)告诉我们:如果整个世界是公正的话,勇气就没有必要存在了。换言之,对不公正的肇事者进行惩处虽然重要,但对不公正的受害者给予正本清源的公正的待处更为重要。

(十二)"公正"的当代价值

公正的当代价值,主要想通过以下两个视角来加以展现。

1. 稳定秩序的种子

伴随着全球经济的发展,人们强烈地感受到了经济发展节奏的变慢,也使大家体现到了贫富不均的加剧。贫富不均加大的现象,无疑为制度和个人道德层面的有失公正所左右。为什么付出艰辛劳动得到的回报少,而 1% 的人却占有着社会 90% 的财富,这势必造成人们心理的不平。此外,我们完全有理由说,代际间的不公在社会的层面已经非常明显,例如公房分配的取消,在一定程度上使年轻一代失去了体验改革成果的机会,反而身负巨大的压力,这压力正是在改革实践中自然产生的,这可以说是年轻人目前面临的最大困难。当然,这在一定程度上是制度公正存在缺陷造成的,这是显性的。更为可怕的是隐性的不公正的现象,诸如机会公平等问题,诸如女性得到的公正待遇显然要比男性少等。这些有失公正现象的存在,无疑消解国家整体的凝聚力,而且影响社会的安定。"正义是秩序的美德,但是平衡的;也是交换的美德,但是诚实的"(《小爱大德——美德浅论·正义》)[1],"平衡"、"诚实"都是公正的价值取向,这也再次印证上面分析的公正美德必须在中国文化链

---

[1] 〔法〕安德烈·孔特-斯蓬维尔著,赵克非译:《小爱大德——美德浅论》,作家出版社,2013 年,第 63 页。

中获取自己生命力的道理。

公正不是均平,是机会的平等,效果上按劳分配,"春秋冬夏,阴阳之推移也。时之短长,阴阳之利用也。日夜之易,阴阳之化也。然则阴阳正矣,虽不正,有余不可损,不足不可益也。天地莫之能损益也。然则可以正政者,地也,故不可不正也。正地者,其实必正。长亦正,短亦正,小亦正,大亦正,长短大小尽正。正不正则官不理,官不理则事不治,事不治则货不多。是故何以知货之多也?曰事治。何以知事之治也?曰货多。货多事治,则所求于天下者寡矣,为之有道"(《管子·乘马》),就是这方面的总结。可以说,机会平等、按劳分配等是社会、道德层面以及政府工作的全部内容,公正得不到施行,社会的治理只能是空话,即"政不正,则事不可理也"(同上)。

中华民族伟大复兴中国梦的真正实现,最为关键的是社会秩序的稳定,这是中国实业发展的基本条件,也是人们保持心理健康的必要因素,而制约这些的就是公正美德。

2. 世界舞台上争理

社会主义核心价值观之一的"富强",无疑是中国现代化建设的指针,直接关系到每个中国人的富裕和幸福,离开这个一切都失去实际的意义。富裕的实现,一个直接的因子就是要在经济建设中争取效益,没有效益不可能带来利益,离开利益就无法敲开富强的大门。因此,我们不能因为我们成为世界第二大经济体而满足,更需要在世界经济舞台上的人均份额的阶梯上急起直追而不断攀升,这直接决定着中国民众的福利水准和生活质量。大家记得,日本的近代化就是从追求利益开始的,日本近代思想巨擘福泽谕吉的"争利,固然为古人所讳言,但是,争利就是争理。现在,正是我们日本与外国人争利讲理的时代"(《续前论》)[1],直接成为日本经济腾飞的文化动力。这种把利益与道理统一的运思,实际上成为21世纪地球村的现实的图画,几乎每个行为后面都存在物质力量的驱动的事实就是最好的解释。

一个不可否认的事实是,我们有了长足的发展,正在不断地得到世界其他国家的重视。审视历史,我国受到的不公待遇是众所周知的,尤其以鸦片战争为明显。对此,何天爵有精到的认识[2]:

---

[1] [日]福泽谕吉著,松泽弘阳校注:《文明论之概略》,岩波书店,1995年,第118页。
[2] [美]何天爵著,周德喜译:《中国人的本色》,文津出版社,2013年,第11页。

对于中日两国来说,一个很大的不同是,在与西方国家接触、建立外交关系以及处理相关事务上,其形势都有利于日本而不是中国,我们已经作了充分阐述的鸦片战争就是例证。正是这次战争……强迫同日本签订第一个条约的仪式。两国都制定了严厉禁止输入和吸食鸦片的法律。可以看到,那些同中国签订第一个条约的国家是如何采取不同的态度对待这些法律的。(《中国人的本色·中国印象》)

当我们的官员进入日本时,严格地遵守日本关于禁止鸦片的法律,这实际上强化了日本政府的权威。相反,不列颠对于中国禁止鸦片贸易的立法却横加干涉;而美国对于日本的此类立法却给予了道义上的支持。这一开始就对不同的国家采取的截然不同的两种政策,造成了深远的非常人所能想象的影响和后果。甚至可以说,这导致了中国和日本今天所处的不同国际地位。(《中国人的本色·中国印象》)

这是值得我们重视的。历史不能改变,但重视当下是中华民族子孙的责任。审视现实,何天爵总结的情况,今天在一定程度上仍然存在,我们生存在不公待遇的包围之中,这些包围主要来自西方。但是,公正的待遇不是从天上掉下来的,需要我们去争取,需要中华民族工业的发展。道理与利益的关系仍然演绎着福泽谕吉运思的路径,利益丰厚了,道理也就自然有了,这是一种极不健康的现象,可以说是人性弱点的丑陋表现。但不能无视的是,这是人类文明的走向,而人自己就是人类文明的主体、人类文明图画的绘制者。中国作为大国,必须在世界舞台上呼吁公正,而不是认可福泽谕吉的运思,要为中华民族的文明发展谋求公正的环境。只有这样,我们的经济才能得到发展,14亿中国人在世界舞台上争取经济的人均份额才有可能。

总之,我们必须在世界舞台上发出我们的声音,在公正氛围中,为世界其他弱小国家维护自己的利益伸张正义,让符合世界文明走向、真正体现人性特征道理的赞歌得到谱写,让每个国家在世界的舞台上唱属于自己的歌;在正义的伸张中,实现自己的利益,把福泽谕吉的"争利就是争理"所包含的残酷的血性变成"争理是为了争利",让利益的获取在道理的轨道上实现,即按照规则来进行,这也是"袭常"美德的真义所在。这正是中国影响力施展的巨大空间。

七、慈　孝

人是社会性的动物,人必须过社会生活。家庭是社会最为基本的单位,是人类最基本、最重要的一种制度和群体形式。换言之,家庭是社会最基本的细胞,是最重要、最基本、最核心的社会组织和经济组织,也是人们最重要、最基本、最核心的精神家园;家庭是个人生长最初的园地。家庭健康不仅关系到个人的健康成长,而且关系到国家的健康稳定发展;家庭的稳定是国家稳定发展的基石。作为社会性动物的人,"有七尺之骸、手足之异,戴发含齿,倚而趣者"(《列子·黄帝》)。众所周知,"七尺之骸"不是从天上掉下来的,而是父母赐予的,父母是家庭之长,家庭关系的最大特点之一就是其血缘性。家庭是国家社会的基础,其关系的和谐直接影响到国家的发展。因此,在"群礼"中,家庭关系的调节居于首位,而慈孝是调节家庭关系的美德规范。

(一)"慈孝"的解题

慈孝,顾名思义就是慈爱和孝敬,也可以简称爱幼敬老。这是家庭美德。

众所周知,"家"的本义是屋内、住所,它是会意字,上面是"宀"(mián),表示与室有关;下面是"豕",即猪。古代生产力低下,人们多在屋子里养猪,所以房子里有猪就成了人家的标志,这种习俗至今在一些地方仍然可以看到,《说文解字》载有"家,居也;从宀,豭省声"。养猪显然是家庭生产的一部分,是家庭经济的来源之一。在宇宙万物之中,人不仅能使用工具,而且能制造工具改造自然并使用语言;"人"在甲骨文字形中,象侧面站立的人形,或者可以说是人劳动时的一个具象,故《说文解字》说:"人,天地之性最贵者也"。作为天地之贵的人,最初的安身之处是家,家是以血缘关系为纽结的单位,其关系润滑的文化因子就是慈孝,慈孝作为中华民族美德之一,有着悠久的历史,具体则通过以下方面来得以演绎。

1. 何谓"慈"

"慈"为形声词,从心,兹声,《说文解字》中"慈"与"恅"的意思相同,是慈爱、惠爱的意思。

一般而言,在爱的场域,"慈"具有两个层面的意思,即一般层面的爱和血缘视野里的爱。就一般层面而言,慈爱的对象可以说是一切人,在中国思想史的长河里,这一意思的最早表达和使用者是道家的创始人老子,老子的"三宝"是众所周知的,"三宝"之一就是"慈"。老子认为:"慈,故能勇……今舍慈且勇……死矣！夫慈,以战则胜,以守则固,天将建[1]之,以慈卫之"(《老子》第67章);"慈"是勇武的缘由。所以,把慈爱运用到战争中,就能取得胜利;把慈爱运用到防守中,就能稳如泰山一样牢固;天将要建立具体事务的时候,则用慈爱来支援、保卫它。所以,老子对"慈"持的是肯定的态度,即"我有三宝,持而保之"(同上)。韩非"慈于子者不敢绝衣食,慈于身者不敢离法度,慈于方圆者不敢舍规矩"(《韩非子·解老》)的解释,正是本于老子的原意在宽泛的慈爱的层面来进行理解和运用"慈"这一概念的。显然,这一层面的慈爱,与我们理解的科学意义上的仁爱具有相同的内涵,自然不是这里作为中华传统美德慈爱内涵的对象。

就血缘视野里的爱而言,主要侧重在家庭维度长辈慈爱小辈的方面,诸如"以保息六,养万民:一曰慈幼……"(《周礼·大司徒》),郑玄注"慈幼"为"爱幼少也",就是例证。在这一层面,客观存在慈孝等同使用的情况,诸如"是以入则不慈孝父母,出则不长弟乡里,居处无节,出入无度,男女无别"(《墨子·尚贤中》),就是最好的例证。这里慈孝父母连用。再如《逸周书·谥法解》里提到的4种"孝"之一就是"慈惠爱亲曰孝",可以说这与在词义层面存在慈孝同义的情况有必然的联系;慈惠的意思就是慈爱,在微观的层面,"惠"是惠爱的意思,《说文解字》有"惠,仁也"的解释,当然,这不是一般的爱,主要是一种顺从性的爱,"惠"本身具有柔顺、顺从的意思。所以,"慈者,父母之高行也"(《管子·形势解》),可谓精到的总结;诸如"正月之朝,乡长复事。君亲问焉,曰:'于子之乡,有居处好学、慈孝于父母,聪慧质仁,发闻于乡里者,有则以告;有而不以告,谓之蔽明,其罪五'"(《国语·齐语·管仲佐桓公为政》),显然也是这个层面的阐释。审视中国古代思想上对"慈"的总结,我们不得不提到的是"故州闾乡党称其孝也,兄弟亲戚称其慈也"(《礼记·曲礼上》)和"亲爱利子谓之慈,反慈为嚚"(《新书·道术》)的规定,这是最为明确的对"慈"的定义,这无疑是限定在血缘关系之内的,而且指出"慈"的相反行为是"嚚","嚚"是愚蠢而顽固的意思,"父顽,母嚚"(《尚书·虞书·尧典》),就是具体的用例。不过,在愚蠢而顽固的意思上,难与慈爱相联系,最多也只能与柔顺、顺从寻找对接,即与前面提到的"惠"的意思相联系,这也是必须注意的。

---

[1] "建"通行本为"救",现据帛书本改定。

可以说,"慈"就是血缘关系上的慈爱,这是在这里作为中华传统美德德目之一的慈孝之"慈"的意思。慈爱不是溺爱,而必须以培养子女成为有用之才为本务,蔡元培的"慈者,非溺爱之谓,谓图其子终身之幸福也。子之所嗜,不问其邪正是非而辄应之,使其逞一时之快,而或贻百年之患,则不慈莫大于是。故父母之于子,必考察夫得失利害之所在,不能任自然之爱情而径行之"(《中学修身教科书·家族·父母》)[1],就是最好的表达。考察得失利害是一种方向的把握,这是"慈"所应持有的内涵之一。在慈爱的思想史长河里,还必须注意的是,"慈"在血缘关系内的限制,在后来的文化传承中,逐渐被宽泛化。"克顺克比"(《诗经·大雅·皇矣》),毛传曰"慈和遍服曰顺"(同上),孔颖达疏引"服虔曰:上爱下曰慈;和,中和也;为上而爱下行之以中和,天下遍服,从而顺之"(《诗经·大雅·皇矣》);相同的文献在《左传》里也能找到,即"慈和遍服曰顺",疏曰:"人君执慈心以惠下,用和善以接物,则天下遍服而顺从之,故为顺也"(《春秋左传·昭公二十八年》)。以上两则昭示的都是上对下的慈爱,而且有主要侧重在社会整治层面的君主对民众的上下关系内涵的限定;换言之,血缘层面上的长辈对小辈的情景关系就变成了政治生活中的上下关系,显然是泛化了。而这方面的意思又与仁爱存在联系和相似,这也是必须注意的。

2. 何谓"孝"

作为中华传统美德之一慈孝中的"孝",在严格的意义上不同于"慈",其本义是尽心奉养和服从父母,即孝顺父母;在广义上就是孝顺亲族,是家庭道德之一。《说文解字》载有"孝,善事父母者",显示的是子女对父母亲的爱敬;《礼记·祭统》说"孝者,畜也。顺于道,不逆于伦,是之为畜","畜"就是顺从的意思,"顺于道,不逆于伦"就是具体的内容。

在先秦墨家思想中,对"孝"的定义也非常明确,"孝,利亲也"(《墨子·经上》),直接把"孝"界定为利益亲族的行为。《墨子·经说上》对此解释为"孝,以亲为芬,而能利亲,不必得",即把侍奉亲族作为自己的职分,善于利益亲族,而不求他们的回报。贾谊"子爱利亲为孝,反孝为孽"(《新书·道术》)的运思,可以说是直接对墨家思想的一种继承,并在这一前提下,提出了与"孝"相反的"孽","孽"的意思就是忤逆、不孝顺,本质是不顺从亲。显然,在文献资料的记录中,对"孝"的规定的最大一个要素就是顺从。再如,《逸周书·谥

————

[1] 高平叔编:《蔡元培全集》第二卷,中华书局,1984年,第199页。

法解》载有"五宗安之曰孝,慈惠爱亲曰孝,协时肇享曰孝,秉德不回曰孝"的四种"孝"的规定,也就是说,使同宗族安宁、慈爱亲族、祭祀适时、秉承遗德而不违背的行为都是"孝",这显然是对"孝"的具体内容的一些规定,但在本质上,它们仍然是限于血缘关系里的爱敬行为,这是必须注意的。

众所周知,"慈"的出现可能稍晚,我们无法在甲骨文中找到慈字的踪影,只能在金文中看到"慈"。但是,"孝"字的出现较早,最早见于甲骨文,在安阳小屯出土的甲骨文中就有孝字,这些甲骨文当是商代晚期至灭亡期间殷商王室占卜的记录。据考证,甲骨文中的孝字,与我们今天使用的孝字在意思上不完全一样,主要指对已故祖先鬼神乃至上天的祭祀追思,可以称此为"追孝"。当然,追孝并非商人的专利,而是远古流传下来的祭祀鬼神的传统,夏代就把祭祀孝敬鬼神置于非常重要的位置。最初的祀祖,并不以血统为标准,乃是以功德为基准,到夏后氏以后,始由尚功德转变成尚血统而行祭祀;至于殷商时代,人的信仰的中心在于人鬼,殷人认为过世的祖先其精灵依然存在,和上帝很接近,且其有一种神秘的力量,可以降祸延福于子孙。在总体上,夏商时代没有把祖先和天区分开来,这种重视对先人祭祀的孝,体现的是殷商之前人们通过对祖先和天神的祭祀而得到福佑和庇护的原始宗教特色。

得到福佑和庇护,关键在于人们相信祖先鬼神和天神对人们的现实生活存在惩罚或福佑的巨大力量,孝的内涵也主要侧重在先祖鬼神等,对在世父母的孝只居于次要的位置。到西周,周公在继承殷商祭祀礼仪的同时,把商人的上帝与宗祖神相结合的一元神论改造成为上帝与宗祖神分离为二的二元神论。在周公看来,如果周人再继续承认商人的一元神论,那就无法解释上帝何以不保佑商族而让其走向灭亡的现实,周人的代殷也就失去了神圣的依据。周公认为,有"德"才是取得上帝对地上王权的认可和得到臣民拥护的基本前提。周人所以能够代商而王,关键是"惟乃丕显考文王,克明德慎罚,不敢侮鳏寡,庸庸、祇祇、威威、显民"(《尚书·周书·康诰》),所以,周公很快用以德配天说改造了商人的事事皆需求神问卜的天命论,体现出敬天、敬宗、保民的特点,而保民直接与德相联系,"故周书曰:皇天无亲,唯德是辅"(《春秋左传·僖公五年》)。对民的重视就是对人的重视[1],这是周人在认识到天命无常的前提作出的文化选择,认为得到上天的眷顾需要强调道德。对现

---

[1] "周公戒伯禽曰:我文王之子,武王之弟,成王之叔父,我于天亦不贱矣。然我一沐三捉发,一饭三吐哺,起以待士,犹恐失天下之贤人。子之鲁,慎无以国骄人。"(《史记·鲁周公世家》)

实人的重视,形成了在保留祖先崇敬思想的基础上,周人越发注重对在世父母的尊敬和瞻仰,这是祭祀上反映出的由原有"追孝"的轨道向在日常生活中尽孝的转变,这就是"事鬼敬神而远之"[1]的特点。

周人的特点在后来的文字演变中也自然得到体现,上面提到的《说文解字》的"孝,善事父母者"的解释,以及《尔雅》"善父母为孝"的界定,都是具体的体现。因此,"孝"的本义是子女对父母的关爱。蔡元培认为:"凡人之所贵重者,莫身若焉。而无父母,则无身。然则人子于父母,当何如耶?"(《中学修身教科书·家族·子女》)[2]另外,在"孝"是"利亲"的层面上,"亲"除指父母亲以外,还有亲族的意思,这与周人的"敬宗"内容相一致。换言之,亲族也是在血缘关系里的一个概念,不过是对以父母为中心的向外扩展,仍然没有超出血缘的疆界。这也是今天我们承扬的中华传统美德慈孝的"孝"所必须包含的内容,这是时代的要求。

总之,正如蔡元培所说:"事父母之道,一言以蔽之,则曰孝。亲之爱子,虽禽兽犹或能之,而子之孝亲,则独见之于人类。故孝者,即人之所以为人者也。盖历久而后能长成者,唯人为最。其他动物,往往生不及一年,而能独立自营,其沐恩也不久,故子之于亲,其本务亦随之而轻。人类则否,其受亲之养护也最久,所以劳其亲之身心者亦最大。然则对于其亲之本务,亦因而重大焉,是自然之理也。"(《中学修身教科书·家族·子女》)[3]

3. "慈孝"的科学内涵

尽管慈、孝在词义上存在相同用法的情况,但是,严格区分界定的理性自觉也是客观存在的,诸如"尧不慈,舜不孝"(《庄子·盗跖》)这样对应的用例,也明显地反映出对这两个词的不同内涵的思考;后来的"父母威严而有慈,则子女畏慎而生孝矣"(《颜氏家训·教子》),就是最好的总结,这不仅昭示了慈、孝的相互关系,也揭示了孝产生的原因。

前面开宗明义就指出,慈孝是爱幼敬老,这是家庭美德,因此,慈孝也主要限制在家庭血缘关系之中来思考的。慈孝是平等的关系,这是时代赋予我

---

[1] "子曰:夏道尊命,事鬼敬神而远之,近人而忠焉,先禄而后威,先赏而后罚,亲而不尊,其民之敝,蠢而愚,乔而野,朴而不文。殷人尊神,率民以事神,先鬼而后礼,先罚而后赏,尊而不亲,其民之敝,荡而不静,胜而无耻。周人尊礼尚施,事鬼敬神而远之,近人而忠焉,其赏罚用爵列,亲而不尊,其民之敝,利而巧,文而不惭,贼而蔽。"(《礼记·表记》))

[2] 高平叔编:《蔡元培全集》第二卷,中华书局,1984年,第194页。

[3] 高平叔编:《蔡元培全集》第二卷,中华书局,1984年,第194页。

们的要求。作为父母,老人不能一味地要求子女顺从的尽孝,而疏于自己的慈爱,蔡元培的"子于父母,固有当尽之本务矣,而父母之对于其子也,则亦有其道在。人子虽未可以此责善于父母。而凡为人子者,大抵皆有为父母之时,不知其道,则亦有贻害于家族、社会、国家而不自觉其非者。精于言孝,而忽于言父母之道,此亦一偏之见也"(《中学修身教科书·家族·父母》)[1],就是具体的总结和说明。慈孝是一个互动共作的关系,在 21 世纪的今天,承扬慈孝传统美德,就是要营建和谐的家庭、宗族关系,慈孝的相得益彰是这种关系健康发展的保证,做好了爱幼敬老,家庭、家族关系的融洽就有了基本保障,即"父母之道虽多端,而一言以蔽之曰慈。子孝而父母慈,则亲子交尽其道矣"(《中学修身教科书·家族·父母》)[2]。

(二)"慈孝"的出典

众所周知,在中国文字里,慈孝、孝慈是同时存在的,虽然两个概念只是顺序的差异,文字完全相同。但是,实际上,其意思是不一样的。老子就有对孝慈的分析,即"大道废,有仁义;智慧出,有大伪;六亲不和,有孝慈;国家昏乱,有忠臣"(《老子》第 18 章),他认为孝慈与大道不是一个层次的存在,这里孝慈属于现实仁义道德的内容之一,是依据人的现实需要制定的,不是最高的文化样式。大家不得不注意的是,老子那里还存在另外一种孝慈,这主要与慈相一致,与大道的精神相吻合,也是上面提到的他的"三宝"之一的"慈",这是一种自然的情感,没有血缘的限制,可以说是一种博爱。这种"慈",老子有时用"孝慈"来表示,"绝圣弃智,民利百倍;绝仁弃义,民复孝慈;绝巧弃利,盗贼无有"(《老子》第 19 章),就是具体例证。他要恢复孝慈的方法是,弃绝现实的仁义道德,因为这违背人性特征的要求,仅仅依据社会单一需要的设计而来,这样的孝慈实际与"三宝"之一的"慈"是完全不相同的。

慈孝作为一个概念,我们也可以在《庄子·渔父》中找到,即"事亲则慈孝";需要说明的是,庄子虽然使用了慈孝这一概念,但这里主要侧重在子女待亲时的慈孝即爱敬上,而实际不包括亲对子女方面的慈爱。不过,概念的意思与我这里设定的内涵是基本吻合的。当然,这里主要是就概念的出处而整理的,而不是在慈孝思想史维度上的分析,这是首先要说明的。

---

[1] 高平叔编:《蔡元培全集》第二卷,中华书局,1984 年,第 199 页。
[2] 高平叔编:《蔡元培全集》第二卷,中华书局,1984 年,第 199 页。

因此，在完整的意义上，慈是长辈对小辈的慈爱，孝是尽心奉养和服从父母，这是仁爱在家庭的具体落实。家庭作为社会的一个基本单位，在应有的学校、家庭、社会三足鼎立的教育机制里，承担着非常重要的作用。小孩的教育是从家庭开始的，而慈孝是营建家庭祥和氛围的最好的手段，也是孩子以后成人走上社会的必备前提，这在我们需要强化落实的三足鼎立的教育机制的境遇里，慈孝的意义尤其重大。

(三)"慈孝"作为德目的理由

家庭是社会的基本单位，家庭建设是社会整治的基础，作为调整和润滑家庭关系的传统美德慈孝，无疑在中华民族伟大复兴中国梦的实践中肩负着巨大的文化担当，在21世纪承扬中华传统美德的实践中自然占有不可动摇的位置。

1. "慈孝"是中西文化的共同特征

西方文化产生于古希腊奴隶主民主制时期，人与人之间的关系主要不是血缘关系，而是面临着与外部世界的各种矛盾，人必须认识这个世界，讲求知，重自然，也就是重物质，而不是重精神。西方由氏族社会进入奴隶社会时，一开始就打破了氏族血缘集团的统治，而以地域性的国家代替了血缘民族，政治性的国家法治代替了家庭式的血缘统治，家庭的作用则从属于区域社会，这样把家与国之间分割开来。还有一个不可忽略的社会区域，这就是社区社会。但是，就家庭关系中的"慈"而言，这是作为父母的天性，没有一个父母亲不慈爱自己的子女的，父母需要用一生的时间和心血来关爱自己的孩子，显然这不是一般意义上的慈爱。西方人也重视家庭教育，当然教育的方式与我们略有不同，不是把死板的书本知识灌输给他们，而是启发他们自己去获取知识，也就是获取知识方法的教育，而不是知识本身的教育。

西方父母对孩子的慈爱，还表现在他们注重家庭教育与学校教育的链接和沟通，这一举措实际又开设了社会教育的新景象，这就是美国的"大哥哥大姐姐"项目(Big Brothers, Big Sisters of America)。这个项目一般从高中生开始，每个高中生需要义务服务工作30个小时，这是高中毕业的一个基本条件，也是大学录取的一个必备条件(这在后面的"仁爱"德目中会详细介绍，这里从略)。关于尽孝，我们对西方的认识历来存在误差，认为西方人似乎不重视孝，其实这是天大的误会。重视家庭、重视家庭的礼仪，是西方人一个投入精力实践的领域。由于西方尊重对社会有贡献的人，在子女心目中父母就是最有贡献的人,对自己有养育之恩,因此必须孝敬父母;西方同情和帮助弱者,父母年老了,也属弱者,更当帮助和孝敬。这两方面对父母的孝敬,他们是通过日常的家庭生活来加以具体落实的。小孩从小就必须在家承担必要的义务,诸如哥哥、姐姐照顾弟弟、妹妹等,跟父母一起上超市买东西时为父母亲推货物筐,以及家庭日常家务的承担等。所以无论从哪个角度来看,西方人是讲"孝道"的,全社会对不尊重老人、虐待父母的行为也是普遍谴责的。西方人的尽孝,在一些文学作品里也得到相应的反映,诸如莎士比亚的著名悲剧《李尔王》,就谴责了李尔王的大女儿高纳里尔和二女儿里根口是心非、甜言蜜语取得了父亲的赏赐后,又虐待父亲,歌颂了三女儿考狄娅对父亲的孝顺;英国19世纪现实主义作家狄更斯的长篇小说《董贝父子》里,董贝的女儿不记恨父亲对她的不公正待遇,当父亲年老、儿子夭折、续弦的妻子跟别人逃跑而公司又破产时,她把父亲接到自己的家中,用孝心感化了父亲;狄更斯的另一名著《双城记》,也描写了女儿的孝道、爱心,使精神失常的父亲恢复了常态。文学作品在对尽孝行为进行赞誉的同时,也对不孝行为进行谴责,诸如巴尔扎克的《高老头》,描写了两个女儿只顾搜刮父亲的钱财,她们不仅平时不去看望父亲,而且当父亲一贫如洗死在公寓时,也不为老人送葬,巴尔扎克谴责了这两个无情无义的女儿,从而折射了赤裸裸金钱关系给社会带来的危害;法国20世纪中期表现主义作家加缪的《局外人》,描写小职员莫尔索得知母亲死在养老院,他去奔丧时见到母亲遗体无动于衷,没有一点悲伤,甚至对养老院里的老人流泪感到奇怪,完全像个局外人,作家谴责莫尔索的人性被扭曲了。

  总之,西方文化也包含了孝文化,西方的"孝道"与中国的"孝文化"有相同的一面。在西方,一般情况下,子女虽然不与父母住在一块,但每年圣诞节、父母的生日,子女都要看望父母;子女结婚虽然不听父母之命,但希望在教堂中得到父母的祝福;西方有"母亲节"(每年5月的第二个星期日)和"父亲节"(每年6月的第三个星期日),这足以表达他们对父母地位重要性的认识;再如"感恩节",虽然包含着对大自然的感恩,同样也包含着对父母老人的感激之情。居里夫人获得诺贝尔奖后,一次在华沙作报告,看到她小学时的老师坐在轮椅上听报告,她马上暂停报告走下讲台,推着老师的轮椅到台上,面对老师三鞠躬,并将一束鲜花送给老师。这难道不是尽孝的写照吗!?西方有较完善的社会福利保障,老年人有退休金、福利院、养老院,老人可以安度晚年,全社会有一种尊重老人的社会风气,老人乘车、过马路都能得到照顾。

中西慈孝产生于不同的文化土壤,虽然存在着一些客观的差异,但父母子女之情作为一种普遍的情感,也使中西文化趋同存在可能性,这就是对慈孝养成环境的认识。在西方,有些小孩从高中起就自己在外面独立租房了,这一方面反映出他们重视在较早的时段上培养孩子的独立生活的能力,另一方面,这一客观实际情况的出现,也无疑拓宽了家庭场域的空间,并非如我们住在一起那样。但是,西方人也并没有对中国子女与父母同住的文化进行否定。有一部电视连续剧,英文名为 Blue Bloods,描写的是纽约市警察的故事,一家四代同堂生活,其中三代都是警察,这一电视剧是从 2010 年 9 月 24 日上演的,CBS 电视台每周 5 晚上播出,这一电视剧同时也在加拿大、英国播出;西方的电视剧的变化是非常大的,如果没有收视率,就会很快被取消合同,而 Blue Bloods 连续播出多季,这说明有比较好的收视率。这种四代同堂的生活风格,自然与西方人的习惯不太符合,倒与中国的习惯相似,也说明它在西方仍然存在一定的可接受性,既然几代人一起生活,那无疑说明家庭慈孝的共通性。

毋庸置疑,慈孝美德绵延中华民族几千年,一直成为温暖人们心灵的话题和食粮;西方也一样,只要有人存在,有家庭存在,慈孝就有必要性,这是作为承扬中华传统美德的首要理由。

2. 人生最初之学校

家庭是一个人最初的安身处,在生物学的意义上,人从母亲怀孕之日起就开始了性格、素质的养成;家庭无疑是一个人的人生最初之学校,家庭爱幼敬老的氛围营建无疑是人生最初的课程。蔡元培说过:"亲之爱子,虽禽兽犹或能之,而子之孝亲,则独见之于人类。故孝者,即人之所以为人者也"(《中学修身教科书·家族·子女》)[1]。对父母尽孝或孝敬父母老人这是人之所以为人的本质所在,是人区别于其他动物的分水岭,这为人具有自己的道德世界所决定。荀子说得好:"水火有气而无生,草木有生而无知,禽兽有知而无义,人有气、有生、有知,亦且有义,故最为天下贵也。力不若牛,走不若马,而牛马为用,何也? 曰:人能群,彼不能群也。人何以能群? 曰:分。分何以能行? 曰:义。故义以分则和,和则一,一则多力,多力则强,强则胜物,故宫室可得而居也"(《荀子·王制》)。毋庸置疑,慈孝就是由"分"即分际、分限

---

[1] 高平叔编:《蔡元培全集》第二卷,中华书局,1984 年,第 194 页。

(家庭角色)而来的家庭美德规范,亲子各尽自己的义务是实现家庭关系和谐的基本保证,家庭和谐就是家庭和一的表现,家庭和一则力量大,力量大则强大。我想,慈孝就是人"有义"的因子之一。

总之,正如蔡元培所说的那样:"家庭者,人生最初之学校也。一生之品性,所谓百变不离其宗者,大抵胚胎于家庭之中。习惯固能成性,朋友亦能染人,然较之家庭,则其感化之力远不及者。社会、国家之事业,繁矣,而成此事业之人物,孰非起于家庭中呱呱之小儿乎?虽伟人杰士,震惊一世之意见及行为,其托始于家庭中幼年所受之思想者,盖必不鲜。是以有为之士,非出于善良之家庭者,世不多有。善良之家庭,其社会、国家所以隆盛之本欤?"(《中学修身教科书·家族·父母》)〔1〕

3. 强国的个人责任

中华民族复兴的中国梦的提出,这是中华民族子孙在事业接力中意欲履行自身责任的一种胆略,也是作为中华民族子孙为中华民族事业的列车增光添彩责任的凝聚。但是,目标的提出,其价值的实现在目标的最终实现,如果不能实现,这一目标就没有什么实际的意义。目标的实现是所有中华民族子孙的义务和责任。要在这一责任的落实中刻上自己的音符,绝非美好愿望所能完成的,必须有具体承担责任的素质。在人的素质中,诸如科学知识方面的素质是不得不通过学校的教育来完成的,但最为根本的素质,是对人的价值实现起到导航性作用的素质,可以说就是道德素质;道德虽然是软性的存在,但却是十分重要的存在。

蔡元培曾认为,人的责任在三个方面得到表现,即家族、社会、国家,"家族者,父子兄弟夫妇之伦,同处于一家之中者也。社会者,不必有宗族之系,而唯以休戚相关之人集成之者也。国家者,有一定之土地及其人民,而以独立之主权统治之者也。吾人处于其间,在家则为父子,为兄弟,为夫妇,在社会则为公民,在国家则为国民,此数者,各有应尽之本务,并行而不悖,苟失其一,则其他亦受其影响,而不免有遗憾焉"(《中学修身教科书·家族·总论》)〔2〕。显然,在家族、社会、国家的序列里,家族处在最为基础的地位。一个人完成好在家庭里的义务,是完成社会、国家义务的前提,如果完成不好家庭的义务,就无法谈及社会、国家的义务,故"家族者,社会、国家之基本也。

---

〔1〕 高平叔编:《蔡元培全集》第二卷,中华书局,1984年,第200页。

〔2〕 高平叔编:《蔡元培全集》第二卷,中华书局,1984年,第192-193页。

无家族,则无社会,无国家。故家族者,道德之门径也。于家族之道德,苟有缺陷,则于社会、国家之道德,亦必无纯全之望,所谓求忠臣,必于孝子之门者此也。彼夫野蛮时代之社会,殆无所谓家族,即曰有之,亦复父子无亲,长幼无序,夫妇无别。以如是家族,而欲其成立纯全之社会及国家,必不可得。蔑伦背理,盖近于禽兽矣。吾人则不然,必先有一纯全之家族,父慈子孝,兄友弟悌,夫义妇和,一家之幸福,无或不足。由是而施之于社会,则为仁义,由是而施之于国家,则为忠爱。故家族之顺戾,即社会之祸福,国家之盛衰,所由生焉"(《中学修身教科书·家族·总论》)[1]。其实,慈孝虽然是爱幼敬老,我们在前面的界定中也已经确认,但对象不局限于父母,应是家庭中的所有老人,自然也包含家庭其他关系层面的爱敬,这是不能忽视的。

4. 道德之本

爱幼方面的慈孝的内容,自然是"养",不仅是物质方面的给养,而且包括具体精神方面教养的内容;而教养的内容包括行为和知识两个方面,缺一不可。这是做父母的责任所在。教养自然包括其他美德的教养,就这一点而言,"慈"是美德之本。

"孝"也一样,"子曰:夫孝,德之本也,教之所由生也"(《孝经》),可以说是对"孝"在中国历史上占有地位的允当的描述。作为道德之本的"孝",在中国历史上虽然一直占有着十分重要的位置,但在封建社会中也无疑得到了畸形的发展,反映和要求的不是慈孝的平等关系,而是对子女尽孝的一味要求,有时甚至到不惜生命的地步。"孝"在中国古代的演绎,存在许多"愚孝"方面的内容,诸如二十四孝中王祥卧冰求鲤、郭巨埋儿、老莱子彩衣娱亲等就是例证。同时,"孝"的一些内容也必须随着时代的变化而改变,诸如"宰我问:三年之丧,期已久矣!君子三年不为礼,礼必坏,三年不为乐,乐必崩,旧谷既没,新谷既升,钻燧改火,期可已矣。子曰:食夫稻,衣夫锦,于女安乎?曰:安。女安,则为之!夫君子之居丧,食旨不甘,闻乐不乐,居处不安,故不为也。今女安,则为之!宰我出。子曰:予之不仁也!子生三年,然后免于父母之怀。夫三年之丧,天下之通丧也。予也有三年之爱于其父母乎"(《论语·阳货》)。孔子强调的"三年之丧",已经无法涵括现时代尽孝的要求,必须有新的内容,这些在后面讨论时会详细分析。

总之,"古人有言,孝者百行之本。孝道不尽,则其余殆不足观。盖人道

---

[1] 高平叔编:《蔡元培全集》第二卷,中华书局,1984年,第193页。

莫大于孝,亦莫先于孝。以之事长则顺,以之交友则信。苟于凡事皆推孝亲之心以行之,则道德即由是而完。"(蔡元培《中学修身教科书·家族·子女》)[1]时代在变,情势在变,但不变的是家庭永远是社会的基本单位,是社会建设的基础,这就是慈孝作为21世纪承扬中华传统美德的理由所在。

(四)"慈孝"的理论基础

在生物学的意义上,血缘情感无疑是最为素朴的情感之一。在血缘情感中,保护子女又是父母最为原始的冲动之一,这在人类以外的其他动物那里也能得到证明,这里可以以大象为例。

1. 大象的慈爱

大象是群居动物,在象群中,大家共同进退、互相照顾,不单照顾幼象,也会看护年老的一辈,不失为人类的榜样。大象群这个大家庭由近亲或存血缘关系的象组成,象的家庭成员众多,而且象的寿命大约在五十至七十岁左右,所以有几代同堂的情况出现。大家族由一头母象做首领,是"母系社会"的典型;象群由十几只至几十只不等组成,由于大象的食量惊人,故为寻找食物,需要不时迁徙;迁徙时由母象带队,幼小的象随后置中而形成保护的队列,因为小象还未成长,容易受到狮子、老虎等猛兽的攻击。在象群中,象妈妈会让幼象睡在她两腿之间,确保安全;另外,亦会派一只雌象当小象的保姆,帮助母象照顾幼象和保护它的安全。大象素有尊老爱幼的好风气,除了"幼吾幼以及人之幼"的慈爱行为外,也会奉行"老吾老以及人之老"的孝顺规范,象群对于老象是关怀备至的,一只老象身边常有两三只年轻的"卫兵"保护,充满亲情和义气。大象群具有非常和谐的气氛,它们爱沟通,经常可以听到象群发出的呼叫声、咕哝声或吼声,像在呼唤朋友、子女;看见小象的小鼻子扭着妈妈的尾巴,一只跟一只的,就感到它们当中温馨的爱;大象不仅是智慧的化身,也是慈爱的象征,没有恃强凌弱的任何举措。

2. 人类的慈孝

人类的慈孝虽然在一定程度上与生物性层面的大象所持有的爱幼敬老的自然习惯存在联系或相似性,但是,人类的"有义"是理性自觉的表现,这在其它生物那里是没有的。蔡元培的总结值得我们重视,即"父母之爱其子也,根于天性,其感情之深厚,无足以尚之者。子之初娠也,其母为之不敢顿足,

---

[1] 高平叔编:《蔡元培全集》第二卷,中华书局,1984年,第195页。

不敢高语,选其饮食,节其举动,无时无地,不以有妨于胎儿之康健为虑。及其生也,非受无限之劬劳以保护之,不能全其生。而父母曾不以是为烦,饥则忧其食之不饱,饱则又虑其太过;寒则恐其凉,暑则惧其喝,不唯此也,虽婴儿之一啼一笑,亦无不留意焉,而同其哀乐。及其稍长,能匍匐也,则望其能立;能立也,则又望其能行。及其六七岁而进学校也,则望其日有进境。时而罹疾,则呼医求药,日夕不遑,而不顾其身之因而衰弱。其子远游,或日暮而不归,则倚门而望之,唯视其身之无恙。及其子之毕业于普通教育,而能营独立之事业也,则尤关切于其成败。其业之隆,父母与喜;其业之衰,父母与忧焉,盖终其身无不为子而劬劳者。呜呼!父母之恩,世岂有足以比例之者哉!"(《中学修身教科书·家族·子女》)[1]

胎教在古代就有。唐代张守节的《史记正义·周本记》引《列女传》云:'太姜,太王娶以为妃,生太伯、仲雍、王季。太姜有色而贞顺,率导诸子,至于成童,靡有过失。太王谋事必于太姜,迁徙必与。太任,王季娶以为妃。太任之性,端壹诚庄,维德之行。及其有身,目不视恶色,耳不听淫声,口不出傲言,能以胎教子,而生文王。'此皆有贤行也"[2]。胎教就是人类理性光辉的体现,也是人区别于其他动物的枢机所在。对父母的慈爱,在子女的角度,"凡人之所贵重者,莫身若焉。而无父母,则无身。然则人子于父母,当何如耶?"(《中学修身教科书·家族·子女》)[3],对此的回答就是尽孝,这也是人性自然的反映。在生命的链条上,尽孝既是对父母慈爱的回报,同时也是对自己年老后慈爱情感的一种积淀和储备,期间虽然具有人类理性的光辉,但生物学是其源头这一点是毫无疑问的。

(五)"慈孝"的内容

前面说过,慈孝的意思是爱幼敬老,贯彻爱幼敬老的实际就是爱敬,爱敬

---

[1] 高平叔编:《蔡元培全集》第二卷,中华书局,1984年,第194页。
[2] 另请参考《列女传》的记载:"大任者,文王之母,挚任氏中女也。王季娶为妃。大任之性,端一诚庄,惟德之行。及其有娠,目不视恶色,耳不听淫声,口不出敖言,能以胎教。溲于豕牢,而生文王。文王生而明圣,大任教之以一而识百,卒为周宗。君子谓大任为能胎教。古者妇人妊子,寝不侧,坐不边,立不跸,不食邪味。割不正不食,席不正不坐,目不视于邪色,耳不听于淫声。夜则令瞽诵诗,道正事,如此则生子形容端正,才德必过人矣。故妊子之时,必慎所感。感于善则善,感于恶则恶。人生而肖万物者,皆其母感于物,故形音肖之。文王母可谓知肖化矣。"(《列女传·母仪传·周室三母》;参见张敬注释《烈女传今注今译》,商务印书馆,1994年)
[3] 高平叔编:《蔡元培全集》第二卷,中华书局,1984年,第194页。

的本质是一种情感,具体表现为家庭关系中互相关爱。在形式上,慈孝作为中华传统美德具有非常悠久的历史。但是,时代在不断地变化,由时代主题而来的对人形成的辐射自然也是不同的。换言之,形式上相同的慈孝美德,在不同的时代具有不同的内容要求,这些要求既有基于人性基本情感方面的因素,也有时代的客观要求;而人生活在具体的时代中,虽然可以通过人为的努力在微观上来影响时代的发展,但无法改变时代发展的方向,这就是时代借助人来实现自己的价值,但时代永远在人的外部左右人的发展。在这个意义上,丰富的古代慈孝美德资源的利用,无法逾越与时代合拍的优化实践过程,这也就是这里要讨论慈孝内容的理由所在。在这个视野上,我认为,慈孝的内容可以用养育两个字来概括。

1. 慈的养育

"父母之道虽多端,而一言以蔽之曰慈"(《中学修身教科书·家族·父母》)[1],作为父母之道的慈爱,其内涵就是养育。

首先,慈爱不是自然发展的产物。父母对子女的慈爱不是一味的溺爱,要为子女的终身幸福着想,即"慈者,非溺爱之谓,谓图其子终身之幸福也。子之所嗜,不问其邪正是非而辄应之,使其逞一时之快,而或贻百年之患,则不慈莫大于是。故父母之于子,必考察夫得失利害之所在,不能任自然之爱情而径行之"(《中学修身教科书·家族·父母》)[2]。何谓利害?这也是必须明确的。显然,利害的标准不是自己的家庭,家庭不过是社会国家中的一个基本单位,而且家庭不可能离开具体的社会而独立生存,因此,孩子的终身幸福必须与国家的利害紧密联系起来思考。

其次,慈爱的主要任务在育养。除要保证孩子的身体健康发展,以为他们成为全面发展的人才而打好基础外,还要对他们实行德智体美劳的"五育"教育。以德育为本源可据以整全人道,以智育为经纬可循以建构人文,以体育为命脉可凭以充实人基,以美育为表里可资以丰富人存,以劳育为体用可藉以丰美人生。此外就是群礼教育,这是为人提供社会生活所需基本素质的需要。可以说,人在起点上基本是平等的,但从出生之时起,就开始了"习相远"的实践征程,这就是蔡元培说的"幼儿受于家庭之教训,虽薄物细故,往往终其生而不忘。故幼儿之于长者,如枝干之于根本然。一日之气候,多定于

---

[1] 高平叔编:《蔡元培全集》第二卷,中华书局,1984年,第199页。
[2] 高平叔编:《蔡元培全集》第二卷,中华书局,1984年,第199页。

崇朝,一生之事业,多决于婴孩,甚矣。家庭教育之不可忽也"(《中学修身教科书·家族·父母》)[1]告诉我们的道理。

最后,家庭主要的重心在身教。家庭教育虽然包括各种知识诸如音乐、美术等的教育,这也是当今许多家长所奉行的规则,但是,局限于此是很不够的。在教育心理学的层面,人所学习的外部知识,只有当它们变成人自己的素质时才会使人受益,里面习惯成自然的因素在人的素质的形成中所占的比重非常大,可是现在许多家长并没有认识到这一点;习惯成自然无需有意而为,听其自然即可。在这个意义上,认识习惯非常重要。人从小到大,会有许多习惯,这是不自然地发生在个人身上的必然性的东西。因此,从小养成孩子的好习惯非常重要。如何养成?自然不是靠说理,而是靠父母的日常行为即身教。身教重于言教是中国从古以来一直受到重视的理念,诸如刘向《列女传·母仪传·鲁之母师》的"夫人诸姬皆师之,君子谓母师能以身教",就是对"身教"的重视,后以身教谓用自身的行为教育别人。家庭环境具有相对的稳定性,其成员的构成也比较单一。因此,行为对人的影响自然比较大,尤其是对孩子,在智力的发展的自然过程中,幼儿都是通过模仿父母以及身边他人的行为来行动的,这就是他们最早的学习。模仿不需要道理,只需要照此行动即可。正是在这个意义上,父母的行为在子女的成长过程中所起的作用非同寻常,"家庭教育之道,先在善良其家庭。盖幼儿初离襁褓,渐有知觉,如去暗室而见白日然。官体之所感触,事事物物,无不新奇而可喜,其时经验既乏,未能以自由之意志,择其行为也。则一切取外物而摹仿之,自然之势也。当是时也,使其家庭中事事物物,凡萦绕幼儿之旁者,不免有腐败之迹,则此儿清洁之心地,遂纳以终身不磨之瑕玷。不然,其家庭之中,悉为敬爱正直诸德之所充,则幼儿之心地,又何自而被玷乎?有家庭教育之责者,不可不先正其模范也"(《中学修身教科书·家族·父母》)[2],说的就是这个道理。

2. 孝的养育

中国古代具有非常丰富的孝的思想资料,但随着时代的变化,这些资料的优化利用无疑成为我们文化强国的重大课题。就"孝"的养育而言,主要包含以下内容。

首先,追亲。前面已经提到,在原始社会的祭祀文化中,祖先祭祀、祖先

---

[1] 高平叔编:《蔡元培全集》第二卷,中华书局,1984年,第200页。
[2] 高平叔编:《蔡元培全集》第二卷,中华书局,1984年,第200页。

崇拜等也是其中的内容，这就是追亲。在祭祀文化中，祖先在一定程度上具有天、神的地位；由于血缘的因素，人们认为祖先会关注尘世的子孙后代，并且依据子孙的具体表现来决定降福还是降祸。对祖先的崇拜，寄托着人对生命不灭的一种期望和追求，在这种生命绵延不灭的期盼中，显示着人向善的显著的倾向，展示着人对先人的崇敬和对后人的期盼。在本质上，这种追亲行为通过对有限形下生命的超越，达到无限形上生命的连接和把握，正是在这种连接中，重新点燃了个人理性的火焰；理性的火焰的燃烧，成为个人跨越血缘小家而通向国家民族大家的动力。人从哪里来是不能也无法含糊和忘记的问题，追亲是一种追思，在这种追亲中，期望得到祖先的保佑的情感，而自然会落实到个人具体的安亲的实际行动之中。我国的清明节就是这种追亲活动的具体节日，人们通过扫墓等来与祖先进行对话，从而激发人的最为素朴的情感。日本每年8月的盂兰盆节，也是一种祭祖的节日，他们用清水清洗祖先的墓地、墓碑，再给祖先供奉上鲜美的水果，插上鲜艳的花朵。美国每年5月最后一个星期一就是"Memorial Day"即纪念日，1971年正式成为美国全国的公休日，国家纪念在战争中牺牲的士兵，总统都要到美国国家陵园出席参加纪念活动；同时，最为普遍的也是大家到墓地扫墓，这也标志着夏天的开始，显然这也是追亲的表现。不过，期间突出了在战争中牺牲士兵追思的部分。

我国的清明节，还存在烧纸钱的习惯，这往往污染空气，自然也是必须改变的内容，采用鲜花等方式来表达追思，自然更适合，也比较环保。日本的祭祖活动，基本还落实在每天的生活中，每家家里有一间房是祭祖用的，里面有祖宗的牌位，主人每天点香祭拜。

其次，养亲。养亲是对亲的现实的报答，重视在报答的层面来待处父母祖辈，这在中国古代文化中有着非常悠久的渊源和丰富的资源。"父兮生我，母兮鞠我，拊我畜我，生我育我，顾我复我，出入腹我。欲报之德，昊天罔极"（《诗经·小雅·谷风之什·蓼莪》），就是例证之一。个人的生活是现实的，我们每天与父母生活在一起，履行养亲的义务是每个子女的事务之一，子女就是老有所养的"所养"。当然，社会层面的养老院等社会事务的装备也在不断发展完善之中。无论如何发展，老人他们的需求并不多，能够亲眼看到和体验到子女对他们生活起居的关心和照顾，对他们而言这就是最大的幸福。养亲是切实的关心，不在于你有无金钱，但必须保证父母的衣食住行的落实，使他们无忧无虑。孔子曾经说过，"父母在，不远游，游必有方"（《论语·里仁》）；父母健在时，子女的义务，便是在家陪伴父母，与父母共同生活。"不远游"可以有多重意义：或指依靠具体的事业来赡养父母，或指照顾父母的日常起居，或指避免父母因子女远游而来的担心等等。如果子女出远门而又没有一定的去处，那么父母的牵挂之情势必更甚，所以要"游必有方"，重点是要对父母尽责。今天，高科技时代的生活，人的流动性加大，就毋需赘言了，仅仅农民工进城就可以说明现在的"不远游"已是不可能，离开父母去开辟一片属于自己事业的天地，这也是父母所期望的。但是，不能忘记经常给父母报平安，通过手机，短短的几句话，但可以换来父母长久的安心。

第三，敬亲。对父母做到能养，是最为基本的子女的义务，这是生物性层面责任的履行。换言之，这些有些动物也能做到，人作为人的关键是在养亲的基础上，还必须做到敬亲。孔子对子游问孝的回答就是最好的说明，"今之孝者，是谓能养。至于犬马，皆能有养；不敬，何以别乎"（《论语·为政》），敬是孝的关键内容之一。"君子反古复始，不忘其所由生也。是以致其敬，发其情，竭力从事以报其亲，不敢弗尽也。"（《礼记·祭义》）敬亲主要包括态度上的和颜悦色和行为上的坚守礼仪。和颜悦色是人内在真实情感的流露，不是伪装能够做到的，最为重要的是怀有对父母的尊敬的心理，父母是你生命的源头，没有父母就没有你，子女必须对父母时时具有感恩之心，尊敬就是感恩之情的自然流露，有了尊敬，和颜悦色地与父母相处就有了保证。

和颜悦色仅仅是一个总体上的要求，但日常的生活是具体的，这要求子女的具体行为必须依归礼仪，诸如"凡为人子之礼，冬温而夏清，昏定而晨省"（《礼记·曲礼上》），就是例证；意思是要让父母祖辈冬天享受到温暖，夏天享受到清凉，晚上要安顿好他们的休息，早晨要问安。总之就是让父母祖辈生活从内心里感到舒适。

第四，顺亲。"孝"往往与"顺"联系在一起即孝顺，这历来成为评价后辈的一个指标。在封建社会，孝顺是绝对而无条件的，存在诸多局限性，这自然是不可取的。关于顺亲，可以从两个方面来进行理解：一是因循礼仪来善待父母祖辈，孔子在回答孟懿子问孝时的回答是"无违"，其具体的细目是"生，事之以礼；死，葬之以礼，祭之以礼"（《论语·为政》）。就是因循礼仪来对待父母祖辈，而且无论他们健在还是亡故，都没有区别；换言之，顺亲虽然是没有附加条件的，但也不是绝对的顺从，必须符合礼仪的要求。二是顺从老人的性格特征来行为。老人随着年龄的增大，生理等方面的局限都会明显表现出来，尤其是性格已经固定，而固定的性格往往与外界事物难以找到吻合点，这也是造成他们在现代生活中感到缺乏自在的原因所在,这就要求子女在对待老人时,尽量顺从他们的性格特征而行为,尽量体谅他们的现状,因为这不是什么原则性的问题,这是老人生理上等随着年龄增长而出现的局限,顺亲就是化解这些局限而让老人快乐的最好的良药。在老人对自己有怨情时,也要尽量换角度来进行思考,不能完全依照自己的理解来行为,以避免造成刺激老人偏激行为的发生,《弟子规》的"亲爱我,孝何难;亲憎我,孝方贤",就是具体的理由所在。可以说,因循礼仪来对待父母祖辈,也是敬亲要求的进一步延伸。

第五,谏亲。一个人不可能不犯错误,父母们也是人,也不可能事事正确。在大是大非问题上,子女的责任自然不是顺亲,而是必须依归是非的标准,对他们进行说理,以避免不得体乃至违法事件的发生,这就是谏亲。"谏"旧时称规劝君主或尊长,使其改正错误。在词义的层面,"谏"属形声,从言,柬声;本义是直言规劝,《说文解字》的解释是"谏,证也"。"证"的意思是谏正,《说文解字》正是与"谏"互释的。一般而言,"谏正"就是"谏净",意思是直爽地说出人的过错,劝人改正,"失之在己,不肯自非,愎过自用,不可证移"(《吕氏春秋·孟夏纪·诬徒》)里的"证"用的就是这个意思。

在直言规劝老人不接受时,不能轻易放弃,必须再找其他时机重谏,"事父母几谏,见志不从,又敬不违,劳而不怨"(《论语·里仁》)。《弟子规》也说,"亲有过,谏使更;怡吾色,柔吾声;谏不从,悦复谏;号泣随,挞无怨",都是对如何谏净以及劝谏以后无论后果如何都保持无怨的心理的强调。《论语·子路》里有一段为大家所熟悉的故事,即"叶公语孔子曰:吾党有直躬者,其父攘羊而子证之。孔子曰:吾党之直者异于是,父为子隐,子为父隐,直在其中矣";偷人东西的事情在生活中时常发生,迄今都没有明确的法律来规制这一行为,但古时候存在遇到自己父亲偷别人羊而告发的例子,孔子对此的看法显然不是告发,而是隐瞒;这一故事,曾为威廉·贝内特编著的《美德书》所收录,我在"诚信"德目的分析时作了介绍,《美德书》的用意自然是赞成"证之"的行为,"证之"就是谏,《说文解字》的"证,谏也;从言,正声"也是这个意思。显然,孔子隐瞒的对策是不可取的。

第六,悦亲。在慈孝最初的定义中就明确揭示,慈孝是爱幼敬老。所以,在科学的层面,它包括应正确处理家庭中一切关系,除子女对老人以外,还有其他兄弟姊妹等平辈的关系。当然,平辈中也存在长幼的序列,调整这些关系无疑是父母等老人的共同心愿,这是不能忽视的方面。前面介绍了"凡为人子之礼,冬温而夏清,昏定而晨省",其实,后面还有一句话即"在丑夷不争"(《礼记·曲礼上》),它指的就是平辈之间的关系,"丑"同"俦","夷"同"侪",昭示的是同辈的关系,在同辈之间必须做到"不争",这实际是同辈之间的一种敬(即相敬如宾),这是保持家庭关系和谐的重要要求之一,这也是悦亲的关键环节,因为没有比家庭关系的和睦最能使老人快乐的事情了。荀子的"故人生不能无群,群而无分则争,争则乱,乱则离,离则弱,弱则不能胜物,故宫室不可得而居也,不可少顷舍礼义之谓也。能以事亲谓之孝,能以事兄谓之弟……"(《荀子·王制》),也是最好的总结。家庭就是一个群,这里孝悌等就是家庭的礼仪,可以止争。[1]

最后,安亲。同辈相敬如宾虽然能使老人快乐,但仍然无法使他们安心。老人对子女最大的心愿并非希望子女来报答,而在于子女有好的归宿。因此,子女安亲具体可归结为两个方面:养身和养行。对父母尽孝,离不开自己本人,他人无法代替,故爱惜自己的身体尤为重要,"身体发肤,受之父母,不敢毁伤,孝之始也"(《孝经·开宗明义》),就是这个道理。现代社会的生活节奏非常快,伴随着快节奏的生活而产生人际关系疏离的危机,每年造成自杀的人数在不断上升,诸如日本每年就达到32000人之多,而且基本都是年轻人。我国的情况也不容乐观,虽然没有具体的数字来说明这个问题,但年轻人因自闭压抑而最后结束自己生命的情况相当普遍,从自己是母亲身体的一部分而最初来到这个世界上,实际就说明,自己之身不仅仅属于你自己,而是与父母紧密相连,珍惜自己生命就是对父母尽孝的表现。

养行的要求是,尽孝不仅落实在家庭之中,而必须贯穿在一切生活之中,"父母全而生之,子全而归之,可谓孝矣,不亏其体,不辱其身,可谓全矣,故君子顷步而弗敢忘孝也,今予忘孝之道,予是以有忧色也,壹举足而不敢忘父母,壹出言而不敢忘父母。壹举足而不敢忘父母,是故道而不径,舟而不游,不敢以先父母之遗体行殆。壹出言而不敢忘父母,是故恶言不出于口,忿言不反于身,不辱其身,不羞其亲,可谓孝矣"(《礼记·祭义》)。人的生活范围是非常宽泛的,即使不在父母身边,但你的行为始终是与他们联系的,故自当胸怀大志,始终自强不息,把自己的抱负融化在使国家强大的事业中。在成就他人的同时,成就自己;在使他人快乐方便的实践中找到实现自己价值的

---

〔1〕"孝子之事亲也,居则致其敬,养则致其乐,病则致其忧,丧则致其哀,祭则致其严。五者备矣,然后能事亲。事亲者,居上不骄,为下不乱,在丑不争。居上而骄则亡,为下而乱则刑,在丑而争则兵。三者不除,虽日用三牲之养,犹为不孝也。"(《孝经·纪孝行》)

切实途径，成为社会有用的人，让父母老人实现真正的安心，这就是"立身行道，扬名于后世，以显父母，孝之终也。夫孝，始于事亲……终于立身"(《孝经·开宗明义》)总结的道理。

(六)"慈孝"的时代特征

作为21世纪承扬的中华传统美德之一的慈孝，在吸取古代文化营养的基础上，具备的时代特征有以下几个。

1. 平等性

慈孝所持有的爱幼敬老的内容，反映的是平等的关系。我国宪法第49条明文规定："父母有抚养教育未成年子女的义务，成年子女有赡养扶助父母的义务。"这是法律上的平等。道德上的慈爱也一样，慈孝绝对不是仅仅对子女一方的要求，父母祖辈的爱幼也是不可或缺的方面。亲子之间的人格是平等的，须互相尊重，互相关心，互相友爱，互相帮助。联合国第47届大会曾确定1999年为"国际老人年"，其主题是"建立不分年龄人人共享的社会"。共享社会的基础在家庭，随着经济条件的优化，人的平均寿命逐年加长，三代同堂已经非常普遍，四代同堂也不是天方夜谭。家庭生活，代际间必须在互惠和公平的原则下共享社会经济发展的成果，代际间是独立、平等和互助的关系；父母必须承认子女独立自主自尊的人格，而子女也应了解父母的心境而给予父母以精神的依傍。慈爱的本质是独立的人格主体对他人的主动奉献，而不是被迫的交纳和无偿的索取；子女要以全心全意的爱来报答父母的养育之情，而不是一味地强调对父母的顺从，毕竟年迈的父母日益脱离主流社会，他们对社会的看法未必符合实际情况。

2. 纯洁性

虽然在慈爱美德中，包含着子女对父母祖辈感恩、报恩的要求，这是对他们养育之情的报答。但是，在本质的意义上，老人们对子女后辈的爱是没有任何要求回报的考虑的，可以说是完全无条件的，是一种最为纯洁的情感，任何功利成分的掺入，都是对慈爱的亵渎。在现实的层面，慈孝美德纯洁性的理解，主要问题在子女尽孝的方面，子女对父母祖辈的爱敬，必须是无条件的，不能有任何功利心，尤其是在父母老人没有认可你的情况下，也不能停止爱敬，这是子女修养的要求之一，不能忽视。绝对不能怀有通过尽孝来博取父母祖辈的欢心，以期获取父母祖辈的利益。这在生活中是客观存在的，但与慈孝美德是相悖的。

3. 原则性

西方人讲究一切依据法律来处理，即使对他人怀有比较深沉的憎恨之心，也绝对不会发生双方当面骂架的事情，他们依照法律而收集证据、通过法律来处理事情。因此，在社会的表面，人们之间都是相安无事的，所以是平静的。中国虽然不乏法律的规定，但一般民众缺乏依据法律来维护自己权利的经验和能力，日常的生活根本没有通过法律来增进人的能力的机制。换言之，我国解决民事纠纷仍然依靠行政手段，而不是民事法庭，这是非常遗憾的事情。但是，在社会里生活，依据规则而行为是最为重要的，这需要人的自觉意识来支持，但现实生活中没有这样的给人锻炼的机制，人的自觉意识从何而来？守规矩必须成为慈孝美德的实际内容，通过现实生活来熏陶个人，使人从小就养成按规则行为。虽然在家庭中也可制定各种规则，但这些规则毕竟无法与国家法律进行对接。其中最为关键的就是原则性的问题。现代化至今的事实昭示，中国人处理事情首先是找熟人，而不是法律，这与我们家庭的习惯有关。在家庭中必须营建原则性的权威，即使是父母祖辈违反规则，子女也必须站出来揭露、解决，不能听之任之，尤其是在违背国家法律的情况下，"父子互隐"是绝对不行的，必须为慈孝中原则性的特性所代替。众所周知，荀子在孝的问题上曾经讲到"从义"、"从父"的问题，提出"从道不从君，从义不从父"[1]的观点，虽然有重视客观性的一面，但这里重视的是"道义"，仍然无法排除与主观性的纠结。这也是必须注意的。

4. 互联性

子亲是一个互联的整体，互为依存的对象，离开了一方另一方就失去存在的条件。就慈孝而言，慈是孝的基础和源泉，孝是慈的积累和喷发的另类样式。显然，没有慈的积累，就不可能得到尽孝的回报。在另一意义上，尽孝虽然是爱敬情感的输出，但尽孝的行为是另类的慈爱的积累；没有这种尽孝行为的付出，就不可能有爱幼情感的散发。所以，慈孝是两个互相依存的整体，离开一方，另一方的价值也就无所附丽，这是必须注意的。因此，家庭道

---

[1] "入孝出弟，人之小行也；上顺下笃，人之中行也；从道不从君，从义不从父，人之大行也。若夫志以礼安，言以类使，则儒道毕矣，虽舜，不能加毫末于是矣。孝子所以不从命有三：从命则亲危，不从命则亲安，孝子不从命乃衷；从命则亲辱，不从命则亲荣，孝子不从命乃义；从命则禽兽，不从命则修饰，孝子不从命乃敬。故可以从而不从，是不子也；未可以从而从，是不衷也。明于从不从之义，而能致恭敬、忠信、端悫以慎行之，则可谓大孝矣。传曰：从道不从君，从义不从父。此之谓也。故劳苦雕萃而能无失其敬，灾祸患难而能无失其义，则不幸不顺见恶，而能无失其爱，非仁人莫能行。"（《荀子·子道》）

德的关键就在于互动,如果激发不出互动的情感,最大的慈也无法在慈孝美德中得到评价,反之亦然。必须用这个互联性的标准去衡量慈孝美德是否名副其实。

以上这些特征明显区别于封建孝道的本质,这是现代人过现代生活所必须的,也是新型家庭关系所必须的。

(七)"慈孝"的目的

在中华传统美德的承扬实践中,切实养成慈孝的风气,以形成社会稳定的道德基础。因此,确立慈孝在中华传统美德中的地位,其目的就是要建设健康家庭。我们"两个一百年"的第一个目标就是建成小康社会,小康社会的基础就是家庭的小康,家庭的小康不仅仅在于经济的富裕,而在于家庭这一机体的康健,慈孝美德的正常运作就是康健的主要指标之一。不从最为基本的地方着眼,小康社会的实现就会成为一句空话,"且夫孝者,所以致一家之幸福者也。一家犹一国焉,家有父母,如国有元首,元首统治一国,而人民不能从顺,则其国必因而衰弱;父母统治一家,而子女不尽孝养,则一家必因而乖戾。一家之中,亲子兄弟,日相阋而不已,则由如是之家族,而集合以为社会,为国家,又安望其协和而致治乎?"(《中学修身教科书·家族·子女》)[1]

(八)"慈孝"的价值目标

家庭是国家的基本单位,这是一个没有国界而共通的事实。因此,当家庭在美德的海洋里得到沐浴后,社会无疑就营筑起了客观而牢固的基础。在这个意义上,承扬中华传统慈孝美德的目标就是通过慈孝美德营筑牢固的国家的道德基础,提高全社会的道德文明水准,为中华民族伟大复兴中国梦的实现切实积累文化的条件。但和西方不同的是,我国至今没有社区的强烈的概念。我们虽然也提家庭、社会、学校三位一体的教育模式的重要性,也认识到靠学校单打独拼的效果是不尽如人意的,但并没有很好地理解社会教育,形成一个可以给人把握的样态。

就人的一生的活动场所而言,家庭、学校、社会都是具体的部分,而且学校也在社会中。所以,家庭、学校、社会其实在一个视域里存在。一般而言,社会是一个比较宽泛的概念,到底指什么?似乎无法简单地进行描述。正是

---

[1] 高平叔编:《蔡元培全集》第二卷,中华书局,1984年,第195页。

在这个意义上,社区的出现就具有了实际的意义,社区的划分自然是依据地理上的便利性。社区指居住于共同地域的人群,它强调人群内部成员之间的文化维系力和内部归属感。20世纪后期,无论中国台湾,还是中国大陆,有感于过去过度重视宏观经济发展而忽略社区需求的情势,都分别将"社区建设"或"社区营造"提升到国家政策的层面;在地方组织方面,都开始在小型地缘组织中引入"社区"两字,如中国台湾的"社区理事会",中国大陆的"社区居民委员会"。不过,我国大陆的社区居民委员会是一个行政单位,有专职的工作人员。可以说,它虽然是社会的一个基本的组织,但在如何承担教育作用上我们并没有看到对其期望的效果。

就西方的经验而言,社区是一个民间的义务组织,没有固定的人员,都是社区的住户义务兼职,是一个无形的组织,即没有固定的工作场所。但社区直接与学校连接,参与学校的运动会等一切事务,这样的话,教育中存在的问题可以得到及时的沟通,教育的效果自然会得到迅即而预期的改善。这是我们今天慈孝美德实践中必须注重的一个环节,以在如何利用社区的力量来协调教育的一致性上产生效益化。

家庭、社区都是走向社会的门户,社区就在社会中,社会与社区不过是舞台的大小而已。在社区中,爱幼敬老同样是非常重要的。对孩子而言,无需在慈孝的内容中增加特殊的内容,只需要自然运用即可。我国60岁及60岁以上人口数量,1953年全国第一次人口普查时为4214万人,1964年第二次普查时为4243万人,1982年第三次普查时达7675万,1996年第四次普查时增加到9725万人,截至1995年我国60岁以上的老人已达1.2亿,占总人口的9.76%,2000年底达1.3亿,占总人口的10%,2018年底达2.49亿,占总人口的17.9%,我国已进入老年型国家,其中2017年新增老年人口首次超过1000万。中国不仅是世界有史以来人口最多的国家,也是跨世纪老年人口最多的大国。社区功能的发挥,对慈孝美德的价值目标实现无疑存在积极的意义。

(九)"慈孝"的实践

就慈孝美德的实践而言,最为关键的是养之道和敬之方。

1. 养之道

就爱幼而言,养之道最为重要。养不仅包括生活的给养,而且涵盖精神的育养。一般而言,前者属于物质方面的养,这是绝大多数的父母(当然不是一切的父母)都能履行的义务。但是,给养孩子是其他动物也能做到的事情,这不反映人的独特的价值。父母的慈还包括育养的任务,家庭是一个人接受教育的第一讲堂,给人留下难以忘怀的印象。在21世纪的今天,人性在追求欲望满足的征途上呈现出无止境的特点,这种根于人性劣根性的特点,造成今天地球村能源枯竭、环境污染、人际关系疏离的危机。这一背景对家庭的育养而言,绝对不能无视。所以,就出现一个问题,父母对孩子做到什么地步才能算履行了育养的义务,尽到了责任?世界许多名人巨富的一些做法,似乎可以给我们提供启发,诸如微软创始人比尔·盖茨,仅仅给每个孩子留下1000万美元的遗产,其他财产全部投入了比尔与美琳达盖茨基金会(Bill & Melinda Gates Foundation),该慈善基金会现已有500多亿美金。生活优裕只能造成懒惰的后果,富不过三代正是对此的经典表达。因此,今天的养之道,在培养爱心的同时,最为重要的是开发孩子自我生存的能力。

2. 敬之方

梁启超对慈孝的看法是:"父母之于子也,生之育之,保之教之,故为子者有报父母恩之义务"(《新民说·论公德》)[1]。尽孝是否就是事事躬亲?躬亲就意味着不能离开父母老人半步。显然不是,在前面也有论述。就是在古代,出外即"游"也是不可避免的。这在西方人的眼里也留下了印象,"中国人的家庭观念十分强烈,与自己的家族联系十分紧密。他们从来不游山玩水,寻欢作乐。除非为了公务或者私事不得不远行外,其他的时间绝不离家半步。当他们不得不外出的时候,不论是在异国还是在他乡,他都认为自己是漂泊的游子,永远思念自己的家乡。不管他的家乡多么贫穷落后,他都魂牵梦绕地盼望着能够重回故里,并把这一目标看作是终生的精神寄托"(《中国人的本色·中国人的家庭生活》)[2]。中国人恋乡情感的强烈可见一斑。

21世纪的今天是高科技的时代,生活的便捷、快节奏的组合使许多乡下人离开故土到城里肩负起开发的重任。显然,要尽孝就不可能做到事事躬亲了。但是,"父母之年,不可不知也:一则以喜,一则以惧"(《论语·里仁》),记住父母的年纪是起码的要求,当他们年纪与日俱增时能够安度晚年、健康生活,做子女的就感到高兴;但当父母一年一年地变老,做子女而尽孝的时日所剩不多,心中就会充满忧虑。"曾子曰:往而不可还者,亲也;至而不可加

---

[1] 李华兴、吴嘉勋编:《梁启超选集》,上海人民出版社,1984年,第215页。
[2] [美]何天爵著,周德喜译:《中国人的本色》,文津出版社,2013年,第52页。

者,年也。是故孝子欲养而亲不待也,木欲直而时不待也。是故椎牛而祭墓,不如鸡豚逮存亲也"(《韩诗外传》卷七《第七章》)[1],说的也是这个意思。[2] 年龄是不能再来过的,子女虽然想多奉养父母几年,但父母年寿却不等人,如同树木想长得更直一些,但成长时机已过而不再回来一样。这里,孝亲的情感溢于言表,感人肺腑。现代人随着生活节奏的加快,生活的压力也不断增加,人们成天忙碌于筹划自己的人生,无形中忽视了渐渐老去的父母。总是以为等到事业成功了,有了资本再来尽孝,这是天大的错误。尽孝无需资本,最大的资本就是真情。人在远方不要紧,电话可以传情,尤其是对一些具有基本科技知识素养的新型父母祖辈而言,视频通话也能满足思念情感的抚慰。作为子女,我认为今天的敬老之方,既复杂又简单。复杂的是尽孝的历史图画五彩缤纷,简直是无所适从;简单的是行孝的舞台在当下,比如,父母祖辈的生日的祝贺,他们结婚纪念日祝贺,元旦、端午、中秋节的问候,春节的团聚,清明节的祭祀等。春节是一年中最重要的节日,团聚是优先的选择,西方人平时虽然很少回家,但每年的圣诞节是一定要回去的,学校、单位的时间表也是依据这一习惯设计的;其他节日如果无法一起同贺的话,那也一定要电话或视频问候和恭贺。这说起来是小事,其实是尽孝的大事。我们每个人都可以照此检查自己在慈孝美德上的得分。

(十)"慈孝"的当代价值

中国具有悠久的慈孝美德的优良传统,诸如"蓼蓼者莪,匪莪伊蒿。哀哀父母,生我劬劳。蓼蓼者莪,匪莪伊蔚。哀哀父母,生我劳瘁。缾之罄矣,维罍之耻。鲜民之生,不如死之久矣。无父何怙,无母何恃。出则衔恤,入则靡至。父兮生我,母兮鞠我。拊我畜我,长我育我。顾我复我,出入腹我。欲报之德,昊天罔极。南山烈烈,飘风发发。民莫不穀,我独何害。南山律律,飘风弗弗。民莫不穀,我独不卒"(《诗经·小雅·谷风之什·蓼莪》),就是对慈孝美德的歌颂。在道德实现的场域上,慈孝无疑是道德之本,慈孝是人的最为原初的情感流露,虽然慈孝的内容和方式会随着时代的不同而发生变化,

---

[1] [汉]韩婴撰,许维遹校释:《韩诗外传集释》,中华书局,1980年,第246页。
[2] "惟养生功夫是父母切实受用处。至于送死,虽必诚必信,勿之有悔,在人子皆发于实心,在父母则尽是虚文矣。语云:'椎牛而飨墓,不如鸡豚之逮存',此最伤心之言。盖既当善养口体,尤当善养其志;既欲得亲之心,又欲纳亲于道,是为难耳。"(《养生送死论上》,[清]陈确撰《陈确集》,中华书局,1979年,第155-156页)

但慈孝的存在则是永恒的,无疑具有重要的当代价值。

1. 家和万事兴

中西文化虽然存在差异,但西方人同样重视家庭的温情。在美国,很多人的办公桌上都摆放着家人的照片,其乐融融的合影透露着美国人的家庭观念。在思想的维度,不仅歌德有"家庭和睦是人生最快乐的事"的感悟,而且萧伯纳有"永远记住这点:世上最不平凡的美是家里的美"的吟唱。中国有家和万事兴的古训。显然,中华民族伟大复兴中国梦的实现,也必须依赖"家和"的基本条件。墨子曾把"父子不慈孝,兄弟不和调"(《墨子·兼爱中》)作为"天下之害"的内容之一,其原因就是"父子不相爱则不慈孝,兄弟不相爱则不和调"(《墨子·兼爱中》),家庭和调的基础就是慈孝。儒家对此的看法也没有两样,孔子的弟子有子说过:"其为人也孝弟,而好犯上者,鲜矣;不好犯上而好作乱者,未之有也。君子务本,本立而道生;孝弟也者,其为仁之本欤"(《论语·学而》);孝悌作为调节家庭关系的道德规范,对家庭的稳定具有重大的价值。我国对慈孝的重视是有目共睹的事实,美国思想家何天爵认为,"中华帝国的政治观念是根深蒂固的,它与中国百姓的性格特征和政治鉴别能力相一致。两千多年以来,中国民众的思想观念和接受教育的内容一直没有变样,都是老生常谈。孝道被定位于教育最重要的内容和每个人应尽的责任,是所有美德的基础和源泉"(《中国人的本色·中国的政府》)[1];"很明确,孝道是中国唯一的本土宗教。每一所学堂的每一本书都讲授孝道,孝道被贯穿教育过程的始终。一直以来,在尽孝方面表现突出的人物和事例都需要上报给皇帝,由皇帝亲自奖赏。所有孩子都要接受这部分必不可少的教育内容。孝道故事被大量灌输,且常讲常新。共有24个突出的事例归纳出来供人们学习,这些关于孝道的故事和人物形象永远镌刻在每一个人的记忆里。在《康熙圣谕》中就有专门的一部分是劝谕人们尽孝的"(《中国人的本色·中国的政府》)[2]。今天,慈孝的内容虽然发生了变化,但慈孝与人的最为密切的联系这一点永远也不会变,基于此的对慈孝的推重这一行为本身也不会变。

2. 道德完善的切实践履

众所周知,"大学之道,在明明德,在亲民,在止于至善"(《礼记·大学》),

---

[1] [美]何天爵著,周德喜译:《中国人的本色》,文津出版社,2013年,第25页。
[2] [美]何天爵著,周德喜译:《中国人的本色》,文津出版社,2013年,第25页。

追求道德至善一直是中国人的努力践履。十八世纪德国启蒙哲学家克里斯蒂安·沃尔夫(Christian Wolff,1679-1754)在《关于中国人道德学的演讲》中讲到,"中国人既没有自然的敬神,也没有受到神灵启示的敬神,他们从不注重外在的根据"[1];"人的理性的不完善的一面如同一个泉眼,从里面源源不断地流出恶习、耻辱和罪恶。可是中国人的目光从不盯在这方面,他们总是注意理性的完善的一面,这样他们就可以认识自身自然的力量,从而达到自然力量所能让他们达到的高度。有些人因此而指责中国人,说他们没有认真考虑人的不完善的一面,没有去过问如何克服人的邪行弊端"[2];"中国人时刻铭记着,在改造自身和他人的过程中,不达到至高的完善决不停步。可是最高的完善却又是一个永远不可抵达的目标。因此,人永远不应当停下脚步,要坚持不懈地努力奋进……中国人所有的行为都以自身的和他人的最高的完善为最终目的。"[3]也就是说,中国人注重的是人内在的方面,而不是人性的外在表现的事务,这恐怕是切中要害的看法。

在追求道德完善的实践中,古人对慈孝的效用格外重视,"曾子曰,夫孝,置之而塞乎天地,溥之而横乎四海,施诸后世而无朝夕,推而放诸东海而准,推而放诸西海而准,推而放诸南海而准,推而放诸北海而准……孝有三,小孝用力,中孝用劳,大孝不匮。思慈爱忘劳,可谓用力矣;尊仁安义,可谓用劳矣;博施备物,可谓不匮矣。父母爱之,喜而弗忘;父母恶之,惧而无怨;父母有过,谏而不逆;父母既没,必求仁者之粟以祀之,此之谓礼终"(《礼记·祭义》),就是佐证。今天我国的文化强国实践,离不开个人的道德素质的切实支持;道德素质不是单一的学校教育的积淀,而是习惯成自然的累积。家庭慈孝美德的践行,可以说是国家道德工程的耕耘机,习惯成自然的价值效果是不能忽视的。

3. 角色意识的转化

现代化社会必然是一个通过具体职能部门进行管理的社会,职能部门划分的精细化最终形成合理的管理文化。但是,职能机制功效的产生需要角色

---

[1]〔德〕夏瑞春编,陈爱政等译:《德国思想家论中国》,江苏人民出版社,1996年,第39页。

[2]〔德〕夏瑞春编,陈爱政等译:《德国思想家论中国》,江苏人民出版社,1996年,第33-34页。

[3]〔德〕夏瑞春编,陈爱政等译:《德国思想家论中国》,江苏人民出版社,1996年,第42页。

意识的支持。因此,可以说,角色意识是管理文化中最为重要的因子,这是我们至今缺乏的。

前面讨论慈孝的时代特征时提到平等性,在法律和人格的层面,慈孝的平等性都是必须的。但一个不可否认的事实是,在家庭的日常关系中,辈分是客观存在的,长幼的界限也是非常明显的,这些辈分就是家庭的礼仪所在,这些长幼之序贯穿在一切生活之中,是人们不能逾越的。诸如"乡饮酒之礼者,所以明长幼之序也"(《礼记·射义》);"然后圣人作为鼗、鼓、椌、楬、埙、篪,此六者,德音之音也;然后钟磬竽瑟以和之,干戚旄狄以舞之。此所以祭先王之庙也,所以献酬酳酢也;所以官序贵贱,各得其宜也;所以示后世有尊卑长幼之序也"(《礼记·乐记》),就是具体的说明。家庭中长幼之序,其家庭成员都有来自血缘的相应的身份,这些身份就是家庭中的角色称号。美国汉学家史华兹认为中国的家庭正是通过角色来得以凝聚的。[1] 不过,家庭仅仅是人活动的一部分,人的社会性决定人超越家庭而走向社会的必然性,由于我国缺乏市民社会的实践,家庭的角色机制没能很好地转化到社会系统之中。这方面日本的经验值得我们思考。美国思想家本尼迪克特认为,"中国人把一切道德归之于出自仁爱之心。日本人则不是这样,他们先确立义务准则,最后才要求人们全心全意,为履行义务而倾注全部心灵和精力"(《菊与刀·道德的困境》)[2]。这一见解是非常精到的,日本确立义务准则的自觉意识源自中国的孝道文化;日本在借鉴中国思想时,没有把"仁"作为最高的准则,原因是他们认为"仁"存在虚无的一面,即内容的不确定性,所以他们把"孝"作为最高的原则,"日本的'孝道'只是局限在直接接触的家庭内部。充其量只包括父亲、祖父,以及伯父、伯祖父及其后裔,其含意就是在这个集团中,每个人应当确定与自己的辈分、性别、年龄相适应的地位"(《菊与刀·各

---

[1] "在祖先崇拜中发现的社会秩序,其强有力的典范作用也许深刻地影响了整个'精英文化圈中的'社会政治秩序和宇宙秩序中的宗教观。在家庭内部,亲族成员无论是在此岸世界还是在彼岸世界,都在一个角色关系网络中而被凝聚到一起。理想上讲,该网络是由宁静的、和谐的鬼神、仪式礼节支配的。在这里,秩序的价值最为重要。作为一种宇宙的隐喻,它表示了在高高在上的神的权威之下,以家庭性的和谐而凝聚起来的实体与能量的世界。作为一种社会政治秩序的模型,它所反映的是一种清楚界定的角色和地位,并且从理想上讲是通过神的体系而凝聚在一起的网络。"(《古代中国的思想世界·上古期文化取向:论点与推测》,[美]本杰明·史华兹著,程钢译:《古代中国的思想世界》,江苏人民出版社,2004 年,第 32 - 33 页)。

[2] [美]鲁思·本尼迪克特著,吕万和等译:《菊与刀》,商务印书馆,1990 年,第 148 - 149 页。

得其所,各安其分'》〔1〕。他们把长幼礼仪的等级性内容消化成了与自己身份相一致的角色规定,并把这些运用到社会机制的建设中。到过日本的人都知道,"先辈"、"后辈"是日本最为常用的概念,无论是在政府部门,还是在企业、学校,这是一个最普通的概念,使用最为广泛。显然,先、后包含着等级的序列,先辈来自后辈的尊敬、后辈来自先辈的关照是心照不宣的事实。封建社会的"等级"就变成了现代社会的"序列",社会的管理,离开序列就寸步难行,无论你如何强调平等性,都无法改变这一事实。本尼迪克特的总结值得我们参考:"日本人在构筑世界秩序时,经常考虑到等级制。在家庭以及人际关系中,年龄、辈分、性别、阶级决定着适当的行为。在政治、宗教、军队、产业等各个领域中,都有十分周到的等级划分,无论是上层还是下层,一逾越其特权范围,必将受惩罚。只要'各得其所,各安其分'得以维持,日本人就会毫无不满地生活下去。他们就感到安全。当然,在最高幸福受保护这个含义上,他们也时常不'安全'。他们感到'安全'是由于视等级制为合法。这是日本人人生观的特征,正如对平等与自由企业的信赖是美国人生活方式的特征一样"(《菊与刀·各得其所,各安其分》)〔2〕。

中国社会的建设最为缺乏的就是规范意识。慈孝美德的承扬实践,在强调爱幼敬老的平等性的同时,必须强调家庭关系中客观存在的长幼辈分之分。从而训练家庭关系中客观存在的角色身份,做符合自己身份的事情,建立逾越自己身份的行为要受到家庭责罚的机制。从而养成由身份而来的角色意识,增强人做好自己职分工作的意识和能力,而这正是社会序列管理最为需要的。"家族者,国之小者也。家之所在,如国土然,其主人如国之有元首,其子女什从,犹国民焉,其家族之系统,则犹国之历史也。若夫不爱其家,不尽其职,则又安望其能爱国而尽国民之本务耶。"(《中学修身教科书·家族·总论》)〔3〕家庭中的职分与社会中的职分虽有区别,但是互相联系的,职分(角色)意识的培养必须从家庭开始,这是需要重新认识的。

4. 家族企业是民族企业的基础

孝文化对中国社会的影响之大,西方人对此十分清楚,马克斯·韦伯说,"一切共同体行动在中国一直是被纯粹个人的关系,特别是亲戚关系包围着,并以它们为前提,此外,也与职业方面的结拜兄弟关系有关"(《儒教与道教·

---

〔1〕 [美]鲁思·本尼迪克特著,吕万和等译:《菊与刀》,商务印书馆,1990年,第37页。
〔2〕 [美]鲁思·本尼迪克特著,吕万和等译:《菊与刀》,商务印书馆,1990年,第66页。
〔3〕 高平叔编:《蔡元培全集》第二卷,中华书局,1984年,第193页。

结论·儒教与清教》）[1];"影响生活方式的最强大的力量是以鬼神（祖灵）信仰为基础的家孝。孝，最终使我们已经看到的宗教联合体仍旧十分强大的团结和以前提到的社会化为合作社的方式得以实现，并对它仍加以控制，这里所说的合作社可以被视为拥有劳动分工的扩大的家庭企业。这种牢不可破的团结本身完全以虔敬为动力，而真正的中国经济组织的势力范围正是这些靠孝来调节的个人联合体的势力范围"（《儒教与道教·结论·儒教与清教》）[2];"在中国，一切信任，一切商业关系的基石明显地建立在亲戚关系或亲戚式的纯粹个人关系上面,这有十分重要的经济意义"（《儒教与道教·结论·儒教与清教》）[3]，等等论述,至今仍然具有借鉴的意义。

家族企业在中国也是比较普遍存在的,家族企业的运营中,慈孝自然起积极的作用。但是,企业的经营仅仅依靠慈孝是不够的,还必须借助规则,马克斯·韦伯在比较儒教与清教时说到:"清教则将所有这一切都客观化了,消化为理性的'企业'和纯粹客观的经营关系,并用理性的法律和契约代替了中国那种原则上万能的传统、地方习惯以及具体的官场上的任人唯亲"（《儒教与道教·结论·儒教与清教》）[4]。家族企业在民族企业中巨大作用的发挥是中国梦实践必不可少的环节，但作用发挥的驱动力在于慈孝和法律规则的相结合,而法律规则在一定程度上又与前面讨论的职分意识紧密联系,在家庭是血缘的职分,在企业则是职业的职分,如果做到了这一点,那对中华民族伟大复兴中国梦的实践,具有不可估量的价值。

在美德活动的主要领域的层面,慈孝无疑是一切美德之本,社会、国家的一切都可以在家那里找到线索,中国人都熟悉修身、齐家、治国、平天下的古训,往往把国看成家的扩大的形式,"八条目"也成为众所周知的从身走向天下的模式。但是,迄今的研究,似乎缺乏一个深层的思考和追问,这就是身到天下如何可能？身、家可以用血缘来加以概括,但与国、天下显然不仅是范围上大小的不同,而且存在本质上的差异,国家是不同血缘关系的人组成的。如果家国一致在封建帝王制的时代存在同一性的话,那在近代以来帝王制废除以后,如果仍然对"八条目"照本宣科而不加改变的话,就只能是纸上谈兵。因此,在21世纪的美德实践中,我们必须思考齐家与治国如何互动共作的问

---

[1]〔德〕马克斯·韦伯著,王容芬译:《儒教与道教》,商务印书馆,1995年,第294页。
[2]〔德〕马克斯·韦伯著,王容芬译:《儒教与道教》,商务印书馆,1995年,第288页。
[3]〔德〕马克斯·韦伯著,王容芬译:《儒教与道教》,商务印书馆,1995年,第289页。
[4]〔德〕马克斯·韦伯著,王容芬译:《儒教与道教》,商务印书馆,1995年,第294页。

题,只有这样,齐家的成果才能成为治国的营养。其实,关于这一点,古代思想家也有思考,这就是老子"善建者不拔,善抱者不脱,子孙以祭祀不辍。修之于身,其德乃真;修之于家,其德乃馀;修之于乡,其德乃长;修之于邦,其德乃丰;修之于天下,其德乃普"(《老子》第54章)告诉我们的道理;必须注意的是"修之于身"、"修之于家"、"修之于乡"、"修之于邦"、"修之于天下"的形式。郭店楚墓竹简的资料也与此基本一致,即"善建者不拔,善抱者不脱,子孙以其祭祀不辍。修之身,其德乃真。修之家,其德有餘。修之乡,其德乃长。修之邦,其德乃丰。修之天下,〔其德乃溥。以家观〕家,以乡观乡,以邦观邦,以天下观天下。吾何以知天〔下然?以此〕",基本意思不变。这里的"修之"的"之"就是"道"[1]。显然,"道"就是家走向国的桥梁,"道"显然也是家庭慈孝的依据。在今天,"道"的内容就是国家的法律等。因此,慈孝虽然是具体美德,但不能没有国家法律的视野,爱幼敬老必须符合国家的法律,个人的志向必须融化在国家的理想宏图里才有积极的价值。这是不能忽视的方面,也是家国如何一致的答案所在。

重视家庭是人类文明的共识,美国最高法院在2015年6月26日(当地时间)上午以5票对4票的结果通过了同性恋婚姻合乎宪法的决议,美国50个州的同性情侣都将有步入合法婚姻的权利,14个州对同性婚姻的禁令随之撤销,美国由此成为全球第21个在全境承认同性婚姻的国家,这无疑拓宽了"婚姻"本有的涵义。值得注意的是,在法官Anthony M. Kennedy写的判词中,开头部分引用了一句孔子名言:

> Confucius taught that marriage lies at the foundation of government. This wisdom was echoed centuries later and half a world away by Cicero, who wrote, "The first bond of society is marriage; next, children; and then the family". There are untold references to the beauty of marriage in religious and philosophical texts spanning time, cultures, and faiths, as well as in art and literature in all their forms. It is fair and necessary to say these references were based on the understanding that marriage is a union between two persons of the opposite sex.

---

[1] 详细参考《"德"之实践上的规范性》(许建良著:《先秦道家的道德世界》,中国社会科学出版社,2006年;第421-435页)。

孔子教导说,婚姻是社会治理的根基。孔子的智慧在几百年后得到了世界另一边的西塞罗在《论义务》中的呼应:"社会关系的第一个纽带是婚姻,其次是子女,再次是家庭。"最后又指出这些引用是基于婚姻是两个异性之间的结合的认识。言外之意今天的同性婚姻是社会发展的结果。

在世界文明中,婚姻是人类社会至为重要的制度。众所周知,《礼记·哀公问》记载着鲁哀公与孔子的对话,下面就是孔子对鲁哀公何谓"三言之道"(即"夫妇别,父子亲,君臣严")的回答:

古之为政,爱人为大;所以治爱人,礼为大;所以治礼,敬为大;敬之至矣,大昏为大;大昏至矣!大昏既至,冕而亲迎。亲之也,亲之也者;亲之也,是故君子兴敬为亲,舍敬是遗亲也;弗爱不亲,弗敬不正;爱与敬其政之本与……合二姓之好,以继先圣之后,以为天地宗庙社稷之主……为政先礼,礼其政之本与!

要爱人,礼、敬最为重要,而婚姻是实现礼、敬最重要的形式;婚姻是和合两家的好事,可以传宗接代,以继承先圣的事业,是天地、宗庙、社稷的主干。正是在这个意义上,婚姻之礼是社会治理的根本。

中国文化对西方的影响是非常明显的,这也是我们承扬传统美德的文化动力之一;美国人对孔子的理解,基本上是有文献依据的。

八、仁　爱

在公私的维度上,慈孝属于私德范畴,仁爱则属于公德范畴。就群体关系而言,前者则属于家庭关系的美德,后者则为社会关系的美德。在社会关系的网络里,客观存在诸多的纽结,诸如职业、朋友等,但都是超越血缘关系的公的领域,这明显区别于家庭的血缘关系。在这个意义上,仁爱是超越血缘层面的博爱,具有普世的意义,是人完整生活必不可少的滋润的文化因子。

(一)"仁爱"的解题

一般而言,"仁"是"人"加"二",表示两人的意思;在引申的层面,就是人际的意思。因此,仁爱就是人间之爱,它是超越血缘疆界的广博的爱。其实,这在思想文献中也能找到证据,诸如"仁者,人也"(《礼记·中庸》)、"仁也者,人也;合而言之,道也"(《孟子·尽心下》)。人之所以为人,是因为他能行仁,人能行仁就是有道;也就是说,仁演绎的是人的故事。不仅如此,孟子还在另一层面凝聚了重心,即"仁,人心也。义,人路也。舍其路而弗由,放其心而不知求,哀哉!人有鸡犬放,则知求之,有放心而不知求,学问之道无他,求其放心而已矣"(《孟子·告子上》)。仁不是一般的人际关系,而是人心的学问,对人而言,"求其放心"就是一切,而"求其放心"就是对仁的追求。

仁爱是中国人最为熟悉的概念,在中国文化的长河里,仁爱也基本一直是作为正面肯定的概念来使用的。其实,站在今天文化的最前沿,品味和思忖中国文化的魅力和韵味,无法不让人思考仁爱的魅力何在?对此问题的解决,无法离开在中国思想史长河里来对仁爱的科学内涵的梳理和界定。

众所周知,社会是人完整生活必不可少的场域。但是,人在社会中生活,必须因循社会法则而行为,这是社会得以顺利运行和存在的基本条件。毋庸置疑,社会不是某种与人相对立的东西,而是由人创造的,同时又创造和提升了人本身的东西。在社会中生活虽然是人的共性,但在不同地域和文化背景下生活,形成的人的特性也是相异的,诸如中国人与西方人最大的区别在于对神的信任与否,但据此我们仍然无法判断中西文化的优劣。就中国文化而言,在原始社会时期,由于人理性能力的限制,人往往无法正确认识自然和其他现象,往往把自己生活里的得失、胜败都自然地归结到自然的威力上,在这一生活过程里,自然而然地形成了崇拜自然现象的习惯,从而出现了最早的宗教即自然崇拜，对日、月、星辰、土地、山、石、风、雨、水、火等的崇拜。在这一基础上，又逐渐发展为灵物崇拜即对某些物品的崇拜，相信灵物能保护、保佑自己或本氏族，并抵御敌人，战胜邪恶势力。后来又发展为图腾崇拜，图腾既是崇拜的对象，又是该氏族的名称或标记，它无形制约着大家的日常行为。

在古代文化思想史的长河里，崇拜有着相应的仪式即祭祀，在祭祀的活动中，还有具体的"巫"来负责，这典型地表现在巫觋文化中。"司巫掌群巫之政令。若国大旱，则帅巫而舞雩；国有大灾，则帅巫而造巫恒；祭祀，则共匰主，及道布，及蒩馆。凡祭事，守瘗。凡丧事，掌巫降之礼"(《周礼·春官宗伯·司巫》)，就是具体的记载。司巫是负责代表人与天对话，向天祈福、求天免灾的人，"巫"的官职化，虽然我们无法以西周时代的情况来直接说明原始社会的情况，但它具有一个漫长的演进的过程，诸如"先王之书，汤之《官刑》有之，曰：'其恒舞于宫，是谓巫风。'"(《墨子·非乐上》)；"《史记》曰：昔夏后启筮，乘龙以登于天，枚占于皋陶，皋陶曰：'吉而必同，与神交通，以身为帝，以王四卿'"(《太平御览》卷第八十二《皇王部七·帝启》)[1]，不失为具体的说明，故有"夏后启无疑为巫，且善歌乐"[2]的推测。当然，在祭祀亡魂中，人类由最初的对天神、上帝的崇拜，逐渐过渡到对祖先的崇拜，对祖先的崇拜实际是对人自身的重视，这是人类理性发展的结果，理性的发展使人的认识能力得到提高，以致达到对外在力量的怀疑，最终将人类自己的命运交给自己来掌控，不再指望上帝的赐福。反映这种现象的就是西周对道德的重视，诸如"惟不敬厥德，乃早坠厥命"(《尚书·周书·召诰》)，对道德的重视就是对人的重视；把社会发展的原因从外在的天帝那里，拉到了人自身这里，而且把这种原因狭隘地归结为道德；这也是西周统治者着意寻找取代商代而稳固自己统治的理由所在。对此，王国维《殷周制度论》的总结最能说明问题：

中国政治与文化之变革，莫剧于殷周之际……殷周间之大变革，自其表言之，不过一姓一家之兴亡与都邑之移转；自其里言之，则旧制度废而新制度兴，旧文化废而新文化兴……周人制度之大异于商者，一曰立子立嫡之制，由是而生宗法及丧服之制，并由是而有封建子弟之制，君天子臣诸侯之制。二曰庙数之制。三曰同姓不婚之制。此数者，皆周之所

---

[1] [宋]李昉编纂，夏剑钦校点：《太平御览》第一册，河北教育出版社，1994年。本文所引《太平御览》皆据此本。

[2] 参考张光直著：《中国青铜器时代(二集)》，北京三联书店，1990年，第64页。

以纲纪天下,其旨则在纳上下于道德,而合天子诸侯卿大夫士庶民以成一道德之团体……故知周之制度典礼,实皆为道德而设……周之制度典礼乃道德之器械,而尊尊、亲亲、贤贤、男女有别四者之结体也。(《殷周制度论》)[1]

道德仿佛制度本身,而本来应该在制度的大厦里占有重要位置的其他部门反而受到冷落,这似乎违背了客观的规律。

1. 道德就是"仁"

重视道德是重视人的表现,而人与"仁"又是紧密联系的,思想史的轨迹也正是这样演绎的:

> 西土有众,咸听朕言。我闻吉人为善,惟日不足。凶人为不善,亦惟日不足。今商王受,力行无度。播弃犁老,昵比罪人。淫酗肆虐,臣下化之。朋家作仇,胁权相灭。无辜吁天,秽德彰闻。惟天惠民,惟辟奉天。有夏桀弗克若天,流毒下国。天乃佑命成汤,降黜夏命。惟受罪浮于桀。剥丧元良,贼虐谏辅。谓己有天命,谓敬不足行,谓祭无益,谓暴无伤。厥监惟不远,在彼夏王。天其以予乂民,朕梦协朕卜,袭于休祥,戎商必克。受有亿兆夷人,离心离德。予有乱臣十人,同心同德。虽有周亲,不如仁人。天视自我民视,天听自我民听。百姓有过,在予一人,今朕必往。我武惟扬,侵于之疆,取彼凶残。我伐用张,于汤有光。勖哉夫子!罔或无畏,宁执非敌。百姓懔懔,若崩厥角。呜呼!乃一德一心,立定厥功,惟克永世。(《尚书·周书·泰誓中》)

"虽有周亲,不如仁人"和"惟天无亲,克敬惟亲。民罔常怀,怀于有仁。鬼神无常享,享于克诚。天位艰哉!德惟治,否德乱。与治同道,罔不兴;与乱同事,罔不亡。终始慎厥与,惟明明后"(《尚书·商书·太甲下》),都是具体的佐证。

道德是人的杰作,是人能力的确证。虽然今天人理性的最前沿昭示我们,道德的对象无法局限在人际关系的范围来认识。但是,这不能成为我们评价中国古人对道德认识的依据。

---

[1] 王国维著:《观堂集林》,中华书局,1959年,第451—477页。

2. "仁"本义的确认

"仁"的概念不是儒家的创造,在孔子前就已经存在较为完整的"仁"的思想,主要包括度、处事谨慎、举止庄重、不忘记祖宗、大国对小国的怜悯、使国家坚固、"仁"与武相结合才能所向披靡等方面[1];它们不仅包括基本内容的思考,而且含有功能的运思。值得注意的是,虽然强调"仁"的功能,但是没有对"仁"绝对化,而是把"仁"放在国家整个系统中来量定位置即"仁"与武相结合,这一运思不仅具有当时的时代特色,而且在今天仍然不失积极的启发意义。

对"仁"基本内容的确认,可以清楚地看到,"仁"并非最高的规范,它仍必须在礼、敬等的轨道上行进,也没有局限在血缘关系之内的内容。在仁爱美德是普世的爱这一基点上,最初主要是以实际行动来表示的,这种行动就是同心同德,即"天其以予乂民,朕梦协朕卜,袭于休祥,戎商必克。受有亿兆夷人,离心离德。予有乱臣十人,同心同德。虽有周亲,不如仁人"(《尚书·周书·泰誓中》)。"离心离德"是相悖于同心同德的行为,而同心同德是走向"一德一心"(《尚书·周书·泰誓中》)的基本条件,"一德一心"则是国家稳定长久的前提。同心同德是"仁"的行为的具象。这些都是逾越"亲"的疆界的,"虽有周亲,不如仁人"就是明证。

3. 对狭隘性的超越

最初在历史上得到演绎的"仁"的内容,在后来的发展中并没有平衡推进,而是在有所选择的前提下进行的,这以后来儒家孔子建立的仁学为代表,《说文解字》"仁,亲也"的界定,可以说是对儒家仁思想的一个总结,而没有重视在仁思想的长河里来界定其词义。这是必须注意的地方。

儒家对仁学的贡献主要在血缘轨道上的仁爱的规定,孔子虽然没有明确言说事亲是仁的宗旨,但是,"有子曰:其为人也孝弟,而好犯上者,鲜矣;不好犯上,而好作乱者,未之有也。君子务本,本立而道生。孝弟也者,其为仁之本欤"(《论语·学而》),明确地昭示仁是处理血缘关系的事务的,孝悌的内容就明确地证明了这一点。所以,仁爱不是毫无限制的行为。"仁,亲以为宝"(《礼记·檀弓下》);"仁为可亲也,义为可尊也,忠为可信也,学为可益也,教为可类也"(《郭店楚简校读记·尊德义》);"亲亲,仁也"(《孟子·告子

---

[1] 参考许建良著:《先秦儒家的道德世界·绪论》,中国社会科学出版社,2008年,第12-18页。

下》);"仁之实,事亲是也;义之实,从兄是也;智之实,知斯二者,弗去是也"(《孟子·离娄上》)。仁是以血缘亲情为重心的行为,"亲亲"彰显的无疑是血缘的特性,具体实践是围绕人的血缘性关系而具体展开演绎的。在操作方法上,它的实质就是侍奉亲族的"事亲",而所谓的"智",也只是对事亲、从兄等事务的深刻认识。

"事亲"、"从兄"等事务实际上也就是孝悌的行为,对人来说,有许多"事",但"事孰为大?事亲为大……孰不为事,事亲,事之本也"(《孟子·离娄上》)、"孝子之至,莫大乎尊亲"(《孟子·万章上》)。总之,"不得乎亲,不可以为人;不顺乎亲,不可以为子"(《孟子·离娄上》),"舜尽事亲之道,而瞽瞍底豫"就是"大孝"(同上)的表现。显然,事亲尊亲占据着至高无上的地位,它以血缘为唯一依归。

重视血缘,适合古代中国宗法社会的需求。但在内容上,儒家的仁爱实际上是血缘爱这一点,是我们不得不重视的,这与这里讨论的具有普世性的作为美德的仁爱是相异的。但儒家的仁爱在古代中国文化中,无疑在慈孝这一家庭美德中得到定位,这也是必须注意的。当然,这是整体的情况,在微观的层面,中国古代仁爱思想中,仍然存在许多为中华传统美德仁爱所吸收的资源。

4. 仁爱美德的当有内涵

作为承扬对象的中华传统美德仁爱,必须超越血缘性的限制,不然,无法在全社会的层面凝聚人心和人力。众所周知,中国没有经过市民社会的习练,宗法社会的深刻影响在一定的程度上左右和影响着人们的日常生活。但历史属于过去,我们生活在现实社会,现实社会的生活是现代化的生活,随着科学技术的进步,现代化的生活已经是整个地球村的主旋律。现代化生活不仅具有快节奏的特点,而且科学技术本身极大地改变了人们的社会关系、互动形式和过程、社会的组织形式、各个领域的社会生活以及人们的观念,现代交通、通讯和信息技术的发展,已经在很大程度上超越了原有空间结构的限制,从根本上改变了人们传统的社会交往方式。随着因特网的发展和普及,在传统的人们共同生活的场所及社区之外,人们获得了交流的新型的方式,借助于现代传媒技术,一种文化现象(诸如消费、价值观念)可以很快超越国界,传播到其他国家并被很快模仿并接受。计算机技术和网络的发展,已经使得工作场所的组织形式、管理方式和工作方式发生了根本变革。现代科学技术的发展,在给人类带来财富、提高生活质量的同时,也向人类社会提出了巨大的挑战,甚至带来了灾难,例如,现代生物遗传工程的发展,就向原有的道德观念、家庭婚姻关系提出了挑战;克隆技术的发展,更是将有关人类社会生存和基本价值的问题提到了人类的面前。科学技术发展对自然和社会所造成或可能造成的影响,已经使控制科学技术发展成为一个重大的现实问题。

此外,21世纪的地球村,各民族面临的共同问题是能源、生态环境和人际关系疏离以及以人自身为仇恨对象的恐怖活动等危机。这些危机的真正克服并非取决于金钱的多少,也不为具体的民族所左右,而必须超越民族的界限,营建共同规则来解决。唯一能起作用的只能是法则,而不是宗法因素,这是非常清晰的事实,也是仁爱美德内涵切实对接世界的外在环境。

孟子在讨论君子人格时说:"君子所以异于人者,以其存心也。君子以仁存心,以礼存心。仁者爱人,有礼者敬人;爱人者人常爱之,敬人者人常敬之"(《孟子·离娄下》)。君子属于仁者,仁者的特征是"爱人",爱人的结果是"人常爱之"。但是,如何爱人?孟子并没有明确提出,这也是儒家思想存在的一个普遍的问题,缺乏方法论上如何切近问题的任何昭示,难免使思想趋于空洞的境地。今天我们要承扬的传统美德仁爱,不是空洞的爱人,而必须具有实在内涵的规定,这些内涵将在下面得到阐述。

首先,爱己。爱人必须从爱己开始,这是起点。众所周知,天地是按照自然规律而运行的,一年四季正常运行,这也是天地长久的缘由所在,"天长地久。天地所以能长且久者,以其不自生,故能长生。是以圣人后其身而身先,外其身而身存。非以其无私邪,故能成其私"(《老子》第7章),说的就是这个道理。社会生活中的圣人实际是按照天地自然规律而行为的人,在与他人的实际相处中,能够最大限度地采取谦逊的态度,因此能在现实中高屋建瓴地定位自己,即采用"后其身"、"外其身"的方法,这一行为选择和贯彻带来的实际效果则是"身先"、"身存",即受到他人的爱戴和拥护,在生活中生根。这并不是说,圣人没有自己,正是他们客观地定位自己,所以才能在现实生活中成就自己。在人际关系中生根,是一个人施行仁爱行为的依据和资本。爱己不是自私的爱,与杨朱的"伯成子高不以一毫利物,舍国而隐耕。大禹不以一身自利,一体偏枯。古之人损一毫利天下,不与也;悉天下奉一身,不取也。人人不损一毫,人人不利天下,天下治矣"(《列子·杨朱》)所说的"贵己"论也是相异的。这里的爱己是仁爱的前提。就具体的内容而言,爱己要关注自己的健康,一个不爱惜自己身体的人,又怎能去爱他人,健康的身体都没有了,如何去施行仁爱的行为;仁爱的真正展开,需要对外在他者的真正认识和了解,需要不断扩充自己的学识。在这个日新月异的时代,知识的力量是无穷的,知识开拓我们的眼界和思维,我们要随时代一同进步和发展,没有智慧的爱,是庸俗的。爱表现落实在具体的行动上,言行举止的优雅本身就是对对方的爱,在点点滴滴中提高自己,爱对方更要懂得先爱自己。

其次,爱人。爱己只是起点,不是终点。生活中的道德,永远是目中有人、心中有他的奏鸣曲。人无法在自己的范围内实现自己的价值,人必须过社会生活,这是铁的真理。在动态的社会生活中,爱己的行为是通过为对方创设感觉舒适的环境氛围,成为他人价值实现的一个因子或条件。换言之,在他人实现幸福的过程中品尝自己幸福的感觉,在他人价值实现的实践中找到自己实现价值的因子,这是一幅"既以为人,己愈有;既以与人,己愈多"(《老子》第81章)即"他人优位"[1]的图画。这是爱己力量的演绎,是爱己动力的具体落实。在爱己、爱人的推进取向上,"爱人如己"是基督徒日常生活的基本准则,它要求人应该自我完善,应该严于律己,宽以待人,应该忍耐、宽恕;《马太福音》中的"无论任何事,你们愿意人怎样待你们,你们也要怎样待人",也是这一意思的显示。你们不愿意人们恨你们,愿意人们爱你们,那么你自己首先要做到爱人,而不是恨人。

最后,爱物。西方近代工业革命以来,人类走的是一条自己中心的道路。但在科学的层面,人不过是宇宙中的一部分,宇宙是人类生活的家园,"天地与我并生,而万物与我为一"(《庄子·齐物论》),就是中国古代哲人的经典总结。必须清楚的是,宇宙是一个大家族,人的责任就是维护宇宙的和谐。所以,爱人即爱同类仍然不是仁爱的终点,终点是爱物即爱人以外的他类,人必须与其他物类共同和谐生活,其他物类与人在宇宙生物链中的地位是相同的,"天地万物,与我并生,类也。类无贵贱"(《列子·说符》),是其具体的概括。"类无贵贱"是对以人为中心的思想倾向在现实生活中的有力回击。爱其他物类是仁爱的必然内容,诸如对草木的爱护、对其他动物的关爱,而当今人类面临的能源枯竭、环境污染等危机,一方面与人宏观上过分使用宇宙资源的倾向存在紧密的联系,而过分使用宇宙资源的本质在于人类仅仅听从自己欲望的呼声,而不听宇宙其他物类的哭诉,置一些珍稀物种灭绝状态于不顾;另一方面又与微观上偏于个人一己的利益考虑存在紧密的联系,缺乏

---

[1] 参考许建良:《他人优位——道家道德的枢机》,《中州学刊》,2008年第1期。

对共荣公存的体认和追求。但是,文明的实践昭示人们,人的真正的解放,人的真正价值的释放,只能在宇宙和谐的保证中找到相应的位置。对此,中国古人的智慧也有睿智的表现,"唯天下至诚,为能尽其性;能尽其性,则能尽人之性;能尽人之性,则能尽物之性;能尽物之性,则可以赞天地之化育;可以赞天地之化育,则可以与天地参矣"(《礼记·中庸》)。这里展示了一幅宇宙万物共生的图景,在"其性"(自己之性)→"人之性"→"物之性"的进程里,呈现的是逐步递进的向度,显然也与我们这里讨论的爱己、爱人、爱物的进程取向相吻合。

总之,仁爱美德是超越血缘关系的普世性的爱,中国古代哲人的"兼爱"(墨家)、"先天下之忧而忧,后天下之乐而乐"(范仲淹)和"博爱"都是仁爱的曲目。就"博爱"而言,表示广泛地爱万物,人不过是万物之一,"爱是恒久忍耐,又有恩慈;爱是不嫉妒,爱是不自夸,不张狂,不作害羞的事,不求自己的益处,不轻易发怒,不计算人的恶,不喜欢不义,只喜欢真理;凡事包容,凡事相信,凡事盼望,凡事忍耐;爱是永不止息"(《歌林多前书》第十三章)。

在整体上,就仁爱是普世性的博爱而言,提出和明确博爱的思想,是人类成熟的表现,是人类智慧的结晶。博爱是对全人类的广泛的爱;博爱是奉献,既是无私的,又是广大的;博爱是要人有博大的胸怀,要能容得下大千世界;博爱是人与人交流、共存的保障;博爱是世界和平、发展的中心议题;博爱是一种崇高的爱。

(二)"仁爱"的出典

作为承扬的中华传统美德仁爱,其具体的意思在上面的分析中,实际已经得到彰明。在简易的层面,仁爱也就是"仁之爱",或者说用仁的方式去爱,在超越血缘关系限制的层面,仁爱就是普遍公平的爱,正是在这个层面,兼爱、博爱无疑都是仁爱的营养源。仁爱虽然可以理解成普遍的爱,但在原本意义的层面,仁具有"度"的意思,因此仁爱也可以理解成有规则地施行爱的行为,这个规则显然不是基于血缘关系的考虑,这是非常清楚的。因此,基于仁的"度"的内涵,普遍性是在超越血缘的空间维度上对"度"的客观性的理解和落实,公平性则是在形上的层面对超越血缘的空间维度的"度"的内容的具体凝聚。

在中国古代思想史的长河里,实际上,关于仁还存在另一幅图画,这就是用爱来理解仁,诸如"樊迟问仁。子曰爱人"(《论语·颜渊》),"爱,仁也"(《郭店楚墓竹简·语丛三》)等都是有力的说明。基于"爱人"的维度,"孝悌"自然就成了仁的根本,因为孝悌是人特有的情感。孔子虽然用"爱人"回答了樊迟何谓仁的问题,但就美德仁爱而言,虽然在意思上完全一致,但语言形式上仍然存在差异。虽然在至此的分析中,提到了仁爱的具体内涵,但并没有提到仁爱是"仁者爱人"(《孟子·离娄下》)的简略形式。在这个角度,仁爱语出孟子。显然,需要明确的是,传统美德仁爱虽然语出孟子,但仅仅止步于语言形式这一点;在具体的内涵上,是远远超越孟子和儒家思想的,这是仁爱美德在21世纪的世界舞台上生根开花的基点。

(三)"仁爱"作为德目的理由

仁爱作为在社会层面承扬的中华传统美德之一,自然不是随意的行为,而是经过精心思考的选择。其选择的具体的理由可在以下几个方面得到演绎。

1. 人际关系疏离危机的消解

在科学技术迅速发展的同时,科学技术的现实应用也达到了人的实际经验能够想象和容纳的地步,科学技术本身给人的生活的便利带来了革命,同时,使人在享受科学技术成果带来生活便利愉悦的同时,也给人带来如何与快速变化的社会现实保持步调一致的难题,以及无法快捷解决这一问题而生发的紧张、焦急和困扰。在青年人那里,借助利用高科技的便利,诸如网络的便利,无形地形成了与世隔绝的生活场域,尤其是网络课程、网上大学带来便利性的同时,教育质量的缩水也是必然的结果,这是因为网络教育虽然可以传达知识,但无法传达情感,教育不仅仅是知识的学习,还有情感的传达,以及传达情感的训练,离开这个无法诠释教育的科学内涵。另一方面,本来需要与人交流才能解决的问题,现在只要"百度"或"Google"一下就行了,显然在便利衡量的层面自然淘汰了与他人沟通必要性的考虑和尝试,这一淘汰的长期结果就导致了人际关系的冷漠、疏离。

仁爱重在行动,而不在内心的祈祷。对他者的爱要具体在行动上表达出来,虽然表达的方式也可以通过网络,这仅仅限于人与人之间。但是,我们还是强烈地坚持,即使是人与人之间的仁爱的表达,在可能的条件下,直接的表达最为有力。在人的立场上,对花木、其他动物的爱就只有通过具体行动来表达爱的情感,而教育也只能在这个层面得到定位。换言之,教育的威力正是在包含课堂情感直接表达的环节得到彰显的,这也正是网络教育必须引起惊醒的地方。总之,一个社会的稳定,无法依靠法律来调节一切关系,也无法依靠政府来解决一切问题,必须有爱。

2. 社会是人生活的最终场域

就人的活动范围而言,可以从公私两个维度来划分。公的维度就是社会生活的层面,私的维度就是家庭生活的领域。就私的维度而言,中国人的婚姻稳定,家庭安定,这已经在海外引起了重视,诸如在美国,因为在美国的常青藤等名校,华裔和华人占了非常大的比例,美国学者的研究表明,华裔家庭的环境比较稳定是重要的因素之一。稳定的环境非常利于小孩学习,而美国人的离婚率之高是众所周知的,对离婚家庭的孩子而言,要来回奔跑于离异的父母双方而维持生存,虽然离异的双方仍然以孩子的利益为重,但无法排除在处理问题上存在的不一致性,以及孩子生活环境的不稳定性,这种家庭教育对孩子的顺利健康成长是不利的。中国家庭对孩子的重视程度不用解释,尤其是对于独生子女,这是我们引以为骄傲的地方,而且中国人重视慈孝美德,也是涵养人的绝好因素。

就人而言,公私的生活都是不可少的,社会生活是家庭生活的延长,是人生活必不可少的场域。在人的成长过程中,需要接受各种教育,教育是社会对人的最大投资,尽管教育的负担是个人承担的,但教育的投资是社会完成的。人接受教育以后,社会生活是个人回报社会的最好域场。社会是个人活动和施展自己才能的舞台,是个人实现社会价值的场域,个人关爱他人、关爱其他物类也是社会实现和谐的基本条件。

3. 优化古代美德文化资源

作为承扬中华传统美德的仁爱,虽然在字面上使人立即想到儒家,但正如前面整理分析的结果显示,把仁爱作为儒家思想的代表虽然存在"合理性",但这是貌似的合理性,不是真正的合理性。这是因为儒家的仁爱在爱人的舞台服饰下,还有"亲"即孝悌的内质规定,而这是本质性的、根本性的规定。"即使人们也许对法家的非道德感到反感,但在阅读了太多的儒、墨无效的道德说教之后转到它们,也能使人耳目一新。法家孤立地赏识有利政策的实现依靠的是制度而非好的意图。在法家与儒家学说的冲突中,人们非常清楚地看到,儒家作为由家庭向外递减的道德义务的概念,实际上成为有权有势的家族的集体自私的辩护"(《天人分途》)[1]。

---

[1] [英]葛瑞汉著,张海晏译:《论道者:中国古代哲学论辩》,中国社会科学出版社,2003年,第335页。

围绕仁爱,在文化强国的战略中,为了最大限度地整合中华文化的软实力,实际存在一个优化中华道德文化资源的问题,这就是确立儒家仁爱为慈孝家庭美德的地位,而在最大程度上整理其他兼爱、博爱等在普世性的层面反映真正仁爱的思想资源,这是实现中华民族伟大复兴中国梦、在世界舞台上彰显中华因素的需要而构建机制的切实举措。从2015年3月29日到4月6日,中国政府分四批从战火纷飞的也门,在安全撤离了613名中国公民的同时,还协助来自巴基斯坦、新加坡、日本等15个国家的共279名外国公民安全撤离,这一举措受到了联合国的肯定,这正是在宽泛意义上的仁爱行为。同时,在形式和内容两个方面来整理中国古代仁爱的思想资源,这也是给人确立从家庭慈孝美德到社会仁爱美德走向的需要。

(四)"仁爱"的理论基础

无论在现实的层面,还是在文化的维度,乃至空间的视域,仁爱作为美德,在21世纪的中华传统美德承扬的战役中都占有一席之地,不仅具有合理的理由,而且具有理论的基础。

众所周知,仁爱涵盖的范围是普世的,其具有的特征是平等的。普世平等的思想是中国古代思想本有的原素[1],"天下莫大于秋豪之末,而大山为小;莫寿于殇子,而彭祖为夭。天地与我并生,而万物与我为一"(《庄子·齐物论》),就是典型的表达。这一思想在后来得到了演绎,诸如西晋玄学思想家郭象在注释"若夫乘天地之正,而御六气之辩,以游无穷者,彼且恶乎待哉"时说:"天地者,万物之总名也。天地以万物为体,而万物必以自然为正。自然者,不为而自然者也。故大鹏之能高,斥鷃之能下,椿木之能长,朝菌之能短,凡此皆自然之所能,非为之所能也。不为而自能,所以为正也"(《庄子·逍遥游》郭象注)。平等公正是因袭万物本性而行为,让万物都得到发展自己的机会。仁爱的普世性显示实践性、动态性、结果性的特点。换言之,仁爱必须通过行动来表示,而不是内在的祈祷。也就是说,情感表现凝聚成行为。

万物虽然具有不同的本性特征,万物依据自己的本性,通过社会的实践化进程的洗礼,得到的发展是相异的,仁爱的本质要求不论万物的客观情况如何,而表达同样的爱,故郭象在注释"蜩与学鸠笑之曰:我决起而飞,抢榆枋,时则不至而控于地而已矣,奚以之九万里而南为"时说,"苟足于其性,则

---

[1] 参考许建良:《道家道德的普世情怀》,《哲学动态》,2008年第5期,第76-81页。

虽大鹏无以自贵于小鸟，小鸟无羡于天池，而荣愿有余矣。故小大虽殊，逍遥一也"(《庄子·逍遥游》郭象注)。

平等普世的运思，在后来中国思想史的实践过程中，得到了完美的演绎，这就是仁爱在中国历史上的另一层面的演绎。在中国的语境里，"博爱"即所谓仁，《孝经·三才》的"先王见教之可以化民也。是故先之以博爱，而民莫遗其亲"，曹植《当欲游南山行》的"长者能博爱，天下寄其身"，欧阳修《乞出表》之二中的"大仁博爱而无私"，都是具体佐证。韩愈的《原道》则明确规定"博爱之谓仁"。可以说，这是对孔子、孟子儒家仁爱规定的发展。审视仁学思想史，围绕仁，孙中山根据西方社会政治学说中的自由、平等、博爱，对中国古代思想中的仁，即博爱思想加以糅合、整合，赋予自己独到的解释，使其博爱思想既带有中国传统道德仁的涵义，又包含西方社会政治学说的民主、自由、平等的内涵，更具有时代和普世的维度。孙中山认为，"据余所见，仁之定义，诚如唐韩愈所云'博爱之谓仁'，敢云适当。博爱云者，为公爱而非私爱，即如'天下有饥者，由己饥之；天下有溺者，由己溺之'之意，与夫爱父母妻子者有别。以其所爱之大，非妇人之仁可比，故谓之博爱。能博爱，即可谓之仁"(《在桂林对滇赣粤军的演说》)[1]，就是具体的规定。另一方面，仁的种类包括救世之仁、救人之仁、救国之仁，"仁之种类，有救世、救人、救国三者，其性质则皆为博爱"(《在桂林对滇赣粤军的演说》)[2]。晚年，孙中山又说，"法国的自由和我们的民族主义相同，因为民族主义是提倡国家自由的。平等和我们的民权主义相同，因为民权主义是提倡人民在政治之地位都是平等的，要打破君权，使人人都是平等的，所以说民权是和平等相对待的。以外还有博爱的口号，这个名词的原文是'兄弟'的意思，和中国'同胞'两个字是一样解法，普通译成博爱，当中的道理，和我们的民生主义是相通的。因为我们的民生主义是图四万万人幸福的，为四万万人谋幸福就是博爱"(《三民主义》)[3]。可以说，这是区别于以孝悌为本的仁爱的，也是仁爱发展的现代样态。孙中山的运思可以说是这方面的典型代表，据刘望龄《孙中山题词遗墨汇编》(华中师范大学出版社，2000年)的统计，孙中山关于"博爱"的题词有64件，加相近的4件，"天下为公"有39件，如果将字异义同的"大道之行也天下为公"、"公天下"、"世界大同"、"共进大同"等36件计算在内，总数计达143

---

[1] 中国社会科学院近代史所：《孙中山全集》第六卷，中华书局，1981年，第22页。
[2] 中国社会科学院近代史所：《孙中山全集》第六卷，中华书局，1981年，第22页。
[3] 中国社会科学院近代史所：《孙中山全集》第九卷，中华书局，1981年，第283页。

件,占孙中山题词总数 469 件的三分之一。通过各种形式,孙中山的这些思想逐渐为国内外主张自由、民主、平等、博爱的有识之士所认同。孙中山本人努力通过普及博爱思想的实践,使"地尽五洲,时历万世,蒸蒸芸芸,莫不披其泽惠",使其成为"人类之福音"。这里的博爱思想可以说是中国仁爱美德发展的最高样态。

(五)"仁爱"的坐标原点

由于仁爱的本质在普世性,它具有平等的特色,这在上面理论基础的分析中已经得到了揭示。在此,接着要探讨的是仁爱美德的坐标原点是什么?不解决这个问题,就无法最终从中国原本存在的文字形式和内容存在相悖的泥潭中解脱,从而在中华民族伟大复兴中国梦的实践中为仁爱生发文化力量营造最好的软文化氛围和条件。

在文明史的长河里,就仁爱而言,人们往往容易把它限于人与人之间的行为,尤其是在文字的构造上,"仁"从人从二,表示仁不是限于个人一人的事务;"二"不是简单地代表两个人的意思,在中国古代文字中,"二"实际就是代表不是"一",或者说是"一"以外的任何数字。换言之,"二"就是多数的意思。因此,在词语学的层面,"仁"的意思就是人际,故仁爱也可以成为人际之爱。在中国古代较早的对仁爱的规定中,正如上面已经提到的那样,存有偏于在血缘视野里审视和限定的倾向。当然,就仁爱就是人际之爱而言,在血缘关系中的仁爱,事实上也可以称为人际之爱。不过,限于词语学的理解,血缘关系中的人际之爱,仍然是特例,而不具有一般的词语学的意义,这是首先要明确的。

以上分析的情况在中国文化的血液里,至今都是客观存在的。这里的析理仅仅是学理的层面,这样的学理上的分析,迄今也仍然没有达成共识。因为许多研究者仍然不分仁爱在中国文化中客观存在的面向对象,而直接进入对仁爱进行赞美的程序,这也是我们的道德在现实中难以达到预期效果的关键问题所在。中华民族具有世界最多的人口,我们进行的现代化事业是地球村任何一个民族部落都无法遇到的,也是无法体验的。但是,如果中华民族的古代文化能真正盘活于 21 世纪的今天,那产生的软实力也是其他任何民族所无法预测的。要做到这一点,必须站在世界文化的舞台上,来把握我们文化价值的生成机制。在词语学层面辨析仁的内涵,正是基于中华文化生发威力内在机制的考虑。总之,仁爱美德的活力和驱动力的大门就在对文字与内涵关系的梳理,使之达到一致。

基于以上的分析,可以清晰地得出,仁爱美德价值坐标的原点既不是家庭关系中的人,也不是人际关系中的人类;如果要以人为基点来运思的话,正确的答案就是宇宙关系中的人。换言之,仁爱美德的坐标原点是宇宙。上面已经分析到,仁爱就是博爱,博爱不仅要超越民族的狭隘界限,而且必须逾越人类本身的界限;能源、生态危机已经警告人类,聚焦人类自身而不在宇宙万物链中来重新认识和估量自己的位置,确认自己对宇宙的责任,只能加快走向死亡的速度。

在现实生活中,爱自然界中一草一木,就是爱人自身,因为人没有健康安全的生活环境,就不可能有健康的身体,现实生活中的雾霾、水资源的污染、土地污染等,就是严重威胁人身体健康的因子,产生这些的原因无疑与人仅仅以自己为中心而不竭地向大自然索取从而满足自己的欲望存在必然的联系。人需要爱,其他万物也需要人类的爱,它们也是生命,它们也有尊严。在中国古代文化中,我们可以最早在《庄子》那里找到"宇宙"这一概念,即"出无本,入无窍,有实而无乎处,有长而无乎本剽,有所出而无窍者有实。有实而无乎处者,宇也。有长而无本剽者,宙也。有乎生,有乎死,有乎出,有乎入,入出而无见其形,是谓天门。天门者,无有也,万物出乎无有。有不能以有为有,必出乎无有,而无有一无有"(《庄子·庚桑楚》);这里虽然"宇"和"宙"没有成为一个概念,但必须注意的是在界定宇、宙时,是与万物紧密联系在一起的。当然,《庄子》在"舜以天下让善卷,善卷曰:'余立于宇宙之中,冬日衣皮毛,夏日衣葛絺。春耕种,形足以劳动;秋收敛,身足以休食;日出而作,日入而息,逍遥于天地之间而心意自得。吾何以天下为哉!悲夫,子之不知余也!'遂不受。于是去而入深山,莫知其处"(《庄子·让王》)中使用了"宇宙",虽然没有对宇宙进行具体的规定,但从文辞中可以确定,这是一个空间的概念,这是作为一个人的境界来定位的。具有宇宙境界的人,显然对外在他者的需求始终控制在自足俭约的维度上,从不多求于他者,而这正是我们今天克服宇宙危机所需要的心理素质。

宇宙的概念虽然最早在《庄子》中使用,但正如上面我们揭示的一样,具体的界定是与万物这一概念一起使用的,正是在这个维度,"事实上,道家将'宇宙'(cosmos)理解为'万物'(ten thousand things),这意味着,道家哲学根本就没有'cosmos'这一概念。因为,就'cosmos'这个概念所体现的统一、单一秩序的世界来说,他在任何意义上都是封闭和限定了的。就此而言,道家哲学家基本上应算是'非宇宙论'思想家"(《哲学引论》)〔1〕,可谓把握住了老子道家哲学的真谛。

仁爱美德的普世性,显示的是无中心性,或者说万物是中心,正是这样,宇宙生活才会丰富多彩,"《道德经》一个明确的主旨在于强调对'中心'的参与,并由此形成一种创生的意向,以便个体能够对构成其经验域的那些特殊事物和现象始终保持由衷的鉴赏心态……如何最大限度地取益于个体——这每一独特经验的结合体。这正是赋予我们生活以意义的东西"(《哲学引论》)〔2〕,正是在这一层面所审视的。仁爱就是人的"鉴赏心态"所发出的真情真爱。

(六)"仁爱"的目的

承扬传统美德仁爱,不仅因为它在中国古代文化思想史中存有丰富的资源,而且因为我们生活的现实需要仁爱,我们时时可以在心灵的深处聆听到需要仁爱的呼唤。可以说,在21世纪的地球村演绎仁爱的行为,是人类文明本有走向的要求,是真正人性花朵的绽放。基于这样的思考,可以在承扬仁爱美德的目的的轨道上得到以下的认识。

1. 中国文化元素融入世界

众所周知,2008年开始的世界范围内的经济危机至今,各国基本都在利用自己的文化来润滑和支撑其经济发展的对策上形成了聚焦和一致,这一现实不仅证明了人性的共同性,而且反证了人类理性的局限性,无论是形上的哲学层面,还是在形下的生活领域,人类理性都无法获得真正的自由。这样的结论不是看低人类自身,因为我们本身就是人类,而是正视人类、构建人类幸福家园的真正落实。利用文化来润滑民族经济也是我国的对策,这就是文化强国战略登场的旨意所在。在迄今为止的世界文明舞台上,中国文化在世界舞台上于经济建设中生发的影响,远远没有达到完美的预期;但是,中国在世界舞台上的威望正在不断的翻新和提高,以下的事实就是具体证明。由习近平2013年10月2日提出筹建倡议的亚洲基础设施投资银行(亚投行,Asian Infrastructure Investment Bank),2014年10月24日,包括中国、印度、新

---

〔1〕〔美〕安乐哲(Roger T. Ames)、郝大维(David L. Hall)著,何金俐译:《道不远人——比较哲学视域中的〈老子〉》,学苑出版社,2004年,第17—18页。

〔2〕〔美〕安乐哲(Roger T. Ames)、郝大维(David L. Hall)著,何金俐译:《道不远人——比较哲学视域中的〈老子〉》,学苑出版社,2004年,第13页。

加坡等在内的21个首批意向创始成员国的财长和授权代表在北京签约,共同决定成立亚洲基础设施投资银行;在复杂的世界形势下,2015年3月12日,英国正式申请加入亚投行,成为首个申请加入亚投行的主要西方国家;截止2015年4月11日,法国、德国、意大利、韩国、俄罗斯、澳大利亚、埃及、瑞典等国先后同意加入亚洲基础设施投资银行,这使亚投行扩围至57个成员国,涵盖了除美日之外的主要西方国家。亚洲基础设施投资银行是由中国领衔的,这是检验和发挥中国领导作用的最好机会,对中国的信任已经得到世界范围的公认。

我始终认为,文化在世界舞台上所能产生的影响,是与其国家的经济水准存在必然联系的,我们的经济水准虽然还没有达到世界发达国家的水准,但迄今我国经济发展的成果,已经在世界范围内得到公认和重视,这是一个毋庸置疑的事实。正是在这样的氛围下,我们的道德文化建设需要切实推进。承扬传统美德仁爱,既是对中国古代道德文化的整合和优化,又是在世界舞台上推扬中华文化元素的最好机会,我国的"和平共处五项原则",自然又是使仁爱在消解民族主义和人道主义相悖前嫌的轨道上得到播扬的保障,从而真正把中国文化元素传播到世界各个国家,在地球村真正生根、开花和结果。

2. 民族主义和人道主义的统一

迄今世界舞台演绎的故事,让人们深深地意识到,复杂多变可能是概括现今世界特征的最为适宜的词汇。人在为经济而奋斗的过程中,基于民族利益这一狭隘的视野,人类在形似博爱的人道主义行为演绎中显示出越发浓重的异化的信号,其行为本身也变得越发在丑陋的场域找到适合自己的位置,这是人类文明行为的现实,是人理性的现实。

众所周知,人道主义是世界舞台广为使用的概念,有时被作为提倡行为的精神弘扬,有时被作为谴责其他民族的工具。也就是说,人道主义可以在正反两个方面使用,基于正反两个方面行为所带来的客观结果是完全相异的。人道主义,往往与战争紧密联系,而21世纪的战争,往往只能在民族主义和人道主义相悖的场域中找到定位,或者说战争往往是过分张扬民族主义的形式。前面提到,在博爱的层面,仁爱与人道主义是同义词。真正的仁爱是没有任何功利的动机追求的,其目的就在它自身。

21世纪的世界舞台,是一个多事的时代;一方面是战争不断,战争带来的直接结果是生命的死亡、环境的破坏;另一方面,根据世界银行的最新报告,至今世界极度贫困人口仍有 12 亿人之多,尽管近年来许多国家的极度贫困率迅速下降,但据世行估计,到 2015 年仍有 9.7 亿人每天生活费用不足 1.25 美元。世界需要人的关爱,而对人的关爱不是靠武力能够解决的,必须拓宽人解决自己面对困境的思路,超越民族利益的范围,在人这一视野上来思考解决问题的方法,更多地发挥中国道家的柔韧在解决世界危机中的作用。"善为士者不武,善战者不怒,善胜敌者不与,善用人者为之下。是谓不争之德,是谓用人之力,是谓配天,古之极"(《老子》第 68 章),就是柔韧力的经典概括,这种柔韧力正是真正仁爱发挥效用的驱动力,也是世界最为需要的资源之一。这正是部分西方人得出"21 世纪是中国道家哲学的世纪"的结论的缘由所在。

(七)"仁爱"的价值目标

仁爱美德在承扬的实践中,不仅需要依归于具体的目的来设计和运作,而且必须行进在价值目标的轨道上,这是仁爱美德真正成为凝聚中华文化力量因子的必然之路。这也正是这里讨论仁爱美德价值目标的理由。其价值目标主要在以下两个方面得到展示。

1. 中国各民族和谐

如果把地球村作为一个民族大舞台的话,各个国家就是这个舞台上的演员。中国是一个具有 56 个民族组成的大家庭,每个民族都是这个家庭中的当然的成员。各个少数民族虽然是中国这个民族大舞台上的演员,但在微观的层面,每个少数民族不仅存在属于自己的语言,而且存在自己的民族文化,正是这样,少数民族之间存在着非常鲜明的差异,这渗透在从外在的服装到内在的心理的一切方面。

审视中国古代思想史,中国各民族之间的协调共作这一事实,早就得到了西方人的肯定,"满族的统治曾是明智、稳健、有远见的。除了个别有特殊因素的恩宠之外,满族人和汉族人之间不允许存在任何的种族歧视。汉族官员的数量远远超过满族。实际上,原住的汉人已同化了自己的征服者,两个民族已经融为一体。很难发现一个因皇帝是满族人而反抗他的汉族人,就像要找到一个因维多利亚女王是德国血统而反对她的英国朋友一样"(《中国人的本色·中国印象》)[1],就是具体的佐证。众所周知,和谐是社会主义核心

---

[1] [美]何天爵著,周德喜译:《中国人的本色》,文津出版社,2013 年,第 11 页。

价值之一，和谐是全民族的协调共作，全中华民族的共作不是消解各少数民族的特点，而是在中华民族的大舞台上使每个民族都能唱出自己民族特色的歌，从而合奏成中华民族的奏鸣曲。仁爱就是可以穿越各个民族的使者，也是连接中华民族之链，凝聚中华民族合力的道德因子。这就是承扬中华传统美德仁爱的价值目标之一。

2. 地球村和谐

中国社会主义现代化建设，中华民族伟大复兴中国梦的实现，不仅需要中国人的宏图和强烈愿望、坚强意志，而且需要稳定的社会环境，中华民族的协调一致仅仅是国内的环境，这自然是最为重要的实现富强的条件之一。但就目前人类面临的实际问题而言，能源枯竭、环境污染、人际关系疏离危机都在很大程度上威胁着人类的生活，这不仅需要人类重新认识人在宇宙万物关系中的位置，迅速确立爱宇宙万物就是爱人类自己的理念。人无法在与宇宙万物的不协调中找到自己的位置，也无法在这种不协调中实现自己的价值，人的价值就是在消解乃至最终解决这种不协调。这些问题的解决，虽然在一定程度上可以依靠科学技术来弥补，但最终还必须依靠人自身来解决，物质不能带来永恒的幸福与和平，和平必须基于人类的心灵，唯有自己的心识，才能带来和平，进而扩展到他人以及全世界，譬如人际关系疏离以及由此造成的自我封闭、压抑等心理疾病，都是人的心理健康没有得到及时调整的原因。另外，各种恐怖活动的频繁发生，不仅造成大量无辜者的死亡，而且导致人们不安的恐惧心理，这可以说是基于民族之间的矛盾。另一方面，各个国家存在着客观的差异，诸如艾滋病的防治等都需要爱的关注；战争仍然不断，人类在解决世界危机问题时不仅需要牢固地发挥联合国的主导作用，而且在具体方法选择上的考虑，必须拓宽思路，不能局限于"强力"这一习惯的频道，要看到 soft power（软实力）的威力，而仁爱无疑是 soft power 坐标系中的最大因子。只有整个地球村实现和谐，人的生命的价值才能得到真正的珍重和落实，人宁静的生活才能兑现，人健康的心理才有可能营设。在这一意义上，为中国经济的发展获取最好的外在条件。这些正是承扬中华传统美德仁爱的另一个价值目标。

（八）"仁爱"的心理机制

仁爱美德在现实生活中的真正运行，还离不开心理机制的考虑，这是仁爱美德系统的必不可少的部分。众所周知，在古代文化之中，中国古代思想家喜欢从"内"来审视"仁","仁,内也。义,外也"(《郭店楚墓竹简·六德》);"告子曰:食色,性也。仁,内也,非外也。义,外也,非内也。"(《孟子·告子上》),就是具体的例证。从内外来审视仁义,主要在把"仁"置于情感的天平来审视,而把"义"置于规范的层面来进行把握,"吾弟则爱之,秦人之弟则不爱也,是以我为悦者也,故谓之内。长楚人之长,亦长吾之长,是以长为悦者也,故谓之外也"(《孟子·告子上》),就是最好的诠释。爱自己的弟弟而不爱他人的弟弟的缘由在血缘,这就是"内"的内涵;爱他人的长辈、长者,也爱自己的长辈、长者,其缘由在"长"即长辈,长辈是按年龄来衡量区划人的标准,而不是血缘。

1. 怜悯之心

仁爱是超越血缘的普世的爱,其心理机制的因素之一就是怜悯之心。"我们的大部分美德针对的都只是人类,这是美德的崇高之处,也是其局限所在。怜悯则相反,是对所有遭受痛苦之物的普遍同情:如果像我想的那样,我们对动物担负着义务,这首先是出于怜悯或就在怜悯这一点上,这样一来怜悯也许就成了我们最为普遍的美德。有人会说,我们也能够爱动物,而且能对动物表现出忠诚或尊重"(《小爱大德——美德浅论·怜悯》)[1],这里把怜悯的对象从人拓展到有生命的动物。植物也是有生命的,而且是宇宙万物的重要成员,但安德烈·孔特-斯蓬维尔显然把植物排除在了仁爱的对象之外,在21世纪的今天,这一运思的局限性也是显而易见的。正是在这样的视野下,他虽然区分了"可怜"与怜悯,把"平等"作为怜悯的特性之一,但仍是限于人之间的考虑,"怜悯则相反,是一种平等的感情:它只在平起平坐的人之间才有意义,或者说得更确切些,怜悯实现了受苦的人和分担其痛苦的人之间的平等,后者在他身旁,因而和他处于同一水平。从这个意义上讲,没有蔑视的成分就没有可怜,没有敬重就没有怜悯"(《小爱大德——美德浅论·怜悯》)[2],就是最好的说明。

怜悯心实际上也是一种同情之心,这是建立在对外在他者尊重的基础之上的,而且是在自己始终与外在他者处在紧密联系的思维中得到表现的。任何只有自己的人,是不会对外在他者产生怜悯心的。我在这里把怜悯心作为

---

[1] [法]安德烈·孔特-斯蓬维尔著,赵克非译:《小爱大德——美德浅论》,作家出版社,2013年,第105页。

[2] [法]安德烈·孔特-斯蓬维尔著,赵克非译:《小爱大德——美德浅论》,作家出版社,2013年,第109页。

仁爱的心理基础,实际上,安德烈·孔特-斯蓬维尔直接把怜悯作为美德,即"怜悯是残忍的对立面,残忍以他人的痛苦为乐;怜悯也是利己主义的对立面,利己主义不关心他人的痛苦。因而残忍和利己主义肯定是两种缺点,因而怜悯肯定是一种优点。是一种美德吗?东方(尤其是信佛教的东方)回答是,可能还是各种美德中最重要的。至于西方,回答就不那么肯定了……"(《小爱大德——美德浅论·怜悯》)[1]。当然,就美德而言,必须有美的心理基础。这是必须注意的。

另一方面,怜悯与仁慈相比,怜悯作为一种冲动,也是比较容易光顾我们的。"怜悯是佛教东方的大德。我们知道,仁慈——这一次取的是就这个词的褒意即仁慈——是基督教西方的大德,至少在口头上是这样。需要选择吗?既然两者不互相排斥,为什么还要选择呢?如果必须选择,那我觉得可以这样说:如果我们能够做得到,仁慈肯定更好;但怜悯和仁慈相似(在喜悦这一点上)更容易接近,而且能把我们引向仁慈。谁能肯定自己真正有过仁慈的冲动?而怜悯的冲动,谁会怀疑自己有过?应该从最容易的开始,可叹的是,我们在天赋上都是易于悲伤而难于快乐的……把勇气给所有的人,也把怜悯留给自己"(《小爱大德——美德浅论·怜悯》)[2],就是具体的回答。

2. 恻隐之心

对中国人而言,由于仁是人的内在情感,它先天地内置于人的本性之中。在原初的仁的规定中,就存在大国对小国怜悯的因素。换言之,勇猛绝对不是冷酷,"小所以事大,信也。大所以保小,仁也。背大国,不信。伐小国,不仁。民保于城,城保于德。失二德者,危将焉保"(《春秋左传·哀公七年》);"仁者杀人以掩谤,犹弗为也,今吾子杀人以兴谤,而弗图,不亦异乎?"(《春秋左传·昭公二十七年》)。大国攻打小国是"不仁"的行为,大国之所以有小国追随,就是因为仁道;失去仁道是非常危险的事情。此外,"幸灾不仁"(《春秋左传·僖公十四年》),"乘人之约,非仁也"(《春秋左传·成公四年》),对他人幸灾乐祸是"不仁"的。这些都体现出对他人的怜悯,对他者价值的重视。

这种怜悯后来在思想的发展中,就是孟子提出的"恻隐之心",即"人皆有不忍人之心。先王有不忍人之心,斯有不忍人之政矣;以不忍人之心,行不忍

---

[1] [法]安德烈·孔特-斯蓬维尔著,赵克非译:《小爱大德——美德浅论》,作家出版社,2013年,第101页。

[2] [法]安德烈·孔特-斯蓬维尔著,赵克非译:《小爱大德——美德浅论》,作家出版社,2013年,第110-111页。

人之政,治天下可运之掌上。所以谓人皆有不忍人之心者,今人乍见孺子将入于井,皆有怵惕恻隐之心,非所以内交于孺子之父母也,非所以要誉于乡党朋友也,非恶其声而然也。由是观之:无恻隐之心,非人也……恻隐之心,仁之端也……人之有是四端也,犹其有四体也;有是四端而自谓不能者,自贼者也。谓其君不能者,贼其君者也。凡有四端于我者,知皆扩而充之矣,若火之始然,泉之始达。苟能充之,足以保四海;苟不充之,不足以事父母。"(《孟子·公孙丑上》)"恻隐之心"也就是"不忍人之心",这作为人的条件,也是人与其他动物相区别的地方;换言之,这种"心"就是一种情感,这是先天就有的。

3. 慈悲心

在文化的系统里,仁爱不仅在中国古代思想中存在丰富的资源,而且宗教中也有丰富的仁爱资源,即慈悲心(Metta)。众所周知,仁爱与仁慈是紧密联系的,仁慈又与怜悯存在内在的联系;仁慈与慈悲的联系也是明显的。或者说,怜悯是慈悲的动力源,"然而,如果B的痛苦是恶意的痛苦,比如说他是因为看到C幸福才痛苦的,情况是不是还一样呢?怜悯的回答是肯定的,正是这一点使怜悯变得是那样的以慈悲为怀。分担他人的痛苦,不等于赞成他这个人,也不等于赞成他痛苦的理由,不管理由是好是坏:是拒绝把痛苦当成一件无关紧要的事,不管是什么样的痛苦;是拒绝把一个活生生的人当成一个物件,不管他是个什么样的人。因此,怜悯在原则上是普世的,由于不考虑对象的品行,怜悯就更合乎道德,正是在这一点上怜悯通向慈悲"(《小爱大德——美德浅论·怜悯》)[1]。如果说,怜悯是一种心理情感的话,慈悲就是据此而来的行动。

众所周知,慈悲与佛教是紧密联系的。说起佛教,"众生"的视野立即会映入人们的眼帘。一般而言,"众生"可以理解为有生命的动物,仿佛与上面提到的安德烈·孔特-斯蓬维尔对怜悯对象的认识存在相似性,其实不然。"佛告比丘:一切人民所居舍宅,皆有鬼神,无有空者。一切街巷四衢道中,屠儿市肆及丘冢间,皆有鬼神,无有空者。凡诸鬼神皆随所依,即以为名,依人名人,依村名村,依城名城,依国名国,依土名土,依山名山,依河名河"(《佛说长阿含》),"一切树木极小如车轴者,皆有鬼神依止,无有空者"(《佛说长阿含》)[2],所以,"佛知树神无住处,以天眼观见树无主者……伤草木戒广说

---

[1] [法]安德烈·孔特-斯蓬维尔著,赵克非译:《小爱大德——美德浅论》,作家出版社,2013年,第100页。

[2] 恒强校注:《长阿含经》,线装书局,2012年,第432页。

竟"(《善见律毗婆沙》);"若遇烧山林木者,说狂迷取死报"(《地藏菩萨本愿经》)[1]。因此,在宽泛的层面,佛教的"众生"仍然可以在万物的视野上得到定位。

  慈悲心在佛教里不是情绪化,也不是自私,它是平等心,是无为心,是无染着心,是空观心,是恭敬心,是卑下心,是无杂乱心,是无见取心,是无上菩提心,是当知如是等心(《大悲心陀罗尼经》),它是根除贪、嗔、痴、嫉妒、暴戾和根除一切污染的最有效的方法。众所周知,在佛教的层面,慈爱涵盖的范围很广,包括了对一切动物的爱。佛陀说,爱的动机有很多种,首先是自私的爱和无我的爱。自私的爱,只是在满足于个人对同伴的感受,嫉妒就是自私的爱的另一种表现。无我的爱,是指一个人完全放弃自我的感受,全心全意地去善待他人。另一种与慈爱很接近的就是"友爱"。友爱也有一定的局限性,它只作用于少部分的人。还有就是"性爱",性爱是一切成长的众生缔结伴侣、繁衍后代的一种必然程序,性爱也造成了成人之间的最密切关系——夫妻关系。无疑,这些爱的施行不仅存在着一定境域的限制,而且存在不同的性质。正是在以上的意义上,慈悲心是超越种种爱的源泉和基点,这正是佛陀极力推荐的。佛陀抛弃家庭、王位、荣华富贵,为的就是他多世实践的慈悲心。佛陀的慈悲心不仅仅对于人类,也普及一切众生。佛陀的慈悲心没有动机也不自私,是一种无欲无求的奉献。世间的爱,往往以失望为收场,就是因为有所求,慈悲心却能带来更大的幸福和满足。一个人如果发展这种宇宙性的慈悲心,不仅能为他带来快乐,也提升了他个人的境界。其内在的缘由就是《佛陀的古道》(*The Buddha's Ancent Path*)中作者毗亚达息尊者(Ven. Pyadass)所说的"慈悲心是一种活跃的力量,由意识的引导而作用,导致一切支援、振奋、简化、消除烦恼的正面力量,从而获得更高的幸福";"发展慈悲心,要断除邪恶和嗔恚。根据真性,根据业力而加以发展。嗔恚是一种愚蠢的行径,导致无明与黑暗,唯有通过正知加以消除。慈悲心增长,嗔恚心减退,慈悲心圆满,嗔恚心消逝。通过正确的方法以精进对治嗔恚,当慈悲心获得发展时,也就能获得慈悲心所带来的利益"。佛陀在《慈经》(*Metta Sutta*)中所说的"有如母亲在危急的环境中保护她唯一的子女一般,我们以类似的心,去培养无边无际,一视同仁对待众生的慈悲心。我们把这无边无际的慈悲心,推广普及于世间,乃至天下,横遍十万方广,没有障碍、没有嗔恚、没有

---

[1] 钟茂森选编:《儒释道文选一百篇》,中国华侨出版社,2015年,第243页。

敌意",也是相同的意思。

慈悲心仿佛怜悯心,是慈悲、慈爱行为的根源和心理基础。

(九)"仁爱"的实践

迄今的道德建设实践经验显示,我们的问题在于重视学理的规定、学理的完美,而几乎完全忽视了道德如何可能的问题。换言之,就是道德实践性没有得到重视,道德的角色只是作为自身而得到定位的,而没有作为人们生活的营养而得到切实的确立。这是我们最大的问题。这一局面显然不是某一微观的单一现象,而是整体的事实,是长期的文化积累所致。仁爱美德要在现实生活中真正落地生根,成为人们生活的必需品,而不是学者等书写的资料,就不得不冲破这种长期而来形成的狭隘限制,立足道德是人自我完善的精神食粮的角度,从如何可能的实践切入来进行问题的思考和对策的谋划。

1. 爱心的修炼

客观的现实呼唤关爱,虽然仁爱是超越个人恩怨的无私而平等的爱,但在最终的意义上,仁爱是从个人发出的行为,而且能够使他者真正感到温暖的行为,对人而言,在他人仁爱的关照下,能够感觉到自己处在被爱的环境或氛围中。仁爱行为的无私性在于它的不求回报性,无私的仁爱在于人内在具有认识的能力,"在避免使用类似于'心理学'和'心理状态'的词语时,我为'仁'下如下的定义:它指称的是个人的内在道德生活,这种生活中包含有自我反省与自我反思的能力"(《古代中国的思想世界·孔子:〈论语〉的通见》)[1]。显然,仁爱的无私性正是在这种反思的过程中完成的。换言之,仁爱是人反思能力的理性体现。

不过,如何有效地培育这种反思的能力,对人而言,仍然存在质问如何才能使自己具备仁德可能性的问题。"'仁'之中最为令人惊奇的新内容,是它并不专门指那些仅仅是潜在地存在于人身上的道德能力。它还是一种实在性的(existential)目标,孔子试图通过他的自我修养而达到。它是自我努力的结果,孔子相信,这种努力能够教给别人。与苏格拉底相似,他也提出了如下的简单问题:'我怎样才能使自己变成善仁?'"(《古代中国的思想世界·孔

---

[1]〔美〕本杰明·史华兹著,程钢译:《古代中国的思想世界》,江苏人民出版社,2004年,第75页。

子:〈论语〉的通见》)[1],这一质问正是我们今天需要认真思考之所在,对此的回答就是爱心的修炼。

顾名思义,爱心,就是接近他人,与他人分享生活的愿望。爱是相互吸引的感觉,是充满人心田的一种特殊的情感。爱别人意味着要善意对待他者,要关注他者的存在,因为他者是你自己存在的氧气,是你价值实现的必要因素;爱就是设身处地地为他人着想,关心他们的感受,接受他人本来的样子。你甚至可以对陌生人付出爱心,关注他们的遭遇,表达你的爱意。爱就是用你希望别人对你的方式去对待别人,充满关爱和尊重。爱与被爱是相互依存的,自己不付出爱,自己也不可能得到爱即被他者所爱。试想,生活中没有了爱,你会感到非常孤独。当人感到不受重视的时候,也会变得不开心,有时会容易发脾气,而且自己也会变得难以接近,难以与他人分享生活并营造相互信任的氛围。在心理学的层面,人有希望被他人喜欢的心理,每个人都渴望被爱。但是,在行为学的层面上,被爱始终是第二性的存在,第一性的存在是爱的行为,没有爱的行为的施行,他人就不可能得到被爱的体验。当你去爱别人的时候,你会让别人感到自己存在的重要;当他人知道自己被爱着的时候,他们也会变得更友好、更善良、在相互关系的连接上更主动。因此,在充满海洋般仁爱的氛围里,爱具有强烈的感染力,而且它会在仁爱境遇里不断蔓延,在不断蔓延的积累中,当你爱别人的时候,你会感到别人也爱你。当你爱自己的时候,你也就会有更多的爱去给予。

在微观的层面,爱心的修炼最好的方法是自、他角色的互换,这是激发爱心极为重要的方法。人性的弱点无疑是容易走入以自我为中心和评价准则的狭隘境地,所以,我们在生活中,必须尽可能地设身处地、将心比心地为别人着想,在一个行为的决策过程中,设想思考如果我是对方,希望别人如何对待我?上面说到,人在宇宙中是整体联系的,必须确立在成就他者的前提下来实现自己的价值的理念,而不是在实现自己价值的前提下来成就他者。在具体的修炼过程中,可以借鉴古代精气修炼的方法,通过呼吸来修习这种自、他相互转换的爱心的施受法。吸气时,观想吸入外在他者的苦难、恐惧和怨恨;呼气时,观想自己所有的爱心、功德和成就毫无保留地给予他者。吸气和呼气的结合才是人生命的保证。

---

[1] [美]本杰明·史华兹著,程钢译:《古代中国的思想世界》,江苏人民出版社,2004年,第77页。

另外,在社会生活关系中,关注他者并与他者分享生活最为关键,即"分享是爱的一种方式。你可以与人分享你的物品,你的时间,以及你自己,如你的思想,你的感情,你的观点,你的慈爱和你的关心";"爱心就是表达你对别人的同情,像为自己着想一样为他人着想。想一想你希望别人如何对待你,然后就用同样的方式来对待别人。一向自尊自爱的人更容易做到这一点。当你尝试去爱,你就会对自己和他人都充满善意和宽容。"(《家庭美德指南·爱心》)[1]

2. 关爱他者

人类文明史的实践昭示,在社会治理的层面,无法指望政府来完成一切,"面对穷人或被社会排斥的人,我们仍然需要有一种亲如兄弟的态度,要尊重,要随时准备伸出援手,要有同情心,简而言之,要有一股怜悯之情——这种怜悯之情另外也还可以用斯宾诺莎所谓的具体善举来表达,或用团结一致的具体行动来表达,因为政策不足以解决一切问题。在这里,每个人都要根据自己的能力和能够表现出来的那一点点慷慨,尽其所能,或者更确切地说,尽其所愿。自我起主导作用,起决定作用。但又不全靠自我,而这就是怜悯的意义所在"(《小爱大德——美德浅论·怜悯》)[2]。因此,社会的整治给仁爱的施行留下了宽广的空间。仁爱不是空洞的,而是具体的。前面分析了爱心的磨炼,这里要说的是关心他者行为的施行。我们不能停留在爱心修炼的层面,而且修炼的问题,我们仍然存在如何克服把修炼视为纯粹个人事务的想法,即"八条目"中的"修身"不是个人的事务,必须置入社会实践中才能获得合理的把握。因此,爱心的修炼必须通过关心他人的行动来得到落实。

先说关心。关心就是热爱并关注身边的人和事,通过实际的行动来做一些能够帮助别人的事情,你就表现出了对别人的关心。就对象而言,关心的对象既包括自己也涵盖他者。关心自己,意味着自我尊重和自我关怀,这是关心、尊重他者的前提条件。当你关心你自己的时候,你会尊重自己的身体,穿着整洁的衣服,洗澡、梳头,你会处理好自己的需要;诸如出门时在镜子前整理自己的衣冠,使之达到整洁,这实际是你对外在他人有所考虑后的行为举措。西方人喜欢用香水,这是与中国人具有巨大差异的地方。如何评价这

---

[1] [美]琳达·凯夫林·波普夫、丹·波普夫博士、约翰·凯夫林著,汤明洁译:《家庭美德指南》,中国言实出版社,2009年,第145页。

[2] [法]安德烈·孔特-斯蓬维尔著,赵克非译:《小爱大德——美德浅论》,作家出版社,2013年,第110页。

一生活行为？不能简单地视此为臭美，倒是更应该在尊重他者和美化环境上找到连接点。用香水显然也是关心自己的行为，当你不在意自己的时候，别人也会觉得你不重要，他们也会开始对你毫不在意。但关心自己不是关心的直径，仅仅是半径，必须延伸到他人和其他万物，诸如关心小动物，或关心某个特定的事情，说明它们对你都很重要。

现在战争不断、恐怖分子到处活动猖獗的情况，实际就是缺乏爱的表现，相互之间不是关心，而是敌对，不是把他者视为朋友，而是作为对手、敌人，这也是目前我们的生活世界所面临的最大问题所在。只有民族之间、人与人之间彼此关心，才能使世界变得更美好，才能使人际关系变得更健康。一个人感到自己被他人关心时，就会认识到自己是大家庭里的一员，不会有孤单的感觉，能够体会到自己的价值。

关心他者是具体的。平时行走时不操近路而踩踏绿草；饲养宠物时先要采取打预防针等安全措施；当他人受伤、生病或脆弱的时候，主动向他们伸出援助之手，让他们感受到自己不是孤立的存在，也不是孤军奋战；当他人生日之时，送上一份"生日快乐"的祝福；元旦、春节，以及其他诸如母亲节、教师节等给亲人和关系者送上热情的问候，当然，这不是法律的义务，也不是我们的工作，而是因为我们在意他们。正是在这样的援助之手的连接中，建立了人与人之间信任的牢固关系，这正是社会稳定的最为基本的因子。在相反的意义上，如果生活中没有了关心，任何事以及任何人都会变得不重要，人与人之间就没有了连接，变成一盆水中的沙子，虽然在一个盆里，但因为各自之间孤立而缺乏引力和合力，也就没有动力。这对社会最为致命。

3. 发展慈善事业

现实告诉我们，我国慈善事业还没有走向普遍化，而慈善事业可以说是关心他者行为的具体的提升和凝聚。慈善离不开爱心，真正的爱心是无私的，慈善也是无私的奉献。在人类文明史的长河里，慈善事业有各种各样的形式，针对具体的事情，利用网络、集会等多种手段来开展专门的捐献，从而助长专门事务的成功。迄今中国社会的最为基本的层面诸如社区，民众实际获得的捐献的实践机会相当少，这需要我们进一步解放思想，开拓思维，仅仅依靠现在的"中国红十字基金会"、"中国慈善总会"来做慈善事业的思维显然无法跟上时代的发展。因为任何事情都需要一个锻炼的过程，尤其是从幼年开始的锻炼最为重要，而这些是"中国红十字基金会"等组织无法解决的。人的生活是多样的，它们实在地发生在社会、街道,因此,本于民众实际生活情况的慈善活动非常重要,这也是开发人、锻炼慈善爱心机会的需要。

4. 礼仪

仁爱的产生不是孤军奋战能够解决的问题,换言之,现实生活中出现道德冷漠的现象,显然是社会没有爱心的表现。爱心永远不是口号,就仁爱而谈仁爱的方法,所能带给我们的结果往往是苍白无力的。我们需要革新自己的思维,必须从习惯形成的思维定式中冲出来,这是为我们自己着想的需要。人必须为自己而生活,而不能为外在的道德条款而生活,道德条款即使装潢得再好,如果无法与人的生活融为一体的话,那永远只能在墙头文化的序列中找到位置。

养育爱心必须在日常的仪式中来得到落实,而且,最为重要的是人首先要学会看重自己、尊重自己,这是爱心能够切实输出的前提条件。我认为,就礼仪而言,可以有万千条,这不是这里能够解决的问题,也不是这里想解决的问题。聚焦人自己如何看重自己、尊重自己这个主轴,来运思礼仪,才是这里要解决的问题。在这个意义上,我认为,必须注重"成人式"的举行。可以设想一下,国家必须尽快在法律上规定 20 周岁为"成年",可以享受成人的权利,诸如可以饮酒(西方是 21 岁饮酒),有选举投票的权利等;同时规定在每年 1 月的第二个星期日上午 10 点在全国统一举行"成人式",举行"成人式"的场所可以依据城市实际人口的情况来进行设计,但这一任务必须由社会(社区)即市政府来负责并承担,而不是学校;"成人式"必须穿统一的服装,诸如中山装、西装等,这是培养一个人走上社会需要以什么形象来展现自己的问题,通过这个仪式赋予作为国家公民的一种尊严氛围的体验,并开启个人承担社会责任的良知的开关,从而树立实现人生价值所需素质的导向标。"成人式"是我们迄今做得最为薄弱的地方。

与此相关的是,各个单位在新录用新职员后,不仅需要进行统一的培训,而且在进行培训之前,必须首先举行进入公司的"宣誓仪式",这是一个人在"成人式"后,在社会的层面找到自己服务社会的位置,是真正过社会生活的开始,是一个人面对和处理与外在他人建立实际联系的最为切实的课题,是需要爱心发挥作用的起始点。所以,这一仪式是从"成人"走向"社会人"最为重要的环节,是不能省略的,"只有通过礼制途径,人们才能将其内在的把握自我的能力向社会显现出来,并在内部生成更高的、杰出的道德能力——仁"

(《古代中国的思想世界·孔子:〈论语〉的通见》)[1]。

(十)"仁爱"的当代价值

在仁爱美德的讨论中,最后不得不分析的是当代价值的问题。其实,在前面的讨论中,已经接触到承扬仁爱美德的必要性等的问题,对这些问题的思考,无疑要接触到价值的层面,这里想集中对此进行分析,以彰显承扬仁爱美德的客观必要性。对这个问题的回答,主要可以从以下两个方面来得到完成。

1. 社会主义核心价值观"友善"的文化食粮

在我国提倡的12个社会主义核心价值观中,"友善"是其中之一。价值观的认同,文化合力的养成,不是狭隘层面孤军奋战可以收到实效的事务,必须在中国文化系统中进行配套的共作,才能收到事半功倍的功效。因此,在审视"友善"时,重要的不是仅仅对其内涵的规定,而是对如何可能的思考,但后者是迄今我们的学术研究最为匮乏的方面。在词义上,"友善"是友爱和睦的意思,对此的认识,迄今在学术界仍然未能达到一致,围绕"友善"的解释可谓五花八门,这一现象自然不是学术上百花齐放所能概括的,而是学术的轻率造成的。我之所以把"友善"界定为友爱和睦,这是基于词语学的结果。"友爱"不是孤立境遇中的问题,而是相互关系中的存在,因为"友"在动词的层面不仅具有互相合作的意思,《释名》的"友,有也,相保有也",就是具体的解释;而且在动态的层面有给予帮助或支持的意思,"出入相友,守望相助,疾病相扶持,则百姓亲睦"(《孟子·滕文公上》),就是佐证。"善"是会意词,从言从羊;言是讲话,羊是吉祥的象征,其本义是人际关系达到的吉祥状态,《说文解字》的"善,吉也"也是证明。"和睦"正是吉祥的另样表达。

在完整的意义上,"友善"就是人在合作过程中,通过互相的帮助和支持而达到的和睦的境地。在这个意义上,"友善"就不是一个简单的道德标准所能概括的,而是通过依归互相合作的准则而达到的一种和睦宁静的健康状态,这是必须惊醒的地方,也是必须正名的。朱德《寄东北诸将》中的"邻居友善长相问,仁里安康永莫移",就是在这个意义上使用的。

人处在社会的关系中,始终与他人共处同存,在这一关系中,并非人人都

---

[1] [美]本杰明·史华兹著,程钢译:《古代中国的思想世界》,江苏人民出版社,2004年,第78页。

能做到互相支持、帮助。在前面仁爱实践问题的分析中,已经提到爱心的修炼、关心行为的施行等问题。实际上,互相支持、帮助的行为,并不是必然的,而是与一个人的素质状态和人性水准紧密相关联。这些素质之一就是爱心的具备,假如没有爱心,自然不会有关心他人的行动,互相支持、帮助正是人对他者的关心行为,是人爱心的具体输出和散发;没有仁爱心的育养和积累,就不可能有友善的获得。因此,完全可以说,仁爱是友善的文化食粮。这也要求我们的理论工作者,需要打破狭隘视域在广域中来运思如何可能的实际问题,这是对中华民族负责的态度。

2. 愈合民族主义和人道主义矛盾的文化黏接剂

仁爱美德的关键在处理好他我的关系,人不能对他者输送爱心的原因在于私心把自己对外的窗户堵塞了,正如蔡元培所说:

> 爱之范围有大小。在野蛮时代,仅知爱自己及与己最接近者,如家族之类。此外稍远者,辄生嫌忌之心。故食人之举,往往有焉。其后人智稍进,爱之范围渐扩,然犹不能举人我之见而悉除之。如今日欧洲大战,无论协约方面或德奥方面,均是己非人,互相仇视,欲求其爱之普及甚难。独至于学术方面则不然:一视同仁,无分畛域;平日虽属敌国,及至论学之时,苟所言中理,无有不降心相从者。可知学术之域内,其爱最溥。又人类嫉妒之心最盛,入主出奴,互为门户。然此亦仅限于文学耳;若科学,则均由实验及推理所得唯一真理,不容以私见变易一切。是故嫉妒之技无所施,而爱心容易养成焉。(《国民修养散论·科学之修养》)[1]

人性的密码制约了仁爱波及的范围,仁爱无法遍及一切领域或整个宇宙,他需要人经过理性的思考和抉择来涵育仁爱行为的驱动力;人性密码的制约主要在人的自私性。其实,在中国历史上,重视从"亲"的维度来界定仁爱,也是局限于人性自私性的表现,而真正的仁爱是普世的,"仁者爱也……致利除害,兼爱无私,谓之仁"(《汉书·公孙弘传》)[2],就是具体的说明。

这种自私性在今天的地球村,最为现实的样态就是民族主义,其实民族

---

[1] 蔡元培著,逸闻、雨潇选编:《中国人的修养》,四川文艺出版社,2010年,第175页。
[2] 〔汉〕班固撰:《汉书》,中华书局,1964年。本书所引《汉书》皆据此本。

主义是民族自私性的现实形态，往往不易引起人们的重视。但现在地球村的纷争，在一定程度上就是民族主义和人道主义没有真正统一的结果。这要求我们不仅简单地衡量民族主义，而必须把它置于自私性的一种形式即民族主义的自私性来考量，这是必须引起大家注意的。仅仅强调人道主义往往无法收到有效的结果，我们也不能简单地期望通过提出人道主义来实现地球村的人道主义，必须在文化链的层面来进行设计和定位。在文化链的视野里，制约人道主义显示自身价值的重要文化因素就是民族主义。在仁爱没有界限的层面，仁爱是黏合人道主义和民族主义的黏合剂，民族主义和人道主义的统一，也正是仁爱平等性的真正体现。基于当今世界舞台民族主义为主要基调的情况，人道主义仅仅作为工具而得到定位；超越民族的关爱，基于人的关心，是真正愈合人类受伤心灵的良药。在普遍爱这一点上，中华传统美德的仁爱与其他宗教的博爱、慈悲不仅紧密相通，而且本质精神上一致，这也是仁爱发挥当代价值的有利的外界条件。

总之，仁爱是超越血缘、民族界限的普遍公平的关爱。在中华民族的大家庭中，仁爱自然不是消解民族特色的强迫式的关心，而是在尊重民族特色前提下的关爱行为。仁爱以关爱自己、尊重自己为基点，在自爱、自尊的实践中体会到关爱、尊重他者的重要性。应该在仁爱在现实生活中生根的关键问题上直接切入，而不局限于从仁爱到仁爱的高谈空论，在与社会主义核心价值"友善"等文化网络中来定位和衡量仁爱的价值，为仁爱在现实生活中如何可能提出最为实际的思考。这就是今天仁爱美德建设中必须演绎的过程。

九、互　　助

在前面"群礼"的讨论中,已经讨论了"诚实"、"公正"这两个最为基本的美德德目,可以说,它们是整个美德体系的基础,是其他美德营养源。在此基础上,又分别分析了"慈孝"和"仁爱";它们虽然都是群体关系中的道德规范,但在空间上,它们存在狭小和宽广的差异。"慈"在慈爱的意义上,虽然在最初的阶段,也和血缘存在一定的联系,但作为美德,它一方面与"孝"存在紧密的联系,另一方面,在广义的慈爱的层面,它昭示的是长辈对幼辈的关爱。而且不得不注意的是,"慈"具有慈爱的意义,在中国古代思想中,"慈"还具有真诚的意思,老子"三宝"之一的"慈",以及佛教中的慈悲思想,都是这个层面的意思。就"慈"与仁爱而言,"爱"无疑是它们的基点。慈孝的"孝",主要限制在家庭血缘关系之内发挥功效。但必须注意的是,之所以把"慈"与"孝"放在一起讨论,除"孝"存在血缘性的限制以外,长辈对幼辈的关系无疑也存在等级的成分。所以,在空间的视域,仁爱无疑具有更为宽广的特点,它的对象是宇宙万物。就人的群体生活而言,不能没有关爱,但仅止步于此也是不够的。人的存在,自身价值的发挥,都无法在自己个人的范围内得到完成,也是个人能力无法抵达的;人需要帮助。这就是在"群礼篇"的最后要讨论互助的理由。

(一)"互助"的解题

互助作为承扬的中华传统美德之一,其意思是互相协调合作。"互"是互相的意思,象形,从力,且声;助人无论是在精神上还是在物质上,都需要用力,故"从力",本义是帮助。孟子有"助者,藉也"(《孟子·滕文公上》)的界定,可以说这是最早对"助"的界定。"藉",形声,从艸,籍声;本义为衬垫的东西,通过具体的物而对他者形成帮助。《说文解字》"助,左也"的解释,显然也是基于孟子的界定而得出的结论,因为"左"通"佐","佐"的本义是辅助、帮助,《广雅》的"佐,助也"就是具体例证;"况又有贤良之士厚乎德行,辩乎言谈,博乎道术者乎,此固国家之珍,而社稷之佐也"(《墨子·尚贤上》),也是在辅助的意义上使用的。

总之,帮助他者必须通过具体的"存在物"来完成,精神上辅助的行为、物质上的帮助、援助都是具体的"存在物"。帮助是有形的。传统美德互助的涵义,可通过以下几个方面来加以演绎。

1. 理解的前提

互助可以说是宇宙万物中客观存在的一种普遍的现象,例如大象家族、狮子家族等所持有互相帮助的特性,早就为科学研究所证实。不过,作为万物之灵的人类,其互助的程度自然要超过其他动物,蔡元培的"理信则不然,其所见为因果相关者,常积无数之实验,而归纳以得之,故恒足以破往昔之迷信。例如日食、月食,昔人所谓天之警告也,今则知为月影、地影之偶蔽,而可以预定其再见之时。疫疠,昔人所视为神谴者也,今则知为微生物之传染,而可以预防。人类之所以首出万物者,昔人以为天神创造之时,赋畀独厚也;今则知人类为生物进化中之一极,以其观察自然之能力,同类互助之感情,均视他种生物为进步,故程度特高也。是皆理信之证也"(《华工学校讲义·德育三十篇·理性与迷信》)[1],可谓精到的表达。

人在宇宙万物中占有自己位置的同时,还在社会的层面拓展自己的生活域场,在这个层面,人类之间的互助就显得更为重要。互助的本义是互相协作帮助。但是,一个不得不重视的事实是,社会的互助行为,有时产生一些带有消极倾向的文化副产品,这就是懒惰品性的滋生。

众所周知,在中国思想史的长河中,重视自强,诸如老子的"知人者智,自知者明。胜人者有力,自胜者强。知足者富……"(《老子》第33章),还有"天行健,君子以自强不息"(《周易·乾·象》)等论述,显然,道家老子虽然没有提出"自强"的概念,但他提出的"强"的方法论认知,以独特的视野与《易传》的"自强不息"形成鲜明的对照,从而在中国思想史的长河中留下独特的印痕。在道家看来,战胜他人、认识他者都只能在次要的领域占有自己的位置;战胜自己、认识自己才是认识论大厦里无与伦比的佼佼者。毋庸置疑,作为思想资源的"自强",我们不仅有整体上"自强不息"的理念导航,也有实践论上以认识、战胜自己为强大的智慧。

自强显然是互助的正产品,而与之相伴随的还有懒惰的滋生,把外在的援助看成自己生命的渊源,而完全松弛了自己生命机能的运作,养成了懒惰的习惯。这也是西方一些富翁不把自己的财产留给自己的子女而捐献给慈善机构的原因。关于社会层面的互助行为能助长依赖之心的思考,蔡元培就有精当的运思,即"往昔慈善家,好赈施贫人。其意甚美,而其事则足以助长

---

[1] 高平叔编:《蔡元培全集》第二卷,中华书局,1984年,第434页。

依赖之心。今则出资设贫民工艺厂以代之。饥馑之年,以工代赈。监禁之犯,课以工艺,而代蓄赢利,以为出狱后营生之资本。皆所以绝依赖之弊也"(《华工学校讲义·德育三十篇·互助与依赖》)[1]。这里的"饥馑之年,以工代赈"说的就是在饥荒之年,让失业或受灾等原因而造成生活困难的人参加工作,获得一定的收入,以代替政府对他们的救济;"监禁之犯,课以工艺"说的就是犯人通过自己的工作来改造、服务社会的情况,这些就是以自力更生的方法来杜绝懒惰产生的措施。这些说法与现在西方存在的通过社区服务的形式来矫正细微过失的做法,是吻合的。

总之,互助不能成为单一的从他人那里接受而自己不付出,它包含接受和付出两个方面,这才是"互"的意思;所以,互助包含义务和权利两个方面,接受者可谓权利一方,付出者则为义务一方;权利与义务是互相依存的,不尽义务就没有享受权利的条件,"若乃不尽义务,而唯攫他人义务之产业为己权利,是谓依赖"(《华工学校讲义·德育三十篇·互助与依赖》)[2]。

2. 内涵的规定

上面客观分析了互助的特性,它仿佛一把双刃剑,既可以帮助他人实现他们的人生价值,同样也会养成他人懒惰的习惯。所以,也可以说,科学意义上的互助,当是按劳取酬的行为,也就是蔡元培所说的以有换无,或者人们常说的有力出力、有钱出钱。总之是要在"互"的层面彰显行为,没有"互",就不可能是真正的互相帮助。基于这一认识,互助的具体内容主要在以下几个方面得到演绎。

(1) 自助。互助美德之所以美,主要在于人们通过互相帮助的实践而充实自己,使生活本身变得美好。互助不是一个人独自的行为,必须在人际关系之间进行。所以,每一个人如果能够较好地经营自己的生活,真正做到自助,这样既不给他人增加困难,也不给社会增加负担,本身就是一种助人的行为。

当然,自己管理好自己,不是以自己为中心,也不是仅仅考虑自己个人一己的利益满足,而是不忽视自己,不忘记自己对他人应尽的责任和义务,因为人际关系的完善,其中就有每个人的责任。以前的教育几乎总是把自己排除在对人的讨论之中,即使关注也是在负面的层面得到定位,人们对谈自己非

---

[1] 高平叔编:《蔡元培全集》第二卷,中华书局,1984 年,第 444 页。
[2] 高平叔编:《蔡元培全集》第二卷,中华书局,1984 年,第 443 页。

常敏感，严重的时候到谈己色变的地步。当然，这些负面的影响，与中国文字本身内涵的丰富多彩存在紧密的联系，诸如"己"，其本义是自己、本人；在中国文字里，表示本人的还有"私"，这一层面的意思至今仍在日语中使用，如日语的"私は艳阳天です"，意思为"我是艳阳天"。在这个意义上，"私"与"公"存在相关性，一般意义上的公家的、私人的，就是这种对应的例证；但在一些常用的习惯用语中，诸如"大公无私"，往往容易理解成"大公"没有个人自己，自己从"公"的领域中排除了出来。其实，这种理解完全是一种错误，因为这里的"私"不应该理解成自己、私人，而应该理解为"偏"即偏爱；在这个层面，"大公无私"的意思就是大公不存在任何偏执一隅的情况即大公无偏，如"臣诚知不如徐公美，臣之妻私臣，臣之妾畏臣，臣之客欲有求于臣，皆以美于徐公……"（《战国策·齐策·邹忌修八尺有余》）[1]里的"私臣"的"私"，就是偏袒、偏爱的意思。

正如没有私就没有公一样，因为公字下面就是"厶"即私，没有自己也就没有他人，自己和他人是相互联系语境里产生的概念，离开一方，另一方就失去存在的理由和条件。"先王之所以为法者，人也，而己亦人也。故察己则可以知人，察今则可以知古。古今一也，人与我同耳"（《吕氏春秋·慎大览·察今》），是较为典型的表达；自己也属于人，通过审察自己可以认识他人。这无疑是对先秦思想的总结，"察己则可以知人"是从自己到他人的价值取向，与孔子"己所不欲，勿施于人"（《论语·颜渊》）、"己欲立而立人，己欲达而达人"（《论语·雍也》）所昭示的价值取向相一致。"人与我同"的视野，与道家庄子的"天地与我并生，而万物与我为一"（《庄子·齐物论》）的视野也相吻合。完全可以说，作为对先秦思想总结的《吕氏春秋》，的确对先秦的思想文化资源进行了符合时代的优化的处理，这种处理是超越门阀之间偏见的结果，也是我们今天文化强国实践所需要的睿智。

自助是减轻他人社会负担的最为基础的工程，是互助美德必然的内涵之一。"幼稚之年，不能不倚人以生，然苟能勤于学业，则壮岁之所致力，足偿宿负而有余。平日勤工节用，蓄其所余，以备不时之需，则虽衰老疾病之时，其力尚足自给，而不至累人，此又自助之义，不背于互助者也"（《华工学校讲义·德育三十篇·互助与依赖》）[2]，就是说年轻时努力劳动和积蓄，以备善

---

[1] 缪文远等译注：《战国策》，中华书局，2006年。
[2] 高平叔编：《蔡元培全集》第二卷，中华书局，1984年，第444页。

终之用,这可谓中华民族的优良传统。众所周知,中国人对自己财富的管理偏于积蓄,这一点与西方人正好形成鲜明的对照,诸如美国迄今债务已经达到20万亿美元之多,个人的消费都是以信用卡为便利,绝大多数的美国人基本没有积蓄即存款,这种消费制度带来的消极影响就是现在的美国人把后代的钱都花光了,这是对后代不负责任的行为。蔡元培把以节俭和积蓄为内容的自助作为互助的组成部分的思维,具有非常积极的意义。

在社会的层面,同样存在着自助的课题,诸如把保护公共卫生作为一个居民的基本义务,不把自己排除在公共领域之外。在这个方面,蔡元培的运思也是值得我们认真思考的,他说,"吾既受此公众卫生之益,则不可任意妨碍之,以自害而害人。毋唾于地;毋倾垢水于沟渠之外;毋弃掷杂物于公共之道路若川流。不幸而有传染之疾,则亟自隔离,暂绝交际。其稍重者,宁移居医院,而勿自溷于稠人广众之间。此吾人对于公众卫生之义务也"(《华工学校讲义·德育三十篇·注意公众卫生》)[1]。公共卫生的保护今天仍然是个重大的现实问题,整洁环境的维护程度总与我们的期望存在差距。不卫生的环境与人的健康直接关联,而自己也是公共环境中的一员,随地扔垃圾,虽然一定程度上在自己需要的满足上实现了便利,但无疑对客观存在的自己与外在他者共同创造社会价值的公共环境的责任,是一种推卸,这无疑是不负责任的表现。作为互助美德中的自助的内容,我认为现今对一个公民最为重要的就是不随地乱扔垃圾、不随地吐痰,如果每个人做好了这两点,公共环境的美化就不难实现了,而这两点也是目前我们与一些发达国家的居民存在的差距所在。其实,这不是什么难事,也不需要什么高深的文化知识,关键就在于好的习惯的从小养成,关键在目中有人,这是自助的基点。

(2)人与自然的互助。自助是互助美德的基础,由此出发,互助的重要内容就是人与自然之间互助、互赢的问题。可以说,这是迄今仍为死角的话题,造成这一现实的原因无疑是人类中心主义的影响。从西方近代工业革命以来,人类理性在片面的路径上得到发展和演绎。换言之,人类一味重视自己理性价值的实现,仅仅把宇宙自然作为实现自己理性价值的场域或工具,人类把自己作为宇宙舞台上的主持人和主要演员,其他万物仅仅作为配角,或者成为人类的工具。学界虽然围绕达尔文的适者生存、弱肉强食观和克鲁泡特金的互助观,发起过关于竞争和互助的争论,倾向于把互助作为人类社

---

[1] 高平叔编:《蔡元培全集》第二卷,中华书局,1984年,第422页。

会的发展特性,或者说,在不否认人与人之间存在差异的前提下,能力主义必须在互助的轨道得到定位。

其实,面对能源枯竭、环境污染的危机,人类如何评价自己的价值?这是一个不得不重新考虑的问题。危机无疑是人类肆意利用自然资源的结果。在万物世界里,人是惟一最具灵性的动物,这一客观现实正是赋予人在宇宙万物世界中具有最大责任的理由,而不是居高临下的权利。人类最大价值的实现,最为重要的一点就是要认识其他万物的价值,要认识自然的价值。早在20世纪80年代,随着西方工业发展造成的环境污染的日益加剧,一些哲学家就敏锐地聚焦了自然本身的价值。正视自然的价值,关键在于警告人自身价值的实现,不能离开自然价值的考虑。

自然虽然是无意识的(有些动物除外),不能在我们前面定义的互助是互相协作帮助的层面来进行理解,但是,自然不是毫无作为的,而是以自己独特的方式来与人类进行沟通的。人类面临的危机,实际就是自然与人类交流对话的一种方式,只是人类没有引起足够的重视罢了,这可能与人类习惯于唯我独尊的行为方式有关。我们承扬的互助美德,人类与自然的互助是必然的内容,是时代的要求,也是人类切实承担自己作为万物之灵的责任所在。一切行为的决策,必须以是否符合自然的要求为不可或缺的因子,给予自然以平等对话的地位,而不是为了人自己的欲望的满足,而置自然环境于不顾。要修复环境污染等问题,不仅需要花费时间,花费经济实力,而且耗费原先在自然那里获得的利益,这称为还债。人类与自然的互助就是在起点上消除掉负面债务产生的可能性的一种选择。

人与自然的互助,个人层面的落实就是自己对周边环境的保护,行走时不踩绿植,以前有"路是人走出来的"的说法,但是,人绝对不能图一时的便利而随意踩踏绿植;同时,在日常生活中履行节约的行为之方,不仅消费节约,而且节约对自然资源的使用,诸如水的使用。企业、机关、学校也一样,企业等无疑要把节约资源作为自己的理念。这样的话,人与自然的互助就有了保障。

(3) 人与人的互助。这是最为大家重视的。人与人之间的互助关键在相互性,蔡元培讲到,"西人之寓言曰:'有至不幸之甲、乙二人。甲生而瞽,乙有残疾不能行。二人相依为命:甲负乙而行,而乙则指示其方向,遂得互减其苦状。'甲不能视而乙助之,乙不能行而甲助之,互助之义也"(《华工学校讲义·德育三十篇·互助与依赖》》[1];"甲之义务,即乙之权利,而同时乙之义务,亦即甲之权利;互相消,即互相益也。推之而分工之制,一人之所需,恒出于多数人之所为,而此一人之所为,亦还以供多数人之所需。是亦一种复杂之互助云尔"(《华工学校讲义·德育三十篇·互助与依赖》)[2]。这里对互助的界定就是在人际的层面演绎的;不仅如此,蔡元培在一定意义上还把我们今天所说的清洁公司、医院直接界定为互助机构,"今日公众卫生之设备,较古为周……各人所能自营者,身体之澡浴,衣服之更迭,居室之洒扫而已。使其周围之所,污水停潴,废物填委,落叶死兽之腐败者,散布于道周,传染病之霉菌,弥漫于空气,则虽人人自洁其身体、衣服及居室,而卫生之的仍不达。夫是以有公众卫生之设备。例如沟渠必在地中,溷厕必有溜水,道路之扫除,弃物之运移,有专职,有定时,传染病之治疗,有特别医院,皆所以助各人卫生之所不及也"(《华工学校讲义·德育三十篇·注意公众卫生》)[3],这是非常具有启发意义的。人与人的互助是具体的,这是我们必须具有自觉意识的。

(4) 民族之间的互助。中国是一个具有56个民族的国家,毛泽东说过,"我国……百分之五十到百分之六十的地方是少数民族居住的。那里物产丰富,有很多宝贝。现在,我们帮助少数民族很少,有些地方还没有帮助,而少数民族倒是帮助了汉族。有些少数民族,需要我们先去帮助他们,然后他们才能帮助我们。少数民族在政治上很大地帮助了汉族……少数民族和汉族团结在一起了,全国人民都高兴。所以,少数民族在政治上、经济上、国防上,都对整个国家、整个中华民族有很大的帮助。那种以为只有汉族帮助了少数民族,少数民族没有帮助汉族,以及帮助了一点少数民族,就以为了不起的观点,是错误的"(《在中国共产党全国代表会议上的讲话》)[4],这可谓对汉族和少数民族互助关系的深刻揭示。众所周知,中国是一个地大物博的国家。其实,"我们说中国地大物博,人口众多,实际上是汉族'人口众多',少数民族'地大物博',至少地下资源很可能是少数民族'物博'"(《论十大关系·汉族与少数民族的关系》)[5];少数民族所居住的国土面积竟达全国面积的64%,

---

[1] 高平叔编:《蔡元培全集》第二卷,中华书局,1984年,第443页。
[2] 高平叔编:《蔡元培全集》第二卷,中华书局,1984年,第443页。
[3] 高平叔编:《蔡元培全集》第二卷,中华书局,1984年,第422页。
[4] 《毛泽东选集》第五卷,人民出版社,1977年,第154页。
[5] 《毛泽东选集》第五卷,人民出版社,1977年,第277页。

人口只占全国人口的8%左右。少数民族地区虽然资源丰富,具有独特的文化样式,但经济的落后也是客观的现实,如何在政策制度和道德的层面,通过互助来实现各民族共同发展、共同富裕,这是我们必须考虑的。在贯彻实施国家修改颁布的《民族区域自治法》的实践中,尤其值得考虑的是少数民族事业的"代价量",就教育而言,朝鲜族就在小学到高中的教育中,实行双语教育,在这一实践中,不仅学生的负担成倍增加了,而且经济成本也成倍增加,只有考虑这些特殊情况,才能有效地找到民族之间互助美德生长的途径,从而巩固和发展"平等、团结、互助"的社会主义新型民族关系。

(5)国家之间的互助。各个国家之间的团结是实现世界持久和平的前提;一个部分人生活奢侈、部分人生活贫困的世界,一个一些国家或民族压迫另一些国家和民族的世界,将是一个陷于不断冲突的世界。说到国家之间的互助,中国是最有发言权的。

新中国成立以来,我们在国内经济非常困难的情况下,1959年到1960年,中国连续两年粮食减产,但还是答应非洲一些国家的要求。1960年,中国援助几内亚10000吨大米,援助刚果5000吨至10000吨小麦和大米。六七十年代中国在非洲最著名的援建工程坦赞铁路,是当时中国最大的援外项目,坦桑尼亚和赞比亚刚开始向西方大国和苏联求援,被拒绝后才转求中国。坦赞铁路的施工条件极为艰苦,中方59人牺牲。工程接近尾声时,铁轨告急,中国将本国急需的铁轨运去,保证了按时完工。这样倾其所有的例子几乎遍及受援国。截至1966年,中国援非金额累计已达4.23亿美元。此外,1963年4月,应阿尔及利亚政府的邀请,中国政府第一次向国外派出了医疗队;迄今,中国援外医疗队已经走过了50多年的历程,先后向60多个国家和地区,派遣过援外医疗队。我们医疗队员也用自己的生命和鲜血缔结了中国和发展中国家友好关系的纽带,许多中国医生、医疗队员甚至将他们的生命贡献给了这些受援国的人民。可以说,这是以实际行动改写了世界舞台上的人道主义的篇章,对一些国家打着人道主义旗号而预设着自己功利目的的行为,无疑也是挑战。

对国家之间互助行为的重视,我们不仅有行动,而且有理性的认识。蔡元培说,"吾人最普通之群,始于一家。有家而后有慈幼、养老、分劳、侍疾之事。及合一乡之人以为群,而后有守望之助,学校之设。合一省或一国之人以为群,而后有便利之交通,高深之教育。使合全世界之人以为群,而有无相通,休戚与共,则虽有地力较薄、天灾偶行之所,均不难于补救,而兵战、商战之惨祸,亦得绝迹于世界矣"(《华工学校讲义·德育三十篇·合群》)[1]。蔡元培直接把战争、商战说成消解世界的因子。换言之,战争等不是互助的产品,战争是以相互为仇敌,关系中的双方是对立的,这显然不利于世界的和谐。

值得一提的是,瑞典社会民主党在1990年9月第三十一次全国代表大会通过的新党纲中对"团结"的认识有了新发展,它特别强调各国之间和各民族之间的团结,即人类的团结。社会民主党要求富有国家采取特别措施,支持较穷的国家,在相互照顾下实现各国之间的和平合作。在这种相互照顾下,也要承认各国、各民族之间已经存在的相互依存。世界是共存的,2008年发生的经济危机,遍及全世界,没有一个国家能够逃离由此带来的负面影响,这是最好的警告。其实,人道主义在21世纪的今天,要求国家成为实际的互助的组织。孙中山早在1917年在《建国方略》一文中,就较全面地论述了他的"互助"进化思想。孙中山认同达尔文关于进化时期的划分,不仅认为"其一为物质进化之时期,其二为物种进化之时期,其三则为人类进化之时期","而物竞天择,适者生存,不适者淘汰,此物种进化之原则也"[2];而且认为人类进化"则与物种之进化原则不同:物种以竞争为原则,人类则以互助为原则。社会国家者,互助之体也;道德仁义者,互助之用也。人类顺此原则则昌,不顺此原则则亡。此原则行之于人类当已数十万年矣。"[3]互助不仅要有具体行动,而且互助必须道德化,这对前面提到的预设着功利目的的人道主义行为,无疑是当头一棍。所以,依归在道德轨道上的互助行为的发扬,才是世界和谐的希望;可惜的是,关于这一点至今仍然没有为大家所共识。

总之,互助包含着自助,包含着人与自然、人与人、民族之间、国家之间的内容,这是一个链,不能忽视其中任何一个环节,这是我们承扬的互助美德的真谛所在。

(二)"互助"的出典

"助"语出"射夫既同,助我举柴"(《诗经·小雅·车攻》),意思是弓箭手同心协力地打猎,帮助我王捕捉田间的飞鸟;这里是在帮助的层面来使用

---

[1] 高平叔编:《蔡元培全集》第二卷,中华书局,1984年,第421页。
[2] 中国社会科学院近代史所:《孙中山全集》第六卷,中华书局,1981年,第195页。
[3] 中国社会科学院近代史所:《孙中山全集》第六卷,中华书局,1981年,第195-196页。

"助"的。显然,还不是完整意义上的互助。众所周知,儒家思想家孟子倡导王道仁政,在仁政的构想中,井田占有非常重要的位置,他说:"夫仁政必自经界始。经界不正,井地不均,谷禄不平。是故暴君污吏,必慢其经界。经界既正,分田制禄,可坐而定也。夫滕壤地褊小,将为君子焉,将为野人焉;无君子莫治野人,无野人莫养君子。请野九一而助,国中什一使自赋,卿以下必有圭田,圭田五十亩,余夫二十五亩。死徙无出乡,乡田同井,出入相友,守望相助,疾病相扶持,则百姓亲睦。方里而井,井九百亩,其中为公田,八家皆私百亩,同养公田,公事毕,然后敢治私事,所以别野人也"(《孟子·滕文公上》);孟子希望通过"乡田同井",达到"出入相友"、"守望相助"、"疾病相扶持",这里的"相友"、"相助"、"相扶持",都是互助的意思,期望达到的效果是大家和睦。当然,这里是在君子、野人这样等级的视域里来讨论这个问题的,这也是必须注意的。另一方面,不得不注意的是,孟子的运思实际包含着自助的考虑,这就是"公事"和"私事"所包含的思想。可以说,"私事"属于自助的方面,"公事"属于他助的事务。

互助美德最为关键的是对他人的尊重,依归他人的需要来决定行为的施行与否,任何依归个人主观臆想的举措都是沽名钓誉的。壮族《传扬诗》非常重视互助,认为"邻里是兄弟,相敬又相让","莫为鸡相吵,莫为狗相伤","壮族讲互助,莫顾自家忙","春耕待翻土,有牛要相帮;老少齐下田,挨家帮插秧",这种互助的美德和道德风尚在壮族中由来已久,世代相传。古代的西瓯、骆越人,就有"与而不求其报"的助人观念。壮族很注重团结互助,建房时互助,生产时互助,婚丧事互助,生活困难时互助,遭危难时互助,是历来而普遍的传统。特别是生产中的"打背工",即换工互助,不计劳动力的强弱,不计男女,不计报酬的互助,千百年来一直保持着。但若是谁失掉信誉,别人就不跟他谈什么团结互助了。在村子里,在亲友中,一家猎获鱼兽、杀猪宰牛或收到食物礼品,必赠送邻间、亲友一份,宁可自己少享用也不在乎;他们认为对于斤斤计较自己得失而不理睬别人受苦受难的,这是不能与之交往、共事的小人。在日常生活中,他们希望平等的礼尚往来,对往而不来者,是心存恼怒的,而且不再理他了。邝露(1604—1650)在《赤雅》[1]中强调"有无相资,一无所吝";清光绪年间(1875—1908)编纂的《镇安府志》称赞壮族"凡耕获,皆

---

〔1〕《赤雅》是邝露游历广西时,记录广西少数民族地区民族风情、山川地貌、古迹名胜、珍禽异兽、轶事趣闻的一部著作,对研究广西古代少数民族及山川古迹有重要参考价值。

通力合作,有古风"。要在我国这样的人口大国建设现代化,让民众富裕起来,无法一切都依靠国家来完成,这需要我们来创造和创新,让互助美德的光芒充满人间,是保证稳定的社会环境所必不可少的。

(三)"互助"作为德目的理由

互助作为承扬的中华传统美德,存在着以下的理由。

1. 悠久的传统

在原始共产制的生产关系下,为了维护集体的生存和利益,平等、忠诚、勇敢、团结互助、尊敬老人,以及维护氏族利益、为氏族成员复仇等行为,就成为氏族成员共同遵守的行为准则,这种社会行为法则世代相传,便成为氏族的习俗。诸如居住在我国东北大小兴安岭一带的鄂伦春族,新中国成立前还保留着不少氏族公社的基本特点,他们的社会基层组织和生产组织称为"乌力楞",集体过着游猎生活。游猎所得的猎物一般按户平均分配,缺乏劳力的困难户,虽不能参加打猎,但也照样分得一份。如果有其他部落的人住在"乌力楞"的部落里,也送给他们一些肉。对那些由"乌力楞"供养的老人和寡妇,参加集体狩猎的人,也自然会送给他们一些猎物。在"乌力楞"组织内部,对老、弱、病、残的供养,被认为是共同的义务和责任。

台湾高山族的"社"就是一个体现集体互助的基层组织,他们以此作为活动中心,这同时也是男性年龄组织的教育训练场,年龄组织是"社"内部以年龄为序的一种等级制度,等级序列一般可分为幼年、少年、青年、壮年和老年。凡男性都要归入相应的序列并担负一定的社会分工;每隔数年,要举行一次晋级礼。并从少年开始,严格按照性别进行社会职业分工的训练。男性一起狩猎,一起耕战,一起接受技能训练;女性则接受纺织、家务和采集方面的训练。在各种生产活动中,人们之间互助协作,尤其是农忙时有临时性换工的习惯。泰雅人(高山族的族群之一,人口约64000人)把换工称为"斯拉该",布农人(高山族的族群之一,人口约30000人)称请外人帮忙劳动为"马巴尼亚夫"。阿美人(台湾高山族的族群之一,人口约120000人)的互助组织有两种:一为"马巴巴留",是一换工组织,由四五户或十一二户组成,每一户出一人轮流互助,中途可以退出;一为"马发发漏",不问每户土地的多少,必须把全部的人力物力投入生产,直到收割完毕为止,他们不计报酬,自觉地多出力。他们的狩猎、捕鱼活动大多是集体进行的,猎物的分配是:射手得野兽的头部和胸部;猎获鹿豹时,猎犬的主人得鹿角、鹿鞭和豹皮;捕获熊时,皮胆归射手,兽肉都是平均分配。这种互助美德体现着原始淳朴的特色。

新中国成立以后,我国走的就是一条互助合作的道路,诸如互助组、供销合作社等组织形式,体现的都是互助的精神,把大家的力量集中起来,实现一个人无法实现的事情。鄂温克族的"星多天空亮,人多智慧广"正是一种形象的说法。

2. 生物性的理由

在生物性上,人体由各种器官组成,每种器官都担当着独特的功能。人体健康状态的维持,就是各个器官之间的协调共作,没有协调共作,人体就无法正常工作,这是铁的事实,也为大家所熟知。蔡元培的"吾人在此讲堂,有四壁以障风尘;有案有椅,可以坐而作书。壁者,积砖而成;案与椅,则积板而成者也。使其散而为各各之砖与板,则不能有壁与案与椅之作用。又吾人皆有衣服以御寒。衣服者,积绵缕或纤毛而成者也。使其散而为各各之绵缕或纤毛,则不能有衣服之作用。又返而观吾人之身体,实积耳、目、手、足等种种官体而成。此等官体,又积无数之细胞而成。使其散而为各各之官体,又或且散而为各各之细胞,则亦焉能有视听行动之作用哉"(《华工学校讲义·德育三十篇·合群》)[1],可谓精当的总结。人体的器官如果没有肌肉、经络等加以连接,就如一盘散沙,也就无任何功能可言。

古希腊伊索寓言里有一则关于"肚子"的故事:

> 以前有个人做了个梦,梦见自己的手、腿、嘴和脑子都开始反叛自己的肚子。
>
> "你这个毫无用处的懒鬼!我们整天劳动,又锯又钉,又拎又拿。到了晚上,我们身上都布满了水疱和伤疤,关节也很疼,而且还都是脏兮兮的。你却就坐在那儿,吞噬着食物。"手说。
>
> "我们也有同样的看法!"脚说,"一整天我们都不停地来回走着,想想我们有多累。而你却塞得满满的,像头贪得无厌的猪,那么沉,压得我们走起来累死了。"
>
> "对的!"嘴哭诉道,"你知道你喜欢的那些食物是从哪儿来的?我就是那个整天要为你咀嚼东西的人,我一嚼碎,你就把它们全都吞吸下去了。你认为这公平吗?"

---

[1] 高平叔编:《蔡元培全集》第二卷,中华书局,1984年,第420页。

"你们知道我的情况吗?"脑子说,"我一天到晚要想你下顿吃什么,做到这一步你们认为容易吗?辛苦了这么多,我自己却什么也没得到。"

人身体中的一个个器官都加入到了讨伐肚子的战斗中,肚子却一言不发。

"我有一个主意",脑子最后宣称,"让我们都来造这个懒肚子的反,停止为它工作。"

"好主意!"其他器官都同意它的说法,"我们将让你知道我们有多么重要,你这笨猪。这样也许你就能自己做点什么了。"

于是它们都停止了工作。手拒绝去提或拿任何东西,脚拒绝走路,嘴决定不再嚼一下或吞一口,脑子则发誓不再想任何好的主意了。起初,肚子咕咕地叫了一阵,就像它平时饿的时候一样。但过了一会,它就静悄悄的了。

然后,做梦的人大吃了一惊。他发现自己一步也走不动,也拿不动一点东西了,甚至连嘴也张不开了,而且一下子觉得自己病得不轻。

梦连续了好几天,每过去一天,做梦的人就感到越来越虚弱。"这次对肚子的反叛最好快结束",他心里想,"否则我会饿死的。"

与此同时,手、脚、嘴和脑子就一动不动地呆着,也变得越来越虚弱。最初,它们只是偶尔动一下,气一气肚子,不久,它们就连这点力气都没有了。最后,做梦的人听到了一个虚弱的声音从脚的方向传来。

"我们好像错了",脚说,"看来肚子一个人好像过得好好的。"

"我也这么想",脑子轻声说,"它确实吃下了那么多东西,但看来它又把大部分东西送回来了。"

"我们得承认我们犯了错误",嘴说,"肚子与手、脚、脑子和牙齿一样在工作。"

"那就让我们重新开始工作吧!"它们一齐叫道。就在这时,做梦的人也醒了过来。

让他高兴的是,他的腿又能走路了,手也又能拿东西,嘴也又能嚼东西了,而且脑子也能清楚地想问题了。他开始感到好多了。

"是的,我获得了一个教训",吃早饭的时候,他心想,"我们得协作做事,否则将一事无成。"(《美德书·工作·对肚子的反叛》)[1]

---

[1] [美]威廉·贝内特编著,何吉贤等译:《美德书》,中央编译出版社,2001年,第307-308页。

完全可以说，在人的生物机能上显示的就是必须互助的特征，离开互助则人体机能就无法产生生命所需要的效能。

3. 社会性的理由

人在物种中占有独特的位置，使人在社会性方面明显相异于其他物种，互助也是人的社会性的需要之一。孙中山虽受到达尔文进化论思想的影响，但反对社会达尔文主义，他在1912年9月说，"凡我国民，均应互相团结，以致共和政治于完善之城。人人之志愿，均应为人民求幸福，为国家求独立，而国家乃进于强盛，共和之目的乃可达到"[1]；朱执信(1885-1920)认为，"使人怕总比不上使人爱。动物里头，也有拿争斗出名的，也有拿互助来出名的。狮子便是拿争斗出名的一种。这一种喜欢争斗的兽类，除了动物之外，他是找不出东西养活他，难怪他天天寻人厮杀。人却是从猴属发达来的。人之祖先，固不曾磨牙吮血的争斗。就是人类的近亲猿猴、猩猩之类，也是吃果子度日。到人类更把互助的精神发挥出来，成立了人类社会，所以人自己说是万物之灵。试问万物之灵，好处在哪里？不过多了一点知识，晓得互助。如果论手足有力，那狮子、老虎、牛、马总比人强多了。如果说眼睛、耳朵好，那狗同鼠的感觉，总比人灵敏得多。这个万物之灵的招牌，就要让给别种动物了。惟其论智不论力，所以贵互助不贵争斗。一个人晓得争斗不如互助，就是论智的结果。人人相互扶助，就是好争斗的狮子、虎豹，也敌不过人。人为万物之灵，把别的动物不放在眼里。为什么做了人类，已经几百万年，倒转去仰慕起狮子来了，不把自家当人，却把自家当做狮子，岂不是大上其当"(《睡的人醒了》)[2]，直接把"互助"作为人之所以为人的规定性，把尚力的争斗看成是倒退到狮子的行为。[3] 李大钊在向马克思主义者转变之前，也曾是克鲁泡特金互助论的忠实信仰者，他曾明确指责无视互助进化理论给世界带来的伦理灾难，他在《新纪元》中说，"知道生物的进化，不是靠着竞争，乃是靠着互助。人类要是想求生存，想享幸福，应该互相友爱，不该仗着强力互相残

---

[1] 中国社会科学院近代史所：《孙中山全集》第二卷，中华书局，1981年，第469-470页。

[2] 广东省哲学社会科学研究所历史研究室编：《朱执信集》(上集)，中华书局，1979年，第324-325页。

[3] 梁启超(1903年)曾言："人者，动物之能群者也。置于物竞之场，独力必不足以自立，则必互相提携，互相防卫，互相救恤，互相联合，分劳协力，联为团体以保治安。"(《论中国国民之品格》，收入《梁启超全集》第二册，北京出版社，1999年，第1078页)

杀"[1],透过竞争的表面,从实质上进行了概括。换言之,竞争依靠的是互助,某一物种在竞争中获胜,依靠的武器是互助,互助性强的物种就能在竞争激烈的环境中生存,这可谓一语中的。

人的社会性要求人过社会的生活,必须通过社会的组织机构来运行、实施日常的事务,蔡元培的"吾人之生活于世界也亦然。孤立而自营,则冻馁且或难免;合众人之力以营之,而幸福之生涯,文明之事业,始有可言。例如吾等工业社会,其始固一人之手工耳。集伙授徒,而出品较多。合多数之人以为大工厂,而后能适用机械,扩张利益。合多数工厂之人,组织以为工会,始能渐脱资本家之压制,而为思患预防造福将来之计。岂非合群之效欤"(《华工学校讲义·德育三十篇·合群》)[2],可谓最好的总结。

4. 富强的实现

不难理解,具体的社会各种组织机构,实际就是互助的形式。中国作为世界拥有最多人口的国家,虽然以惊人的速度在经济建设方面取得了世界公认的成就,但是,要挤进世界强国的行列,我们要走的道路仍然很长。我们不仅在全民的基础设施上要做大量的工作,以缩小城乡之间的差距,诸如农村自来水的全面实现、农村文化设施装备的到位等,从而提高国民整体的水准。我认为,我们最大的问题仍然是教育的问题,国民整体教育素质差是严重的缺陷,国家在教育上的投资应尽速提增。迄今世界发达国家的经验显示,他们的经济发展都与教育的发达存在必然的联系。

我们正处在成长过程中,我们正在遇到发达国家的围追和压制,如何在复杂险恶的国际环境中求生存,是我们最应思考的问题。在解决这些问题的选择手段中,互助无疑是明智的选择。人口多,需要解决的问题多,不能事事等待国家来办,有识之士、企业家应该把自己对国家的担当,具体落实到行动上。总之,个人助国家、个人之间的互助、企业之间的互助、国家助个人,全方位的互助,是实现中华民族复兴的中国梦的现实途径。

(四)"互助"的理论基础

互助美德的理论基础无疑是万物的联系性,万物是宇宙的居民,人作为最有灵性的动物,其最大的责任就是要在维护宇宙的和谐平衡中作出自己独

---

[1] 原载1919年1月5日《每周评论》第3号。
[2] 高平叔编:《蔡元培全集》第二卷,中华书局,1984年,第420页。

特的贡献,承担最大的责任。在动物的世界,"鸽"由"合"和"鸟"组成;"合"具有群、双的意思,是典型的能互助的象征。"合"即"盒",指鸟巢,鸽是很重视家的鸟;鸽也是基督教的吉祥鸟,象征纯洁,代表了一夫一妻的婚姻制度。鸽在东西方国家都有好评,有关鸽的故事和趣闻真是不少。鸽子是西方人喜欢的"神鸟",乌鸦则被他们视为不祥之鸟。背后的原因很多,《圣经创世记》中诺亚方舟的故事告诉我们,经过四十天洪水后,诺亚先后派出乌鸦和鸽子去观察灾情,看看洪水退后的陆地是否安全,结果乌鸦一去不返,相传是受到腐肉吸引而沉溺其中;诺亚第二次派出鸽子,它知道水已过,万物开始繁衍,便叼一条新嫩的橄榄叶回来,带来美好的消息。可以说,这就是我前面说过的,道德是"目中有物,心中有他",把自己置于宇宙万物的联系之中,这是互助得以存在的关键。

在古代思想史上,对生物的群居现象已有深刻的认识,诸如荀子一方面认为,"草木畴生,禽兽群焉,物各从其类也"(《荀子·劝学》),同时又把具有文化内涵的"群"作为人之所以为人的特征之一,文化内涵就是人能够依据"礼"来进行社会分限的确定即"分",这就把人的群居和其他动物的群居鲜明地区分开来了。众所周知,宇宙的规则是"有无相生,难易相成,长短相较,高下相倾,音声相和,前后相随"(《老子》第2章),万物之间不是孤立地存在的,而是互相联系的,其间的特点就是依存性,一方为另一方存在的条件。万物之间是互为条件地存在的,事物的演绎显示的也是同样的规则,诸如"难易相成"就是这个层面的说明。换言之,"花儿的根和叶能够从周围的土壤和空气中获得其得以滋生的养分,而土壤又包含从过去的生长物和腐殖质里提取的养分。这些养分构成了生命存在的生态系统,其中,所有成分都有机地相互依存。太阳赋予花儿加工这些养分的功能,而环绕的大气同样是一种滋养和保护。当这株花得以生长繁殖的全部复合条件都已'支付',一个接着一个不断扩展,连绵不断的根本循环过程得以发生,我们的整个宇宙就这样无所遗漏地涵纳于这株花中了。对于道家而言,我们经验中任何特殊经历,都存在着令人陶醉的无限性"(《道不远人——比较哲学视域中的〈老子〉·哲学引论》)[1]。

显然,就具体的物而言,生命的长度是有限的,但在整体上,万物的生命

---

[1] [美]安乐哲(Roger T. Ames)、郝大维(David L. Hall)著,何金俐译:《道不远人——比较哲学视域中的〈老子〉》,学苑出版社,2004年,第23页。

是无限的,持有限生命的个体虽然是变化的,但具有无限生命的宇宙万物的规则是不变的,正如本杰明·史华兹所说:"在变动中,事物被分成部分,然后又被拼合成整体。只要人们把秩序设想成内在主义的整体,他们就会注意到,它是由大量的单独成分和关系组成的,并且那种使得整体结合在一起的东西并不存在于部分之中。正是这种无从捉摸的整体才使各个部分结合到一起。如果的确存在着秩序,那么这种秩序的中心就是某种统一性原则,而这种统一性是人类无法把握的。的确,在动态性的秩序中,如同在生物生长过程中一样,其组成成分及关系也许会发生巨大变化,然而统一性原则将会保持下来。"(《古代中国的思想世界·道家之道》)[1]这一认识可以说是对道家老子"道可道,非常道;名可名,非常名"(《老子》第1章)运思的形象发挥。

必须注意的是,强调统一性不是否定个体的有限性,无限是有限的整合和凝聚,没有有限就没有无限,也就是老子所说的"三十辐共一毂,当其无,有车之用。埏埴以为器,当其无,有器之用。凿户牖以为室,当其无,有室之用。故有之以为利,无之以为用"(《老子》第11章),有无是相生的存在。就客观的现实而言,具体的有是多样的,他们在宇宙统一规则面前都具有相同的权利,这也是人类在宇宙中确认自己的位置和界定自己承担的责任时必须具有的自觉意识。换言之,人类必须以平等的规则来对待其他万物,以平等的规则来对待一切人,即本杰明·史华兹所说的"在自然之中,所有的对立面都相互依赖,然而在伦理与美的领域,我们会使一极绝对化,并试图消除另一极。可是,另一极永远也不可能被摧毁,它只是以孤立而清晰的形态而存在着。在自然状态中,丑的和'不善的'——无论它们可以是什么东西——都深藏于和谐的整体中。尽管坚硬和刚强都是'道'的'生态系统'的部分,但在自然中,它们被栖居于系统中的自发性和'无为'等更高、更善的目标所美化"(《古代中国的思想世界·道家之道》)[2],这就是宽容、多元的根由所在。我国蒙古族的"松柏纵然长得好,离开了土地只能当柴烧;个人本领虽然大,离开了集体就会成傻瓜"的谚语,就是这种相互依存性的绝妙总结。

---

[1] [美]本杰明·史华兹著,程钢译:《古代中国的思想世界》,江苏人民出版社,2004年,第203页。

[2] [美]本杰明·史华兹著,程钢译:《古代中国的思想世界》,江苏人民出版社,2004年,第216页。

(五)"互助"的坐标原点

这是互助美德的一个重大问题,因为迄今印在人们脑海里的互助就是人与人之间的事务,这种思维只能在狭隘的场域里找到自己的位置。互助的坐标原点是宇宙,这是首先要明确的。

人生活在宇宙之中,是万物之中的一个物种的意识,虽然为许多人所接受,但在具体的生活过程中,尤其是人类的进化实践中,人往往不自觉地局限在以人类为中心的轨道上,其结果是宇宙其他万物就成了人的陪衬或工具,它们权利被剥夺是一个客观的事实,这一历史的足迹可以说与人类文明史的发展相消长。在这一足迹的征程中,无疑从西方近代工业革命开始就留下了鲜明而沉重的印痕。在前面对互助美德的解题中,已经谈到人与自然互助的问题,这是在21世纪今天最为迫切的问题之一,需要人类打破自身理性惯性的模式,来重新确立自己在宇宙中的位置,以及尽快确立衡量人类价值的标准。在衡量的标准之中,应该加进正价值的评价指标。现在最为缺乏的是人与自然之间的互助,联合国气候变化框架公约虽在1997年达成《京都议定书》,但迄今都没有得到切实的落实,尤其是一些发达国家仅仅着眼于自己国家的眼前利益,而不愿降低减排标准,结果造成客观上的对《京都议定书》的无视。

联合国气候变化框架公约缔约方会议简称联合国气候大会,1995年在德国柏林举办第一届。法国是第二十一届气候大会主办国,会议于2015年11月30日至12月11日在巴黎召开,旨在达成四项目标:首先是联合世界上195个国家达成一项气候问题的国际协议,使全球升温控制在2摄氏度以下;其次在大会召开之前,促成各国针对其应对气候变化的目标提交"国家自主决定贡献";再次,回答应对气候变化方面的资金和技术问题,力求在2020年前,每年筹集1000亿美元的公共和私人资金,遏制气候失常的现状;最后,关注非政府方面的努力,达成政府、公民社会组织、企业等多方参与的"提案进程表",作为对"国家自主决定贡献"的补充。显然,这些任务的完成,是世界范围内的人与自然互助课题的真正落实。

我国在应对气候变化中的行为是非常积极的,为应对全球气候变暖的努力注入了积极活力,法国外长法比尤斯2015年5月15日在法国驻华使馆召开的新闻发布会上,肯定了中国的积极作用。他指出,科学界和各国人民对全球变暖已达成共识,企业也应该行动起来,"气候变暖不仅是个挑战,也是一个机遇,企业应该把握绿色发展的契机"。人无法离开地球来生活,这说明互助美德的坐标原点只能是宇宙万物,而绝对不能局限于人自身。今天的环境污染、能源枯竭等危机就是人在自己与自然互助问题上的失误造成的。

(六)"互助"的目的

承扬中华传统的互助美德,自然不是随意之举,这与具体的目的是紧密联系的,其具体的内容将在以下的解释中得到体现。

1. 道德真义的演绎

我多次强调,迄今的道德研究是在象牙塔里进行的,是与人们的社会生活相隔离的,所以,对人是毫无实际用处的。尽管现实道德滑坡、道德冷淡等不断袭向大家,但社会不仅对热衷道德建设的意趣没有丝毫改变,而且在方法实践上也毫无改变,只是为道德建设而行道德建设,忘记了我们为何要道德建设及道德建设的目的是什么问题的考虑,这是我们真正问题的所在。

生活的道德是目中有人、心中有他的演绎。毋庸置疑,这里的"人"、"他"都是万物之一分子的概念。学理上的道德规定虽有存在的必要性,但完全沉溺于学理道德的规定,而疏忽于道德自身如何可能问题的运思,显然是不健康的。道德的规定不能离开人,道德是关系中的存在。我们在强调自然的价值时,也是在人自身与自然关系的透视中得到启示,自然价值的实现需要人目中有自然、心中有万物,这是道德真义在宇宙自然层面的具体化。因此,重视自然不是人在遇到自然灾难时的说辞,而应该具体落实到日常行为中如何目中有自然、心中有万物的问题上,这实际就是人与自然之间互助的具体演绎,离开这个基点,自然的价值永远也不可能得到保障。

人类自身的道德也一样,判断一个人是否有道德,其实很简单,就是他目中是否有人、心中是否有他;人与人之间道德素质的高低的惟一评判标准就是目中有人、心中有他这杆天平,偏向人、他的程度越高,其道德素质自然就越高,这不需要用言语来表述,仅仅需要用行动来回答。有人、有他无法在个人一己的环境下实现演绎,必须在人际关系中具体施行,有人、有他的实践过程本身就是一种互助的履行。公共生活是人生活的一个主要部分,如何对待公共生活领域里的公共财产,本身就是有人、有他行为的具体化。蔡元培的

"往者园亭之胜,花鸟之娱,有力者自营之而自赏之也。今则有公园以供普通之游散;有植物、动物等园,以为赏鉴及研究之资。往者宏博之图书,优美之造像与绘画,历史之纪念品,远方之珍异,有力者得收藏之,而不轻以示人也。今则有藏书楼,以供公众之阅览,有各种博物院,以兴美感而助智育。且也,公园之中,大道之旁,植列树以为庇荫,陈坐具以供休憩,间亦注引清水以资饮料。是等公共之建置,皆吾人共享之利益也"(《华工学校讲义·德育三十篇·爱护公共之建筑及器物》)[1],可以说这些就是互助的具体化实践,因为,"吾人既有此共同享受之利益,则即有共同爱护之义务;而所以爱护之者,当视一己之住所及器物为尤甚。以其一有损害,则爽然失望者,不止己一人已也"(《华工学校讲义·德育三十篇·爱护公共之建筑及器物》)[2]。因此,爱护公共财产就是人互助美德的切实表现。

从以上的分析中不难得知,互助美德与道德有着一种特殊的关系,这就是我们应该借助于互助美德的张扬来演绎道德的真义;通过这样的实践来切实提高民众的道德素养,把人的注意力引向互助的方向,在互助的实践中,编织中华民族魅力的道德图画,从而远离为道德而道德的乌托邦式象牙塔,真正构筑起中华民族道德厚实多彩的图画。

2. 润滑社会的治理职能

中国古代思想中虽然存在体现互助精神的资源,但"互助"这一概念受到思想家的重视和使用则是近代以来的事情,这主要是受到俄国思想家克鲁泡特金1902年发表的《互助论》的影响。众所周知,第一世界大战爆发后,《互助论》就在欧洲盛行。于是,中国不少知识分子也"弃其物竞天择之口头禅,而谈互助矣";一时间,"互助"之说竞相流传。黄凌霜(1898-1988)在《自由录》1917年第1集上以《竞争与互助》为题,批判"物竞天择"之说,赞扬《互助论》为"精辟宏富,集格致之大成"。1921年12月商务印书馆在《共学社丛书》的《社会经济丛书》中收入周佛海翻译的《互助论》,1923年10月已出第3版,1926年6月出第4版,1933年1月出第5版。这是《互助论》的第一个中文全译本。由于互助论的科学性及其对达尔文进化论的修正与反思,当时中国

---

[1] 高平叔编:《蔡元培全集》第二卷,中华书局,1984年,第422-423页。
[2] 高平叔编:《蔡元培全集》第二卷,中华书局,1984年,第423页。

的新世纪派[1]和天义派[2]接受了这种观点,并在国内大力宣传。众所周知,《互助论》书名全译是《互助:一个进化的因素》;全书是作者1890年至1896年间在伦敦陆续发表在英国《十九世纪》杂志上单篇论文的结集。全书共分八章。它是克鲁泡特金用无政府主义观点写成的一部社会发展史,认为人类依靠互助的本能,就能够建立和谐的社会生活,毋须借助权威和强制;没有权威和强制的社会较之有国家和权力支配的社会,更能保障人的自由、更完善、更理想和富有生命力。他不仅以伪科学的方法来宣扬无权威、无政府、无国家的社会是可以实现的,而且认为这种社会比其他社会主义思想家提出的理想社会还要完善。

虽然互助在物种在宇宙获得生存权利武器的层面,具有生物性的特点。但是,文明进程的事实告诉我们,人是社会的动物,必须过社会的生活,个人无法满足自身的一切生活需要,需要借助社会的力量来完成,这也就是蔡元培把学校、医院等比喻成互助机构的道理。所以,互助是润滑社会治理的最好的武器。我们今天承扬的传统美德互助,就是要在法律等无法施展威力的领域,通过互助行为的施行,来保护人与自然关系和谐以及在此基础上的最大限度的持续发展。通过互助行为的落实,激活人与人之间的心灵的窗户,创造健康心理的氛围。

(七)"互助"的价值目标

前面对互助的解题中,曾经把自助规定为互相协作帮助,基于自助这个基点,推扬互助美德的价值目标也就自然得到定位,这就是社会自治功能的营建。

一个国家的社会治理水平,不仅取决于政府对社会生活的管理能力,而

---

[1] 所谓"新世纪派",是指辛亥革命前以巴黎出版的《新世纪》周刊为中心而在留欧学生中形成的一个政治思想派别。《新世纪》创刊于1907年10月22日,终刊于1910年5月21日,共出121期;视无政府主义为科学的"公理",革命的终极目的,而资产阶级民主革命是"过渡物"。无政府主义与民主革命并非相背而驰,在主张用各种手段实现共产革命目的的同时,特别强调暗杀。

[2] "天义派"是中国近代第一个无政府主义思想派别,以《天义报》为阵地。由一些中国留日学生于1907年6月10日在日本东京创办,发起人是"女子复权会"的何震,实际由刘师培撰文并主编;该报为半月刊,共出19期,其中8—10、11—12、13—14和16—19期均为合刊,最后一册出版于1908年3月底。《天义报》自称以"破坏固有之社会,颠覆现今一切之政府,抵抗一切之强权,以实行人类完全之平等"为宗旨。

且取决于民众的自我管理水准。要实现良好的社会治理即善治,高度的社会自治就是善治的最佳图画,社会自治本身就是社会管理能力的体现;一个社会随着民主法治水平的提高和政治文明的推进,社会自治功能的不断提高也自然将成为日常的需要。社会自治就是民众的自我管理,在目前我国的社会生活中,它的主要形式表现为城乡居民自治、社区自治、地方自治、行业自治和社会组织的自治。社会自治是人民群众当家做主的最直接形式,是社会主义民主政治的基础和重要特征,是还政于民的现实途径。

社会的主体是民众,离开民众也就没有社会存在的必要。因此,社会治理实际就是民众的治理,政府的治理在最终的意义上,也得通过民众来进行落实,离开民众,政府的治理也就毫无意义。在这个意义上,真正意义上的社会治理就是民众的社会自治。社会自治可以最大限度地激发民众的主体意识,培养民众的新型政治文化,调动民众参政的积极性,增强民众的社会责任,提高民众的治理能力,塑造民众的政治认同和社会团结;社会自治还可以大大减轻政府的社会管理负担,降低政府的行政成本,减轻政府维护社会稳定的巨大压力。因此,在文明的进程中,社会自治的程度反映着一个国家政治文明的程度,社会自治越发展,民主政治就越发达,社会生活就越有活力,社会稳定的基础就越巩固。社会自治是一个社会从善政走向善治的必然通途;善治意味着,即使政府不在场,或政府治理失效,社会生活也依旧井然有序。社会自治的组织载体,主要就是各种社会组织,而不应当是政府组织。没有一大批高素质的社会组织和一个健康的公民社会,就不可能有真正的社会自治,目前我国在各级民政部门正式登记注册的社会组织已超过 40 万个,实际存在的社会组织可能超过 300 万个。

社会自治的落实,互助是一个基本因子,互助是联系各种社会组织的有效手段,它不以功利为目的,而是以解决实际问题为追求,其最大追求无非就是顺畅社会关系,达到社会的和谐安定。基于道德层面的互相帮助,是一个社会得以连接的最为有力的实际的纽带。我们强调民主法治意识、自由平等意识、公平正义意识和权利责任意识,努力扩大民众的政治参与渠道,创造各种条件让民众有机会参与生活,锻炼和提高民众的自治能力,最为切实、可把握的途径就是各种互助的行为。虽然我们已经有了不少收获,但与现代化发展的要求相比,仍有差距,应该成立更多的民间组织,来解决实际的民生问题,诸如"家长教师协会"(PTA, Parent-Teacher Association),这已经成为西方和其他发达国家沟通学校教育和社会联系共通互补的法宝,不仅学校和家长实现了即时的有效互通,而且由于这个组织在各社区的机构,通过组织实际的活动驱动学校与社会的互动,如每年组织学校的运动会(不是由学校组织)、社区的义卖活动(这是筹集基金的一种活动,基金可以援助社区学生参加世界范围内的各种竞赛活动的经费)等,这在实际的层面也有效地联动了社区民众,孕育了情感的连接;义卖活动则直接实现了各家庭之间的互助,满足了大家的生活需要,而这又是建筑在未来孩子发展的前提基础之上的;运动会的项目则侧重在集体项目上,诸如4人连腿跑100米的项目,完全是强调人际之际的协调一致的,而不在于个人的快慢。像"家长教师协会"之类组织,我们仍然是一个空白,这也是我们教育上存在的一个大问题,也是教育投资和效益难以平衡的原因所在。日本在这方面比较好地借鉴了西方成功的经验,也具体实行了"家长教师协会"的制度,每个家长每年都需要在该协会里承担许多具体的事务。

重视互助从基本组织形式开始,其实在古代的思想中就有这方面的运思,诸如孟子的"仁政必自经界始"的运思就存在着这样的启发,他说:"经界不正,井地不均,谷禄不平。是故暴君污吏,必慢其经界。经界既正,分田制禄,可坐而定也。夫滕壤地褊小,将为君子焉,将为野人焉;无君子莫治野人,无野人莫养君子。请野九一而助,国中什一使自赋,卿以下必有圭田,圭田五十亩,馀夫二十五亩。死徙无出乡,乡田同井,出入相友,守望相助,疾病相扶持,则百姓亲睦。方里而井,井九百亩,其中为公田,八家皆私百亩,同养公田,公事毕,然后敢治私事,所以别野人也"(《孟子·滕文公上》),通过井田制来达到"相友"、"相助"、"相扶持",这在本质的层面也是一种公私兼顾。这也就是组织在互助美德弘扬实践中存在的重要性。

不以功利为目的和动机追求的互助美德在现实生活中的实行,是真正道德的表现,没有道德素质内涵的积累和涵养是不可能的,这就是我们在上面提到的孙中山的"社会国家者,互助之体也;道德仁义者,互助之用也"的深意所在。

(八)"互助"的心理机制

在迄今为止的中华传统美德研究中,似乎没有聚焦互助。互助作为现代社会实现自治的因子,存在自己独特的文化功能,这是必须首先明确的。但是,要使互助美德在现实的承扬实践中真正成为可能,就必须思忖其心理机制的问题,如果没有心理因素方面的思考,就难于摆脱为互助而讲互助的机械被动的困境,无法真正让互助走进民众的现实生活。我们在文化强国的实践中,选择互助作为承扬中华传统美德的德目之一,必须在心理的层面为其在现实生活中落户而寻找条件,这就是这里要讨论心理机制的缘由所在。

互助的心理机制就是感恩。众所周知,在美国,每年11月的第四个星期四,有Thanks Givingday即感恩节,这个节日始于1621年。那年秋天,远涉重洋来到美洲的英国移民,为了感谢上帝赐予的丰收,举行了3天的狂欢活动。从此,这一习俗就延续下来,并逐渐风行美国各地。1863年,美国总统林肯正式宣布感恩节为国定假日。届时,家家团聚,举国同庆,其盛大、热烈的场面,不亚于中国人过春节。在日本,虽然没有专门的感恩节,但报恩意识非常浓厚,这在日本生活过的人都会有切身的体会。日语中表示报恩意思的词就是"返恩",一位美国学者从日美对比的角度进行了这样的描述:"在日本,品德高尚的人不像我们美国,他们绝不说不欠任何人的恩情。他们绝不轻视过去。在日本,所谓'义'就是确认自己在各人相互有恩的巨大网络中所处的地位,既包括对祖先,也包括对同时代的人"(《菊与刀·历史和社会的负恩者》)[1],这是非常精到的总结。在日本昭和年间(1926-1988)使用的《寻常小学修身课本》里,有这么一个故事:有一条可爱的小狗叫哈齐,出生不久,就被一个陌生人带走了。在陌生人家里,哈齐像小孩一样受到疼爱,它弱小的身体也不断强壮起来。主人每天早晨上班时,它总陪送到车站,傍晚下班回家时,它又去车站迎接。不久主人去世了。哈齐也许不知道,它每天仍然照常到那个车站,每当电车到站,它就在人群中寻找主人。岁月飞快流逝,转眼十年过去了,但仍然可以看到那已经长大、衰老的哈齐,每天在车站前寻找它主人的身影。[2]

感恩是对他人行为的自觉感悟,感激、感谢他者对自己的恩惠。众所周知,在词源的意义上,"恩"是形声词,上面是"因",下面是"心",从心,因声;也就是说,恩从心生,离开心就无所谓恩。恩的世界本身就是一个网络的天地,包括施恩—受恩—感恩—报恩,这是一个圆形的链条,始点和终点是重合的。具体而言,在本质的意义上,施恩与报恩是同义反复,是主客体关系转换境遇里的不同说法;报恩是另类施恩,或者为不同形式的施恩,这是针对施恩者的反向施恩,意在通过这个行为,彰显人之所以为人的本质,释放情感的谢意,

---

〔1〕〔美〕鲁思·本尼迪克特著,吕万和等译:《菊与刀》,商务印书馆,1990年,第68页。

〔2〕美国在2009年将此故事改编成电影Hachi: A Dog's Tale,这不仅说明了文化之间的相互影响,而且这种文化的融通印证了感恩在生活中的必要性和重要性。

达到自己内在情感的平静,同时使人际关系在平和中保持张力,而释放的谢意情感将直接凝聚成张力。受恩虽然需要客体的认同,但这种认同可以有各种各样的情况,诸如形式上的认同也是认同,但此时并没有从恩惠的意义上认识到其真正的意义,对行为主体的施恩行为产生情感上的理性自觉,这就进入了"感恩"阶段,真正感受到来自于他人的恩惠,从而产生情感上的愉悦,达到心理上的平静,同时也感受到自己在人际关系里相互依存的重要性,以及个人对维护这种依存关系的责任,为"报恩"的登场和价值实现完成了事实上的情感准备,一旦与具体的情景实现对接,"报恩"行为立即变成现实。

恩是一种情感,"恩斯勤斯,鬻子之闵斯"(《诗经·豳风·鸱鸮》)。儒家思想家孟子的"老吾老以及人之老,幼吾幼以及人之幼,天下可运于掌"作为"推恩足以保四海,不推恩无以保妻子。古之人所以大过人者,无他焉,善推其所为而已矣"(《孟子·梁惠王上》)里的"恩",就是在情感的层面而取义的,具体的意思是恩爱。"仁,爱也,故亲。义,理也,故行。礼,节也,故成。仁有里,义有门。仁非其里而处之,非礼也。义非其门而由之,非义也。推恩而不理,不成仁;遂理而不敢,不成义;审节而不知,不成礼;和而不发,不成乐"(《荀子·大略》),这显然是对孟子思想的继承。当然,不得不说的是,恩代表一种情感的运思,不仅仅是儒家思想的特色,可以说是整个中国思想的特色,诸如"以仁为恩,以义为理,以礼为行,以乐为和,薰然慈仁,谓之君子"(《庄子·天下》);"是故大人之行,不出乎害人,不多仁恩……"(《庄子·秋水》);"明主知之,故不养恩爱之心而增威严之势。故母厚爱处,子多败,推爱也;父薄爱教笞,子多善,用严也(《韩非子·六反》);"夫妻者,非有骨肉之恩也,爱则亲,不爱则疏"(《韩非子·备内》);"老子曰:子之死父,臣之死君,非出以求名也,恩心藏于中,而不违其难也"(《文子·精诚》),这些都是在情感层面的立论。

在恩为情感的意义上,《礼记》的"恩者仁也,理者义也,节者礼也,权者知也;仁义礼知,人道具矣"(《礼记·丧服四制》),可谓精当的总结。不过,就恩与道义而言,中国人对内对外的标准是相异的,"门内之治恩掩义,门外之治义斩恩"(《郭店楚简校读记·六位》)〔1〕,就是形象的说明。而在这个问题上,日本在借鉴中国古代思想时,也有所思考和发展,"日本人把恩分为各具不同规则的不同范畴:一种是在数量上和持续时间上都是无限的;另一种是

---

〔1〕 李零著:《郭店楚简校读记》,北京大学出版社,2002年,第131页。

在数量上相等并须在特定时间内偿还的。对于无限的恩,日本人称之为'义务',亦即他们所说的'难以报恩于万一',义务又有两类:一类是报答父母的恩——孝,另一类是报答天皇的恩——'忠'。这两者都是强制性的,是任何人生而具有的。日本的初等教育被称为'义务教育',这实在是太恰当了,没有其他词能如此表达其'必修'之意"(《菊与刀·报恩于万一》)[1]。

感恩是积极向上的思考和谦卑的态度,它是自发性的行为;当一个人懂得感恩时,便会将感恩化做一种充满爱意的行动,并贯彻于生活中;一颗感恩的心,就是一个和平的种子,因为感恩不是简单的报恩,它更是一种责任、自立、自尊、自得的人生价值追求。感恩是一种生活的智慧,是成就互助美德畅通的生活支点。

感恩的种类很多,如感恩大自然的无尽美好,感恩上天的无私给予,感恩大地的宽容浩博;感谢父母亲人的养育之恩,感谢师恩,感谢友恩等,不一而足;在总体上,就是感恩大自然和人。就个人而言,要具备感恩意识,充满感恩的情怀,就必须学会宽容,学会承接,学会付出,学会回报;只有具备了感恩的意识,才会在生活中发现美,才能用微笑对待世界,对待人生。

总之,恩在字形上与心紧密联系,能否感恩,关键在人的心。心的改变,态度就跟着改变;态度的改变,习惯就跟着改变;习惯的改变,性格就跟着改变;性格的改变,人生就跟着改变。个人一旦完成感恩心的装备,就能改变生活的态度,良好的生活态度势必影响其行为的习惯,合理的生活习惯就能升华个人性格的道德空间,健康的性格编织人生绚丽的图画,个人人生的绚丽图画仿佛中华民族伟大复兴中国梦中闪烁的星星。人的感恩之心,会带来个人沉浸在来自外在他者恩惠的甜蜜的体验和享受之中。正是在这种享受中,提升人的人格境界,驱动人通过自己人生的努力来孕育创造能愉悦他人的恩惠,为报恩构筑现实的通途。施恩、报恩的过程本身就是互助美德运作的真实场域。

(九)"互助"的实践链

在承扬中华传统互助美德的工程中,其实践是至关重要的环节,因此,营建相关的互助美德实践链,是确保互助美德落地生根的关键。对此问题的思考,想通过以下几个项目来加以展现。

---

[1] [美]鲁思·本尼迪克特著,吕万和等译:《菊与刀》,商务印书馆,1990年,第81页。

1. 公益

互助首先借以实践操练的是公益活动,公益活动必须借助组织。

众所周知,人无法个人独自生活,必须过群体的生活。正是基于这个事实,我国台湾推重的是德智体美群的"五育"教育,其群育的宗旨是使学生能够透过学校生活的体验,建立健康、积极的人生价值观,明白人际与自然关系及处事之道,进而积极参与社会事务,服务社会,达到立己立人的理想。显然这是中国古代儒家思想的传承,尤其是立己立人的方面,与孔子的"己欲立而立人,己欲达而达人"(《论语·雍也》)所昭示的从己到人的价值取向存在一致性。无论如何,群育所注入的关心与我们的教育存在的差异性是客观而明显的。

人要过群体的生活,教育的首要任务就是必须为生活服务,离开生活的教育就毫无价值而言,这与我们一再强调的不能为道德而道德,而必须为生活而道德存在一致性。换言之,把群育作为教育的重要内容之一,这是符合人的实际情况的,社会生活是人生的一个重要组成部分,故掌握群体生活的知识,具备群体生活的熟练技巧,都是人必须学习和积累的。其实,强调"群"的重要性,荀子就是代表之一。群体生活是互相关联的生活,离不开互助。

群体之间的互助,在西方世界最为明显的是公益活动,通过公益活动来帮助需要帮助的人。互助虽然可以在个人之间进行,但有时个人的疆域是非常有限的,尤其是我们直面的21世纪的科技高度发展的时代。在这个意义上,互助必须借助一定的组织形式来完成,这样可以收到个人一己无法达到的效果。我们现在接受公益捐款的组织似乎只有"红十字会",其他的一些捐献活动都是通过单位的工会来组织执行的,仍然有政府组织的浓厚色彩。显然,仅有的框架存在狭隘性的局限,必须尽快增加民间的义务公益组织,这需要国家出台相应的政策来支持,不然无法保证。在民间层面的公益活动一旦得到实际而有效的展开,不仅在助人的面上会得到巨大的突破,而且形式也会多样。个人在多样频发的公益实践中,参与活动的机会则会大大增加,这种活动是互助的直接尝试,通过这种互助的实践,编织牢固的社会人际关系的纽带,从而建立稳固的社会稳定的基础。

公益活动的参加不在于金钱的多少,关键在参与,蔡元培的"公益之举,非必待富而后为之也。山东武君训,丐食以奉母,恨己之失学而流于乞丐也,立志积资以设一校,俾孤贫之子,得受教育,持之十余年,卒达其志。夫无业之乞丐,尚得尽力于公益,况有业者乎"(《华工学校讲义·德育三十篇·尽力于公益》)[1],说的就是这个道理。因此,公益活动的畅行,不仅意味着富人帮穷人,而且意味着穷人同样可以帮穷人,关键在于我们要奉行俭约的生活方式,通过节约来帮助更多的人。下面的文献就是具体的例证:"英之翰回,商人也,自奉甚俭,而勇于为善;尝造伦敦大道;又悯其国育婴院之不善,自至法兰西、荷兰诸国考察之;归而著书,述其所见,于是英之育婴院为之改良。其殁也,遗财不及二千金,悉以散诸孤贫者。英之沙伯,业织麻者也,后为炮厂书记,立志解放黑奴,尝因辩护黑奴之故,而研究民法,卒得直;又与同志设一放奴公司,黑奴之由此而被释者甚众。英之莱伯,铁工也,悯罪人之被赦者,辄因无业而再罹于罪,思有以救助之;其岁入不过百镑,悉心分配,一家衣食之用者若干,教育子女之费若干,余者用以救助被赦而无业之人。彼每日作工,自朝六时至晚六时,而以其暇时及安息日,为被赦之人谋职业。行之十年,所救助者凡三百余人。由此观之,人苟有志于公益,则无论贫富,未有不达其志者,勉之而已"(《华工学校讲义·德育三十篇·尽力于公益》)[2]。有志于公益,就无所谓贫富,关键在持之以恒地勤勉而为,这对我们的社会尤其重要。我们今天的公益投入的人数和数量都没有到当有的境地,需要社会投入更多的注意,需要更多的人来加入。

2. 大哥哥大姐姐协会

人在一个社会中找到自己的适当的位置,需要相应的知识和实践,这是不能逾越的环节。基于此,再来反观我们的教育体系,就会发现我们存在的明显的问题,这就是我们缺乏对学生阶段互助美德培养的运思和安排。互助需要培养和练习,这些必须在人的成长发展阶段得到具体的落实,没有这个环节的精心设计,就不可能期望社会层面里互助美德浓厚氛围的形成,这也是牵涉我们所有价值观的问题,但这里我们就限于互助美德实践方面的讨论。

就目前的现实而言,我们急需在全国启动"大哥哥大姐姐协会"工程[3],这是一个高年级中学生的自愿组织,旨在帮助小学生等低年级的同学,为他们的成功和未来打造良好的基础,是学生帮助学生的组织,在学生之间营造

---

[1] 高平叔编:《蔡元培全集》第二卷,中华书局,1984年,第423页。

[2] 高平叔编:《蔡元培全集》第二卷,中华书局,1984年,第423-424页。

[3] "大哥哥大姐姐"(Big Brother Big Sister)协会,美国在100多年前就开始了这个义务组织的活动,成为国家教育制度的一部分,在扎实社会的纽带、激活社会的活力方面有着积极的意义。

互助的氛围,养育他们对社会、他人的责任意识,提供学生在他人的成功中看到自己努力成果的机会,从而品尝自己劳动的喜悦,为他们最终在他人的成功中找到自己价值实现的途径提供切实的可能条件。"大哥哥大姐姐协会"必须纳入教育的机制之中,规定学生在高中毕业之前必须在这个计划中完成30—50小时的义务劳动,具体就是帮助小学生,是一帮一的形式,一般一次1个小时,和小学生一起玩,一起做作业等,在小学生的眼里,大哥哥大姐姐就是他们的导师。这需要我们具备革命的意识,因为迄今我们的教育,只是让人以考试为主要目标,很少关怀人际事务,无疑设置了学生与社会隔离的屏障。这显然是非常错误的,这对学生应对社会问题是非常不利的。

据国家统计局 2013 年 2 月 22 日发布的数据,我国从幼儿园到高中的在校学生有 2 亿 650 万人,占我国人口的 1/6,他们是国家的未来和希望,是中华传统文化得以承扬的主要载体。但迄今的教育,我们都忽视了通过有效的渠道和方法对他们进行"群育"的深思和设计,这对营建和谐社会是极大的失误,尽快启动大哥哥大姐姐协会的项目,把这一部分人的力量激活,凝聚成社会的中坚力量,构建社会稳定的文化因子,这是治本的项目,不能掉以轻心。这是互助实践链的一个重要环节。

3. 心理互助

在动态的层面,互助美德行为呈现的是一个互相帮助、互相协作的图画;而在静态的层面,互助美德的行为实践却客观存在着施助者和受助者两个方面。如果把施助者视为行为主体的话,受助者就是行为的客体;两者互为依存,互为条件。就行为主体而言,在施行互助行为前,就对受助的行为客体有清晰的认识;换言之,两者的互助行为是在相互信息沟通的前提下发生和进行的;没有信息沟通,施助和受助行为就难以对号入座而构筑起互助行为的演绎舞台。众所周知,信息沟通的实践过程,是一个信息发送和接受的过程,没有信息的发送,就不可能产生信息的接受。换言之,你要得到他人的援助,你首先必须把你需要的具体信息告诉他人,离开这一点,一切互助行为都无法实现。

一个不可否认的事实是,发送个人需要的信息,是一个人向他人开放自己心灵的过程,不是每个人都能做到这一点。基于今天全球面临的"人际关系疏离"的危机的事实,世界卫生组织耗时 10 年、调研全球 172 个国家后,于 2014 年 9 月 4 日发布的调查报告显示,全球平均每 40 秒就有一人自杀,每年 80 万人自杀身亡,中东欧和亚洲国家自杀率最高,全球 25% 的自杀发生在富裕国家,每年自杀死亡人数已经超过战争和自然灾害致死人数之和;自杀是全球15岁至29岁人群死亡的第二大原因;因抑郁症自杀身亡的倾向在明显增加,抑郁症已经是普遍的心理疾病,必须引起大家的注意。在此,心理互助就成为互助实践链的又一个深层次的重要环节。

西方的朋辈心理互助值得我们借鉴,它是以大学生、研究生等为对象的。朋辈心理互助是一种特殊的心理咨询形式,是指由受训或受督导过的非专业人员(朋辈心理咨询员,peer educator)在周围年龄相当的同学中开展具有心理咨询功能的服务,在学生的日常学习、生活中,自觉开展心理知识普及、心理问题探讨、心理矛盾化解、心理危机干预、心理情感沟通等活动,帮助同学解决日常遇到的实际情况和心理困扰,提高学生的自我管理能力,推动学生群体的互助、关怀、支持,实现学生"自助"的成长模式。就大学而言,朋辈心理互助的开展是从大学生自发助人的愿望出发,以大学生群体心理发展阶段及问题为中心,以参与式教学为基础,知行并重,强调心理体验和心理调适,调动学生助人为乐的愿望,激发学生敞开心灵的窗扉,增强求助意识,在团体氛围中促进学生的心理成长。与专业心理咨询相比,朋辈心理辅导具有自发性、义务性、亲情性、友谊性和简便有效性。朋辈互助的心理辅导起源于高校心理健康教育实践,20世纪60年代后在西方逐渐展开,迄今已经有成熟的模式,形式多样,诸如朋辈心理咨询(peer counseling)、朋辈调解(peer mediation)、朋辈健康教育(peer health education)、朋辈伴读(peer tutoring or mentoring)等,在调节疏导学生心理障碍的过程中起到了及时雨的效应。

根据国家统计局2013年2月22日发布的数据,我国高等学校学生约有4683万人(包括研究生、本科生、各类中等职业教育学校学生等),可以说这是中国未来的希望所在,做好这一部分人的互助美德的养育和实践,对全社会的互助美德行为的普遍化意义非常深远。我国近年来在高校的心理咨询虽也不断得到重视和发展,但仍然显得力度不够,应该在学生、学校的层面建立更多的心理互助组织,投入更多的精力,及时地解决需要心理疏导的学生的问题,排解不健康的因素,为年轻人健康生活开辟一片天地。由于心理互助咨询是学生自己帮助自己、自己解决自己的问题,在整体上这一过程无疑是学生沟通、互动的实践过程,也是凝聚学生人际关系的重要的渠道和纽带,这是在"大哥哥大姐姐"基础上的深层次的拓展,是对中学阶段互助经验的进一步盘活和累积,这在人的素质的养成实践中,无疑是一种非常有效的跟踪的实践方法。在今天的互助实践链的营建中,具有非常重要的地位。

虽然互助实践链可以从更多的方面来进行规定,但公益、大哥哥大姐姐协会、心理互助,无论在时代性上,还是在互助的层次上,都是最为关键的问题,这是值得我们重视和立即启动的工程。

(十)"互助"的当代价值

俗话说得好,集体是力量的源泉,众人是智慧的摇篮;一人一个脑,做事没商讨;十人十个脑,办法一大套。源泉、摇篮、一大套的出现,是集体中每个人互助行为化学反应的自然结果。所以,蒙古族的谚语说:松柏纵然长得好,离开了土地只能当柴烧;个人本领虽然大,离开了集体就会成傻瓜。

审视新中国的发展历程,我们由初期的互助组、合作社一路走来,可以说,我们具有互助合作的基本体验和经验,这是我们21世纪承扬中华传统互助美德的实践基础;在中国思想史的长河中,互助有着丰富的思想资源,这自然是互助美德得以弘扬的思想基础。21世纪的今天,中华民族复兴伟大中国梦的实践,离不开14亿中华子孙的共同努力,互助的当代价值是不可忽视的。

1. 团结驱动现代化的实践

互助的目的是团结。中国这样的大国,14亿人真正能够想国家之所急,行国家之所需,那世界没有一个国家能够与中国抗衡;这不仅是中国人的期望,也是全球的共识。问题的关键就落到了如何实现14亿人的团结这一关节点上。上面提到通过互助组织可以提供人际交流的平台,增进人与人之间互相帮助协作的事务。团结不是通过喊口号就能够实现的事务,它必须依据具体的途径,这就是互助。互助可以沟通人与人之间的情感,打开人的智慧和力量的大门;由于互助的实践,可以让人在对方的情感需要的满足中,找到自己人生价值的支点,体会自己人生乐趣的情感享受,这就在无形中把人从一个分散孤立的个体变成了互相粘连的混合存在。

互助团结需要公德心的支持,互助行为本身就是公德心的显示。但是,中国人的一个劣根性或特点就是自然地爱私、爱家,而不爱公;或者说各人自扫门前雪,莫管他人瓦上霜,这至今仍是中国人的性格特征之一。费孝通对此有精到的研究,"一说是公家的,差不多就是说大家可以占一点便宜的意思,有权利而没有义务了。小到两三家合住的院子,公共的走廊上照例是尘灰堆积,满院生了荒草,谁也不想去拔拔清楚,更难以插足的自然是厕所。没有一家愿意去管'闲事',谁看不惯,谁就得白服侍人,半声谢意都得不到。于是像格兰亨姆的公律,坏钱驱逐好钱一般,公德心就在这里被自私心驱走"(《乡土中国·差序格局》)[1];"苏州人家后门常通一条河,听来是最美丽也没有了,文人笔墨里是中国的威尼斯,可是我想天下没有比苏州城里的水道更脏的了。什么东西可以向这种出路本来不太畅通的小河沟里一倒,有不少人家根本就不必有厕所。明知人家在这河里洗衣洗菜,毫不觉得有什么需要自制的地方。为什么呢?——这种小河是公家的"(《乡土中国·差序格局》)[2]。这是不得不引起我们注意的方面。

互助不是简单的"为仁由己","为仁由己"的理想社会的特点是"从己向外推以构成的社会范围是一根根私人联系,每根绳子被一种道德要素维持着"(《乡土中国·维系着私人的道德》)[3],"以'己'为中心,像石子一般投入水中,和别人所联系成的社会关系,不像团体中的分子一般大家立在一个平面上的,而是像水的波纹一般,一圈圈推出去,愈推愈远,也愈推愈薄。在这里我们遇到了中国社会结构的基本特性了。我们儒家最考究的是人伦,伦是什么呢?我的解释就是从自己推出去的和自己发生社会关系的那一群人里所发生的一轮轮波纹的差序"(《乡土中国·差序格局》)[4]。社会联系的私人性的本质特点在于其血缘性,血缘性的基点是个人一己,"在这种富于伸缩性的网络里,随时随地是有一个'己'作中心的。这并不是个人主义,而是自我主义。个人是对团体而说的,是分子对团体。在个人主义下,一方面是平等观念,指在同一团体中各分子的地位相等,个人不能侵犯大家的权利;一方面是宪法观念,指团体不能抹煞个人,只能在个人们所愿意交出的一分权利上控制个人。这些观念必须先假定了团体的存在。在我们中国传统思想里是没有这一套的,因为我们所有的是自我主义,一切价值是以'己'作为中心的主义"(《乡土中国·差序格局》)[5]。费孝通的分析可谓一语中的。

儒家思想对中国的影响是家喻户晓的,这种影响至今仍然存在。所以,承扬中华传统的互助美德,必须打破这种以"己"为中心的思维和行为之方,把人放在整体的联系中来定位,把"己"的基点置换到"人"的方面,即"既以为人,己愈有;既以与人,己愈多。天之道,利而不害;圣人之道,为而不争"(《老

---

〔1〕 费孝通著:《乡土中国 生育制度》,北京大学出版社,1998年,第21页。
〔2〕 费孝通著:《乡土中国 生育制度》,北京大学出版社,1998年,第21页。
〔3〕 费孝通著:《乡土中国 生育制度》,北京大学出版社,1998年,第32页。
〔4〕 费孝通著:《乡土中国 生育制度》,北京大学出版社,1998年,第25页。
〔5〕 费孝通著:《乡土中国 生育制度》,北京大学出版社,1998年,第26页。

子》第81章),在施助行为中追求受助的价值享受,而不是在受助的价值追求中做出施助的行为选择,这是非常重要的。绝对不能把自己作为衡量物事的标准。互助美德的关键就是"互",诉求的是相互性、协作性,绝对不是个人中心。在这样的互助美德的实践中,14亿中国人的真正团结才有可能实现,这种团结的力量显然是可想而知的,也是无人可以企及的。因此,互助美德的生根开花,需要每个中国人、每个企业超越一己私利的狭隘视野,站在中国这个大前提下,来定位自己,来设计自己为完成实现中国梦承担责任的规划图,正如肯尼迪(John Fitzgerald Kennedy,1917-1963)在1961年就任美国第35届总统时的就职演讲所说的:"我亲爱的美国人,不要问你的国家能为你做什么,问你能为你的国家做什么;我亲爱的世界人民,不要问美国能为你做什么,问我们大家能为人类的自由做什么"。

2. 在常则的轨道上拓宽国际互助的通道

今天我们虽然取得了现代化的卓越成就,但我们不能忘记"东亚病夫"的耻辱历史。避免历史的重现,关键在于中国整体上的强大。前面我已经说到,中国强大的基础是民众生活的富裕,离开这个前提,不可能带来中国的强大,这也是"富强"这一社会主义核心价值观的理应有的涵义。

众所周知,21世纪世界舞台呈现的是非常复杂的形势,不仅缺乏互助的氛围,而且缺乏互助的行为。这主要在于西方列强在世界舞台上施行行为的利己性,一切以是否对自己有利为依归,使人道主义的行为带上功利的动机。为人们所熟知的战争和暴力增加的事实,其背后都客观存在着相同的缘由,这就是物质的驱动。换言之,战争唯一的真正原因是为了获取物质利益,这一切现在都是以无视联合国确立的国际规则为前提的。中国作为一个大国,我们必须站在公正的立场上,不仅自己做到在"袭常"美德的轨道上,坚持按国际惯例来抉择国际的行为,而且需要在世界舞台上,为弱小的国家呼吁在世界舞台上履行"袭常"美德而行为的重要性,不能无视国际惯例而以自己一国的利益为行为的衡量标准,从而营建起在常则轨道上来施行互助的国际氛围,拓展国际之间互助的通道,在尊重各民族特点的情况下施行互助行为,真正重视人的生命本有的价值。这就是互助的当代价值。

总之,互助美德的基础在"互"即相互性、协作性,"行仰善,与天地四时五行合信,诸神相爱,有知相教,有奇文异策相与见,空缺相荐相保。有小有异言相谏正,有珍奇相遗"(《太平经》卷110《大功益年书出岁月戒》)[1],这里的"相爱"、"相教"、"相保"、"相谏正"、"相遗",体现的都是相互性的特性。互助是走向团结的操练场,没有互助的实际展开,谈团结仅是一句空话。只有在互助的实践中,人们通过具体的实践,找到互相之间实现互助的途径,团结才进到可能的门径。"一把筷子"的故事说明的就是这个道理:"从前有一个人,有好几个儿子,他们经常发生争吵,这个人费了很大的劲,也无法让他的儿子们和和气气地生活在一起。于是,他想出了一个办法,可以让他们明白自己的愚蠢。他让他们拿来了一把筷子,然后一个个地要他们把它顶着膝盖折断。每个儿子都试了试,最后都无法折断。然后,他解开捆着筷子的绳子,把筷子一根根递给儿子们,他们毫不费力就把筷子一根根折断了。'你们明白了吗,孩子们? 如果你们团结在一起,没有人可以是你们的对手,但如果你们一天到晚争吵不休,四分五裂,你们就会变得很虚弱,谁都可以打败你们。'他说。"(《美德书》)[2]在美德的大厦中,互助是其他美德的演绎场域,没有互助的出现,其他美德乃或道德虽然可以在现实生活中找到实现自己价值的机会,但需要追踪具体的境遇而定。互助的出现,等于给其他美德搭建了一个表演的舞台,可以说这是一个检验一个人是否有德的最好的场地或境遇,这也就是孙中山所说的"道德仁义者,互助之用也"[3]所说的意思的当有的理解。

---

[1] 王明编:《太平经合校》,中华书局,1960年。

[2] [美]威廉·贝内特编著,何吉贤等译:《美德书》,中央编译出版社,2001年,第310页。

[3] 张磊:《孙中山词典》,广东人民出版社,1994年,第717页。

第三部

心 理 篇

  前面"人道篇"、"群礼篇"的讨论和内容整理，无疑为个人社会化提升的美德实践准备了最为基本的素材和条件。但是，"人道"、"群礼"毕竟是外在于个人的无形的东西，而且是对个人有所要求的存在；虽然在动态整体的层面它们是人的理性的凝聚和显示，但在静态个体的层面它们无疑仍是外在的他者。这也正是承扬传统美德得以登台的契机和条件。换言之，承扬传统美德的实践过程，实际也就是驱动"人道"、"群礼"这一外在的看客变成个人内在因子的历程。从存在的方式而言，是实现"他在"到"自在"的一个根本转折。

  在个人和"人道"、"群礼"的关系中，"人道"、"群礼"从他在到自在的变革，并不是毫无条件的；在根本的意义上，它们离不开个人心理素质的支持。不仅如此，而且心理素质的高低决定着自在实现的程度，这种自在程度实现得越高，个人和社会之间的统一程度就越高，或者说真我与社会我的重合程度就越高；反之，个人与社会之间的统一程度就越低，真我与社会我背离的程度也越高。真我与社会我背离的客观现实就是个人人格的二律背反，直接结果是容易造成个人人格的分离，这也是当今我们面临的世界危机之一的人际关系疏离产生的直接原因。承扬中华传统美德的实践，就是要在最大程度上为个人创造真我与社会我统一的外在的愉悦的环境，这种统一的获得就是个人内在潜能得以最大发挥的基本前提，也是我国文化强国的枢机所在。因此，在承扬传统美德的历程里，"心理"具有非常关键的位置，这是我们迄今的理论和实践都重视不够的地方。

众所周知,心理现象是宇宙中最复杂的现象之一,从古至今为人们所关注。心理是大脑对客观现实的主观反应,意识是心理发展的最高层次,只有人才有意识。心理现象通过心理过程得以演绎,依托个人人格展现个人意识、个性的水准。一般而言,认知、情绪情感和意志是以过程的形式存在的,它们都要经历发生、发展和消失的不同阶段,所以属于心理过程;人格也称个性,是指一个人在不同环境中一贯表现出来的、区别于他人而相对稳定的影响人的外象和行为模式的心理特征的总和,通过需要、动机、能力、气质、性格等得以表现。在一定意义上,人格不是独立的存在,它通过心理过程得以具体的展现。

人的机体是一个整体,人脑是其中的一个组成部分,是心理活动的主要器官,如"心之官则思,思则得之,不思则不得也"(《孟子·告子上》),就是中国古人对心理活动的最早表述之一;但人脑的活动是与机体的其他部分的活动相互协调、不可分割的。

人通过实践活动不仅认识客观世界,也改变客观世界;心理就是人对客观现实的主观能动反映。人能作用于周围环境,就是以其主观见之于客观的行动过程。这个过程实现的一个前提是心理过程如思维、意向等的内部物质变化,再通过具体的动作客观化为行动,从而以此影响外在客观环境。人的心理不是一般物质的运动,而是人的机体,首先是人脑这种以特殊方式组织起来的物质的机能的活动过程,一旦离开脑就不存在心理活动,无脑的或患有脑缺陷的婴儿不能发展或不能健全发展的心理。人脑的不同区域有相对的分工,各具有不同的作用,某一区域的损伤或病变会招致与之相应的心理活动的紊乱以至丧失。

科学研究已经充分证明,心理的存在和发展与人类社会有密切关系,这也就表明心理现象无法等同生物现象。群居的动物虽然很多,但只有群居的人类才有社会的组织,任何其他动物都不会产生人类那样高度发展的心理。另一方面,人的心理不是属于人的群体的机能或活动,而归根到底只是属于人的个体的一种活动,是人的机体的一种机能。尽管社会对于心理是至关重要的,但它毕竟只是一个条件。社会条件不能使其他任何动物获得人的心理这种独特的运动形式。因此世代与人类共处的家畜未曾发展出人的心理来,科学实验中从小就生活于人类家庭中的类人猿,也未曾有像婴幼儿那样的心理发展。这些都充分说明,社会生活对人心理发展的重要性。在社会生活中的人,无时不处在自己与他人的相互关系之中,依据什么样的心理来观照对处他人? 自己与他人相互关系图画的心理诉求又是什么? 这些都会通过人的认知、情感、情绪、意志等得以具体展开,最终通过个人的人格、个性得以客观化展现。

在 21 世纪的今天,"谦下"、"贵和"正是在应对自己与他人关系上的最为切实的课题。

十、谦　　下

　　具有 5000 年文明史的中华巨人，素来就以谦逊的礼仪之邦而闻名世界。
　　当今世界风云多变的局势，给人不断传送的一个强烈的信息是：权力就是一切！强权国家凭借武力而肆虐其他国家，一些抗议的呼声，在强权掌控舆论的世界舞台上，根本得不到应有的重视，只能成为一股暗流在世界文明史的长河中流淌。但是，这股暗流如果没有在世界文明史舞台上正面流淌的任何机会，那只能成为挑战世界文明进程的因子。世界是一个大舞台，或者说是一个地球村，我们只有一个地球，是所有人类的生活家园，每个民族仅仅是这个地球村的一个市民，无论什么样的民族，在地球村的舞台上具有的权利无疑是相同的。持有强大实力的民族，其强大性显示的途径只有一条：就是维护其他民族基本权利的履行，而不是抑制。维护权利必须因袭地球村的规则。换言之，也就是联合国的规则。维护其他经济落后地区和国家的权利的履行，既是经济发达国家因袭联合国规则的基本要求之一，也是经济发达国家显示本国强大力量的最为基本的途径之一。这是人类提振自身理性的根本要点所在。
　　中国虽然还不是经济强国，但我们已经吹响了奔向经济强国的号角。强不是发号施令，而是谦下行为的凝聚；礼貌待人，这也正是保持自己持久强大的枢机所在。有一位智者，一天会见了一位来访的学者：这位学者自视才华横溢，自视甚高地喋喋不休，又咄咄逼人地向智者讲述自己的高谈阔论。智者一面耐心地倾听，一面亲自为这位学者斟茶；斟茶时，茶水已经满杯，可智者仍未停止斟倒，结果茶水从杯口溢了出来。学者看到后说，茶已经溢出来了；智者笑着自语道：噢，茶溢出来后就再也装不进去了。聪慧的学者马上领悟到了其中的道理，立即改正了自己夸夸其谈的态度，虚心求教，结果受益匪浅。这里包含的道理显而易见，如果自满了还怎么可能再提高和发展呢？！所以说做人要谦下，切忌自满自大。"满招损，谦受益"是我们中华民族的千古美谈，大家所了知的"虚怀若谷"的成语，形容的就是人的胸怀像山谷一样，山谷处在山的低洼处，由于低下故容易容纳接受外在他者。山谷低下，但处在恒常的获得即容纳他者的位置上，即"为天下谷，常德乃足，复归于朴"(《老子》第 28 章)，所以是宇宙中最高的道德，即"上德若谷"(《老子》第 41 章)。这就是谦下美德居《心理篇》之首的理由。

(一)"谦下"的解题

"谦下"是谦虚、不自满、有德而不自居、有功而不自夸、包容大度、虚怀若谷的意思。"谦下"作为美德的德目,实际是由"谦"和"下"两个词组成的概念。"谦"是谦虚、谦逊的意思,"下"是处下的意思,即在他我的社会关系中,把自己放在低于他者的位置上。因此,谦下的意思是谦逊处下、屈己待他者。现有研究把谦下、谦虚、谦逊等理解为对待他人的一种道德要求,这显然是有失准确的。我这里使用"他者"而不是"他人",就是基于这一思考的反应。具体而言,他者不仅包括人自身,还包含自然环境。对自然环境的谦下是现在全世界面临的最大挑战之一,人的价值观狭隘地聚焦人自身,而不是整个宇宙。所以,外在宇宙自然在人的心目中只有工具的价值,没有目的的价值。不仅如此,而且在一定程度上,人仍以征服自然为人理性力量的证明,并且人以追求这种理性的确认为快乐,这是值得震惊的取向。可以说,从西方近代工业革命以来,这种观念一直统治着世界文明的进程。无数的事实已经证明,人如果不尽快使自己的价值追求与自然的规律相一致,那人类就无法在与自然的对立中找回立身的空间,最终将会成为自然的抛弃者。这是首先要注意的地方。

谦下表现出来的是对他者的敬意、敬畏,这是内心情感的自然的涌流,离开内心的自然情感,谦下就无所附丽,当然也不能成立。在这个意义上,谦下永远只能在心理的殿堂里找到自己的位置,而绝对不是什么个人的道德修养,后者是无视道德科学性的典型表现,这种打着重视道德的名义而实际歪曲道德真义的做法,是现实社会里存在的最为典型的道德杀手的行为,是值得我们注意的。

道家老子认为"大国者下流"(《老子》第61章),"大者宜为下"(同上),"江海之所以能为百谷王者,以其善下之"(《老子》第66章),强调"强大处下,柔弱处上"(《老子》第76章)。处下是真正强大的表现,处上则是柔弱的表现,因为它心理脆弱,无法在人际关系中屈己待人,从而在最大程度上包容他人,因此只能处处出人头地而占先他者。对他人敬畏,是在接受他人的心理驱使下的一种行为,这就是被西方人称赞的"接受性心理"的驱动。心理学家马斯洛在《道家的科学和控制的科学》中称"道家的接受性为一种技术"[1],

---

[1] Abraham H. Maslow. *The Psychology of Science: A Reconnaissance*. Gateway Editions, Led. South Bend Indiana, 1966: 95.

"谦下"德目在心理层面所具有的意义,是值得我们重视的。谦逊在西方也是受到重视的,如奥地利的加尔多斯认为,一种美德的幼芽、蓓蕾,这是最宝贵的美德,是一切道德之母,这就是谦逊;有了这种美德我们会其乐无穷。

(二)"谦下"的出典

《说文解字》曰:"谦,敬也";《玉篇》载有"谦,逊让也";两者虽然侧重不同,但意思基本一致。"敬"是对他人的尊敬,这本身就好似一种"逊让"。谦下主要侧重在内心上的谦恭处下。《周易》不仅对"谦谦君子,用涉大川,吉"(《周易·谦》)赞赏不已,意思是说,谦恭的君子,能够克服一切困难,排除一切障碍即涉过大河,最终趋向吉祥安和;而且认为"劳而不伐,有功而不德,厚之至也。语以其功下人者也。德言盛,礼言恭。谦也者,致恭以存其位者也"(《周易·系辞上》)。勤劳而不炫耀,功勋卓然而不以道德著称[1],这是内心厚实的最高境界;这种"谦"是一种致力于谦逊的心理行为。可以说,这是中国历史上最早的谦下的思想渊源。

"谦下"这一概念不是现代人的创造,是中华传统美德中固有的概念,语出《庄子·天下》篇的"以濡弱谦下为表,以空虚不毁万物为实";意思是不仅以柔弱谦下的态度为外表,而且以空虚宁寂、不毁害万物的心境为内质。"以空虚不毁万物为实",正是这里作为心理品性来进行定位的理由所在;不毁害万物是一种与万物共存共亡的心理,它要求与万物共荣辱,把万物看成自己生命的一部分,只有这样,才能确保谦虚行为的外显。可以说,谦虚是结果,屈己是内因;离开屈己就没有真正的谦虚可言。

另一方面,就"谦"而言,《周易》中的谦卦是 64 卦之一,这是众所周知的,自然这也是这里讨论谦下所无法无视的。从《象传》对"鸣谦贞吉,中心得也"的解释而言,"鸣谦贞吉"是一种"中心得",即依凭内在纯正的情感而获取外在的肯定的评价,而不是靠沽名钓誉获取名声。这个结论的依据在"鸣谦贞吉",这里的"鸣"一般有两个解释:一是著称、闻名的意思,以这个意思加以理解是比较常见的情况;一是"鸣"通"明"即光明、明亮的意思。我认为当取后者的意思,也就是说,"鸣谦贞吉"是明了谦虚的真义,就能固守中正而身处吉祥;这与六二爻得正居中的特征紧密联系。值得注意的是"中心得",它无

---

[1] 这一运思与老子的"上德不德,是以有德;下德不失德,是以无德"(《老子》第38章),非常相似。

疑昭示了"谦下"作为美德的心理特征,这是不能忽视的。

最后,还需要指出的是,在个人的层面,"谦下"美德不仅具有非常积极的价值意义,而且正是谦虚程度的投入才真正体现出一个人的人格魅力,这种人格魅力在实际的社会生活中就自然变成一种感召力。这是需要注意的。但是,在国际事务中,谦下并不是一味谦让而求安的和事即和稀泥的心理,它仍然拨响着强力的警钟,下面"周易谦卦"的资料就是具体的佐证:

六五,不富,以其邻。利用侵伐,无不利。
《象》曰:利用侵伐,征不服也。
上六,鸣谦,利用行师,征邑国。
《象》曰:鸣谦,志未得也;可用行师,征邑国也。

虽然不富有,却能虚怀若谷地与近邻相处,这对应付他国侵伐的紧急情况是非常有利的;应付他国侵伐的紧急情况,实际作法就是征伐那些骄横而不可一世的国家。明了谦下的美德,有利于征伐邻近的小国;虽然明了谦下的美德,但仍然没有实现安邦定国之志,所以,可用出师征讨的办法来惩处那些骄横不可一世的小国。

显然,在政治角力方面,谦下价值的发挥有着另外的途径。一般说来,迄今人类文明史的图画昭示我们,在世界舞台上的决定性因素是强力即兵刃的力量,这是为各国所认同的一个规则。中国古人用征伐的方法来剔除不可一世的骄横国家的地位,从而创设谦下美德运行的外在环境的智慧,这在今天仍然不乏耀眼的光芒,是我们在解决国际事务中必须借鉴的,也是中国在国际舞台上应该坚持的方向和贡献世界文明宝库的地方。

(三)"谦下"作为德目的理由

把"谦下"作为承扬的中华传统美德之一,其主要的理由如下:

1. 谦谦君子的传统

我们夯实文化软实力的文化强国的实践,是国家走向真正强大的坚实的举措和必经之路;承扬中华传统美德又是夯实文化软实力的主要课题。对中华传统美德具体德目的选择和概括虽然有许多方法和途径,但中国是礼仪之邦,素来以谦逊著称,"谦谦君子"是为所有中国人都熟知的成语概念,意思就是谦逊屈己而行为的君子,把谦逊屈己作为君子人格的一种标志。众所周知,孔子赋予君子非常高的地位,在孔子的君子规定中,谦下就是其内容之一,诸如"人不知而不愠,不亦君子乎"(《论语·学而》),就是最好的说明;这里的"愠"是怨恨的意思,《说文解字》载有"愠,怒也",指的也是怨恨、愠怒、恼怒的意思。别人不知道自己而没有怨恨恼怒之气,这才是真正君子的气派。

2. "友善"的心理驱动轮

我国社会主义核心价值观之一的"友善",其意思是友爱、亲善、和睦,这是人际关系的一种规范准则。我们生活在群体社会之中,在群体中生活最为重要的就是社会环境的稳定和谐,离开这个基本条件,个人的基本生活就无法照常进行,这是人所皆知的道理。但是,在中国道德建设实践的长河中,不是提倡友善就能够做到友善了,因为提倡的友善是外在于个人的要求,不是个人内在素质的组成部分,只有当它成为个人的必不可少的一个部分时,友善才能在中国社会舞台的文明序列里找到自己的位置并折射耀眼的光芒。我们把友善作为社会主义核心价值观的一个部分,就是希望人与人之间充满友爱、亲善、敬和的氛围,这是凝聚社会合力的基本条件。谦下这一中华传统美德的德目,实际就是友善这一社会主义核心价值观实际生发效用的心理通道。在人际关系中,以谦下屈己的心理来应对外在他者,这本身需要对他人的敬慕和爱戴,敬慕和爱戴的理由在于他人是自身存在、成长和实现自身社会价值的前提条件,这是个人在社会生活中自然演绎友善的行为所必不可少的基本认知之一。

3. 最大限度地拓宽他人发挥潜能的空间

谦下没有任何所谓适度的规定,存在一定适度的谦下,就不是真正的谦下,而是在外在理性要求下的强迫行为,这是没有任何道德意义的。在一般人的视野里,谦下如果不保持一定的适度,就会失去自己的尊严。我认为在社会中生活的人的尊严和价值,只有当自己个人的行为在他人发挥自身潜能的途径上产生积极影响的时候,才开始产生积极的意义,而潜能的发挥无疑对社会的发展起到积极的推动作用,没有离开利益他人和社会的虚空的所谓个人的尊严。关于这方面的认识,可以参考一下美国心理学家马斯洛的理论,他认为,"真正的道家式的接受性是一个艰难的成就,能听,真正地、完全地、被动地、置身其外地听,没有预先的假定、分类、改良、争辩、估价、赞成或不赞成,没有被说成什么是争斗,没有预先辩驳的排练,没有对被说成什么部分的自由联合,所以,紧接着的部分是根本听不到的,诸如此类的听闻是罕见的。儿童比其父母更能在一种专注和无我的状态下去视听。Kurt Wolff 在他的文章里称此为'屈服'……"(《科学心理学：一个勘察》)[1]；"屈服"就是一种"屈己"，"谦下"也可以说是"接受性"这一心理特征大厦里的一个支柱，它没有预先的"争辩"、"赞成或不赞成"等理性过滤，完全是一种发自内心的自然行为，是个人情感的自然流淌，所以，认为"谦下"要把握一定"度"即分寸的理解，既不是对"谦下"的真正把握，自然也无法抵达"谦下"的港湾。

在另一层面上，谦下屈己的行为，也就是使对方成为他自己的基本保证，对此的理解，同样想以马斯洛的解释来说明，他说：

> 引导一个人去采取接受的、或道家的、或屈服的行为，就是告诉一个紧张的人，他必须放松，他虽想放松，但只是苦于不知如何去做。宁静、镇定、沉着、不为、平和、放松——可能这些词会更好地表达我的意思，虽然它们并非完全正确。在任何情况下，它们持有的有关对恐惧、紧张、愤怒、急躁的暗示，是乐于接受和不干涉的敌人，这表明人必定能够尊重他正在研究和学习的东西，人一定能够让其面对的对象成为它自己，遵从它，甚至赞同它即将成为的样子，并在审视它本有的样子中感到一种奖赏乃至快乐，展示其自身内在的本性，不干扰和不改变而依据观察者的本性特征，不打扰。(《科学心理学：一个勘察》)[2]

"尊重他正在研究和学习的东西"的意思是尊重自己关系中的外在的他者，其具体的体现就是让他们成为他们自己。这对个人而言，要让与自己组成具体关系中的他人成为他们自己，具体的落实就是给他们实现自己的最大的空间，自己必须尽量听从他人的呼声，而不是自己的呼声；他人的呼声就是你自己的心声，这就要求按他人的本性特征来审视他人，与他人同甘苦，这就是真正的谦下美德的心理。

4. 中国哲学救世的需要

20世纪末21世纪初，西方一些思想家提出了惊人的设想，这就是"21世纪是中国道家哲学的世纪"；随着西方人对中国道家哲学认识的深入，他们对

---

[1] [美]马斯洛著，许金声等译：《动机和人格》，华夏出版社，1987年，第95页。
[2] [美]马斯洛著，许金声等译：《动机和人格》，华夏出版社，1987年，第95-96页。

道家哲学所寄予的希望也越来越大,这是西方人面对世界能源枯竭、环境污染、人际关系疏离等危机而思考对策时的结论,这值得我们重视。因为我们历来得到推重的是儒家思想,而不是道家思想,有人把西方的道家研究热称为"墙内开花墙外香"[1],这不无启发的意义。能源枯竭、环境污染就是人对自然采取的连续的傲慢态度和行为的必然结果,人必须尽快确立自己的生命力和生命的源泉在于自然的理念。人无法掌握自己的命运,这是理性的弱点,事实证明:人无法超越这一点!离开对自然的敬畏心理,人就无法摆脱恼人的危机。这需要道家宇宙一体的运思来矫正人类中心主义所带来的偏颇。

就环境污染而言,其中一个直接因素来自战争。21世纪的地球村居民,不仅要面对来自自然的灾难,而且要直面来自人自身的灾难即战争。导致战争的原因虽然较多,但根本原因在人欲望的无限制扩大,希望通过战争来获取其他国家的资源。我在前面虽然说过,在国际境遇里,谦下虽不是一味的忍让,但不是说不需要谦下,国家之间的交往首先要在谦下态度的氛围下进行,这是前提。谦下的前提就是尊重其他国家的主权,中国处理国际事务的五项和平原则,至今仍是颠扑不破的黄金规则。如果每个国家都能够在这个前提下来处理国际事务,那来自战争的灾难就会告别人类。

人际关系疏离直接源于人与人之间应对方法的失调,人际交流的断裂。众所周知,现代化的发展导致人与人之间的贫富差距正在不断加大,几乎99%的人在供养1%的人;换言之,1%的人拥有的资产是99%人口所拥有资产的总和。世界文明发展的方向显示的特点是,富人可以用钱买到有形的一切,诸如权力、享受等。由贫富差距而形成的心理失衡是显然的,再加上现在是数码时代,通过网络可以在虚拟的世界里遨游,但对人积累现实世界行为的能力似乎关系不大,反倒导致人与人之间疏离的现实。道家坐忘、虚静的修养方法对人超越现实世界的羁绊,从而在精神世界中使灵魂得到空灵的洗礼,最终给个人内心世界营造平静和缓的氛围,驱动人智慧地应对现实。

以上这些就是回应西方思想家"21世纪是中国道家哲学的世纪"的惊世认识的实际运思。在今天世界舞台上强权决定世界事务的现实面前,目中有人、心中有他的道德的生活样态如何演绎?是每个地球村居民都不得不面对和认真思考的棘手问题;谦下不失为贯彻和训练目中有人、心中有他的最好

---

[1] 北京师范大学刘笑敢教授就持这种观点。

的心理途径。时代赋予我们实现中国梦的重任,我们必须在世界的舞台上保持谦下的形象,致力于扎实的文化强国建设,从而达到"天下莫能与之争"(《老子》第22章)的状态,而这一切都必须落实到日常生活的谦下美德的践行上,确立"谦,德之柄也"(《周易·系辞下》)在现实生活层面的真实图画。"柄"是根本的意思,这充分肯定了"谦下"之德目在美德家族中的重要地位。

(四)"谦下"的理论基础

要使"谦下"美德真正成为人们心理的品性和行为的自然素质,究明其理论基础是非常重要的。关于这一问题,可以从以下两个方面来加以考察。

1."高下相倾"

"高下"是相互依靠支撑而存在的;"倾"的本义是偏侧,"相倾"就是相互扶持的意思。换言之,谦下美德的理论基础在相互联系性。宇宙万物是一个整体,是互相联系的,人类对自然的利用如果不从这一理论出发,就势必造成对其他物种乃至自然本身的伤害,现在面临的能源枯竭、环境污染的危机本身,就是人类缺乏在相互联系性视角审视问题而带来的行为结果。"故有无相生,难易相成,长短相较,高下相倾,音声相和,前后相随"(《老子》第2章),说的就是这个道理。有无、难易、长短、高下、音声、前后显示的都是相互性的关系,一方成为另一方的条件,离开一方则另一方也无所附丽;如没有"有"的存在,就不可能有"无","有"是与"无"在相互的关系中互相依托的存在,其他的关系也一样。

不仅如此,在物理的层面,"江海所以[1]为百谷王者,以其能为百谷下,是以能为百谷王[2]。圣人之在民前也,以身后之;其在民上也,以言下之。其在民上也,民弗厚也;其在民前也,民弗害也。天下乐进而不厌[3]"(《老子》第66章);江海所以成为众多河川归往的地方,在于它善处低于百谷的地方,故能成为众多河川归往处。这显然是对处下所持有的功能的说明。人类社会的情况也一样,圣人在客观上成为民众的航标,在于他们生活里谦卑而

---

[1] 此处本有"能"字,现据竹简本删去。
[2] "以其能为百谷下,是以能为百谷王",通行本和帛书本为"以其善下之,故能为百谷王",现据竹简本改定。
[3] "圣人之在民前也,以身后之;其在民上也,以言下之。其在民上也,民弗厚也;其在民前也,民弗害也。天下乐进而不厌。以其不争也",通行本为"是以圣人欲上民,必以言下之;欲先民,必以身后之。是以圣人处上而民不重,处前而民不害,是以天下乐推而不厌。以其不争",现据竹简本改定。

身居其后;他们客观上成为民众的尊长,在于其言语谦卑而处下。虽然他们事实上成为民众尊长,但民众从不有意厚重推崇他们;虽然他们事实上成为民众的航标,但民众没有丝毫加害他们的意思。因此,天下乐于进荐推戴他们而从不厌弃。这里必须注意的是,"圣人之在民前"、"其在民上"与"以身后之"、"以言下之"所存在的相互关系。这里的引文是以竹简《老子》为准的,竹简本是迄今老子研究中最为权威的资料,它与王弼通行本的"是以圣人欲上民,必以言下之;欲先民,必以身后之"存在非常大的差异。差异主要表现在"欲上民"、"欲先民"的两个"欲"上,"欲"表示动机,这样的话,"上民"、"先民"就可以理解为目的,"以言下之"、"以身后之"就成为实现目的的手段;"以"的本义是用,这里正是在本义的层面加以使用的。这也是历来对老子思想理解的模式。竹简资料出土后,我们有充分的理由认为,原来通行本的资料并不符合老子整体思想的价值取向,竹简的资料的"在民前"、"在民上"与通行本的"欲上民"、"欲先民"相比,显然是一种客观事实的叙述,没有个人意欲的参与。这样的话,后边的"以身后之"、"以言下之"的"以",显然就不是在本义的层面使用的了,而是用为"因为",是原因的交代,是对前面叙述的"在民前"、"在民上"事实原因的阐释。在这一意义上,竹简本的资料根本没有显示从目的、手段论的层面进行介入并解释的任何可能的尝试,这是非常清楚的,这也比较符合老子道家整体思想的取向。

毋庸置疑,谦下屈己的美德是一种"上德",因为它不张扬,是真正具备道德的表现,"上德不德,是以有德;下德不失德,是以无德。上德无为而无以为,下德为之而有以为……是以大丈夫处其厚,不居其薄;处其实,不居其华"(《老子》第38章),说的就是这个道理。由于谦下是情感的自然流淌,所以,它是"无为"的,是厚实的表现,是真正的有德,即"是以[1]建言有之:明道如昧,进道如退,夷道如颣。上德如谷,大白如辱,广德如不足,建德如偷,质真如[2]渝"(《老子》第39章),在形下的层面,"上德"在低下的川谷那里占据自己的位置。

总之,相互联系性是"谦下"美德的理论基础,"故必[3]贵以贱为本,必高以下为基。是以侯王自谓孤、寡、不穀。此其贱之本欤[4]?非乎?故致数与

---

[1] "是以"通行本为"故",现据帛书本和竹简本改定。
[2] 至此的8个"如"字,通行本为"若",现据帛书本和竹简本改定。
[3] "必贵"、"必高"通行本没有"必",现据帛书本增补。
[4] "此其贱之本与"通行本为"此非以贱为本邪",现据帛书本改定。

无欤[1]。是故[2]不欲琭琭如玉,珞珞如石"(《老子》第41章);毫无疑问,贵以贱为本原,高以下为根基。因此,侯王自称"孤"、"寡"、"不穀"。这是以贱为本原吗?难道不是吗?所以,最高的称誉无须任何夸誉。故不想如玉那样稀少珍贵,而宁可如石那样坚实处下。

2. 柔弱是强大

"谦下"作为美德德目的理论基础,除上面分析的相互联系性以外,还有一个主要的因素,这就是对"柔弱"和"强大"的特别界定。在这个问题上,我们不能以世俗的强弱观念作为标尺来进行理解。实际上,正是这种关于强弱的特别运思,对西方人产生了积极而深远的影响,他们看到了相异于一般世俗强弱概念在现实生活中呈现的正面而实在的影响,这也是促使他们视道家哲学为21世纪所需要的哲学的主要原因,他们寄很大的希望于道家哲学。

一般视野里的"强"就是力量大,在小的范围里就是资产多、钱多,诸如一个家庭、个人等经济力雄厚;在大的范围就是现在时髦说的人均GDP。人均GDP高的国家和地区就是强大的代表,而低的国家和地区自然是弱小的代表,这是没有任何异议的问题。这仅是就经济实力而言的方面,可以称为家力、国力。实际上,在现实生活中,强弱还有更为深层的内容,这就是个体或团体行为里表现出来的强弱,这时的强弱也不是简单的前面所说的由数据支撑的强弱,而是在更为深在的层面表现出来的强硬和柔弱;强硬体现的是刚强的特点,柔弱体现的则是柔韧的特色。当然,在文化的层面,这两者虽然存在差异,但并非毫无联系,强硬和柔弱自然与个体或团体的经济实力存在关联,但经济实力并不是决定性的因素;在这个层面的强弱主要指生命力而言的。

必须注意的是,经济实力和生命力不是必然联系的两个方面。也就是说,经济实力强并不等于其生命力的强大,生命力是个体或团体在不同存在境遇里表现出来的与境遇中其他存在物具备的沟通的能力,它是始终贯穿和有效地调适个体或团体的生命力量。生命力无疑是极具实力的最大化凝聚。在这个意义上,个体或团体的实力如果无法升华到生命力维度的话,就毫无实在的意义,而这种实力的生命力也必然是短暂的。这是必须引起注意的,这也是谦下美德在中华传统美德的殿堂中占有特殊位置的枢机所在。

---

[1] 两个"欤",通行本为"舆",现据帛书本改定。
[2] "是故"据帛书本增补。

在理清了上面的一般容易混淆的问题以后,现在再来具体检点作为谦下美德理论基础的柔弱的具体内涵,这是正确认识谦下所必不可少的方面。对于这个问题的认识,将通过以下的视角来演绎。

首先,强弱的一般释义。为何柔弱是强大?这在于切入的文化视角的选择,"将欲歙之,必固张之;将欲弱之,必固强之;将欲去[1]之,必固举[2]之;将欲夺之,必固予[3]之,是谓微明"(《老子》第 36 章),就是具体的说明。在这里的几组关系里,"歙之"和"张之"、"弱之"和"强之"、"去之"和"举之"、"夺之"和"予之"都是对立的,即想收合它,必坚定地张开它;想弱化它,必坚定地强盛它;想放弃它,必坚定地推举它;想夺取它,必坚定地给予它。这里讨论的强、弱就是其中的一组关系,这种关系的对立性在于"将欲弱之,必固强之","固强之"成为实现"欲弱之"目的的手段;不仅如此,在所有关系里,都有"必"这一副词的强调。反之,如果想让它强大的话,那就弱化它,直至无法找到与它抗衡的对象为止。正是在这个意义上,营建了有别于世俗的强弱观。这种强弱观称为"微明",即貌似幽微而实际显明的哲理。

其次,弱的本质。在理清了作为谦下美德理论基础的强弱的坐标以后,接着要分析的是强弱的本质是什么?基于方便的视野,这里想先从柔弱切入,即"弱者,道之用"(《老子》第 40 章);柔弱是道的本质精神的体现。道是道家老子的一个重要概念之一,众所周知,老子认为,在宇宙世界中存在"四大"即天、地、人、道。显然,人是"四大"之一,他们共同为"自然"所决定,这就是"人法地,地法天,天法道,道法自然"(《老子》第 25 章)告诉我们的道理。在这个意义上,柔弱就是自然精神的体现。同时,柔弱是自然生命力的特征之一;自然状态下的万物是柔软而最具有韧劲的。

那么,何谓强呢?这就是"益生曰祥,心使气曰强"(《老子》第 55 章);有意营生则通向妖祥之境,心机主使醇和之气是逞强的表现。"益生"、"心使气"都是违背自然的行为,因为人的生命是气的自然和谐运动,即"人之生,气之聚也;聚则为生,散则为死"(《庄子·知北游》),人的生命不过是气的聚散,所以,对人而言,真正的强大就在于心气的谐和,因此,"汝游心于淡,合气于漠,顺物自然而无容私焉,而天下治矣"(《庄子·应帝王》)。这里的"漠"通"寞",意思为寂静无声。显然,"游心于淡,合气于漠",是顺物自然而行为的

---

[1] "去"通行本为"废",现据帛书本改定。
[2] "举"通行本为"兴",现据帛书本改定。
[3] "予"通行本为"与",现据帛书本改定。

条件,顺物自然的行为也就是"无容私"的行为;"私"指个人的意念等,这与"心使气"的情况是完全相反的。所以,这是一种逞强,不是真正的强。

再次,生死坐标里的强弱。如果把柔弱是强大的视野置入生死的坐标来加以理解的话,似乎较为容易把握。"含德之厚者[1],比于赤子。蜂虿虺蛇不螫,攫鸟猛兽不搏[2]。骨弱筋柔而握固……终日号而不忧[3],和之至也。和曰常,知和曰明[4]……物壮则老,谓之不道,不道早已"(《老子》第55章),就是具体的描绘。它告诉人们:含德深厚的人,与初生的婴儿不相上下。蜂蝎毒蛇不咬刺他,凶鸟猛兽不搏击他;由于其筋骨柔弱,所以握拳固实而无任何缝隙;成天号哭而任声之自出,但气不逆滞,这是元气醇和的至高境界。醇和成为常备不懈的状态,认识醇和是明慧的举措;万物过分强壮就意味着走上了衰老的旅途,这称为不合道,不合于道就会早早夭亡。自然和谐状态是人生命的最高境地,这是与道合一的自然境地。对人而言,在这种状态下,最具柔韧性,诸如小孩的拳头就握得特别紧,过分强壮就走向夭亡。

所以,"人之生也柔弱,其死也坚强。万物草木之生也柔脆,其死也枯槁。故曰[5]:坚强者死之徒也,柔弱者生之徒也[6]"(《老子》第76章),人活着时候是柔弱的,死后就坚硬了;其他万物、草木的情况也一样。所以,坚硬者属死的一类,柔弱者属生的一类。可以说,这以最为通俗的方法解说了生死的问题,形象幽默。

复次,民生中强弱的具体课题。作为"谦下"理论基础的柔弱是强大的运思,在民生中的具体运用主要在对虚心、弱志的强调,即"是以圣人之治,虚其心,实其腹;弱其志,强其骨"(《老子》第3章)。心志属于人的精神范畴,诸如心理活动、意向等,所以,在社会治理中,柔弱人的心志和充实、增强人的体魄最为重要。社会治理的最高目标之一就是要使民众身体强健,心志柔和,这是必须加以注意的。

最后,强弱的真正辩证法。以上具体运思的分析,就自然描绘了强弱的辩证法图画。主要包含两个方面的内容:一是柔弱胜刚强。"天下莫柔弱于

---

〔1〕 "者"据帛书乙本和竹简本增补。
〔2〕 "攫鸟猛兽不搏",通行本为"猛兽不据,攫鸟不搏",现据帛书甲本和竹简本改定。
〔3〕 "忧"通行本为"嗄",现据帛书乙本和竹简本改定。
〔4〕 "和曰常,知和曰明",通行本为"知和曰常,知常曰明",现据帛书甲本和竹简本改定。
〔5〕 "曰"字据帛书本增补。
〔6〕 两个"也"字据帛书本增补。

水,而攻坚强者莫之能胜,其无以易之。弱之胜强,柔之胜刚,天下莫不知,莫能行"(《老子》第78章)、"柔弱胜[1]强"(《老子》第36章),就是具体内容。水在一般人的眼里是柔弱的代表,但你如果用刀去砍水的话,却砍不断;中国有"滴水穿石"的成语,说的就是水滴不断流淌在石头上,最终把石头穿透;这都是以小胜大、以柔弱制刚强的最好例子。不过,不能忽视的是,柔弱胜刚强的道理虽然大家知道,但是没有人能照此行为。二是强大处下。在现实生活里,逞强也是不能取胜的,即"是以兵强则不胜,木强则烘[2]。故强大居下,柔弱居上[3]"(《老子》第76章);用兵打仗一味逞强是不能胜任的,树木强壮,则容易遭砍伐而被烧毁。所以,真正强大的存在,一般居于卑下的位置;真正柔弱的存在,反而居于占先的位置。强大在低下处找到自己的位置,柔弱在高处占领阵地。强弱生活样态的演绎与其所包含的真意是互相背离的,形下的强是真正弱的表现,形下的柔弱却是真正强的存在。这也正是我们需要加以认真认识的地方,同时也是谦下美德所含价值的深藏之处!

(五)"谦下"的价值特点

一言以蔽之,谦下的价值特点是他人优位。费孝通在社会学方面的造诣是为大家所熟知的,尤其是他深入基层生活而进行调查的社会学方法,值得我们今天的社会科学研究借鉴。他在《乡土中国》里,对中国社会的特征进行了详尽的分析,得出了非常有远见的结论,诸如"我们所有的是自我主义,一切价值是以'己'作为中心的主义"(《差序格局》)[4];在他的视野里,中国社会是一个大网络,由许多小网络组成,每个网络虽然是不同的,但每个网络的中心是相同的,都是"己",这自然是不失睿智的见解。

但是,费孝通总结的情况仅仅是中国社会的现实的特点或特征。在学理的层面,其实存在与此相反的价值追求,这正是我们夯实文化实力战略中需要寻找和利用的资源,这方面的思想与"谦下"存在紧密的联系,成为"谦下"价值图画中的一个显著的特色——他人优位。他人优位主要通过以下几个视角得以呈现。

---

[1] 通行本此处有"刚"字,现据帛书本改定。
[2] "烘"通行本为"兵",现据帛书本改定。
[3] "故强大居下,柔弱居上"通行本为"强大处下,柔弱处上",现据帛书本改定。
[4] 费孝通著:《乡土中国 生育制度》,北京大学出版社,1998年,第28页。

1. 对他人宽容

"谦下"美德要求人具有包容他者的心理素质,老子在讨论万物的生命常则时曾说:"致虚极,守静笃,万物并作,吾以观其[1]复。夫物芸芸,各复归其根,归根曰静。静[2],是谓复命。复命曰常,知常曰明,不知常,妄[3];妄作,凶。知常容,容乃公,公乃王,王乃天,天乃道,道乃久。没身不殆"(《老子》第16章)。在宇宙世界中,如果能保持虚静的状态,万物将会欣赏到来自自己心灵的乐曲,从而因循自己心灵的呼唤来尽情地在现实社会展示自己的人格,这时的私我就完全与社会我达到一致,这不仅是自我的最高境界,也是社会的最高境界,这时的万物展现出巨大的生命力,宇宙万物出现一片生机勃勃的景象,这时也是宇宙规律得到最为典型的演绎,即是一种"复命"的状态。对具体的万物而言,"复命"就是复归本源,这是与常则相切合的状态;对个人而言,认识这种常则是明慧的表现,不认识常则则是虚妄的表现,虚妄轻狂地行为的话,势必陷入凶险之境。因此,认识宇宙常则就能包容一切,内持宽容的心态而行为的话,势必通向荡然公平的境地;进入荡然公平,则必然走向无不周普;进入无不周普,则定与天然合璧;与天然合璧,则是虚无无为之道;虚无无为,则久远悠长,必将终身远离危殆。

有充分理由认为,宽容待人不仅是宇宙规律的要求,而且是个人复归生命本源之情感的自然流淌,这是"谦下"的重要心理因子。而"不能容人者无亲,无亲者尽人"(《庄子·庚桑楚》),无亲的人无法实现他我关系的同一,在当事者的眼里尽是外在于自己的他人。所以,必须对他人宽容,"人皆取先,己独取后……人皆取实,己独取虚……人皆求福,己独曲全……常宽容于物,不削于人,可谓至极"(《庄子·天下》),"取后"、"取虚"、"曲全"的行为之方,在人己关系的坐标里,显示的是对他者宽容的态度,不干涉他者本性的运行,让他者全其性。

2. 不以物害己

虽然"谦下"美德要求宽容他人,但宽容不是毫无原则,这原则就是保持自己的独立人格。人无法如鲁滨逊那样在荒岛上生活,而必须过群体社会的生活。尤其在21世纪的今天,信息化的社会不仅给人们沟通提供了极大的方便,而且信息的透明和快速给人行为的选择和调适提供完美的辅助,现实

---

[1] "其"据帛书本增补。
[2] "静"据帛书本增补。
[3] "妄"据帛书本增补。

生活中的多变就是这种氛围下自然的产品;在多变的社会中生活,个人无时不受到外在他物的诱惑和影响,何去何从这样简单的问题,有时往往成为成年人的难题。原因之一,信息化是伴随着人的价值观的快速变化而进行的。众所周知,现代交通的发达,使人周游世界成为可能,在这种大跨度的移动成为可能的 21 世纪,人们在面对来自同性恋婚姻合法化的对传统婚姻定义造成颠覆的冲浪时,以及来自大麻合法化的对人类理性价值形成冲击时,人们如何调适自己的行为,如何保持自己的人格不变,的确存在严峻的挑战。

大家不难想起,老子有一段关于众人追求欲望而熙熙攘攘,"我"(即老子本人)却能冷静地察看现实而依归自己的本性的描绘,即"众人熙熙,如享于[1]太牢,而[2]春登台。我独泊兮,其未兆,如婴儿之未孩。儽儽兮,若无所归。众人皆有余,而我独若遗。我愚人之心也哉,沌沌兮。俗人昭昭,我独若[3]昏;俗人察察,我独闷闷。忽呵,其若海。恍呵,其若无所止[4]。众人皆有以,而我独顽以[5]鄙。我欲[6]独异于人,而贵食母"(《老子》第 20 章)。意思是,众人熙熙攘攘,好不热闹,仿佛参加最高级别的宴飨,又如春意盎然之际登台观望自然景色,到处炫耀;众人皆有余,不仅炫耀而光彩夺人,而且苛察精明且严厉,有所施展并追求世俗之用;他们是多么疲惫而狼狈不堪啊,仿佛无处可归。在这样五彩缤纷的世界里,我却独自信守淡泊宁静的行为之方,远离熙熙攘攘的场面而不显示自己,好像没有经历嬉笑的婴儿一样淳朴,偏偏好像匮乏不足;我的质朴而无识无见之心,多么淳厚而浑然啊;我保持无识无为而昏暗无光,沉默不响而无所察,仿佛愚昧无知和鄙陋不惠。即使在这样纷繁的现实世界,我仍能保持心灵的宁静,从而超脱现实的纷扰,从而领略到宇宙的幽远而广大,它仿佛深不见底而湛蓝的大海;多么飘动而难以名状啊,仿佛没有穷极的真实存在。我喜爱独自与他人相异,而重视依归大道来行为。自己始终是自己,决不成为他人的牺牲品。

谦下美德也要求个人不为外物所限制,不能成为外物的牺牲品,而应该保持自己之所以为自己的本质,即"知道者必达于理,达于理者必明于权,明

---

[1] "于"据帛书本增补。
[2] "而"通行本为"如",现据帛书本改定。
[3] "若"通行本为"昏",现据帛书本改定。
[4] "忽呵,其若海。恍呵,其若无所止"通行本为"澹兮,其若海。飂兮,若无止",现据帛书本改定。
[5] "以"通行本为"似",现据帛书本改定。
[6] "欲"据帛书本增补。

于权者不以物害己"(《庄子·秋水》),这是基于价值判断的表述,意思是懂得大道的人必定通达于理,通达于理的人必定明白应变,明白应变的人定然不会因为外物而损伤自己。

另一方面,还有不拿自己的人格与外物做交易。庄子在讨论大人的人格时说:"海不辞东流,大之至也;圣人并包天地,泽及天下,而不知其谁氏。是故生无爵,死无谥,实不聚,名不立,此之谓大人。狗不以善吠为良,人不以善言为贤,而况为大乎!夫为大不足以为大,而况为德乎!夫大备矣,莫若天地;然奚求焉,而大备矣。知大备者,无求,无失,无弃,不以物易己也。反己而不穷,循古而不摩,大人之诚。"(《庄子·徐无鬼》)什么是大?诸如大海不停向东流淌,圣人包容天地、恩泽施及天下百姓而百姓却不知其姓名,这就是大。因此,大人是那些生前没有爵禄而死后没有谥号、没有财物的聚敛、没有名声追求的人。换言之,因循自然而行为,不为个人一己的利益追求,而为民众谋取利益的行为就是大;正是在这个意义上,仅仅善于言说就无法称为贤者。大不是有意而为的即"夫为大不足以为大";故宏大而完备,莫过于天地;然而天地尽管不求取什么,却是宏大而又完备的存在。认识宏大而完备的行为,没有任何追求,没有任何丧失,没有任何舍弃,不因外物而改变自己之所以为自己的本质,从而依归自己本性、因循亘古不变的规律而自然行为。这里要注意的是"不穷"和"不摩","穷"是极力寻找即穷究的意思,如穷物之理用的就是这个意思;"摩"是研究、仔细琢磨、估量、推测的意思,如揣摩,强调的是自然无为,这一点也正与前面提到的谦下是没有具体"度"的限制的内涵相一致。显然,这里的"不以物易己"是基于事实判断的叙述,在内容的实质上与前面的"不以物害己"是完全一样的。要做到这样,关键在能否以大道为自己的食粮,这是形成人格分际的分水岭。在现实生活里,"丧己于物,失性于俗者"(《庄子·缮性》),是悖于人性自然的现象,必须予以否定。

不过,要注意的是,虽然谦下美德表现出"不以物害己"、"不以物易己"的特色,但在总体上,又"静以须人"(《黄帝四经·十大经·观》),而"不剸(专)己"(《黄帝四经·称》),是一种与人协调共作的和谐关系,也就是庄子所说的"顺人而不失己"(《庄子·外物》)的行为追求。

3. 与人己愈多

虽然在人际关系里保持自己的独立人格,不为外物而动非常重要,但对个人而言,这仅仅是宏观上对自己的把持;在微观的层面,每个人都生活在非常具体的现实里面,其中一个无法回避的问题就是不得不与他人发生联系;

在联系的视点上,利益关系又是其根本的课题,这是客观的事实,回避就是虚伪的表现。谦下美德图案里的他人优位的特点,要求人在给予他人的前提下来谋划自身利益的满足,在扶持他人价值实现的前提下来运思自身价值的确证,这是非常重要的。

审视我国的实践,在利益问题上,以前我们强调"大公无私"。其实,没有个人利益的满足,公共利益到哪里落实?公私是紧密联系的两者,是依存的关系,而不是对立的关系,这是首先要确立的前提,没有这个前提就无法讨论公私乃至营建社会主义的大厦。在这个问题上,需要解决一个问题,以矫正误解。大家知道,古代文化中有对立道德和利益两者关系的运思,诸如"君子喻于义,小人喻于利"(《论语·里仁》),就是最好的例子。君子和小人显然不是在人格上加以讨论的,当时代表的是两个不同的社会位置,君子代表的是道德,小人代表的是利益。我们不禁要质问,为何在社会上层的君子代表道德,下层的百姓代表的是利益?但是,一个客观的现实是君子的生活是由百姓所谓的小人来实际保证的,没有小人,君子的生活就无法保证,也就无法实现生存;换言之,君子是现实生活中利益的实际占有者,小人生产利益而不持有实际的利益。这时的道德无疑具有虚伪性。

顺着君子、小人在利益上对立的运思,至今仍使人们记忆犹新的是,"见得思义"(《论语·季氏》)、"见利思义"(《论语·宪问》),这仍然是把道德和利益问题捆绑纠葛在一起的情况。道德就一定要和利益对立起来吗?或者说,为何道德要成为衡量利益的标准?"见得思义"、"见利思义"都表明一个事实,就是在"见得"、"见利"时,必须思考是否符合道德标准即"义"。在利益是道德基础的认识上,道德与利益不该对立,只能是伙伴,处理好各种利益关系自然成为道德真正切近生活的关键,而不能反过来,道德成为利益的标准。道德不是硬性的规则,与法律是相异的,因为相同内容的道德在不同的人那里会有不同的解释。就这里作为例子说明的"见得思义"、"见利思义"而言,道德的"义"是为血缘关系所决定的;这样的话,在不同的血缘关系里,相同的道义就有了不同内容的解释,真正代表民众的道义是不存在的。这仅是问题的一个方面。另一方面,以利益为基础的道德,如果反过来成为决定利益的标准的话,本身就成为没有基础的空中楼阁、虚空的存在,自然缺乏说服力,这也是形成民众视道德为空虚物的根源。这一现实必须尽快改变,决定利益的标准必须是法律,而不是道德;对个人而言,符合法律规定的利益就可以获取,这是唯一的标准。在这个意义上,"见得思义"、"见利思义"就必须改成

"见得思法"、"见利思法"。这是必须尽快扭转的看法,不能再用道德这根缺乏精确性和虚伪性的棍棒来打击人。

  谦下美德要求人在利益的追求中,以他人利益为第一位;个人在国家的关系坐标中,以国家利益为最大的利益追求,在追求国家利益的获取中实现个人利益的满足。这是个人与国家双赢的模式的要求,绝对不是相反的取向,即在个人利益的追求中来保证国家利益的实现,这是我们在夯实文化软实力的实践过程中始终必须加倍注意的地方。道德不是简单的"我为人人,人人为我",因为人人是空洞的、含糊的、不具体的,我本身也是人人之一;这是一个方面。另外,"人人为我"是"我为人人"行为对外在他者的一种期望,一种效果的预设,但作为一种效果追求仅仅是一种假设,由于是不现实的实有,所以无法对"我为人人"形成有效的助推力。道德只能是目中有人、心中有他,是我心中有他人,我目中有他人。这一理念在古代思想资源中也有丰富的积淀,诸如"圣人无[1]积,既以为人,己愈有;既以与人,己愈多"(《老子》第81章),就是说明:我为他人做得越多,我自己就越持有,我给予他人越多,我自己就越富有。显然,个人持有的多少不是物质利益占有的多少,而在于与他人分享物质利益的多少,分享的越多,自己就越富有。毋庸置疑,这在人类文明史中是一种独特的智慧,这对21世纪的富人们难道没有震动吗?! 尤其是一些国家的富人,为了逃避自己国家的高税收,而把公司转移到其他税收比率较低的国家,也正是在这一点上,显示出西方思想家提出的21世纪是中国道家哲学的世纪的敏锐智慧之处。

  这种与人己愈多的运思,在中国道德思想史上得到了继续,诸如"古之真人,知者不得说,美人不得滥,盗人不得劫,伏戏(伏羲)黄帝不得友。死生亦大矣,而无变乎己,况爵禄乎!若然者,其神经乎大山而无介,入乎渊泉而不濡,处卑细而不惫,充满天地,既以与人,己愈有"(《庄子·田子方》),就是例证。意思是古时候的真人,最有智慧的人不能说服他,最美的女人不能使他淫乱,强盗不能够抢劫他,就是伏羲和黄帝也无法跟他结为朋友。死与生也算得上是大事情了,却不能使他有什么改变,更何况是爵位与俸禄呢?像这样的人,他精神穿越大山不会有阻碍,潜入深渊不会沾湿自己,处身卑微不会感到困乏,他的精神充满于天地,将全部奉献给他人,自己却越发感觉到充实富有。自己与他人处在一体之中。把自己持有的多少与人分享联系在一起,

---

[1] "无"通行本为"不",现据帛书本改定。

这在心理的层面,是一种"无欲"的状态。当然,"'无欲'就不是停止欲望或没有欲望,而展现的是谦恭的欲望(deferential desire)的成就。欲望,当它是基于同这个世界的非强制性关系(无为),和对这个世界的反映性认知(无知),那么,它就不是靠占有、控制或毁灭定形的欲望,而纯粹是由赞美和欣赏塑造的,它是敬意。由那些理想的东西引发的欲望是因为它们值得欲求。但是那些值得欲求的东西本身也必须是谦恭的,即它们不能要求被期望,要求被期望就是在运用某种类似催眠术的东西控制欲者。在一个充满过程和现象的世界里,事物间的区分都只不过是约定和暂时的,欲望的预测根据的是个体在任何既定时刻都可以'放开'的能力。正是在这个意义上,我们说'无欲'是一种非分解、非客体化的欲望"(《哲学引论》)[1];"为人己愈有"、"与人己愈多"正是以"非分解、非客体化的欲望"为基础的心理,自己欲望的实现在与他人的分享中。

谦下美德的他人优位的图案特征,作为中国古代的优秀文化资源,在道德与利益长期对立的文化演绎中,一直是资源的零利用;这让人震惊与遗憾的同时,也使我们感到欣慰,因为它仍是世界文明舞台上闪烁金光的道德戒律,也是西方发达国家优化文明实践急需的文化武器,这也正是中华传统美德走向世界舞台展示其文化魅力最好体现。

(六)"谦下"的功效

中国梦的真正实现,离不开文化强国的支持。作为美德德目的"谦下",在"为人己愈有"、"与人己愈多"图案的实践描绘中,自然会营造一种让他人感到舒适的外在环境,这是健康的软性环境。在这样舒适的氛围里,个人的内在潜力最能得到自然的发挥,个人内在潜力的充分发挥,这一社会实践的结果,就是社会最大合力的自然积淀。这也是"谦下"作为中华传统美德德目之一的重要理由的再次认证,以及其价值的又一次确证。

1. "劳谦虚己,则附之者众"

就功效而言,"谦下"美德具有凝聚力。"满招损,谦受益"的名言是众所周知的,这出自"惟德动天,无远勿届,满招损,谦受益,时乃天道"(《尚书·大禹谟》);意思是骄傲自满招致损害,谦逊虚心得到益处,这是天道自然的道

---

[1] [美]安乐哲(Roger T. Ames)、郝大维(David L. Hall)著,何金俐译:《道不远人——比较哲学视域中的〈老子〉》,学苑出版社,2004年,第51页。

理。魏晋时期道教的创始人葛洪对"满招损,谦受益"的思想又有进一步的发挥,他说:"生乎世贵之门,居乎热烈之势,率多不与骄期而骄自来矣。非夫超群之器,不辩于免盈溢之过也。盖劳谦虚己,则附之者众;骄慢倨傲,则去之者多。附之者众,则安之征也;去之者多,则危之诊也。存亡之机,于是乎在。轻而为之,不亦蔽哉!"(《抱朴子·刺骄》)这里不仅对"谦"做了"劳谦虚己"的规定,这里融进了"劳"和"虚己"的新因子,这说明谦逊不是空而无实的存在,而是持有资本的"劳",但在现实生活中谦逊的人却不居此为傲,反而谦下待人;而且还对"益"的具体内容进行了更为明确的说明,即"附之者众",也就是响应的人多,这是走向安定的征兆。作为谦下的对立面而存在的骄傲,则是一种"骄慢倨傲"即人们常说的傲慢,结果是人们离你而去,这是走向危险的症状。所以,谦下和骄傲直接连接着存亡,如果轻慢地对待的话,就是不明智的行为。

2."好谦者忌盈"

上面提到"满招损"的"满",是骄傲的意思。需要注意的是,这里的"满"不是恰到好处的"满",而是超过一定度的"满"即过于自满。《荀子·宥坐》中记载着一个发生在孔子与弟子及守庙者之间的何谓"满"的故事:孔子到鲁桓公之庙时看到一个倾斜的器皿,于是问守庙者"此为何器",守庙者回答说,"这大概是君主放在座位右边来警戒自己的器皿"。孔子一边说,"我听说君主座位右边的器皿,空着就会倾斜,灌入一半水就会端正,灌满水就会翻倒",一边回头对学生说:"向里面灌水吧!"学生舀了水去灌它,灌了一半就端正了,灌满后就翻倒了,空了就倾斜着。孔子感慨地叹息道:"唉!哪有满了不翻倒的呢?"子路于是说:"我想大胆地问一下持满有什么方法吗?"孔子说:"聪明圣知,守之以愚;功被天下,守之以让;勇力抚世,守之以怯;富有四海,守之以谦。此所谓挹而损之之道也。"[1]也就是说,聪明圣智,要用素朴来保持它;功劳惠及天下,要用谦让来保持它;勇敢有力而能压住世人,要用怯弱来保持它;富有四海,要用谦下不自满来保持它。这就是所谓的抑制并贬损自满的方法。值得注意的是,"守之以让"、"守之以谦"在此具有相同的意思,

---

[1] "孔子观于鲁桓公之庙,有欹器焉。孔子问于守庙者曰:'此为何器?'守庙者曰:'此盖为宥坐之器。'孔子曰:'吾闻宥坐之器者,虚则欹,中则正,满则覆。'孔子顾谓弟子曰:'注水焉!'弟子挹水而注之,中而正,满而覆,虚而欹。孔子喟然而叹曰:'吁!恶有满而不覆者哉!'子路曰:'敢问持满有道乎?'孔子曰:'聪明圣知,守之以愚;功被天下,守之以让;勇力抚世,守之以怯;富有四海,守之以谦。此所谓挹而损之之道也。'"(《荀子·宥坐》)

都是谦让、谦逊、谦下的意思,而"功被天下"、"富有四海"则是对谦让、谦下持有功效的直接回答。

由于"满"是脱离正常轨道的自满,是一种"盈"即溢出来了的状态,由于"有大者,不可以盈,故受之以谦"(《周易·序卦传》),谦下而不自满是保持盛大的必要条件,故"夫藏多者亡厚,好谦者忌盈"(《抱朴子·安贫》),"忌盈"是忌讳盈满的意思。这里的"藏多者亡厚"正是前面讨论的"为人己愈有"、"与人己愈多"的相反的表达,其意思是一样的。这也是管子法家与道家老子相融通的地方之一;管子则提出了"天之道,满而不溢,盛而不衰;明主法象天道,故贵而不骄,富而不奢,行理而不惰,故能长守贵富,久有天下而不失也"(《管子·形势解》)。"满而不溢"是一种恰到好处的状态,这就是天道,这不是"中道",这里是"满而不溢",是长久持有富贵、天下的最好的方法。因为,"持而满之,乃其殆也;名满于天下,不若其已也;名进而身退,天之道也;满盛之国,不可以仕任;满盛之家,不可以嫁子;骄倨傲暴之人,不可与交"(《管子·白心》)。

以上是就满、溢而辩说的。就"谦下"而言,本身就含有处下的意思。在物理的世界里,水就是处下的最好的说明,管子认为,"地者,万物之本原,诸生之根菀也,美恶贤不肖愚俊之所生也。水者,地之血气,如筋脉之通流者也。故曰:水具材也。何以知其然也?曰:夫水淖弱以清,而好洒人之恶,仁也。视之黑而白,精也。量之不可使概,至满而止,正也。唯无不流,至平而止,义也。人皆赴高,已独赴下,卑也。卑也者,道之室,王者之器也,而水以为都居"(《管子·水地》);地虽是万物的本原,但水是地的生命的源泉;因为水柔弱而且清白,善于洗涤人的秽恶,这是它的仁;看似黑色却为白,这是它的精实;量水是不必如量米粟时用木板即"概"来刮平斗斛,满了就自动停止,这是它的正;不拘什么地方都可以流去,一直到流到平衡而止,这是它的宜。一般人皆攀高,水独处下,这是它的谦卑。谦卑是"道"留置的地方,是帝王的器质,而水就是以谦卑作为聚积的居处。

总之,"谦下"美德具有凝聚民众的功效,"谦下"不是一种毫无条件的谦卑,而是以"劳"即实际劳作为实功基础的,劳能保持在非常充实的状态而不自满即不居功自傲,如果自满就是一种"溢",在"溢"的状态,就无法固守于持满的状态,因为"溢"与"出"是紧密联系的即溢出。《周易·谦》卦的象辞有"天道下济而光明,地道卑而上行。天道亏盈而益谦,地道变盈而流谦,鬼神害盈而福谦,人道恶盈而好谦"的记载。意思是,天道体现"下济而光明"、"亏盈而益谦"的特点;不自以为高,必下行与地相交以显现其光明;不自以为盈,必亏损盈满以补益不足;这就是由"谦下"而亨通的道理。地道体现"卑而上行"、"变盈而流谦"的特点;虽处卑下而上行以与天相交,依归"变盈而流谦",高岸为谷,江河东注,同样体现了由谦下而亨通的道理。自然是阴阳二气的往来屈伸,在中国古代文化中,"鬼"是气之往,往者归也,"神"是气之来,来者伸也,因而有往必有来,有屈必有伸,为了促使这种运动得以有序地进行,保持生态的平衡,以盈满为灾害,以谦下为福德即"害盈而福谦",这是一种损有余以奉不足的图画。人道体现厌恶盈满爱好谦下的特点。显然,这是在天地人"三才"的视野里认识,具有哲学整体论的意义,人道是源于天地之道、鬼神造化之迹的启示。这是必须注意的。

(七)"谦下"的价值目标

在中华传统美德的承扬实践中,把"谦下"作为美德德目,是与其价值目标的预设紧密联系的。这主要表现在两个方面。

1. 柔弱战胜刚强

21世纪的今天,当我们面临越来越频繁的世界经济危机的侵袭时,我们不得不清醒的是,经济危机来自人类自身的弱智,自1969年至今评出的诺贝尔经济学奖,这些都是具体时代认识水准的反映,迄今对经济的本质规律仍然没有找到最为贴切的回答,这也是人类自身陷入危机折磨的原因所在。这需要人们超出常规来思考一些熟视无睹的问题,以及对已经成为共识的部分来个重新认识。

另一方面,人类文明史昭示我们,人类文明的发展是以人类理性的进步为中心来进行定位和引入问题的,而人类理性发展的取向无疑又走着与宇宙自然相矛盾的路径;就政治文明而言,以前是依靠武力来占有版图,现在是依靠武力来占有资源,虽然内容相异,但本质毫无二致。以武力来解决世界范围内的争端,其实质是以强凌弱,庄子有一段关于文明演进规律的论述,至今仍不失睿智:

且吾闻之,古者禽兽多而人少,于是民皆巢居以避之,昼拾橡栗,暮栖木上,故命之曰"有巢氏之民"。古者民不知衣服,夏多积薪,冬则炀之,故命之曰"知生之民"。神农之世,卧则居居,起则于于,民知其母,不知其父,与麋鹿共处,耕而食,织而衣,无有相害之心,此至德之隆也。然而黄帝不能致德,与蚩尤战于涿鹿之野,流血百里。尧舜作,立群臣,汤放其主,武王杀纣。自是之后,以强凌弱,以众暴寡。汤、武以来,皆乱人之徒也。(《庄子·盗跖》)

居室、衣服、种植等是人类文明进步的不同的台阶,此时,人与人之间没有"相害之心",是"至德之隆"的时代;从黄帝开始,到尧舜以后,文明演进的轨迹是"以强凌弱,以众暴寡"的图画。

毋庸置疑,当今世界的特点仍然与此相符。所以,谦下美德就是要通过一种不同的运思方式,来开拓世界文明的疆域,拓宽实现文明方式多样性的内涵。"以强凌弱"是以武力决定权利的残暴行为,在21世纪的今天,以柔弱胜刚强就是超越"以强凌弱"的一种方式;水看起来最为柔弱,你以什么容器盛装它,它就是什么样式。但是,"天下莫柔弱于水,而攻坚强者莫之能胜,其无以易之。弱之胜强,柔之胜刚,天下莫不知,莫能行"(《老子》第78章)。事实告诉我们,以强制强发生效用的空间越来越小;此时,我们难道不要聆听"柔弱胜刚强"(《老子》第36章)所包含的深刻道理吗?不应尝试一种与以强制强带来的对环境的破坏、对生命的戕害相反的对生命的尊重、对环境的敬畏的方法?

2. 大者宜为下

中国是世界上人口最多的国家,自然是大国;但是,一个事实是,大国不等于强国。所以,我们要进行强国的建设。文化强国又是强国建设中的重要的一个部分,因为任何现代化没有文化驱动的话,就不可能成为真正的现代化,这是为世人所认同的共识。在现今的世界文化市场上,西方主导的现实是不难发现的,美国迪斯尼落户中国上海,其基本理由之一就是能带动周边的经济。换言之,迪斯尼项目落户上海是因为能给中国带来好处即经济的利益;在文化的视角,这就是用西方文化来驱动中国经济。试想,我们什么时候能够用中国固有的文化来驱动我们自己的经济,并最后驱动世界经济。只有走进用中国文化驱动世界经济的大门时,才能给中国人带来实惠,这就是文化造福人类的意义所在;如果走不到这一步,那无论你自己认为自己多么有文化,都是毫无意义的。现在中国的情况也是这样,我们有5000年文明历史,但是,我们的文化在世界上实际生发的影响仍非常有限。谦下作为中华传统美德德目的价值目标之一,就是启动中国强国梦的文化驱动轮。

谦下与强国的文化渊源,在中国古代文化中已经揭示昭然,"大邦者,下流也,天下之牝也,天下之交也。牝恒以静胜牡,为其静也,故宜为下也[1]。故大邦[2]以下小邦,则取小邦;小邦以下大邦,则取于[3]大邦。故或下以取,或下而取。故大邦者,不过欲兼畜人;小邦者,不过欲入事人。夫皆得其欲,则大者宜为下[4]"(《老子》第61章),就是最为系统和精妙的表述。大国对小国谦下,就可以取得小国的信赖;小国对大国谦下,就可以取得大国的支持。因此,或者是大国以谦下取得了信赖,或者是小国以谦下得到了支持。大国不过想令小国归附,小国不过想令大国包容,"谦下"能使两者各得其所愿。不过,实践证明,真正的大者适宜于处下。这是因为,在下者由于习惯于处下,不患乎不能下;大者不在人下,要操行处下的行为,必须具备相应的素质;可以说,处下是大者真正走向强大的心理训练,这一训练拓宽了大者原本的空间,最终走向没有他人能与其相争的强大位置。

个人的生活实践也一样。众所周知,海纳百川,有容乃大;大海的蔚为壮观,就在于其居下的位置。真正强大国家的情况也一样:她是天下人前往的目的地,是众人归附、聚集的地方,是充满吸引力和蕴藏无限生机的地方。个人要想成功,就要吸引聚集大量的有利资源,只有谦下才能具备更好的吸引条件,这是成功的必备美德,也是合道的运行规律;所有的成功者都要以江海为榜样,只有拥有汇集百川的胸襟,才能成就惊世骇俗的伟大事业。

显然,谦下的两个不同客观效果,都是在主体尊重客体的前提下进行的,离开这个就不是谦下,这也正是我国迄今一直坚持"五项和平共处原则"的道理所在,也是真正走向强大的枢机所在。谦下美德是我们从大国走向强大行列的文化枢机。

柔弱、"谦下"与刚强、强大的联系,在世界的舞台上,虽然为西方的学者所赞叹和关注,但仍然没有走进世俗文化的领域,这也正是我们今天承扬中华传统美德的必要和最佳的时机。

---

[1] 此段通行本为"大国者下流。天下之交,天下之牝。牝常以静胜牡,以静为下",现据帛书本改定。

[2] 所有"邦"字据帛书甲本改定。

[3] "于"字据帛书本增补。

[4] "故大邦者,不过欲兼畜人;小邦者,不过欲入事人。夫皆得其欲,则大者宜为下",通行本为"大国不过欲兼畜人,小国不过欲入事人,夫两者各得其所欲,大者宜为下",现据帛书本增补。

(八)"谦下"的实践途径

"谦下"作为美德德目在心理的层面占有自己的位置,但谦下要真正成为个人的心理素质,离不开实践。就实践而言,我认为,可以在以下两个方面来切入和下工夫。

1. 不争

《尚书》中记载着这样一个故事,即"帝曰:来,禹……汝惟不矜,天下莫与汝争能;汝惟不伐,天下莫与汝争功"(《尚书·虞书·大禹谟》);"矜"是自大、自夸的意思,诸如矜夸即自我夸大的意思;"伐"是自夸的意思,诸如伐善即夸自己的好处。其实,矜伐就是"矜"和"伐"的组合,表示恃才夸功、夸耀自己的意思。在完整的意义上,就是操持谦虚的行为之方来实现客观上的"莫与汝争能"、"莫与汝争功",这其实与道家不争的运思异曲同工。道家"天之道,利而不害;圣人之道,为而不争"(《老子》第81章)的智慧告诉我们,天道自然利益宇宙万物而不是加害他们,圣人之道努力因袭自然规律而不与他人争利,所以,"是以圣人处上而民不重,处前而民不害,是以天下乐推而不厌。以其不争,故天下莫能与之争"(《老子》第66章),圣人"乐推"的事实说明,天下没有他人能够与他相抗争,其原因就在于"以其不争"。

现实生活是客观的,其中会有许多矛盾和纠纷,遇到这样的情况,以宽容的态度来对待最为重要,不与他人相争,并主动谦让;这不是回避矛盾,而是在制怒的前提下采取文明的方式、寻找依据规则来解决的途径。在生活中坚持不争,是谦下实践的最为现实的课题,这也是便于个人自己坚持自己是否谦下的简易的方法。要真正做到这一点,需要我们认真体会天道精神,"善为士者不武,善战者不怒,善胜敌者不与,善用人者为之下。是谓不争之德,是谓用人之力,是谓配天,古之极"(《老子》第68章),"不武"、"不怒"、"不与"等都属于"不争之德",这是一种在营造谦和氛围的境遇里,与他人实现别样心灵沟通的方法,从而达到矛盾的解决,这不是一种一般的"用人之力",因为一般的"用人之力"是对他人的利用,不是以他人为目的本身的行为,而这里的"用人之力",是在别样的谦和忍让的氛围下来化解与他人的对立情感的力量,从而达到把他人之力引向和谐境地的一种别样的力量。这是必须注意的。

2. 自我修养

其实不争行为之方的最终实践本身就是一种修养,这里把修养作为一种实践方法来定位,是为了彰显修养在谦下美德演绎过程中的重要性。其实,这也是中国古代的一贯的思想,《周易·谦》卦的象传有"谦谦君子,卑以自牧也"的记载,这里"自牧"的"牧",是治理的意思,"自牧"就是自我治理的意思,自我治理就是自我修养。"物格而后知至,知至而后意诚,意诚而后心正,心正而后身修,身修而后家齐,家齐而后国治,国治而后天下平。自天子以至于庶人,一是皆以修身为本"(《礼记·大学》),这就是一般被作为代表运思的"八条目"。对格物、致知、诚意、正心、修身、齐家、治国、平天下的"八条目",几乎迄今的研究很少对此提出质疑,一直作为"内圣外王"[1]之道来定位;当然,从内到外的取向是非常明显的。但是,这不过是一种美好的追求,因为它没有提出如何可能的任何思考,这是最大的问题所在,汉学家余英时已经意识到"外推"所面临的难题,他说:

> 然而"内转"和"外推"有一最大相异之点,即前者可由"君子"自作主宰,所谓"为仁由己"是也。其关键仅在个人能否"立志",如孔子的"吾十有五而志于学"(《论语·为政》),以及"立志"之后又能否持之以"恒",如孟子所谓"无恒产而有恒心者,唯士为能"(《孟子·梁惠王上》)。但后者——"外推"——却遇到了一个不是个人意志所能随便转移的外在世界。这是儒家自始以来所面临的最大难题。《论语·尧曰》的末章记孔子论"君子"之言曰:"不知命,无以为君子也;不知礼,无以立也;不知言,无以知人也。""命"、"礼"、"言"三者都外在于"君子",但都是"君子"所必须了解的。(《儒家"君子"的理想》)[2]

余氏虽然指出了这是一个难题,同时指出君子必须了解外在的"命"、"礼"、

---

[1] "'君子'在道德修养方面必须不断地'反求诸己',层层向内转。但是由于'君子之道'即是'仁道',其目的不在自我解脱,而在'推己及人',拯救天下。所以'君子之道'同时又必须层层向外推,不能止于自己。后来《大学》中的八条目之所以必须往复言之,即在说明儒学有此'内转'和'外推'两重过程。这也是后世所说的'内圣外王'之道。简单地说,这是以自我为中心而展开的一往一复的循环圈。一部中国儒学史大体即是在此循环圈中活动,其中因为各家畸轻畸重之间的不同,对'内''外'之间的关系的理解的不同,所持的理论依据的不同以及各时代具体的社会背景的不同,儒学史上先后曾出现了种种不同的流派。但这一切的不同都没有跳出上述的循环圈。而这一循环圈远在孔子的时代便已开始了。"(《儒家"君子"的理想》,见余英时著:《中国思想传统的现代诠释》,江苏人民出版社,1995年,第124-125页)

[2] 余英时著:《中国思想传统的现代诠释》,江苏人民出版社,1995年,第126-127页。

"言",不过,他并没有明言是否可能的问题。其实,这是最为关键的问题。余氏并没有跳出一般认识的局限。

中国人虽然把古人的学问置于"内圣外王"的高度来进行认识,但并没有切入如何可能的视角,学理研究始终与现实处于分离的状态。由于缺乏任何可能的考虑,所以,"八条目"在历史上起到的作用也是非常有限的,这与我们实际重视"八条目"的情况是相悖的;换言之,"八条目"仅仅是摆设,没有真正走进个人的修养生活,没有真正对个人的修养起作用。人与人之间存在的差异是客观的,没有统一的修养标准,每人的修养也势必相异,这种相异如何在齐家、治国、平天下上实现统一呢?这又是一个二律背反。可悲的事实是,中国道德思想史上,并非没有对如何修养问题的运思,只是为我们主观的臆想选择所遮盖住了罢了,这就是"善建者不拔,善抱者不脱,子孙以祭祀不辍。修之于身,其德乃真;修之于家,其德乃馀;修之于乡,其德乃长;修之于国,其德乃丰;修之于天下,其德乃普"(《老子》第 54 章)告诉我们的道理。这里不是简单的修身,而是"修之于身",在语言表达的形式上,多了"之于"两个字。不过,非常遗憾的是,历来的研究对这一细微的文献差异并没有给予足够的重视。[1] 差异虽然貌似细微,其实所携带的意思是非常深在的,在文化的维度,这一深在的意思具有革命的意义。具体而言,这里的"之"是"道"的意思[2];在这个意义上,修身、齐家、治国、平天下的实践就不是空洞的说辞了,而变成了修道的实践历程,虽然实践的领域在不同的身、家、国、天下那里进行,但其实践的内容都是相同的,就是对道的本质的体得,这就是共同的标准。修身实践虽然是个人的,但它们具有的课题是一样的,这是我们历来的盲区,是否与我们目前存在的道德滑坡等危机现象存在必然的联系,是一个完全可以进行开放讨论的问题,起码下面安乐哲等人运思是值得我们重新思

---

[1] 参考许建良:《修身模式的儒道之维》(一)(《孔孟月刊》第 49 卷第九、第十期,2011 年 6 月 10 日,第 4-10 页)。

[2] "道家的'道'关注的焦点就是'敬意'在诸种关系的建构和持存中所起的决定性作用。正如我们前面所谈到的,在一种过程论思想中,'完整'是个体在一个各种现象交织的语境中能够获得的完美的关系群,它不是'是一',而是'生成一'。'敬意'包括某种'让步'(或者别人的'退让'),这一'退让'基于个体在自我修养过程中对'公共道德'的承认。充满敬意的行为要求个体能够真切地站在别人的立场考虑问题,并且通过这样做,将敬意的目标与自身品格发展合而为一。这样,个体自身加强了的品性就有可能获得被他人崇敬的资格。"(《哲学引论》,[美]安乐哲(Roger T. Ames)、郝大维(David L. Hall)著,何金俐译:《道不远人——比较哲学视域中的〈老子〉》,学苑出版社,2004 年,第 46 页)

考一些问题的,即"创造力却是反自身性的,作用于自身且与自身息息相关……所以,创造力就既是自我创造又是共同创造。正是这所有创造过程互动、互生的特性才会使得'自我修养'和'自我创造'不会沦为'自我欣赏'的自我中心主义。"(《哲学引论》)[1]

在以上的认识基础上,谦下目标的自我修养,就不再是原本意义上的个人修养了,而是以社会主义核心价值观为具体内容的修养,这是必须明确的。

(九)"谦下"的心理机制

前面分析谦下美德的实践时已经谈到不争的问题,其实,不争仅是一种形下的行为而已。但是,如何做到不争?才是问题的根本,也是需要认真考虑的地方。我在前面分析"八条目"时,曾经举过汉学家余英时对"内圣外王"的运思,并且指出了我们历来缺乏对从"内圣"到"外王"如何可能问题的考虑,而仅是津津乐道于中国知识人以"内圣外王"来实现社会责任承担为一特色的概括,乃至完全忽视了"八条目"中存在的所谓的"内圣外王"的特征仅仅是静态层面的一种断裂的总结,而无视了如何在动态层面来加以演绎的察看,也使中国文化的积淀损失了实功有效考量环节的积淀,这一现实的客观结果是固有文化资源的断裂流失。这一切可以在一个画面上找到答案,这就是中国人缺乏习惯的追问如何可能问题的思维训练,这在我们今天的现代化建设中表现出来只追求数量而忽视实际效益审核的浮华的风格,这是富民强国道路上的最大的敌人。这也是这里要考虑不争如何可能问题的实际理由。

开门见山,谦下的心理机制是"不敢"。"不敢"是中国文化固有的概念,但迄今的中国古代文化研究,它仍然没有找到自己登场的机会,故仍不在研究课题的行列之中[2];就是西方的中国研究,也仍没有在心理学的层面来对此分析研究。这一事实自然不能责怪西方的学者,责任在我们自己;不仅我们的闭门思过无法使我们超越本有的思维框架,而且我们的夜郎自大也无法使我们激活和驱动自己本有文化因子活力的机制。这里提出"不敢",无疑代表着对以上这两个方面挑战的尝试。

老子"三宝"的运思是不难记起的,即"我有三宝,持而保之。一曰慈,二

---

[1] [美]安乐哲(Roger T. Ames)、郝大维(David L. Hall)著,何金俐译:《道不远人——比较哲学视域中的〈老子〉》,学苑出版社,2004年,第21页。

[2] 参考许建良"不敢论";许建良著:《先秦哲学史》,上海三联书店2014年10月,第34-38页。

曰俭,三曰不敢为天下先"(《老子》第67章),"不敢为天下先"是"三宝"之一。显然,"不敢"不是不具备做某事的能力,"敢"是胆量、勇气的意思,"不敢为天下先"即没有胆量成为天下的领头羊,这是在谦辞的层面使用的,"以辅万物之自然而不敢为"(《老子》第64章),也是这个意思。

人们不禁要问,为何不敢呢?在重视不敢的运思系统里,对敢、不敢的行为所导致的行为结果有自觉的预测,即"勇于敢则杀,勇于不敢则活"(《老子》第73章)。在敢上勇气十足的话,结果只能是"杀"即死亡;在不敢上也勇气十足的话,结果则通向"活"即生命鲜活。显然,死亡和生存是完全不同的两种结果。这可以说是这里推重不敢的理由所在。

其实,不敢具有壮实自己的功效,诸如"不敢为天下先,故能成器长……舍后且先,死矣"(《老子》第67章),就是例证。虽然在主观行为运思上没有勇气做天下的领头羊,而是在现实生活中以谦下的姿态出现;在谦下行为与他人形成的共作中,受到他人的尊敬,反而在现实的结果上成为他人的领头羊即"能成器长"。这也是一种"舍先取后"的方法,可以带来鲜活生命的结果。众所周知,在道家老子那里,天地本身的长久也是舍先取后的结果,即以滋润万物为先,而不是先考虑自己的利益,在自己与万物的相互关系中找到自己存在的动力和理由,现实生活中的圣人的行为之方与天地一样,这正是"圣"的原因所在,"天长地久。天地所以能长且久者,以其不自生,故能长生。是以圣人后其身而身先,外其身而身存"(《老子》第7章),就是说明。这种不敢取先而取后的运思之方,其本身就是另一视野里的不争,下面的资料就是最为详尽的解释:"江海之所以能为百谷王者,以其善下之,故能为百谷王。是以圣人欲上民,必以言下之;欲先民,必以身后之。是以圣人处上而民不重,处前而民不害,是以天下乐推而不厌。以其不争,故天下莫能与之争"(《老子》第66章)。

不敢不是具体的行为,而是一种心理的运思之方,它是基于对外在他者的敬畏、尊敬、顺从基础上的一种接受的情感,外在他者始终处在第一的位置上,体现的是从他者到自己个人的思考问题的价值取向,而这一取向正是我们这里推重的目中有人、心中有他的最为切实的道德素质,这是必须引起学界重视的。不仅如此,其实在不敢的原始思想里,还包括对社会治理方面不敢价值的预测,这就是"常使民无知无欲,使夫智者不敢为也。为无为,则无不治"(《老子》第3章)所包涵的道理,也是人们常说的无为而治的原本样态。显然,"常使民无知无欲,使夫智者不敢为"就是"为无为"。不过,对此的正确理解完全在如何理解"无知无欲"、"智者"上。就"无知无欲"而言,美国汉学家安乐哲等的"道家对'含糊'的抵制是由恰当践行'无'形式所获得的品格来确保的:'无为',即'遵从万物之'德'的无强制性行为';'无知'——'不借助于规范或原理的认知';'无欲'——'不期图占有或控制其客体的欲望';这些'无'形式中根深蒂固的敬意,既使得'宽泛'很容易化成'琐屑'和'含糊'的一个适当组合,同时又能够保持'狭隘性'以及对'独特性'的持续关注"(《哲学引论》)[1],不失精当。这样的话,"无知"就是要以具体的万物的本性来认识事物并得出相应的知识,而不以抽象的原理来推论或审视;"无欲"就是不把自己主观的欲望强加于外在他人;"无为"就是依顺万物本性规律而自然而为。贯通它们的是对外在他者的敬意。在这样的前提下,万物自然能够获得最好的发挥自己能力的外在条件,生活在一种让人感到舒适惬意的环境里,这就是"无不治"。"智者"的情况也一样,真正的智者是不需要在外在"使"的附加条件下来确保"不敢为"的,是能够自觉履行不敢为的心理之方的。在这个意义上,有充分的理由认为,现实的所谓"智者"不是真正的智者,而是伪装的智者即知巧的人,这是必须注意的。

(十)"谦下"的当代价值

中华传统的谦下美德,其当代价值可从许多方面来解说,但这显然不是这里的主旨。我认为,从内外两个方面来进行说明就足以彰显其价值。

1. 作为社会主义核心价值观之一的"友善"的真正落实

谦下是贤者的风度,"知而好谦必贤"(《荀子·仲尼》),就是具体的描绘。傲慢则是愚者的特长,"处重擅权,则好专事而妒贤能"(同上),就是证明;换言之,谦下的行为能自然营建舒适惬意的氛围,利于人自身能力的发挥。在上面的分析中已经提到,谦下以他者为思维的首要条件,是从他者到自己的思维模式,这出于对他者的敬畏和尊重,总是在他我的相互关系中来定位自己。世界本身的创造力就在个人潜在能力的最大程度的发挥,即安乐哲等所说的"道家宇宙论的第四个预设是:我们不是我们经验的被动参与者。世界万物转化的力量就存在于这个世界本身,也是构成这个世界万物的一个整体特征。无需求助任何外在有效的因素:不需要造物主,也不需要任

---

〔1〕〔美〕安乐哲(Roger T. Ames)、郝大维(David L. Hall)著,何金俐译:《道不远人——比较哲学视域中的〈老子〉》,学苑出版社,2004年,第40页。

何什么限定了的第一原理。正因为没有任何与这样一个外部原因相关联的预定机制,这种转化的力量就体现在事物各种关系所获得的互融互惠、共同创造的成就中。当这种力量运用得当,它就可以最大限度地发挥任何既定情势下各种创造力的可能性。我们曾经在其他地方将这种回应性参与称之为'情境化艺术'。这种'情境化艺术'是一种生存方式,也是与一个希望最大限度取益于我们多姿多彩人类经验的世界相关联的一种方式"(《哲学引论》)[1];显然,这种"情境化艺术"的生活方式,是由友善的氛围所衬托的。我们今天弘扬谦下美德的实践,就是要营造一种厚实而自然的目中有人、心中有他的氛围;在这样的氛围中,每个人都能找到自己的存在。友善态度是基于谦下心理而来的情感显露。把谦下作为中华传统美德的德目,是落实社会主义核心价值观"友善"的需要。这也是社会主义文化建设资源有效整合的必然所致。

2. 开辟解决世界危机新途径的尝试

迄今为止的世界文明的轨迹显示的信息是力量就是一切,尽管在依靠武力解决世界争端的实践中,武力本身的决定力受到严重的挑战,但人们仍然没有在寻找新的途径方面作出积极有效的努力。2011年6月21日,联合国大会通过决议,任命潘基文连任联合国秘书长,他在就职演说中援引中国古代哲学家老子"天之道,利而不害;圣人之道,为而不争"(《老子》第81章)的名言,表示要将先贤的智慧应用到工作中,继续发挥好协调员和架桥者的作用,加强伙伴关系,使联合国更好地为世界人民服务。这实际上是在世界政治事务中,对西方"21世纪是中国道家哲学的世纪"预言的一个积极而无形的回应,启发各个国家尝试多渠道的解决世界纠纷的方法。

迄今世界仍弥漫在战争的风云中,这与谦下的美德要求完全相悖,谦下的智慧原本在战争上也有深刻的认识,这就是"以道佐人主者,不以兵强于[2]天下,其事好还。师之所处,荆棘生焉。[3] 善者果而已[4],不敢以取强。果而勿矜,果而勿伐,果而勿骄,果而不得已居[5],是谓[6]果而勿强"

---

[1] [美]安乐哲(Roger T. Ames)、郝大维(David L. Hall)著,何金俐译:《道不远人——比较哲学视域中的〈老子〉》,学苑出版社,2004年,第26-27页。

[2] "于"据竹简本增。

[3] 此处通行本有"大军之后,必有凶年",现据帛书本删去。

[4] "善者果而已",通行本为"善有果而已",现据帛书本和竹简本改定。

[5] "居"据帛书本增补。

[6] "是谓"据帛书本增补。

(《老子》第30章)。以道来进行管理的行为,不凭借兵力在天下逞强,此类事情一定容易得到还报;军队所到之处,良田荒废而荆棘丛生。善用兵的行为,仅为禁暴济乱,成事而已,不敢逞强于天下。事济功成而不矜持、不矜伐、不骄矜,这是出于不得已而后用的选择,这就是达到目的而不逞强。这里的"不敢"就是前面讨论时提到的作为谦下心理机制的因子,不敢不是没有能力,而是出于对他者的尊敬和敬畏,这用我们今天的话说就是尊重他国的主权。这是多么深刻的智慧啊!如果今天的世界事务都能在联合国尊重所有成员国主权的前提下来协调解决的话,那就不会有战争的出现,也不会有生命的夭折。

由科学技术带来的世界情势的变化,告诉人们一个事实:经验的知识已经无法给我们提供应对快速变化现实的有效信息。换言之,这个世界上的知识、行动、欲望不再基于"可分析性"。美国汉学家安乐哲等的"在道家看来,这一变换视角带来的结果就是,这个世界上的知识、行动、欲望不再基于'可分析性'。在与各种客体化的他者之间的紧张关系中感受自身,容易导致以一种侵略或防范性的方式来使我们的意愿生效。原理和确定的标准容易使我们借助这些标准来解析我们知识的客体。在这种解析中,某一物件成为'某类中的一个',或者成为实现某种目的的手段(与以自身为目的相对)。为某种对客体的欲望所引发的欲望会使我们企图占有我们所欲之物,只有满足了我们的欲求,它才具有意义。一个被客体欲望所支配的自我,限制、缩短且蒙蔽了这个世界本身"(《哲学引论》)[1]的认识,难道不值得人们思考吗?!不能以自己的利益和欲望为一切问题的起点来行为,必须目中有他国,心中有他人,营造谦下友善的氛围是人类健康的需要。

---

[1] [美]安乐哲(Roger T. Ames)、郝大维(David L. Hall)著,何金俐译:《道不远人——比较哲学视域中的〈老子〉》,学苑出版社,2004年,第52-53页。

十一、贵　　和

和谐社会、和谐世界已经是大家不感到陌生的字眼。构建社会主义和谐社会则是我国自 2004 年提出的一种社会发展战略目标：全社会各民族在齐心协力进行社会主义现代化建设实践的征程上体现出和睦、融洽的社会状态。在中国共产党的十八大提出的大力加强社会主义核心价值体系建设中，在三个层次的"倡导"中，"和谐"和"富强、民主、文明"在第一个层次得到定位。可以说，富强、民主、文明、和谐是我国建设的目标，社会主义现代化建设和个人的生活实践，都必须以中国的富强、民主、文明、和谐为目标和依归。

中国是一个由 56 个民族组成的大集体，每个民族都有自己独特的文化传统；56 个民族仿佛 56 种图案，组成中华民族文化的大拼图，他们在中华民族文化图案中既具有自己独特的色彩，又同时成为中华民族图案中的因子。毫无疑问，中华民族文化图案的多彩离不开各个民族文化的繁荣和发展；各个民族的文化发展如果不在中华民族文化的图案上增光添彩的话，就会失去凝聚的方向而变得无足轻重。在这个意义上，中华民族文化就成为各个民族文化发展的方向和导标，这是毋庸置疑的事实。我国现在文化强国的实践和战略，就是要在发展各民族文化的基础上凝聚成中华文化的巨大力量，从而润滑和推动中国现代化的建设实践，在更为宽广的层面上为各民族文化的深度发展创造有利的社会条件。文化强国离不开夯实文化软实力实践的扎实行为，但夯实文化软实力的实践不能没有稳定的环境，如果纷争不断，就无法谈什么文化实践的建设，这是不言的事实。稳定的环境不能没有和谐，离开和谐就无所谓稳定。所以，就和谐而言，在我国这样一个 56 个民族共存的国家里生活，虽然牵涉多方面的因素，但最为基本的一点是离不开每个民族对和谐的情感。换言之，就是"贵和"，即以和谐为贵的心理情感，如果没有各民族华夏子孙的贵和心理情感的支持，那和谐只能是一句空话。这也正是这里要在讨论"谦下"美德以后，分析"贵和"这一中华传统美德的原因。

（一）"贵和"的解题

作为中华传统美德德目的"贵和"，是由"贵"和"和"两个字组成的概念；简单地说，它就是崇尚和谐、重视谐和的意思。众所周知，作为社会主义核心价值观之一的和谐，指的是一种美好的社会状态和一种美好的社会理想，这是民众能够各尽其能、各得其所而又和谐相处的社会。在这样的社会里生活,每个人不能没有贵和的心理素质;和谐社会的实现,自然离不开民众贵和道德心理品质的支持,贵和道德心理品质是现实社会文明的最为基本的保证。为了使中国社会主义核心价值之一的和谐早日在56个民族的广域范围里得到落实和实现,有必要对贵和内涵进行精细的分析和思考。

1. 何谓"贵"

中华传统美德德目的贵和,其"贵"是作为动词而使用的,是崇尚、重视的意思,诸如"圣王者不贵义而贵法"(《商君书·画策》),"有道之士,贵以近知远,以今知古,以所见知所不见"(《吕氏春秋·慎大览·察今》);"贵",都是在这个意义上的用例。中华民族文明史昭示我们,"贵德"是中华民族文化的一大特征,诸如"去谗远色,贱货而贵德,所以劝贤也"(《礼记·中庸》);"曾子曰:先王之所以治天下者五:贵德、贵贵、贵老、敬长、慈幼。此五者,先王之所以定天下也。所谓贵德,为其近于圣也"(《吕氏春秋·孝行览·孝行》),都是有力的佐证。"贵德"就是以道德为贵即崇尚和推重道德,旨在通过道德的力量来实现社会秩序的整一。

关于重视道德力量在社会管理实践中的作用的记载在古代文献中屡见不鲜,诸如"惟不敬厥德,乃早坠厥命"(《尚书·周书·召诰》),"天其以予义民,朕梦协朕卜,袭于休祥,戎商必克。受有亿兆夷人,离心离德。予有乱臣十人,同心同德。虽有周亲,不如仁人。天视自我民视,天听自我民听……乃一德一心,立定厥功,惟克永世"(《尚书·周书·泰誓中》),"树德务滋,除恶务本"(《尚书·周书·泰誓下》),"惇信明义,崇德报功,垂拱而天下治"(《尚书·周书·武成》),"皇天无亲,惟德是辅。民心无常,惟惠之怀。为善不同,同归于治;为恶不同,同归于乱"(《尚书·周书·蔡仲之命》),等等,都是佐证。传说大禹就是崇尚道德而治理国家的楷模,"益赞于禹曰:惟德动天,无远弗届。满招损,谦受益,时乃天道"(《尚书·虞书·大禹谟》)。大禹也非常强调通过好的政治来实现道德满园的和谐,即"禹曰:於!帝念哉!德惟善政,政在养民。水、火、金、木、土、谷,惟修;正德、利用、厚生,惟和"(《尚书·虞书·大禹谟》)[1];也就是说,道德在于好的政治,好的政治在于使民众得到安养;具体的路径则是通过水、火、金、木、土、谷的具体职能来落实并保证

---

[1] 参考"水、火、金、木、土、谷,谓之六府;正德、利用、厚生,谓之三事。"(《春秋左传·文公七年》)

"正德"、"利用"、"厚生"的实现。古代有水、火、金、木、土、谷六府主管事务，周幽王之后撤销谷府，逐渐形成"五材"，而五行最初源于五材，春秋时期，五行基本确定，天上有日月星三辰，地上则有五行。[1]众所周知，五行学说在中国得到深入的发展，中国古代思想家通过自己独特的思维方式在世界文化思想史的舞台上展示了中华民族的睿智。我认为孙之騄辑《尚书大传》中引《尚书正》的一段记载是不能忽略的，即"郑玄曰：夏书云六卿者，后稷、司徒、秩宗、司马、作士、共工也。周礼天子、六卿与太宰、司徒同职者则谓之司徒公，与宗伯司马同职者则谓之司马公，与司寇司空同职者则谓之司空公。一公兼二卿，举下以是称是，其中参六官之事，貌属木，言属金，视属火，听属水，思属土。水火者百姓之求饮食也，金木者百姓之所兴作也，土者万物之所资生也，是为人用"；不难看出，在五行发展的长河里，人们的认识显然把五行与人的基本生活紧紧相扣，所以是"是为人用"，这与《国语·鲁语上·展禽论祭爰居非政之宜》的"及天之三辰，民所以瞻仰也；及地之五行，所以生殖也"的记载基本一致；"殖"是种植、生长的意思。

"惟修"的意思是在于对"六府"的整治和改善，这是解决民众生活的基本前提。在这个基础上，又提出了"惟和"即在于和谐；其具体的内容则是正德、利用和厚生。可以说这是三项治理国家的政治谋略，它们必须协调运行。对此的理解，可以借助于"民生厚而德正，用利而事节"（《春秋左传·成公十六年》）的记载；杜预对此的解释为"财足用则思无邪，动不失利则事得其节"。这里的"思无邪"是解释"德正"的，"德正"是客观效果上对道德的审视。这里的"正德"显然不是注重在客观效果上的考量，而是行为上的如何使道德持正的问题；"正"是动词，"正德"是一个行为，表达了大禹希望舜对自身德行加强修持的意欲。对民众的治理也一样，民众"德正"的实现在于"生厚"，即生活有厚实的基础、充足的源流；"用利"成为"事节"的前提条件，"事节"的"事"当是专指祭祀而言的，日常生活之用如果能够有效地实现的话，祭祀的事务就可得到合理的规定和安排即"节"，这与古代的实际情况分不开，在古代技术水准比较低下的情况下，人们遇到不好的年成或自然灾害时，往往会通过对天、帝等进行祭祀的方式来求福和祛除灾害，如果能够实现高效利用万物来进行生活的话，就能保证民众食衣住的丰足和幸福，在顺利的境遇下，自然可以减少祭祀的活动。同时，"用利"也是实现"生厚"的条件。

---

[1] 详细参考任国杰著《童子问易》，人民出版社，2013年。

显然,《春秋左传》的"生厚"、"德正"、"用利"都是从客观效果的层面切入问题而进行运思的,与《尚书》"正德"、"利用"、"厚生"的从行为切入呈不同的价值侧重。就前者而言,"生厚"是关键,是其他两者的基础和条件,这与法家管子"仓廪实则知礼节,衣食足则知荣辱"(《管子·牧民》)所显示的经济是道德的基础的取向呈一致的取向;就后者而言,由于基本的意思是使道德正、使用利、使生厚,所以,就文字而言,没有任何相互关系线索的昭示,后来的以"正德"为最为重要的解释不过是一种臆想的发挥罢了。但是,不能忽视的,"正德"、"利用"、"厚生"的落实在和谐即"惟和",和谐具有最高的位置,这是非常重要的信息。这里彰显的信息与我们今天的承扬中华传统美德的实践具有异曲同工之妙,既把和谐作为道德落实的理想状态或境界,又把和谐作为道德滋生的源泉。

2. 何谓"和"

"和"是和谐、协调的意思。《广雅》曰"和,谐也";"谐"是"合"即集合、集中的意思;合而言之,"和谐"就是宇宙万物协作共存的状态。这仅仅是静态层面的意思。在动态的层面,则另有一派气象。《说文解字》曰:"和,相应也"(第57页左上);要注意的是"相应","相"是交互、相互的意思。诸如"虽有嘉肴,弗食,不知其旨也;虽有至道,弗学,不知其善也;是故学然后知不足,教然后知困;知不足,然后能自反也;知困,然后能自强也;故曰教学相长"(《礼记·学记》),"邻国相望,鸡犬之声相闻,民至老死不相往来"(《老子》第80章),这里的"相",都是在这个意义上使用的。交互、相互的基本条件是两者以上的对象组成的一种境遇,一个人的境遇不能说交互、相互。在这个意义上,和谐就是在具体关系里的存在者相互之间加以应对、协调而达到的一种和睦的氛围,因此,和谐永远是动态境遇里的佼佼者,是动态中显示的一种平衡和协调,这是必须注意的。"阴阳不同气,然其为和同也;酸咸甘苦之味相反,然其为善均也;五色不同采,然其为好齐也;五声不同均,然其可喜一也"(《鹖冠子·环流》)[1],是对交互、相互本质的最好表达。阴阳虽然"不同气",但始终处在"和同"的氛围里,互相依存;酸咸甜苦四种味道虽然不同,但在烹饪中起到的作用都是均等的;五种颜色虽然具有不同的色彩,但在彩色图画中起到的作用是相等的;五种声音的轻重虽然不一样,但在令人快乐欣

---

〔1〕 黄怀信撰:《鹖冠子彙校集注》,中华书局,2004年,第83页。本文所引《鹖冠子》皆据此本。

喜上的效果是一样的。今天说的和谐、谐和就是这个意思。和谐是形成强力的关键,"六马不和,则造父不能以致远"。(《荀子·议兵》)

中华民族具有喜好和谐的悠久传统。《诗经》就有许多对和谐的赞美,诸如"鼓瑟鼓琴,和乐且湛"(《诗经·小雅·鹿鸣之什·鹿鸣》),"伐木丁丁,鸟鸣嘤嘤。出自幽谷,迁于乔木。嘤其鸣矣,求其友声。相彼鸟矣,犹求友声;矧伊人矣,不求友生?神之听之,终和且平"(《诗经·小雅·鹿鸣之什·伐木》),"龠舞笙鼓,乐既和奏;烝衎烈祖,以洽百礼"(《诗经·小雅·甫田之什·宾之初筵》),就是例证。同时,和谐也是中国古代社会整治的一种理想或路径,诸如"八年之中,九合诸侯,如乐之和,无所不谐"(《春秋左传·襄公十一年》),"八音克谐,无相夺伦,神人以和"(《尚书·虞书·舜典》),"以和邦国,以统百官,以谐万民"(《周礼·天官·大宰》),都是说明。

在人类文明的实践中,贵和还是我国处理国际关系的准则,诸如"协和万邦"(《尚书·虞书·尧典》),就是反对侵略而主张各国和睦共处的佐证;老子推重"虽有甲兵,无所陈之"(《老子》第80章),这是因为,"兵者,不祥之器,非君子之器。不得已而用之,恬淡为上,胜而不美。而美之者,是乐杀人。夫乐杀人者,则不可以得志于天下矣"(《老子》第31章);所以,"以道佐人主者,不以兵强天下,其事好还。师之所处,荆棘生焉。大军之后,必有凶年"(《老子》第30章),战争带来对环境和物质资源的毁灭。《孙子兵法·谋攻》也提出"是故百战百胜,非善之善者也;不战而屈人之兵,善之善者也"[1],把打仗看成不得已的事情,即"上兵伐谋,其次伐交,其次伐兵,其下攻城,攻城之法为不得已"[2],与老子思想呈现一致性。

然而,至此我们不得不质问的是:既然和谐是互相之间的一种动态层面的协调和谐和,是多样性的统一,不是排除矛盾,而是承认矛盾,在矛盾的解决中达到一种和谐相应。那么依据什么规则来达到这种"相应"呢?这也是不得不究明的问题。我们生活在一个群居的社会,社会的协调共作往往是依据规则来进行调控的,在古代规则首先强调的就是礼仪,这在《中庸》对中、和的界定中可以得到启发,即"喜怒哀乐之未发谓之中,发而皆中节谓之和;中也者,天下之大本也;和也者,天下之达道也。致中和,天地位焉,万物育焉"

---

[1]〔春秋〕孙武撰,〔三国〕曹操等注,杨丙安校理:《十一家注孙子校理》,中华书局,1999年,第45页。

[2]〔春秋〕孙武撰,〔三国〕曹操等注,杨丙安校理:《十一家注孙子校理》,中华书局,1999年,第46-48页。

(《礼记·中庸》)。众所周知,个人内心世界是情感的港湾,当喜怒哀乐的情感还没有发生的时候,它们存在于个人的内心即"喜怒哀乐之未发谓之中",这仅是一个方面;没有发动的情感处于平静的状态,没有任何偏倚,这也称为"中",这是适中的意思。但是,情感不可能永远停留在内心的世界,它们总是要向外发动的,发动后的情感就成为个人价值观的晴雨表;晴雨表虽是个人内在情感的外显,但这种外显在群居的社会并不是毫无规则可循的任意行为,仍然受到社会规则的制约,就是这里说的"节";只有个人的情感外显符合外在社会规则的时候即"中节"的时候,才称得上和谐。这里"中节"的"中"是符合的意思,与"庖丁为文惠君解牛,手之所触,肩之所倚,足之所履,膝之所踦,砉然响然,奏刀騞然,莫不中音"(《庄子·养生主》)的"中"的用法相同。不偏不倚的"中"是天下万物万事的根本,"中节"的和谐则是天下通达的大道;努力达到中和的境界,天地万物就能各安其所、各遂其生,这也是"和以反中,形性相葆"(《管子·白心》)。

显然,中华传统美德德目的贵和,需要公正的"中"和"中节"情感的支持,在我国今天的社会主义建设实践中,"节"不是别的什么规定,而是社会主义核心价值观即富强、民主、文明、和谐、自由、平等、公正、法治、爱国、敬业、诚信、友善,这是个人情感外显的航标,是实现社会和谐的聚光元,这也是14亿华夏子孙21世纪社会主义现代化建设实践的行为之方。

3. "和"、"同"的区别

在中国古代道德思想史的长河里,"君子和而不同,小人同而不和"(《论语·子路》)是为大家所熟知的概念,这也是这里要区分和、同差异的内在文化理由。在词源学的意义上,"和"是和谐、协调的意思,《说文解字》的"和,相应也"和"音声相和"(《老子》第2章)里的"和",都是这个层面的用例;"同"是相同、一样的意思,"鸟兽不可与同群"(《论语·微子》)和"同事之人,不可不审察也"(《韩非子·说林上》)里的"同",都是相同的意思。可见,"和"、"同"的意思是不同的,和谐并不等于相同,相同也不表示一定和谐。关于两者不完全相同这一点,在"和同"这一词组里也可得到印证。"和同"包括两个方面的内容,一是作为"和光同尘"[1]的略语时,代表不露锋芒、不与他人相争而处世的态度,这显然与这里讨论的内容不直接发生关系;二是作为词组本身

---

[1] "道冲而用之或不盈,渊兮似万物之宗。挫其锐,解其纷,和其光,同其尘,湛兮似或存。吾不知谁之子,象帝之先。"(《老子》第4章)

时,代表和睦同心的意思。这里要加以注意的是,"和睦同心"实际上包括"和睦"和"同心"两个部分,前者是"和"的方面,后者是"同"的方面;在意思上,不仅两者不能等同,而且不存在必然的关系。换言之,和睦不等于同心,同心不一定和睦。因为,人在某些问题上可以有相同的认识,但不可能完全同心,这种认识也完全无视了人的个体特性、人的潜能的重要性。这是必须注意的。

在以上的分析中,就不难理解孔子通过"君子和而不同,小人同而不和"来强调"和"而否定"同"了,虽然在孔子那里视君子为道德的象征、小人为利益代表的对立的视野缺乏科学合理性,但起码在这里推重"和"这一点是非常明确的。"和"强调的是多种关系里的协调,个体并没有放弃自己的特点;"同"推重相同,个体必须以放弃自己的独特性为基本条件,对活生生的人而言,他们都是独特的存在,放弃独特性就等于放弃他们自己。显然,承扬中华传统美德德目的贵和,是多种关系里的协调,是百花齐放的追求,这是必须注意的。美国汉学家安乐哲等的理解不失为一种参考,即:

> "和"习惯地被译为"harmony",我们遵循该译法。该词的词源是烹饪意义上的,"和"就是将两个或更多的成分调配、混合到一起,使彼此更鲜美却又不失各自原味的技艺。在古代著作中,雅致之"和"的意义常常从食物的烹饪上找到它的注解。因此,"和"就被认为既保持个别成分的"整一"又促成它同更大整体的"融合"。"和"的标识就是个体成分的持存,个体成分在同其他成分合作关系中自身的全部开放,以及作为结果的"和"的审美本质——它是这些彼此内在相关成分在其个体贡献最大化实现时,在这巧妙的语境化中生成的优美秩序。(《道不远人——比较哲学视域中的〈老子〉·〈道德经〉主要术语》)[1]

贵和美德作为实现社会主义核心价值观和谐的文化心理因子,需要的正是在个人积极性持存基础上的社会性的大融合。

4. 和谐的传统

尚和是中华民族的优秀传统,有着深厚的文化渊源,这是贵和美德的文化驱动因子。对"和",中国古人有着独钟的情节,无论是在音乐还是在社会

---

[1]〔美〕安乐哲(Roger T. Ames)、郝大维(David L. Hall)著,何金俐译:《道不远人——比较哲学视域中的〈老子〉》,学苑出版社,2004年,第71页。

的治理方面都有充分的运用,诸如《晋书·挚虞传》的"施之金石,则音韵和谐"[1],讲的就是配合得匀称、适当、协调的意思;《诗经·国风·周南·关雎》的"关关雎鸠,在河之洲",汉代郑玄笺曰:"后妃说乐君子之德,无不和谐"。

"和"由"口"和"禾"组成,含心口相应、和顺相依之义。中国人素来爱好和谐、和平,在5000年文明史的长河里,"和"的观念已深入人心。在日常生活中,我们经常会听到或谈到"家和万事兴"、"和气生财"、"政通人和"、"安和乐利",其间无不充满着对社会祥和、天下太平的憧憬和向往。对和谐的期盼也自然在文化中得以彰显,仅以举世闻名的北京故宫的三大主殿为例来加以说明。三大主殿即太和殿、中和殿、保和殿,它们的出典是:

乾道变化,各正性命,保合大和,乃利贞。首出庶物,万国咸宁。(《周易·乾·彖传》)

喜怒哀乐之未发谓之中,发而皆中节谓之和;中也者,天下之大本也;和也者,天下之达道也(《礼记·中庸》)

显然,太和殿和保和殿的出典在《易经》,中和殿的依据在《礼记》。

太和就是宇宙之和,我们生活在宇宙之中,必须以宇宙为舞台;宇宙是和谐合一的整体,人不过是宇宙中的一部分;就个人而言,人身就是一个小宇宙,我们身体的五官四肢,五脏六腑,以及体内的每一个细胞,它们无不是互相依存、共存共荣的,每个细胞都有着不可或缺的作用。在这个意义上,人就是一个小宇宙。所以,依据宇宙的法则来行为最为重要。这就是太和殿的真义。

中和殿的位置在中间,是连接太和殿和保和殿的桥梁。中和是由"中"而"和","中"是"和"的基本条件和前提,正如前面已经揭示的那样,"中"的具体意思是平和适中不偏。对个人一己,内心平静,心平气和,则势必健康长寿;无偏心、无邪念地按照外在的规则处事、待人、接物,对家则和睦安详,对国则国泰民安,对世界则平安祥和。这一过程就是由"中"致"和"的实践。在另一层面,中和实际也是宇宙太和的本质精神在人类社会的能动的转化,旨在实现人类社会的和谐安详。

保和的意思是育养和谐。《说文解字》曰:"保,养也。"宇宙的和谐虽然具

---

[1] 〔唐〕房玄龄等撰:《晋书》,中华书局,1974年,第1425页。

有自然的特色,但人类作为宇宙的一员,往往不是把自己看成宇宙普通的成员,而是宇宙的主宰者,过高地量定人类理性的能力和价值。在中国古代思想里,也有人是万物之主宰的运思,诸如"惟天地万物父母,惟人万物之灵"(《尚书·周书·泰誓上》),就是具体的总结。在这个意义上,依归宇宙自然和谐而营建人类社会的和谐的实践,就已经不是纯自然的"太和"了,永远是在什么程度上接近自然"太和"的问题;因此,对"和"的育养就显得必要和重要,警告人必须凝神专一,以保证志不外驰,这也是恬静守志的实践过程,不使个人自己的欲望逾越社会的要求而运作,从而保持宇内和谐,实现福寿安乐、天下太平。

显然,太和、中和、保和既有独自的内涵规定,又有连带整合的效果预设和期望;从太和到中和,再到保和,昭示了中国古人立足宇宙自然、以天道和人道的思维特征;同时也在哲学本原的确立(太和)、人道方法的选择(中和)以及社会理想的营建(保和)上,显示了中国古人对"和"的挚爱和不惜追求的睿智。这是值得每个中国人骄傲的。

(二)"贵和"的出典

上面的分析实际已经揭示了中国古代历史上推重"中"、"和"的思想渊源,但这里不是简单地讨论社会主义价值观的"和谐",而是中华传统美德的"贵和"德目,两者虽然存在着内在的必然联系,但毕竟问题的侧重点不一样。因此,这里仍存在理清"贵和"出典的必要性。

前面曾经提到,古代思想家重视"贵法"、"贵德"的情况。但就概念而言,迄今调查的现状显示,仍未发现直接的"贵和"这一概念的使用,当然这也无法说明它不是中华传统美德,因为相似的提法也足以支撑把它作为中华传统美德德目的举措,即"有子曰:礼之用,和为贵。先王之道,斯为美;小大由之。有所不行,知和而和,不以礼节之,亦不可行也。"(《论语·学而》)"礼"的功用以"和"为最重要。先王之道值得赞美的地方就在这里,小事大事都依据这个规则。但是,也有不行的理由,这就是为了"和"而"和",不用一定的规则来加以节制,这是不可行的。

《说文解字》曰:"龢,调也";段玉裁注曰:"经传多借和为龢";"调"即协调、和谐的意思;"龢"往往用在音乐上,诸如"正六律,龢五声,杂八音,养耳之道也"(《吕氏春秋·孝行览·孝行》),就是例证。就具体的味道而言,调味在古代有专门的字,即"盉,调味也","盉"是古代的酒器,由青铜制成,多为圆口,腹部较大,三足或四足,用以温酒或调和酒水的浓淡,盛行于中国商代后期和西周初期。动词意义上的"和",指的是对事物的调适、调和、调治。这是必须注意的。

这里讨论的中华传统美德"贵和"德目的"和",虽然不能完全离开动词层面词性的考虑,但主要侧重在名词词性层面意义的彰显。"和"在名词层面的意思就是和谐,但在和谐如何可能的视角,不能忽视的是古代思想家关于"中节"的思考。这里的"和为贵"也一样,它与"礼"在一起讨论,显然有个"喜怒哀乐之未发谓之中,发而皆中节谓之和"即"中节"的问题,"和"是一种状态,"中"是"和"得以实现的途径或手段;"中"是不偏不倚,无过无不及,是一种符合,不符合就不是"中节"。"节"的具体内容,我在上面已经提到,就是社会主义核心价值观。和谐是万物得以合自身规律发展的必要条件。构建和谐社会一直是我国的追求,富强中国梦的实现,需要经济的充分发展,经济发展离不开和谐的环境,夯实文化软实力本身就是和谐建设的具体工程,影响生活质量的个人内在的和谐也需要环境的支持,这些都说明贵和美德的重要性。

关于"和"与"中"的联系,美国汉学家安乐哲等也已经注意到,如"儒家传统中,这一'和'的观念被当成文化的最高成就……儒家的'和'的观念在《中庸》中通过引入'中'而得到了进一步的阐明,其中,'对事物的关注'(中)(focusing)是靠'日常生活事务'(庸)(the familiar affairs of the day)引导的"(《〈道德经〉主要术语》)[1],就是具体说明;必须注意的是,他们虽然注意到了"和"与"中"的关联性,但仅仅把"中"理解为"对事物的关注",显然也是不充分的;另外,仅仅把"和"作为儒家传统中的文化最高成就的理解也是欠全面的。老子思想中不仅有众所周知的"和其光,同其尘"(《老子》第 4 章),而且有宇宙视野上的"万物负阴而抱阳,冲气以为和"(《老子》第 42 章),这直接成为《周易》"大和"和《中庸》"致中和,天地位焉,万物育焉"的思想营养;更为可贵的是,老子把认识"和"作为一种常则、常态来定位,即"知和曰常"(《老子》第 55 章)。其实,这一结论并非空论,这是老子针对现实社会的实际情况而得出的结论,即"六亲不和,有孝慈"(《老子》第 18 章),从不和的现实开始,才感觉到"和"的重要,这些思维也更接近社会现实以及人的情感世界。有充分理由认为,上面介绍的在北京故宫的太和殿、中和殿、保和殿的建筑文化

---

[1] [美]安乐哲(Roger T. Ames)、郝大维(David L. Hall)著,何金俐译:《道不远人——比较哲学视域中的〈老子〉》,学苑出版社,2004 年,第 71 页。

里,给我们传递的文化信息没有局限于某一家一派,而是凝聚中华文化精华的结果。21世纪的中国的文化强国实践,其根本的路径就是要盘活中国古代一切优秀文化资源,从而成为文化强国征程上的有效力量。

(三)"贵和"的本质

"贵和"的本质主要表现在以下几个方面。

1. 秩序平衡

在名词层面的"和"是一种和谐的状态,在动词层面的"和"则是协调、调和、调适、调治的行为。人们不禁要问?为什么要调治、协调?因为我们生活在宇宙之中,生活在社会之中,所以,与自然、社会他人相处是必然的课题,人不可能在封闭的一人世界里生活,这是众所周知的事实。所以,和谐永远是相互关系里的话题,牵涉多方的关系,各方关系都具有自己的特性。因此,和谐不是让各方放弃自己的特性,而是在共通的价值轨道上实现相互的协调,共通的价值轨道就是社会主义核心价值观所揭示的内容。这种和谐就是一种秩序的平衡,正如奥古斯丁所说:万物的和平在于秩序的平衡,秩序就是把平等和不平等的事物安排在各自适当的位置上。平衡就是两者以上关系在"中节"前提下实现的和谐。这种平衡的环境就是一种美即赫拉克利特所说的"美在和谐",也正如著名文学家冰心所说:"美的真谛应该是和谐。这种和谐体现在人身上,就造就了人的美;表现在物上,就造就了物的美;融汇在环境中,就造就了环境的美"。

2. 矛盾的辩证

和谐并非没有任何矛盾,和谐是一个辩证的实践过程,是一个在矛盾中实现动态平衡的实践,"在自然之中,所有的对立面都相互依赖,然而在伦理与美的领域,我们会使一极绝对化,并试图消除另一极。可是,另一极永远也不可能被摧毁,它只是以孤立而清晰的形态而存在着。在自然状态中,丑的和'不善的'——无论它们可以是什么东西——都深藏于和谐的整体中。尽管坚硬和刚强都是'道'的'生态系统'的部分,但在自然中,它们被栖居于系统中的自发性和'无为'等更高、更善的目标所美化"(《古代中国的思想世界·道家之道》)[1]。现实生活告诉我们,善与恶、美与丑都是互为条件的存

---

〔1〕〔美〕本杰明·史华兹著,程钢译:《古代中国的思想世界》,江苏人民出版社,2004年,第216页。

在,离开一方则另一方就无法存在,它们各自的生命力就在与对方关系的平衡程度中得到实现;如果为了强调善、美而否定恶、丑的存在,那就是一种愚蠢的行为。我们讲道德、追求美,是因为人性更适合过道德的生活、享受美的愉悦。善、美与恶、丑既是区别的,也是互相联系的,道德生活既是美好的生活,也是宽容的生活,因为在它的生活中,人们仍可以看到恶、丑的存在;因此,善、美绝对不是否定和弃绝恶、丑,而是以更接近人性特征的内容展示给人们,从而希望人们选择它们而远离恶、丑。在这个意义上,我们的道德实践,也是引导人们如何靠近善、美而远离恶、丑。

在世界汉学圈子里,日本受中国古代思想的影响,是从唐代引进中国文字开始的,他们在学习中国文字的过程中,借鉴了中国的思想。不过,日本人不是机械地按照中国本土对古代思想学派进行评价而加以吸收,而是按照他们自己的理解进行吸收,在善恶的问题上就是一例。

> 日本人始终明确地否认,德行包含同恶进行斗争。正如他们的哲学家和宗教家们几百年来所不断阐述的,认为这种道德律不适合于日本。他们大声宣布,这正证明日本人道德的优越。他们说,中国人不得不树立一种道德律,即提高"仁",亦即公正、慈爱的行为的地位,把它作为一种绝对标准。以仁为标准,一切有缺点的人或行为,就能发现其所不足。他们说,"这种道德律对中国人是好的,因为中国人的劣根性需要这种人为的约束手段。"十八世纪伟大神道家本居宣长就是这样说的。近代的佛教家及国家主义指导者们也就同样的题目发表著述或举行讲演。他们说,日本人天生性善,可资信赖,没有必要与自己性恶的一半进行斗争,只需要洗净心灵的窗口,使自己的举止符合各种场合。如果它允许自身污秽,其污秽也容易清除,人的善性会再度生辉。日本的佛教哲学比其它任何国家的佛教都更加主张凡人皆可成佛,道德律不在佛经之中,而在于打开自己的悟性和清净无尘的心灵之扉。……恶不是人心生而具有的……他们没有关于人的堕落的说教。"人情"是天赐幸福,不应谴责。无论是哲学家还是农民都不谴责。(《菊与刀·人情的世界》)[1]

---

[1] [美]鲁思·本尼迪克特著,吕万和等译:《菊与刀》,商务印书馆,1990年,第132-133页。

这是值得我们认真思考的。

3. 相辅相成

和谐是对立面之间在一定条件下达成的具体、动态、相对、辩证的统一，这是一种相辅相成、相反相成、互利互惠、互促互补、共同发展的关系。因此，在和谐的境遇里，我们看到的是一种相互激励、相互促进、生机勃勃、充满活力的生机，而不是相安无事、死气沉沉、无所作为的情景。和谐是携手共同发展，而非诋毁同归于尽。"中节"而实现的和谐，不是对个人独特性的抛弃和否定，而是在社会主义核心价值观前提下的共存；个人的独特性在社会主义核心价值观的轨道上，在最大程度上驱动了共作共存、共荣共进的动力机制，而排除了相反相毁、相互倾轧、相互损害因素的发生。因此，贵和不是否定对立的存在，而是在社会文明演进的实践中，积极引导人们向往和谐的热情，把不和谐产生的几率控制在最小的程度，乃至避免不和谐产生的可能性，这样就为社会主义文化强国的实践提供良好的外在环境切实做好了保证。在这个意义上，不和谐的产生就成为事实上人们追求和谐的一种现实力量，不和谐事件的发生也成为和谐实践的最好反面教材，以及获取和谐的最有效的能力。

以下的故事是为大家所熟悉的。在亚热带地区，由毒蛇、青蛙和蜈蚣组成的生物链非常有意思。毒蛇的主要食物是青蛙，青蛙却以毒蜈蚣为美食，在青蛙面前是弱者的蜈蚣却能使比自己体大的毒蛇毙命；毒蛇与青蛙、青蛙与蜈蚣、蜈蚣与毒蛇都是水火不相容的关系。有趣的是在冬季，捕蛇者却在同一洞穴中发现三个冤家相安无事地同居一室，和平相处地生活。它们经过世代的适者生存的自然选择，在形成捕食弱者本领的同时，也学会了利用外在条件来保护自己的能力。如果毒蛇吃掉青蛙，自己就被蜈蚣所杀；蜈蚣杀死毒蛇，自己就会被青蛙吃掉；青蛙吃掉蜈蚣，自己就成为毒蛇的美餐。为了生存这个共同的目标，它们采取不吃对方的方法，达到了相互控制而获取各自生存条件的目的。三者相克又相生，这是一个多么美妙的平衡局面。在这方面，也就是我们上面所说到的，善和美不是以否定恶和丑来实现自己的价值和占据自己的地位的，而是在共存的境遇下通过展示自身美好的内涵来利益民众并占据人们生活领域的。

另一方面，赫拉克利特曾认为，和谐产生于对立的东西。我这里还想通过一个例子来说明对立双方对增强个人的能力是难得的锻炼机会。据说，一位动物学家对生活在非洲奥兰治河东西两岸的羚羊进行了考察，注意到两岸的羚羊大不一样。东岸羚羊的繁殖能力比西岸更强,而且奔跑速度每分钟也快13米。既然环境和食物都相同,差别何以如此之大呢?为了解开这个谜,动物学家和当地动物保护协会进行了一项实验:在河两岸分别捉10只羚羊送到对岸生活。实验的结果是:送到西岸的羚羊繁殖到了14只,而送到东岸的羚羊只剩下3只,另外7只被狼吃掉了。谜底终于揭开了,原来东岸的羚羊之所以身体强健的原因,是因为附近居住着一群狼,这使得羚羊天天处在诚惶诚恐的氛围之中,为了生存下去,它们变得越来越有战斗力;西岸的羚羊长得弱不禁风,恰恰就是因为缺少天敌,没有生存压力,缺乏平时锻炼的机会,导致没有应对外部险恶环境的能力。不难看出,对立面的存在,往往成为提高自己竞争生存能力的最好途径。每个人的生活中都会遇到对手,没有对手是不正常的情况;要把对手当作自己的竞争伙伴,不要当作敌人,要羡慕而不是嫉妒,要通过公平的竞争来锻炼自己超越他人的技能。因此,贵和美德要求人们学会尊重对手、珍惜对手,甚至热爱对手。

(四)"贵和"作为德目的理由

在上面的分析中已经揭示了中国文化中丰富的贵和的文化资源,这自然是贵和作为中华传统美德德目的思想文化的依据和理由。当然,这仅是一个方面,更为深层的是现实的理由。

众所周知,我国在提出建设小康社会的基础上又提出了构建社会主义和谐社会的宏图,与此同时,我国同时也提出和谐世界建设的运思,这表示着中华子孙不仅意欲在构建和谐社会的实践中提升民众的生活质量,以至打造社会主义文明的坚实基础,而且意欲在世界的舞台上,通过承担作为大国的巨大责任来推进世界文明的建设,这就是我们的参与意识。每一个中国人,在21世纪的今天,都会自然地感受到来自这些举措的作为中国人的骄傲的冲动;另一方面,客观的事实昭示,我国的社会主义现代化建设只有一个出路:就是成功!在14亿人口大国的土地上开创现代化的历程,这在世界文明史中实属罕见,没有现实的经验可以借鉴,因为,我们进行的事业都是开创性的;可以说,我们的建设是在世界文明史的宝库中开创并营建着一个新的栏目:这就是人口大国的现代化建设!在现代化建设的实践中,我们目前遇到的严重问题就是建设本身遇到的瓶颈。换言之,如何保证持续发展?这是一个不得不面临而又需要智慧来解决的问题;在现实世界面临能源枯竭、环境污染危机的漩涡面前,我们也无法回避这些问题。有效解决这些问题,无疑是对现代化建设营造外在稳定环境的要求,同时国内稳定环境的形成,也是吸引外资的门径。众所周知,健康生活是和谐社会的基本要求之一,健康生活的基本要素之一就是生活质量的逐步提高,外在稳定的环境对个人内在心理的平静无疑是最为重要的条件之一。以上这些,就是简要的现实的理由。

在中华传统美德"贵和"德目与以上现实理由具体结合的路径上,贵和将通过以下的视角来彰显自己的价值。

1. 人与自然的和谐

在古代思想文化中,虽然存在诸如"惟天地万物父母,惟人万物之灵"(《尚书·周书·泰誓上》)那样的昭示人为万物之灵(主宰)的思想,但更多侧重在以人和天的运思上,即主张人是宇宙的一部分,"天地与我并生,而万物与我为一"(《庄子·齐物论》),就是把人看成天地万物的一部分。要在这样的宇宙里生活,保持万物和谐就显得非常重要,"凡人之生也,天出其精,地出其形,合此以为人;和乃生,不和不生"(《管子·内业》),就是比较典型的运思。人由天地而生,所以,与天地自然维持和谐一致对人的生命就显得至关重要,即"和乃生,不和不生"。所以,就人类社会而言,社会整治的最大追求就是要协调天时、地利、人和的关系,即"农夫朴力而寡能,则上不失天时,下不失地利,中得人和,而百事不废;是之谓政令行,风俗美;以守则固,以征则强,居则有名,动则有功"(《荀子·王霸》);"上不失天时"、"下不失地利"、"中得人和",这是社会治理的最大追求,是实现实功的关键。这样的社会是令行禁止、风俗和美的状态,是强固的社会。

人与自然和谐共处,肯定人是自然的重要成员之一。21世纪世界文明的建设,离不开自然这个大舞台,保持与自然的协调一致既是文明发展本有的课题,同时也是人类的责任所在。我们必须清醒地认识到,人理性的力量往往在给人类带来无限便利的同时,还会给我们以振奋人心的惊喜,但客观的自然规律是无法改变的,在人类毫无节制地利用自然资源的实践中造成的对自然本身的损害,其结果是,宇宙自然万物通过巨大灾难的形式向人类传递警告,诸如地震、曾流行于非洲的Ebola(埃博拉)流行病(至2016年上半年就夺取了1000多人的生命),不过,对此人类仍未引起足够的注意。和谐社会的宗旨所在,是必须保持与宇宙自然一致的行为之方;我们必须清醒地认识到自然资源的有限性,努力做到在与自然和谐共处中,实现自身的可持续发展,这也是人类社会文明新的课题即生态文明。

人作为万物之中的一员,其基本生活必须依赖于自然,人是处在食物链最高端的种群,对整个食物链和自然界的依赖也最大,依赖大也就消耗大,消耗大带来更大的依赖,所以人与自然的和谐相处就显得尤为重要了。大自然是慷慨的,她给我们人类提供了生活之必需,让我们得以繁衍生息。然而,我们人类却是非常自私的,毫不节制地向大自然索取,甚至不惜以破坏大自然来满足自己的需求。这样的例子比比皆是。面对早已百孔千疮的地球,人类到用实际行动来承担责任维护自己生活的家园的时候了,只有和谐才能满足我们持续发展的愿望的实现,"(黄帝曰)吾奏之以人,征之以天,行之以礼义,建之以大清。夫至乐者,先应之以人事,顺之以天理,行之以五德,应之以自然,然后调理四时,太和万物。四时迭起,万物循生;一盛一衰,文武伦经;一清一浊,阴阳调和;流光其声。蛰虫始作,吾惊之以雷霆"《庄子·天运》),昭示的就是这个道理。与自然的和谐,也就是"与天和者,谓之天乐。"《庄子·天道》)

2. 人与社会的和谐

社会是人群居和生活的场所,人类文明史的实践已经证明,人无法孤立地生活,必须过社会的生活,依赖他人的帮助和支持才能生活,实现生活的价值和意义。我们在城市里生活的人,生活的最为基本的必需品诸如粮食、蔬菜等,就必须依赖于粮农、菜农等才能得到;同样,当我们身体出现毛病的时候,就必须借助于医院医务人员的帮助来加以解决。这种例子举不胜举。

当然,这种情况和认识也不是我们当今的特例,古已有之。众所周知,在道家庄子的思想中,著名的"有待"运思就是一个典型的例子。例如,鲲鹏飞到九万里的高空,虽然超越了世俗世界的纷扰,但是仍处在一种有待的处境里,"且夫水之积也不厚,则其负大舟也无力。覆杯水于坳堂之上,则芥为之舟;置杯焉则胶,水浅而舟大也。风之积也不厚,则其负大翼也无力。故九万里,则风斯在下矣,而后乃今培风;背负青天而莫之夭阏者,而后乃今将图南"(《庄子·逍遥游》)。要飞起来的起码的条件是要有充足的风,因为"风之积也不厚,则其负大翼也无力";大船在水里航行,对水的要求也一样,水不深的地方是无法通航的。因此,鲲鹏虽然具有远大的志向,但如果离开大风的援助(有待),就无法实现自己的理想。"夫列子御风而行,泠然善也,旬有五日而后反。彼于致福者,未数数然也。此虽免乎行,犹有所待者也。若夫乘天地之正,而御六气之辩,以游无穷者,彼且恶乎待哉"(《庄子·逍遥游》)的故事所蕴涵的道理也一样。

在"有待"的社会里生活,保持环境的和谐显得最为重要,"古之人,在混芒之中，与一世而得淡漠焉。当是时也，阴阳和静，鬼神不扰，四时得节，万物不伤，群生不夭，人虽有知，无所用之，此之谓至一。当是时也，莫之为而常自然"（《庄子·缮性》）；在遥远的原始时代，万物之间和谐共存，互相不伤害，故万物都能在自己本性的轨道上得到充分的发展，即"群生不夭"，人虽然具有智慧，但在那样的氛围里，根本不存在使用智慧的必要性，万物都按照自然无为的规律而生活。社会在人类理性的发展中得到了前所未有的完备，我国今天提出的倡导自由、平等、公正、法治价值观的内容，实际就是强调人与社会保持和谐的要求，自由、平等、公正，不能离开法治。法治就是依据国家法律的实践。

历史上有著名的"和光同尘"的成语，在前面的分析中曾经提到，这是老子提出的应对现实生活的智慧。众所周知，人类文明走的路径是与宇宙自然文明的路径相异的，但是人类又无法超越宇宙来实现自己的文明，必须依托自然来完成自己的文明。现实世界存在各种矛盾是客观的，无法避免的，每个人都是社会中的一个因子、一个细胞，承担着不可或缺的作用，应该尊重他人、谦虚待人，即"闭其兑，塞其门，和其光，同其尘，锉其颖，解其纷[1]，是谓玄同"（《老子》第56章）；走玄同的生活之道，你中有我，我中有你，共荣共存。对个人而言，最为重要的是，自己个人利益的满足必须置于他人利益实现的过程中。换言之，在为他人价值实现创造条件，从而在完成他人价值实现的过程中，来实现自己个人的价值，而不是在实现自己价值的过程中来附带满足他人的利益，这是最为重要的。对国家而言，尽量创造最佳的外在和谐的社会环境，为每个中国人的价值实现提供润滑的条件，从而在提高个人物质生活的前提下，来创设个人心理健康不可或缺的氛围。

人与社会的和谐关系的实质就是一种与人为和，即"所以均调天下，与人和者也。与人和者，谓之人乐"（《庄子·天道》）。

3. 人内在之和谐

对人而言，个人内心的和谐非常重要。我们在风和日丽的春天到郊外踏春，看到鲜花怒放而衬托的风景美，是一种外在有形的美；前面说到的"家和万事兴"的家和、社会和谐都可以从有形的外在进行观察，这些都是外在的美。但在"和"的链条上，外在的家和、社会和谐并不是和谐的始源，不过是和

---

[1] "知之者弗言，言之者弗知。闭其兑，塞其门，和其光，同其尘，锉其颖，解其纷"，通行本为"知者不言，言者不知。塞其兑，闭其门，挫其锐；解其分，和其光，同其尘"，现据帛书本和竹简本改定。

谐的具象,和谐始源的家园在个人内在之心。个人内心的和谐是内在之美的核心,是肉眼看不到的;如果没有个人内心的和谐,根本不可能有家和以及社会的和谐,这是非常重要的,在贵和美德中具有非常重要的位置。

内心和谐是个人幸福快乐的主要源泉,正如 1915 年诺贝尔文学奖获得者、法国著名作家和音乐评论家罗曼·罗兰所说的那样,所谓内心的快乐,是一个人过着健全的、正常的、和谐的生活所感到的快乐。也如法家思想家管子所说的"凡人之生也,必以其欢。忧则失纪,怒则失端。忧悲喜怒,道乃无处"(《管子·内业》),这里的"欢"与罗曼·罗兰所说的快乐具有相同的意思,这是正常人生最为基本也是最大的期盼之一,没有欢乐的人生无法说是正常的人生,没有欢乐等于没有内在的和谐,只有内心和谐的人才能欢乐不断;忧愁正是内心失和的表现,这是内心缺乏和谐之道的表现,即"道乃无处","凡人之生也,必以平正。所以失之,必以喜怒忧患"(《管子·内业》),和谐的心态就是"平正"的心态,喜怒不形于色。

对个人而言,一个无法避开的事实是,即使你有张扬个性的决心,但你必须过群居的协和、社会的生活,无法一个人孤立地生活。所以,你的行为必须顾及他人的存在和他人的感受。在这个意义上,个人内心的和谐就显得非常重要,这也称为"形莫若就,心莫若和"(《庄子·人间世》)。"形"指的是外表的自我,"心"指的是内在的自我;前者是"社会我",后者是"私我"。换言之,"社会我"由于是个人在社会层面所展示的个人的形象,所以,必须靠近社会的要求,用社会的常识来约束自己;"私我"由于是内在的自我,是个人真正的自我,对此的待处最好是保持平和、协调的状态。用我们今天的话说,就是既和顺应对社会,又不失自己之所以为自己的规定;这也就是"唯至人乃能游于世而不僻,顺人而不失己"(《庄子·外物》)所说的至人的人格所具有特征。"僻"是性情古怪、不合群的意思,如孤僻、怪僻、乖僻等。因此,"社会我"是合群生活的需要,"私我"则是保持自己独立人格的需要。这两者并不矛盾,我们不能像以前那样不做细分,把人看成"神";人是现实的,在公共生活领域与个人私密的生活领域理当有不同的行为之方,这是和谐社会生活的人所应具有的丰富内涵的基本要素之一。

面对这种"社会我",古人强调"凡人之生也,必以平正;所以失之,必以喜怒忧患;是故止怒莫若诗,去忧莫若乐,节乐莫若礼,守礼莫若敬,守敬莫若静。内静外敬,能反其性,性将大定"(《管子·内业》),"礼"就是社会的礼仪规则等的规定,在我们今天的社会主义现代化文化强国的实践中,"礼"无疑就是社会主义核心价值观规定的具体内容。这也是贵和美德在个人内心和谐层面的具体要求,这是必须明确的。

(五)"贵和"的理论基础

贵和的理论基础问题,实际上在上面四个问题的分析演绎中已有诸多涉及,这里列为专题来讨论,主要是为强化贵和美德孕育的条件。

前面曾经提到"和"与"同"的差异,贵和关键在"和","和"不是"同"。"和"是基于宇宙整体性的思维。在宇宙整体里,每个物种都是宇宙生物链上的独特的环节,具有不可或缺的地位和作用。因此,生物链最大功能的体现,不是不同物种之间的相克,而是在相互作用的协调共作中所产生的力量。下面的资料对两者作了精当的区分:

> 公曰:和与同异乎?对曰:异。和如羹焉,水火醯醢盐梅,以烹鱼肉,燀之以薪,宰夫和之,齐之以味,济其不及,以洩其过。君子食之,以平其心。君臣亦然。君所谓可,而有否焉,臣献其否,以成其可;君所谓否,而有可焉,臣献其可,以去其否;是以政平而不干,民无争心……先王之济五味,和五声也,以平其心,成其政也。声亦如味,一气、二体、三类、四物、五声、六律、七音、八风、九歌,以相成也。清浊大小、短长疾徐、哀乐刚柔、迟速高下、出入周疏,以相济也。君子听之,以平其心,心平德和。故《诗》曰德音不瑕。今据不然。君所谓可,据亦曰可;君所谓否,据亦曰否;若以水济水,谁能食之?若琴瑟之专一,谁能听之?"同"之不可也如是。(《春秋左传·昭公二十年》)

这是晏子对齐景公批评梁丘据的述论。在春秋时代,"和"、"同"是两个互为对应的常用语。"和"谓可否相济,相辅相成;"同"谓单一不二,无所差异。在这个意义上,"和"强调的是相互的依存性,相辅相成对万物各自潜能的发挥非常有利;"同"推重的是划一而无差异,抹杀了人的独特性,无疑不利于个人最大限度地发挥能动性,对事业的成功是消极不利的。在政治领域也一样,我们追求和谐,而不是同一,同一或者恭维的认同对推进社会治理是不利的。"和"如五味的调和,必须有水、火、酱、醋等各种不同的材料才能调和滋味成美食;八音的和谐,一定要通过大小、疾徐、刚柔、高下、周疏的环节才能使乐曲和谐动人。

在现实社会中生活,最为重要的就是遵循自然规律,与自然协调一致而生活,即"上度之天祥,下度之地宜,中度之人顺"(《管子·五辅》),之所以要"度"即考虑"天祥"、"地宜"、"人顺",是因为"天时不祥,则有水旱;地道不宜,则有饥馑;人道不顺,则有祸乱"(同上)。"天祥"、"地宜"、"人顺"的整合就是一个和谐协调的景象,这是适合万物和悦生长的环境,即"列星随旋,日月递照,四时代御,阴阳大化,风雨博施,万物各得其和以生,各得其养以成,不见其事而见其功,夫是之谓神"(《荀子·天论》)。人类社会的和谐是为人之所以为人的本质特征所决定的,"上取象于天,下取象于地,中取则于人,人所以群居和一之理尽矣"(《荀子·礼论》)。相反,同一就是对万物兴旺生长内在驱动力的消解,"夫和实生物,同则不继。以他平他谓之和,故能丰长而物归之;若以同裨同,尽乃弃矣"(《国语·郑语》),说的就是这个道理。

冬虫夏草是为一般人所熟知的。冬天,它是一条凄惨的虫子,钻入寒冷的泥土而静待死亡给予它的厚赐。夏天,从已故虫子的身体里长出一种奇怪的生物,模样就像草,这就是"冬虫夏草"。实际上,它是一种真菌。早在虫子快活地爬动的时候,它便寄生在虫子的体内了,只等待着来年在夏日的骄阳下伸展出风姿。这真菌,凭借着虫子的身躯,得以生长;虫子则因这真菌的生存,使它的躯体又历经一度风雨而显出价值。冬虫夏草,是珍贵的滋补药。这看似普通的一味药却承载着两个生命,它们互相依存,演绎着生命的乐曲,构筑着别样的和谐长城!

(六)"贵和"的价值坐标原点

在中华传统美德德目链中承担着心理基础功能的贵和美德,在追问其价值坐标原点的问题时,往往容易引起误解的是,把个人当成原点。其实,这是天大的误会。贵和美德虽然与个人的情感紧密联系,但这仅是一个方面,也并不是个人就是贵和价值坐标的原点。

贵和价值坐标原点是也只能是社会。这是首先要标明的。社会的和谐最为重要,因为社会是个人群居的家园,是个人生活的基本依托;离开社会,个人就如无源之水、无本之木,这是众所周知的道理。这里的社会是在广义上使用的,因此也指一个国家;在这个意义上,也可称为国家社会。中国社会的和谐是中国社会主义核心价值观的内容之一,实现和谐作为我们的理想,也是我们努力奋斗的目标。营建和谐相处的社会就是我们现代化建设的目标,这样的社会是14亿民众潜在能力最容易得到发挥的形态;民众潜力发挥的程度直接决定着我国实现创新生产的能力,创新生产能力的提高将直接导致国力的强大,这也是我们文化强国的目的之一。

儒家思想家孟子曾强调过,"天时不如地利,地利不如人和。三里之城,七里之郭,环而攻之而不胜。夫环而攻之,必有得天时者矣;然而不胜者,是天时不如地利也。城非不高也,池非不深也,兵革非不坚利也,米粟非不多也,委而去之,是地利不如人和也。故曰域民不以封疆之界,固国不以山谿之险,威天下不以兵革之利。得道者多助,失道者寡助;寡助之至,亲戚畔之;多助之至,天下顺之"(《孟子·公孙丑下》);这里的"人和"就是社会的和谐,孟子虽然没有把天时、地利与人和置于相同的位置进行考虑,存在以人为中心的倾向,但强调社会和谐本身是没有问题的,只是他把"人和"置于天时、地利之上,缺乏适度的把握,这是需要注意的地方。

孟子强调人和的关键之点,在于"天下顺之"即天下其他国家都顺从拥护,实现这个目的的手段则是"道"即"得道者多助,失道者寡助"。在孟子的思想体系里,这个"道"自然是人道或仁道;荀子则直接称这种道为"群道",实际也就是社会之道,或者说是社会管理之道;作为社会的管理者,则是在社会的具体管理上具有实际能力的人,这就是"君者,善群也。群道当则万物皆得其宜,六畜皆得其长,群生皆得其命"(《荀子·王制》)告诉我们的道理。在此,不得不思考的问题是如何才能做到"群道当"的问题,不然,提出"群道当"就没有任何意义。荀子的回答值得我们今天继续参考,即"故人生不能无群,群而无分则争,争则乱,乱则离,离则弱,弱则不能胜物,故宫室不可得而居也,不可少顷舍礼义之谓也。能以事亲谓之孝,能以事兄谓之弟,能以事上谓之顺,能以使下谓之君"(《荀子·王制》);"人之生,不能无群,群而无分则争,争则乱,乱则穷矣。故无分者,人之大害也;有分者,天下之本利也;而人君者,所以管分之枢要也。故美之者,是美天下之本也;安之者,是安天下之本也;贵之者,是贵天下之本也"(《荀子·富国》)。依据"分"来实现"群道当";对"分"的理解,一般可以从分际、分限来加以思考。无疑,荀子的基本运思是在承认等级制度的前提下进行的,即上面所说的以"弟"、"顺"、"君"为具体内容的"礼义",这是不可取的,因为我们从事的社会主义事业的最大特点之一就是民众当家做主,是在打破以"礼不下庶人,刑不上大夫"(《礼记·曲礼上》)为标志的古代封建社会不平等的基础上的产物,主张人人平等。在这个层面,我们必须依据词义学层面的"分"所表示的"职责"的意思来加以理解,职责就是职分。我们无法过孤立的生活,在社会的生活中,除一般的公共生活以外，个人的一个重大角色就是在职业中承担的角色，"职分"正是具体职业中承担的职责，也是"社会我"在职业中的具象展现。在延伸的层面，就是在一切领域里个人所承担的角色；对个人而言，除职业中的职业角色以外，还有社会生活中作为公民的角色所要求。这些在今天社会的具体化就是社会主义核心价值观的规定，这是每个人恰如其分地行为、安分守己地生活之必须。在社会学意义上，就是社会的角色文化建设，安分守己地生活也就是按角色要求而生活，这是社会秩序稳定的基本保障，也是我们政治文明的主要课题。

（七）"贵和"的功效

在承扬中华传统美德的实践中，贵和之所以能够在德目系统中占有自己的位置，当然不是偶然的，与其持有内在的功效存在必然的联系。对此，我们具体可以从两个方面来加以分析。

1. 调和人的性情

古代思想家对"气"非常重视，如庄子就认为"生也死之徒，死也生之始，孰知其纪！人之生，气之聚也；聚则为生，散则为死"（《庄子·知北游》）；由于气的聚散连接着人的生死，所以，人的生命的活力就在于对气的调节，"邪气入内，正色乃衰"（《管子·形势》），如果人的内在性情调节不到位即不平衡的话，势必影响人的健康。所以，依归和适的轨道进行调节、协调非常重要，诸如"血气刚强，则柔之以调和；知虑渐深，则一之以易良；勇胆猛戾，则辅之以道顺；齐给便利，则节之以动止；狭隘褊小，则廓之以广大；卑湿、重迟、贪利，则抗之以高志；庸众驽散，则刦之以师友；怠慢僄弃，则照（炤）之以祸灾；愚款端悫，则合之以礼乐，通之以思索。凡治气养心之术，莫径由礼，莫要得师，莫神一好"（《荀子·修身》），就是具体的说明。血气刚强就柔化使之调和，思虑深沉就使之归向平易温良，勇敢大胆凶猛暴戾就辅助使之因循道而行为，行动快捷迅速就制御使之徐安，胸怀狭隘就扩展使之宽宏大量，卑下迟钝贪利就激励使之高尚，庸俗平凡低能散漫就管教使之友善，怠慢轻浮自暴自弃就昭示使之明白灾祸，愚钝朴实端庄拘谨就协调、开通使之依归礼乐；大凡理气养心的方法，没有比遵循礼义更直接的了，没有比得到良师更重要的了，没有比一心一意地爱好善行更神妙的了。

以上"柔之以调和"等种种方法，都是通过调适使人的性情达到和适的境地的方法，和适就是一种适宜的状态，是人的情绪保持在平和的状态，对人的身体健康具有明显的功效。因此,贵和对人情性的调节有着非常重要的功效。

2. 和合故能谐

社会缺乏和谐的话,其法律就很难有效实行,即"上下不和,令乃不行"(《管子·形势》);另一方面,社会秩序不和谐,即使表面上看似安定,其实隐含着四伏的危机,即"上下不和,虽安必危"(《管子·形势》)。所以,依据一定的社会规则来熏陶民众的话,民众自然会趋于和合协调的境地,"畜之以道则民和,养之以德则民合。和合故能谐,谐故能辑,谐辑以悉,莫之能伤"(《管子·兵法》),就是对此的具体描述。民众和睦、团结了,行动就能协调并达到步调一致;协调一致了,就难以受到伤害。"夫民必知义然后中正,中正然后和调,和调乃能处安,处安然后动威,动威乃可以战胜而守固"(《管子·五辅》),从中正到和调、处安、动威而战胜、守固,但对"义"的认识是前提;在今天,就是对社会主义核心价值观的认识。

显然,贵和是通向和谐协调的门径,是和谐的真正的驱动轮;贵和离不开道、德的导航,在今天就是社会主义核心价值观的指引;换言之,贵和必须始终以社会主义核心价值观为依归,这是不能含糊的。

(八)"贵和"的价值目标

把贵和作为承扬中华传统美德的德目之一,其价值目标只有一个,就是实现文化强国。

世界文明迄今的征程仍然以非常强劲的信息昭示各民族:力量就是一切! 一个国家的地位决定于其国力,国力的标志就是民众的富裕程度。富强作为社会主义核心价值观之一的事实,既是我国在建设社会主义实践征程上对古代历史经验总结而得出的结论,也是中华民族子孙在世界舞台上彰显自己力量意欲的显示。我国从1978年实行改革开放以来,经济建设已经处在发展的瓶颈,如何实现效益化的发展? 如何实现可持续发展? 都是我们必须严肃思考的迫切问题,因为,资源的匮乏、环境的污染等问题都是我们无法回避的现实,也是关系民众生活健康的大问题,自然也直接关联到社会的稳定和谐。我国适时地提出文化强国的举措,就是作为落实社会主义核心价值观富强的有效途径之一,即利用古代的文化资源来为我国现代化经济建设服务,达到在使经济实现可持续发展的同时,厚实我国富强的社会主义建设。

在思想史的维度,中国古人认为,人具有群居生活的能力。但对群居而言,和谐、协调无疑最为重要,"和则一,一则多力,多力则强,强则胜物"(《荀子·王制》);这里的"一"就是团结一心的意思。在和谐的社会,民众自然专心于国家强大的建设,而民众身心的真正投入,形成的是强大的力量即"力",社会势必呈现强大的趋势,强大了就能处在不被他人忽视乃至侵略的地步。这也正是我国社会主义核心价值观的内容,也是贵和美德的价值目标。

(九)"贵和"的心理机制

贵和的形成需要心理机制,没有心理机制,即使有贵和的偶然行动,也只能是昙花一现之举;其心理机制不是别的,就是人的"感恩"意识。"恩"的本义是恩惠,恩惠要依赖人之心而生存,离开心就无所谓恩惠。在这个意义上,恩惠就是发之于人心的恩泽、惠泽。我们所说的感恩就是要对接受他人的恩泽表示一种感激之情。作为贵和美德的心理机制的感恩,包括两个方面的内容。

1. 对大自然的感恩

我在前面曾提到过"天乐",这是"与天和者"(《庄子·天道》)的状态,即与自然保持和谐协调的关系。要与自然保持和谐必须具备对大自然敬畏的情感,当今全世界面临的能源枯竭、环境污染的危机,就是人类缺乏对自然敬畏的情感所致,人只是强调对自身理性能力的确证,完全忽略了与自然保持协调一致行为之方的必要性和重要性。我们只有一个地球,联合国人口基金会显示全球人口在2011年10月31日达到了70亿[1];根据美国人口调查局的估计,截止到2013年1月4日,全世界有70.57亿人[2];要供养这么多人口的确使人类陷入了前所未有的困境。对自然资源的肆意利用,致使大批动物濒临灭绝,这无疑是对生物链的破坏。我国的情况也一样,中国的人口约占全球人口的20%;作为人口大国,我们的经济建设遇到了前所未有的能源、污染等问题。

古人云:"天地和调,日有长久"(《管子·度地》)。只有当天地自然处在和谐的境遇下,人类的生活才能轻松长久,离开自然的和谐则无所附丽。我们不能顺着人的欲望来利用自然资源,应该把自然看成一个生命体,尊重其价值,把人类的价值设置在维护人与自然和谐度的保持上来加以衡量。人类

---

[1] Population seven billion: UN sets out challenges. BBC. October 26,2011.
[2] U.S. Census Bureau-World POPClock Projection. July 2012-July 2013 data.

有今天,我们每天的生活,诸如粮食、呼吸的空气,都是自然对我们的恩惠,我们必须在内心对自然持敬、感恩,而不是肆意糟蹋、利用。

2. 对国家社会的感恩

作为一个中国人,国家社会是个人生活的园地,社会的和谐是人快乐生活的基本条件,这就是"人乐",即"所以均调天下,与人和者也"(《庄子·天道》,第458页)。中国不仅是一个具有56个民族的国家,而且我国的汉族是世界上人口最多的民族,占有世界约20%的人口,世界上最多人使用的母语是汉语。社会主义核心价值观的和谐的实现,就是要在这样一个多民族、多人口的国度里实现协调一致,这是我们建设社会主义现代化的基本条件,没有和谐稳定的外在条件,我们要建设、要发展是不可能的。新中国诞生至今,我们虽然遇到过挫折,许多经验教训值得我们吸取。但是,我们在1978年实行改革开放以来,社会的建设、民众的面貌,正如芝麻开花节节高,尤其是在2010年我们的GDP总值超过日本而成为世界第二大经济体,仅次于美国,这是翻天覆地的变化,这是每个中国人都能感受到的,也是全世界有目共睹的事实。我们的生活已经今非昔比,这完全得益于改革开放政策的得当,和谐社会的构想的适时提出,又成为每一个中国人新的追求。

(十)"贵和"的实践途径

在中国思想史上,"人心惟危,道心惟微,惟精惟一,允执厥中"(《尚书·虞书·大禹谟》)的运思是众所周知的,它揭示了人心危险、天地自然之心微妙,告诫人们必须深刻认识现实,精当地把握自然之道的本质,从而采取不偏不倚的中道来投入社会,这是非常精到的。但是,"允执厥中"不是人天生的能力,它必须经过后天的修炼来获取,而"允执厥中"的修炼也可以说就是贵和的修炼。我国社会主义核心价值观之一的和谐,虽然是国家层面的理想目标,但构建和谐社会本身就是一种实践,这是中华传统美德贵和在社会层面对和谐、协调推重的内容,这仅是一个方面。在贵和属于人的情感的层面,它主要在于个人的心灵的和谐,其实践也主要表现在个人的实践。在这个方面,有三点值得注意。

1. 坚守自然之道

人是宇宙万物之一员,不是主宰者;人作为理性的生灵,其价值的体现应该在自觉过与宇宙自然相协调和谐的生活上。所以,贵和美德的实践最为关键之一就是要因循自然之道而行为,"天地有官,阴阳有藏,慎守汝身,物将自壮。我守其一以处其和,故我修身千二百岁矣,吾形未常衰"(《庄子·在宥》),这里的"一"就是道、自然之道或自然规律,这是最为重要的。人的理性虽然具有非常大的能力,但不能超越宇宙来行为,这是文明史昭示的事实,人必须有这个自觉,人是无法制约自然的。在这个意义上,坚守自然之道就显得格外重要,只有这样才能与自然保持和谐的关系即"处其和",而处和显然也是自己极尽生命跨度的因子,因循自然之道即"吾与日月参光,吾与天地为常……人其尽死,而我独存乎"(《庄子·在宥》)。人虽然处在不断变化之中,但依归和谐来实践这是最为重要的,这就是"一上一下,以和为量,浮游乎万物之祖;物物而不物于物,则胡可得而累邪"(《庄子·山木》)告诉我们的道理。在平时的生活中,必须爱护一草一木,不随地吐痰和乱扔垃圾;这个说起来比较容易,但是就是做不到,这也是我们与其他国家国民素质显出差距的地方。可是,客观的事实是,几乎没有哪一个人认为自己做不到,显然不是能力的问题,只需要习惯的养成,我们的问题是不去切实履行。

另一方面,必须注意这里的"物物而不物于物",这是我们在处理人际关系时必须借鉴的,它包括两个方面:一是"物物",这是对待他者的原则,既包括依据他人的本性特征来衡量他人,而不是依据抽象的标准,这是尊重他人个性的方面,又涵括依据社会的一切规章制度来行为,诸如遵守交通规则、公共规则等。二是"不物于物",这是个人必须保持自己的独立人格,也叫"顺人而不失己",而不被他物所左右。这两个方面都是贵和实践非常重要的内容。

2. 调和情感

一般而言,人是具有七情六欲的动物,"何谓人情?喜、怒、哀、惧、爱、恶、欲,七者弗学而能"(《礼记·礼运》),说的就是人的七种情感;这与佛教的七情即"喜、怒、忧、惧、爱、憎、欲"的说法基本一致。它们是先天就存在的,诸如"新浴者振其衣,新沐者弹其冠,人之情也"(《荀子·不苟》)里的"情",则相当于上面七情中的"欲",指的是在洗澡后抖动衣服使之整齐,洗头后弹去帽子上的灰尘使之整洁,这是人爱美的普遍情感所致。其实,这种爱美的情感绝对不是仅限于个人领域的事务,实际上包含着对家里其他人的一种态度,起码也是体现自己对自己某种关系氛围中的卫生所承担的责任。西方人喜欢在每天早上洗澡后再去上班。一般而言,这有两个动机:一是这样可以使自己精神充分、思路清晰;二是通过自己身体的清新来保持工作单位氛围的和谐,以及对他人的尊重。

人要在社会中生活，对自己情感的控制是社会生活的需要，调和自己的情感是人的重大人生课题，"不知处阴以休影，处静以息迹，愚亦甚矣！子审仁义之间，察同异之际，观动静之变，适受与之度，理好恶之情，和喜怒之节，而几于不免矣。谨修而身，慎守其真，还以物与人，则无所累矣。今不修之身而求之人，不亦外乎"（《庄子·渔父》），说的就是这一点。"和喜怒之节"就是使喜怒等情感的实践保持在中和、谐和的境地，这是修养的重要课题。因为在中国古代思想家看来，人的和谐在于对阴阳之气的平衡，即"万物负阴而抱阳，冲气以为和"（《老子》第42章），阴阳之气的平衡是人情绪、情感平和的基本条件。"心困焉而不能知，口辟焉而不能言，尝为汝议乎其将。至阴肃肃，至阳赫赫；肃肃出乎天，赫赫发乎地；两者交通成和而物生焉，或为之纪而莫见其形"（《庄子·田子方》），"心困"、"口辟"显然不是谐和的状态，只有在阴阳互相作用而保持平和的状态之时，人才会有生气，在与外在他者相处时才会有平和的心境和行为。这必须落实到个人的日常生活中来加以训练，这是塑造个人"社会我"形象的必然课题。

3. 道德修炼

在中国道德思想史里，"致德，其民和平以静"（《管子·正》），显示的就是通过道德修养来达到心境平和的方法；"致德"就是致力于道德实践从而达到有德的意思。人的身体虽然必须因循自然规律来行为，但是，"夫人之情，目欲綦色，耳欲綦声，口欲綦味，鼻欲綦臭，心欲綦佚。此五綦者，人情之所必不免也"（《荀子·王霸》），"綦"是"极"的意思，如眼睛想看遍各种颜色，这是人的常情。但是，我们生活在一个群居的社会，社会的资源无法满足我们每个人的所有欲望。"人之情，食欲有刍豢，衣欲有文绣，行欲有舆马，又欲夫余财蓄积之富也，然而穷年累世不知足，是人之情也。今人之生也，方知畜鸡狗猪彘，又蓄牛羊，然而食不敢有酒肉；余刀布，有囷窌，然而衣不敢有丝帛；约者有筐箧之藏，然而行不敢有舆马。是何也？非不欲也，几不长虑顾后而恐无以继之故也"（《荀子·荣辱》）。这里的"继之"，实际就是我们现在说的可持续发展，这是文明社会的发展之方，是道德人的行为之方。显然，要做到这一点，必须通过个人的修养，"平者，水停之盛也。其可以为法也，内保之而外不荡也。德者，成和之修也。德不形者，物不能离也"（《庄子·德充符》）。水处在平和的状态也不流动，这是"内保之而外不荡"；内在具有道德的人，从不在外表上表现出来，这种行为不受外物的影响，无论外物怎么来扰乱他，他都始终凝定在追求和谐的道德实践征途中，即"德者，成和之修"。

道德修炼并不是随意的行为，必须以社会主义核心价值观为指导，这也是我们今天承扬中华传统美德的本意所在，传统美德的延续本身必须在道德实践中进行。

（十一）"贵和"的当代价值

在上面的叙述中，实际已经包含了许多价值评价的事情，这里列专题来讨论，无非也是为了加强而已。关于这个问题，在此主要想从内外两个方面来说明。

1. 实现社会可持续发展

从 20 世纪末开始，正当全球处在能源枯竭、环境污染危机的包围之中时，经济危机的冲浪又猛袭而来，至今全球仍在经济危机的阴影之中煎熬，各国虽然都在为从危机的包围中突围而努力，但效果并不令人满意。原因之一就是大家没有真正从寻找产生危机的原因开始而努力，仍然认为人有力量对抗自然。诸如美国加州以农业著称，不仅是蔬菜的故乡，而且是许多名贵水果的天堂，但 2014 年由于大量缺水，严重影响了收成。但加州一直在发展海水淡化的工程，并且取得了很大的进展，海水处理工程的代价是非常昂贵的，这仍然是凭借人类理性来战胜自然的方法；另一方面，在夏天，正当大家为水犯愁时，高尔夫场地却火热有加，一个高尔夫球场地一天的维护，需要上百万加仑的水，可是没有人注意到限制高尔夫场地随意用水的必要性，即使有人产生这方面的想法，但也因高尔夫球场可以带来的可观的经济效益而放弃。说到底，人类自身解决困境的努力仍然为自己的利益欲望所限制。贵和必须聆听自然的呼声，而不是理性的呼声；必须聆听整体的呼声，而不是部分人的呼声。能源和环境污染以及经济危机的根源在人的欲望的肆意追求。在这个意义上，人需要在与自然一体的轨道上重新认识自己的价值，而不是原有方向上价值追求的确证，人理性价值的表征只能在人与自然维持和谐的程度上得到体现。不能忽视的是，人的理性价值演绎的场域，绝对不是民族国家的疆场，只能是地球村的舞台。这是没有商量余地的，人必须迅速对此形成自觉意识。

2. 健康生活的基础

现代社会的生活是快节奏的，在持续快节奏的境遇里生活，就难免不出现健康问题。人际关系疏离就是与上面的能源枯竭、环境污染并列的又一大危机，这一现实不仅导致学校中途退学的人数不断增加，而且年轻人自杀的数字也在攀升,虽然不排除自杀现象的形成有许多原因,但心理健康的问题无疑是其主要的方面。因此,心理健康问题的疏导也成为各国关注的焦点之一。我国小康社会、和谐社会的建设,其主要目标之一就是要提高民众的生活质量,人们和谐相处,是营造和谐社会生活氛围的基本前提和关键,贵和心理的养成则是关键;和谐的环境和氛围无疑是个人形成心理健康态势的最为基本和关键的因素。

  总之,贵和作为中华传统美德德目之一,不仅有着丰富的思想资源,而且有着积极的价值意义。贵和不是放弃自己,而是在保持自己个性基础上的与他人的有效的协调、谐和。世界上没有绝对的自由,因为我们生活在同一个地球上,认同外在他者永远是一个国家优秀公民、地球村优秀村民的重要条件,"人之生,不能无群,群而无分则争,争则乱,乱则穷矣。故无分者,人之大害也;有分者,天下之本利也;而人君者,所以管分之枢要也。故美之者,是美天下之本也;安之者,是安天下之本也;贵之者,是贵天下之本也"(《荀子·富国》),告诉我们的就是这个道理。"分"就是我们今天所说的社会角色的具体内容,也是我们以后社会管理必须努力的价值所在,这既是国家对个人"社会我"的要求,同时也是个人"私我"得以获取生命应有的源泉之一。

第四部

践 行 篇

在德目系统中,"人道"、"群礼"、"心理"分别解决了个人道德、社会道德、道德心理方面的问题,给个人的具体道德践行昭示了详细的信息,为个人的道德征程的起飞准备了必要的条件。但在严格的意义上,它们之间的不同仅仅是静态层面的区分,虽然在内容上是互相联系的;但在动态的层面,它们之间无疑处在割裂的、封闭的状态。至此,也是我们历来道德建设所付诸努力的疆界。

在西方文化、西方价值导向主宰世界的氛围中,我们不得不思考的一个问题是,为什么我们的古老文化不能在 21 世纪的世界文化舞台上生发效用?为什么我们无法在世界文化市场上占有我们应有的份额?我想我国文化强国战略措施的提出,一个主要目的就是要在中国现代化建设的实践征程中,在实现经济腾飞的实践中,尽快发挥文化润滑经济的效用,在实现经济份额的过程中,同时实现应有的文化份额,这不是一个简单的经济战略,而是文化经济战略。因此,要完成这一创造性的伟大任务,我们必须认识文化驱动经济的窍门。文化作为一个民族素质和精神面貌的表征,它是长期积累的结果;它必须是滚雪球式的积累,滚雪球是效益的形象说法,没有效益的文化积累,自然缺乏积极的意义。其实在严格的意义上,离开效益也不存在文化的积累,这是必须注意的。文化积累有自身独自的规律,我们可以选择时代需要的文化样态,但其具体的积累必须在文化自身的轨道上进行,这也是今天传承和弘扬传统美德必须注意的地方。

传统美德在现实生活中作用的发挥，不仅需要内外各种条件的支持，而且需要文化层面的来自德目内在张弛功能的保证。但迄今的事实是，仅简单地关注具体德目的择定，缺乏德目在文化功能，以及由此而来的在文化功能上的互相张弛性来切实积淀的运思。互相张弛功能是文化实现有效积淀的关键因子之一。本研究将聚焦传统美德的体系，视传统美德在现实生活中的有效积淀，不仅是与外在其他因素共作的结果，而且是美德各德目所持有的独特功能互相张弛作用的结果，营设传统美德实践最切实的现实文化积淀机制。"践行"就是在动态的层面，凝聚和盘活配置在"人道"、"群礼"、"心理"三个层面的具体德目并激活张弛其共作功能的机制和脉络，是打通"人道"、"群礼"、"心理"三个层面道德隔阂的场域，是连接"人道"、"群礼"、"心理"的枢机，使传统美德在文化积淀的层面真正得到保证。这是超越我们迄今的就道德建设、文化建设谈道德建设、文化建设的简单化的具体尝试，切实承担起作为中华子孙的文化担当责任。"袭常"美德就是驱动文化功能生发效用的实践因子。

十二、袭　常

中国近代以来的哲学思想研究，可以毫不夸张地说，基本都是在西方的框架下进行的，这一现实自然是得力于一批从西方留学归来的学者。哲学的共通性虽然昭示哲学问题的无界限性。但是，依归西方哲学来思考我们自己哲学的结果之一，就是前几年出现的中国到底有无哲学的反思和讨论。在世界文字的宝库里，汉字是象形文字，其显著的特点是字形和字义的联系非常密切，具有明显的直观性和表意性。甲骨文是世界上最早的象形文字之一，我们不依据我们文字的特点而单一地以西方的哲学理念来审视我们自己的哲学，这在切入口上似乎就存在令人啼笑皆非的因素。中国文化的古老性承载着中国哲学的独特而古老的样态，紧贴我们自己文化的特点来理解和分析属于我们自己的哲学，既是中国文化整理的要求，也是中国文化贡献世界文化宝库的课题，同时也是中国人向世界其他民族展示我们古老文化具体内涵的基本责任。

不从臆想的观念出发，而是紧贴古代文化的根基来总结我们的文化时，不得不重视的一个问题，就是"袭常"（因循常则）概念在文化营建实践中的重要性；可以说，没有因循这一文化轮子的切实驱动，就不可能有中国文化的真正有效积淀。在 21 世纪风云多变的世界舞台上，要扎实做好 14 亿中国人经济文化份额的宏大实践工程，实现中国梦，就必须打破迄今研究形成的习惯定式，立足我们自己的悠久文化园圃，依据文本来总结我们固有文化的特色；依归世界文明长河的走向，找到与现实呼应的切入口，从而营筑中国古代文化为现代化文化强国实践工程生发实际效用的长城，选择"袭常"为中华传统美德德目，就是要打破研究现状，加深和翻新理解固有文化里固有的概念来开发文化资源的实际做法，在演绎夯实文化软实力的实践中，让其直接成为文化强国的因子。对"袭常"的理解，将通过以下的视角来完成。

（一）"袭常"的解题

正确理解"袭常"的意思，自然需要从这两个文字开始。在词语学的层面，"袭"是因袭、因循的意思，"常"是常则的意思；袭常的完整意思就是因袭常则而行为的意思。与前面讨论的美德德目的单一性结构相比，袭常是一个合二为一的德目，两者的结合只能在动态的维度才成为可能，在静态的层面，因袭和常则是互相分离的。正是在这个意义上,袭常作为德目本身就具备了行为学的意义,只有在行为实践的维度,才能显示其完整的价值意义。

在迄今的中国古代道德思想研究中,对古代实践思想的总结一直没有得到应有的重视,这对道德实践实际效果的追求自然是极为不利的,这种不利的实际情况也已经为现实所证实。当然,忽视道德实践并不是说中国古代文化中缺乏这一文化因子,其实,事实正与此相反。中国古代文化中存在实践的运思,"袭"、"从"、"因"、"顺"、"循"、"随"等都具有因袭、因循的意思。不过,对这一思想资源迄今仍然没有好好地利用,这里确立"袭常"为德目,既有美德需要法律制度等协调共作的考虑,也有激活因袭这一固有文化资源的冲动。在美德中,作为常则的"常"具体表现在三个方面:一是自然之常,二是社会之常(包括各项法律制度、道德规范等),三是人的本性之常(个人的本性特点等)。

毋庸置疑,前面讨论的十一个德目,自然都是传统美德之常,在这一意义上的袭常,就是因袭前面的德目规范,这是改变就传统美德谈美德的有力举措,是对中国传统美德讨论的具体总结和落实,本身也是依归实功理念的自然归宿。在社会中生活,因袭常则而行为,这是一个社会和谐共存、稳定发展最为需要的能动的实践因子,因袭行为的积淀可以自然养成个人遵守规则的心理认同和行为习惯,对社会主义核心价值观"法治"的落实无疑具有文化功能上的支持。在语言哲学的维度,因袭本身就是继承的表现,因袭行为的不断积累就是文化的不断积淀,这是盘活和有效整合文化的最为有效的文化基因。

(二)"袭常"的出典

"袭常"最早见于"见小曰明,守柔曰强。用其光,复归其明,无遗身殃,是为袭常"(《老子》第52章),这里的"袭"是依据帛书本而改的,在王弼通行本《老子》中,"袭"为"习";不过,在历史的演绎中,这仅仅是文字的差异,在具体意思的理解上,从来没有过差异,对"习"也正是作"因袭"理解的,这是首先要说明的。

因此,在文化的渊源上,因袭是道家的概念,这与道家重视自然和外在的道的特点存在紧密的联系。重视外在的道,显示的是以人合天的取向,《史记·太史公自序》载有道家"以虚无为本,以因循为用"的论述,当然这是黄老道家的特色;黄老道家对因袭、因循思想的运用,已经从老子那里重在学理的层面而具体演绎到了社会整治的领域,这一思想倾向其实我们在法家韩非那里也可以看到,即"群臣守职,百官有常,因能而使之,是谓习常……明君无为于上,群臣竦惧乎下。明君之道,使智者尽其虑,而君因以断事,故君不穷于智;贤者效其材,君因而任之,故君不穷于能;有功则君有其贤,有过则臣任其罪,故君不穷于名。是故不贤而为贤者师,不智而为智者正。臣有其劳,君有其成功"(《韩非子·主道》)。显然,因袭的内容就是我们常说的君主无为而臣下有为。当然,因袭思想不仅表现在韩非那里,管子、申不害、慎到那里都有,其实,出现这一情况不是偶然的,因为法家重视的理、法也都是存在于人之外的,这与重视人的内在本性善的倾向的思想是相异的。因此,可以说,因袭是重视外在他者的思想家的共同选择。

(三)"袭常"作为德目的理由

在整体上,把"袭常"作为承扬中华传统美德的德目,基于以下两个理由:

1. 德目体系内在机制的要求

无论是孔子、贾谊等对德目的论述,还是后来对中华传统美德德目的研究,基本都停留在德目规范的具体阐述上,对德目之间的互动共作方面的问题几乎是完全忽视的。我们不能责怪古人,也不能停留于批评既有的研究,最为重要的是把迄今被忽视的问题揭示出来,拉响让人警示的钟声,创设给人重新认识的新平台,从而推进文化的研究,赋予文化以新的意义和价值。21世纪的今天,我国现代化的进程已经处在瓶颈的阶段,如何实现我们的宏图,在世界舞台上营建中国这个古老大国的新时代的形象图本?我们思考的结果是开启通过夯实文化软实力的实践来实现文化强国的征程,因为中国的现代化建设尤其需要文化的润色和推动。这不是一个简单的决定,是应对多变的世界情势的切实举措。承扬中华传统美德无疑是文化强国实践中的重中之重,也是在21世纪如何以中国文化建设的实绩来回应世界中国这个古老文明的魅力所在,所以做好这个工程的关键就是"实",离开"实"就无所谓夯实。因此,打破惯性的屏障,以适应时代的新的思维和新的视野来投入承扬中华传统美德的实践,一个强烈的情感就是追问我们为什么迄今在世界的舞台上无法获得我们应有的文化效益份额(不是总额)。文化是软性的产品,与硬性有形的产品存在一定的区别,而且在很大的程度上,文化产品必须借助于其他产品来实现自身的价值,这就是文化的特点;在这个意义上,文化强国的路径就是向其他产品的渗透。由于文化是无形而具有内质的东西,无法强行向其他产品赋予,只能在文化的轨道上来渗透。在这个意义上,夯实文化软实力不仅具有自己的特点,而且具有自己的课题。要渗透就必须先具备,如何具备?这也是我们历来很少运思的问题。

基于以上的考虑,再来思考承扬中华传统美德的问题,要解决的首要问题就是如何有效施行?不能为弘扬而弘扬,为传承而传承,必须为强国、为民众生活的惬意而承扬。文化与一般产品存在的差异,就告诉我们对待文化必须采取特殊的手段。要有效地解决问题,就要使文化的继承变成实际上滚雪球的运动,让雪球越滚越大。袭常就是盘活一切文化因子而实现综合文化效应的手段,是驱动和凝聚文化合力的有效实践因子,这是至今的文化实践没有注意的盲点,也正是我们文化强国迫切需要作为有效的文化武器之一。这就是把袭常作为中华传统美德德目的理由之一。

2. 因势利导的要求

可以毫不夸大地说,迄今我们在道德建设上花费的精力绝对不少,但为什么我们至今仍然困扰于现实道德危机中难以自安?一个客观的问题就是我们历来注意的是就道德建设而建设,不是为提高民众素质、增强民族合力而进行道德建设。由于出发点和切入点都在人的主观的臆想,而不在客观的现实,与现实脱节的致命弱点致使道德永远只能是乌托邦世界里的角色。还道德以本来的面目,就不得不从道德如何产生的客观问题出发。中华传统美德是中华道德的重要组成部分,自然不能离开道德的基本视野而另辟蹊径。所以,作为夯实文化软实力重要组成部分的中华传统美德建设,也不能离开这个前提来行为,这是首先要明确的问题。

在总体上,道德作为社会的上层建筑,自然要受经济基础的制约,经济是第一位的存在,道德是第二位的存在,一个社会的经济水准决定其民众的道德水准。众所周知,法家思想的创始人管子提出"凡有地牧民者,务在四时,守在仓廪。国多财则远者来,地辟举则民留处;仓廪实则知礼节,衣食足则知荣辱;上服度则六亲固,四维张则君令行"(《管子·牧民》)。大意是,开发土地,拓宽财源,不仅能够吸引远方的民众来归顺,而且能够使他们归顺后安居乐业;经济发展了,社会的礼仪水准也会随之而提高,这里的"仓廪实则知礼节,衣食足则知荣辱"说的就是这个意思。"礼节"、"荣辱"都属于道德领域里的事务,"仓廪"、"衣食"则是基本经济生活方面的事务;"仓廪"、"衣食"的充实是民众具备礼节、荣辱道德知识的前提条件。换言之,"实"、"足"是"知"的前提条件;这里的"知"指的具备"礼节"、"荣辱"的道德知识,不能理解为一般的"知道"。可以说,在世界文明思想史的长河中,管子的这一运思具有振聋发聩的开创性意义。但道德在社会生活中发生作用也不是完全消极的,它具有积极的一面,这就是为大家所熟知的道德对经济的反作用,道德达到一定的水准后,能够反过来推动经济的发展,成为驱动经济发展的一个有力的因素。上面揭示的管子资料中的"四维张则君令行"的运思,显示出对一个国家而言,社会秩序的安定关键在"四维"即礼、义、廉、耻[1];"张"是张弛共作的意思,君主的法令得到顺利执行的话,国家的建设就会稳步进行,"四维"等道德就会成为社会发展的积极推动力量。另外,"畜之以道则民和,养之以德则民合。和合故能谐,谐故能辑,辑以悉,莫之能伤"(《管子·兵法》)的运思,也在一定程度上佐证以上的观点;"养之以德"的工程实际上就是民众"知礼节"、"知荣辱"的过程,从而达到社会的和谐。这里的"辑"是和睦的意思,与"谐"的意思基本相同;在道德的感化下,民众达到和谐以后,就没有什么外在的因素能够对民众以及生存的社会造成伤害。应该说,管子这里也基本形成了经济与道德辩证发展的思想萌芽。

我们今天开启的文化强国征程,正是睿智地把握经济和道德辩证关系而因势利导地导航中国现代化经济建设舰艇的尝试,期望通过道德文化的魅力来有力地驱动和助推中国经济的持续发展,从而尽快推进在世界经济的舞台上占有中国人的人均份额的征程。就这一点而言,可以概括为因势利导的需要。

3. 依据道德产生规律而谋划中华传统美德建设的要求

在中国道德思想史的长河里,围绕道德如何产生的问题的一些运思是值得我们重视和借鉴的。譬如,在中国古代思想中,就道德而言,有非常著名的"尊道而贵德"[2]的思想,尊道贵德是万物发展运行的规律。但是,道德的发展永远是一个动态和开放的过程,这一特征也充分说明,道德不是永恒不变的存在物,它随时处在变动之中,这也是道德建设能否产生效果的枢机所在。

就道德而言,必须理清两点:一是道德是什么?二是如何实现道德?当然,这里不是一般地泛论道德的问题,而是紧贴中国道德思想史来分析这个问题。

---

[1] "何谓四维?一曰礼,二曰义,三曰廉,四曰耻。礼不逾节,义不自进,廉不蔽恶,耻不从枉。"(《管子·牧民》)

[2] "道生之,德畜之,物形之,器成之。是以万物莫不尊道而贵德。道之尊,德之贵,夫莫之命而常自然。"(《老子》第51章)

先说道德是什么？审视历史，中国古人紧贴中国文字的特点，从谐音的维度设定了道德即"德"、"得"相通的维度，最为有名的论述就是"德者，道之舍，物得以生生，知得以职道之精。故德者，得也。得也者，其谓所得以然也。以无为之谓道，舍之之谓德。故道之与德无间，故言之者不别也"（《管子·心术上》）。这里分析了三个问题：一是何谓德？二是道与德的互相关系是什么？三是如何实现道德？

在何谓道德的问题上，认为道德就是一种"得"，它是实际的获得，让人感觉到有所收获；反之，离开实际的获得就不是道德，这是非常重要的，"道也者，动不见其形，施不见其德，万物皆以得，然莫知其极"（《管子·心术上》），也是具体的说明。道德是实际的、具体的，不是虚无的，无法把握的存在物。这也是我们今天必须对此加以厘清的方面。

在道、德的相互关系问题上，虽然可以粗略地忽视两者之间的差异即"无间"，但它们毕竟存在着差异；"道"是"德"的依据，德是"道"的港湾和栖身的家园即"舍"，在道德的家园里可以看到万物蓬勃生长的景象，这也是"道"的精神的具体体现；也就是说，道德是"道"在形下层面的具象或体现，这一情况在时间的维度上，就是"道生德"（《管子·四时》）。换言之，"道"产生道德，这是《管子》创造性地理解老子"道生之，德畜之，物形之，器成之；是以万物莫不尊道而贵德"（《老子》第 51 章）的具体表现，是值得重视的方面。老子本来没有在生成论的层面讨论"道"与其他存在（包括道德）之间关系的问题。也就是说，在老子那里，"道"是道德存在的依据，或者说，道德依据"道"得以存在和成长。

在如何实现道德的问题上，以无为为开启道德的钥匙，这里的"无为"就是老子所说的"道常无为而无不为"（《老子》第 37 章）。非常明显，无为是在动态行为学意义上的立论，无为的静态化样态就是道德即"舍之之谓德"。因此，在管子那里，道德也具有与"道"一样的无为的本质，"所以谓德者，不动而疾，不相告而知，不为而成，不召而至，是德也"（《管子·戒》），就是具体的说明。

以上这三个方面，最为值得注意的是，道德产生的规律的问题。老子的"尊道而贵德"，仅仅在一般的意义上说明万物与道、德之间的关系，没有具体揭示道、德之间内在的联系；管子的"德者，道之舍"在本质上揭示了道、德之间的关系，告诉我们德是道的具象，是道在现实生活中的大使。不仅如此，管子同时提出了"道生德"的构想，把老子在同一视野审视的道和德置入不同的两个层面进行审视,赋予道以绝对第一的地位,同时也赋予道德只有在道的轨道上运行才能完成自己职责履行的角色位置。在此,我们必须得到启发的是,道德不是想当然的存在,不是依据人的臆想就能实现自己角色价值的存在,这是非常重要的,也是我们今天承扬中华传统美德必须重点注意的地方。

在中国道德思想史的长河里,老子、管子的上述思想得到了继承和发扬,诸如汉代许慎《说文解字》在把"悳"解释为"外得于人,内得于己也。从直心",就是从德、得相通的维度来阐释道德的,具有功利主义的特点。魏晋思想家王弼对《老子》的相关注释也值得我们注意:

道者,物之所由也;德者,物之所得也。由之乃得,故不得不〔尊〕;〔失〕之则害,〔故〕不得不贵也。[1]

德者,得也。常得而无丧,利而无害,故以德为名焉。何以得德?由乎道也。何以尽德?以无为用。以无为用则莫不载也,故物;无焉则无物不经,有焉则不足以免其生。[2]

这里基本是从功利效益的视野来解释道德的,这是对先秦道德思想的继承;不仅如此,而且精妙地回答了道德如何生成的问题,这就是"由之乃得"、"何以得德?由乎道也"告诉我们的信息,也就是由道而得德。要获得道德,必须依据道的规律,这是非常重要的,可以说是在另一层面对管子"道生德"的补充和深发。由于道德是道在形下层面的具象,道无形的特点使道在与万物对接时实现即物而德;换言之,即物赋予万物以德性。万物是多样态的,不能以固定的样态来限制万物的功用,只有这样,才能充分发挥万物的功用即"莫不载"。

"由乎道"的"由"就是因袭的意思,这是因为道是万物因循的存在,德是万物获得的样态,因循道才能获得,这是选择"袭常"为德目的终极的理由。

(四)"袭常"的理论基础

在上面的分析中已经提到,"袭常"包含因袭和常则两个方面,常则所包

---

[1]〔魏〕王弼著,楼宇烈校释:《王弼集校释》,中华书局,1980年,第137页。
[2]〔魏〕王弼著,楼宇烈校释:《王弼集校释》,中华书局,1980年,第93页。

含的具体内容主要有自然、社会、人性三方面。常则是客观存在的,因此,袭常的关键在能否因袭。在行为学的意义上,因袭是关系里的产物,其生命力存在于关系之中,离开具体的关系,因袭就失去存在的条件,这是因为因袭需要因袭的行为主体与被因袭的对象即行为客体,这是非常明确的。在这个意义上,也可以说,因袭是关系坐标里的产物。

毋庸置疑,关系不是简单的人际关系,而是宇宙关系。那么,在因袭思想里,这种关系的本质又是如何得到量定和表现的呢?对此的清晰化就是对因袭思想的理论基础的揭示。不难知道,天人关系是古人认识自然界的一个切入点,诸如"明于天人之分,则可谓至人矣"(《荀子·天论》),就是例证。"天人之分"的"分"是分际、分限的意思,非常明显,对天人关系认识不是一件容易的事情,能够做到这一点,就可以称为"至人"了。试图找到天人之间的界限,这是人理性发展进化到一定阶段的产物;这里的"天"不是简单的我们今天称呼的天,而是指人以外的一切,或者径直可以称为自然,这是必须注意的。在荀子之前,诸如老子的"道大,天大,地大,人亦大;域中有四大,而人居其一焉"(《老子》第25章)的运思,显然也是对天人分际的探讨。从天人关系的视野来认识人和宇宙世界,是中国古代思想家认识问题的一种模式,这称为"三材",这一概念在中国思想的演绎中具有非常重要的地位,其最早的总结性的表达在《易传》,即"《易》之为书也,广大悉备,有天道焉,有人道焉,有地道焉。兼三材而两之,故六。六者,非它也,三材之道也"(《周易·系辞下》)。

"三材"的概念,在另一层面实际就是关于宇宙的运思,美国汉学家安乐哲等人认为:"事实上,道家将'宇宙'(cosmos)理解为'万物'(ten thousand things),这意味着,道家哲学根本就没有'cosmos'这一概念。因为,就'cosmos'这个概念所体现的统一、单一秩序的世界来说,他在任何意义上都是封闭和限定了的。就此而言,道家哲学家基本上应算是'非宇宙论'思想家"(《哲学引论》)[1]。等同万物和宇宙的想法自然是易于接受的,这里把道家说成"非宇宙论"思想家,这主要在表达道家思想并没有把宇宙当成最终的存在,因为宇宙仍存在限制,它为其本身具有宇宙这个名称所决定,只有无名的存在才是无限的。这是我们应该注意的。道家显然重视宇宙的视野,这虽然

---

[1] 〔美〕安乐哲(Roger T. Ames)、郝大维(David L. Hall)著,何金俐译:《道不远人——比较哲学视域中的〈老子〉》,学苑出版社,2004年,第17-18页。

存在限制，但是这是一个非常恢弘的视角；老子没有使用宇宙的概念，可能正是如安乐哲等人所说的因为老子持有理性的"非宇宙论"的自觉，而使用"万物"这一概念，由于"万物"是一个符号，具有无限的对象化的内涵，这是非常明显的。

在认识的阶梯上，庄子发展了老子的运思，在继续使用"万物"的同时，大胆使用了"宇宙"这一概念，诸如"旁日月，挟宇宙"（《庄子·齐物论》），就是例证。对庄子而言，认识宇宙是人的最为基本的课题之一，不然就无法清晰地生活。"小夫之知，不离苞苴竿牍，敝精神乎蹇浅，而欲兼济道物，太一形虚。若是者，迷惑于宇宙，形累不知太初。彼至人者，归精神乎无始，而甘冥乎无何有之乡。水流乎无形，发泄乎太清。悲哉乎！汝为知在毫毛，而不知大宁"（《庄子·列御寇》）；"无始曰：'有问道而应之者，不知道也。虽问道者，亦未闻道。道无问，问无应。无问问之，是问穷也；无应应之，是无内也。以无内待问穷，若是者，外不观乎宇宙，内不知乎大初，是以不过乎昆仑，不游乎太虚'"（《庄子·知北游》），都是具体的说明。在庄子的思想里，宇宙与我们今天的理解是不一样的，有着特殊的意义，下面的资料就是证明：

> 出无本，入无窍；有实而无乎处，有长而无乎本剽，有所出而无窍者有实。有实而无乎处者，宇也。有长而无本剽者，宙也。有乎生，有乎死，有乎出，有乎入，入出而无见其形，是谓天门。天门者，无有也，万物出乎无有。有不能以有为有，必出乎无有，而无有一无有。圣人藏乎是。（《庄子·庚桑楚》）

"出"没有本源，"入"没有踪迹，但是实在的存在。有实在的形体但在形下无实际的形态，有实际的成长却无其始末可考。前者就是"宇"，后者则为"宙"。换言之，"宇"是空间里的界定，空间处在无边无际之中，仿佛混沌；"宙"是时间里的存在，古往今来的时间并无极限，因为不是一维的向度。从庄子宇宙概念的内在规定而言，正合安乐哲等人的道家"非宇宙论"的论断，因为宇宙本身是限度性的概念，庄子本身对宇宙的界定也是无限开发的系统，这是非常清楚的，后面的"天门"、"无有"、"有"的界定充分说明这一点。

在因袭思想的视野里，宇宙是一个整合体，其间的万物是互相联系的，"今且有言于此，不知其与是类乎？其与是不类乎？类与不类，相与为类，则与彼无以异矣。虽然，请尝言之。有始也者，有未始有始也者，有未始有夫未始有始也者。有有也者,有无也者,有未始有无也者,有未始有夫未始有无也者。俄而有无矣,而未知有无之果孰有孰无也。今我则已有谓矣,而未知吾所谓之其果有谓乎,其果无谓乎?天下莫大于秋毫之末,而太山为小;莫寿于殇子,而彭祖为夭。天地与我并生,而万物与我为一。既已为一矣,且得有言乎?既已谓之一矣,且得无言乎?一与言为二,二与一为三。自此以往,巧历不能得,而况其凡乎!故自无适有以至于三,而况自有适有乎!无适焉,因是已"(《庄子·齐物论》),就是最好的说明;"天地与我并生,而万物与我为一"就是天地万物一体的最好表达,在这样整体联系的氛围和境遇里生活[1],最好的方法就是"因是已",也称为"常因自然"(《庄子·德充符》)。

这种整体联系性境遇下最好的行为之方就是因袭,老子的论述最为精典,即"人法地,地法天,天法道,道法自然"(《老子》第25章),人、天、地、道都必须因袭自然而行为,"法"就是效法、因袭的意思。

(五)"袭常"的坐标原点是万物

作为传统美德德目的"袭常",在前面虽然理清了"常"的场域。或者说,因袭是人的行为,但因袭关注的坐标原点不是人本身而是万物,这是必须首先标明的。

众所周知,康德的核心运思就是人类在生物世界里占有独特的位置,当然,这不是他独有的思想,是西方古代以来就有的思想。人类认为他们自己与其他生物不仅根本不同而且比他们优越,这就是人类具有固有的价值、具有的尊严,这使人类的价值居于一切价值之上。康德认为,其他动物只有在服务人类目的的层面上才有价值。当然,这不仅仅是修辞学上的立论,康德认为人是不可替代的,例如一个小孩死了,这是一个悲剧,是一个持续的悲剧,即使在同一家庭里又有小孩诞生。另一方面,它物却是可以替代的,康德相信,人具有它物没有的尊严。关于这一观点,康德主要从两个方面来加以证实。一是因为人有欲望,它物满足这些欲望对人才有价值;相反,单纯的物

---

[1] "东方神秘主义的主要流派……都认为宇宙是一个相互联系的整体,其中没有任何部分比其他部分更为基本。因此,任何一个部分的性质都取决于所有其他部分的性质。在这种意义上,我们可以说,每一个部分都'含有'所有其他部分,对于相互包含的这种想象似乎的确是对于自然界的神秘体验的特点。奥罗宾多说:'对于超思维的意识来说,没有什么真正是有限的,它所依据的是对于每个部分都包含着全体,而又在全体之中的感知。'"(〔美〕F.卡普拉著,朱润生译:《物理学之"道"——近代物理学与东方神秘主义》,北京出版社,1999年,第281页)

只有在促进人实现欲望的层面才有价值。二是动物太原始,故没有自我意识,缺乏欲望和目标,例如牛奶只有对想喝的猫才有价值;故人有固有的价值或尊严,因为他们是理性的存在物,这说明他们依靠理性的能力能够做自己的决定、设立自己的目标、导航自己的行为,这是仅有的道德善能够存在的途径,理性动物依据善的意志来行为,理解从义务的角度该做什么以及如何行为。迄今的世界文明史的轨迹就是沿着康德所揭示的方向而演绎的,这是人类中心主义的情况。

在中国古代道德思想史里,重视人自身的价值也非常自然,"厩焚,子退朝,曰:伤人乎?不问马"(《论语·乡党》),就是例证之一。但在中国哲学思想中,重视"类"是与重视人相对应而存在的,"天地万物与我并生,类也。类无贵贱,徒以小大智力而相制,迭相食;非相为而生之。人取可食者而食之,岂天本为人生之?且蚊蚋噆肤,虎狼食肉,非天本为蚊蚋生人、虎狼生肉者哉?"(《列子·说符》)人把其他物视为满足自己欲望的存在,但年仅12岁的鲍氏之子却不同意齐田氏的看法,认为天地万物与人共同生存,属于同类,同类中没有贵贱之分,仅仅以形体的大小、智慧和力量的差异而互相宰制,进而互相吞食,并不是谁为谁而生存的。人类获取可以吃的东西去吃它,难道是上天本来为人而生的?而且蚊子蚋虫叮咬人的皮肤,老虎豺狼吃食人的骨肉,难道是上天本来为蚊子蚋虫而生人、为老虎豺狼而生肉的吗?换言之,万物之间没有贵贱的差别,各自都存在着自己的生活疆界,人类无权任意侵犯它们,这是对人类中心主义的有力回击。

万物同类的运思是把人看成生物的结果,当然这不是最终的分际,可以继续区分,"类"的思想在后来的发展中正是朝着这一方向演绎的,下面的例子就是说明:

> 万物之生而各异类:蚕食而不饮,蝉饮而不食,蜉蝣不饮不食,介鳞者夏食而冬蛰,啮吞者八窍而卵生,嚼咽者九窍而胎生,四足者无羽翼,戴角者无上齿;无角者膏而无前,有角者指而无后,昼生者类父,夜生者似母,至阴生牝,至阳生牡。夫熊黑蛰藏,飞鸟时移。(《淮南子·坠形》)

蚕、蝉、蜉蝣同属于万物,但具有不同的生活习惯,其他的万物也一样,具有不同的形体特征,在宇宙世界里的万物不可能是相同的即"万物之生而各异类"。在人类认识史上,这是宇宙自然主义的代表。

"类"的运思实际就是强调宇宙万物的重要性,而不仅仅是人类自身,故"类"的运思就是万物的运思。万物在中国思想史中也是一个独特的概念,仅仅在道家、法家、儒家的荀子那里才能找到,孔子只有"百物"的运思,这与强调现实人际关系的"仁"存在紧密关联。所以,任何思想以及对演绎具体思想的语言概念的选择,都不是偶然的,都与思想家的理性自觉相一致,这是不能忽视的。因袭的坐标原点不是人自身,而是万物,人不过是万物中一个存在因子。在这个意义上,人不仅要因袭人自身的本性来实践自身的社会化提升,而且要因袭宇宙的自然规律来优化自身发展的外在环境,这是必须注意的地方。

(六)"袭常"的目的

究明"袭常"的目的是什么?这也是认识"袭常"美德的必要内容。

由于因袭的行为必须以外在他者为对象,这也形成因袭行为的起点,同时也是因袭行为价值的始点。因此,因袭行为自然不能离开外在对象来完成,其目的也自然必须建筑在外在对象上来加以实现。审视因袭的思想,可以通过以下的视点来明晰。

1."无用之用"的确立

众所周知,当时人们只知道以人的需要为判断的标准来谈有用与否,即"山木自寇也,膏火自煎也。桂可食,故伐之;漆可用,故割之。人皆知有用之用,而莫知无用之用也"(《庄子·人间世》),山上的树木因材质可用而招砍伐,油脂因可燃烧照明而自取熔煎;桂树皮芳香可以食用,因而遭到砍伐;树漆因为可以派上用场,所以遭刀斧之割。人们都知道有用的用处,却不懂得无用的更大用处。围绕有用与无用,《庄子》里有许多有趣的寓言,这故事在惠子和庄子之间进行:

> 惠子对庄子说:魏王送给我大葫芦的种子,我将之栽植成树后,结出的果实有五石容积。用大葫芦去盛水浆,可是它的坚固程度无法让我拿起。把它剖开做瓢,又太大了,没有地方可以放得下。这个葫芦不是不大,我因为它没有用处而砸破了它。(参考《逍遥游》)
>
> 一日惠子又对庄子说:我有棵大树,人们称它樗树即臭椿树。其树干却疙里疙瘩,不符合绳墨取直的要求;其树枝弯弯扭扭,也不合圆规和角尺的要求;它虽生长在路旁,木匠路过连看也不看。现今你的言谈,大

而无用,大家都鄙弃。(参考《逍遥游》)

庄子听后说:先生你没看见过野猫和黄鼠狼吗?低着身子匍匐于地,等待那些出洞觅食或游乐的小动物。一会儿东,一会儿西,跳来跳去;一会儿高,一会儿低,上下窜越;不曾想到落入猎人设下的机关,死于猎网之中。再有那犛牛,庞大的身体就像天边的云;它的本事可大了,不过不能捕捉老鼠。如今你有这么大一棵树,却担忧它没有什么用处,怎么不把它栽种在什么也没有生长的地方,栽种在无边无际的旷野里,可以悠然自得地徘徊于树旁,优游自在地躺卧于树下。大树不会遭到刀斧砍伐,也没有什么东西会去伤害它。虽然没有派上什么用场,可是哪里又会有什么困苦呢?!(参考《逍遥游》)

结论是:"惠子谓庄子曰:子言无用。庄子曰:知无用而始可与言用矣。夫地非不广且大也,人之所用容足耳。然则厕足而垫之致黄泉,人尚有用乎?惠子曰:无用。庄子曰:然则无用之为用也亦明矣。"(《庄子·外物》)

因此,对一个人来说,只有认识了无用的价值以后才具备谈论"用"的资格。换言之,有用和无用在相互比较中才显示出自己的独特价值,有用与无用完全在于视角的不同,不是绝对的产物,完全是相对视野里的存在。但在现实世界里,人们看到的仅仅是眼前的功用,而根本不知道为什么有用,正如成玄英所说的"有用之物,假无用成功"(《庄子·外物》,成玄英疏)。因此,认识有用和无用所持有的相对的道理,确立无用之用的视角来拓宽人们认识物事的视野,无疑具有积极的意义。

2."无用之用"的缘由

宇宙万物是一个整体,组成一个生物链,形成万物世界的生态平衡,每个物类都具有不可或缺的价值和作用,"凡物之然也,必有故……水出于山而走于海,水非恶山而欲海也,高下使之然也"(《吕氏春秋·季秋纪·审己》),就是最好的说明。但是,在世俗视野里的无用为何能实现有用?这也是不得不究明的问题。其实这个问题的奥妙就在万物本性的自足性。倡导因袭的思想家认为,万物的本性都是自足的,《庄子·逍遥游》里鲲鹏和蜩、学鸠的故事就是最好的说明,郭象的注释比较精当地概括了庄子的意思,即"夫质小者所资不待大,则质大者所用不得小矣。故理有至分,物有定极,各足称事,其济一也","苟足于其性,则虽大鹏无以自贵于小鸟,小鸟无羡于天池,而荣愿有余矣。故小大虽殊,逍遥一也";鲲鹏与小鸟在形下的世界里,虽然存在着大小的客观差异,但只要能够实现自己本性的最佳运作,其价值实现是一样的,它告诫我们不能以统一的标准来衡量所有的万物,万物的评价标准只能在它们自身。

万物本性对自身而言不仅是自足的,而且是自能的,自能是实现自足的内在机制,"小知不及大知,小年不及大年。奚以知其然也?朝菌不知晦朔,蟪蛄不知春秋,此小年也。楚之南有冥灵者,以五百岁为春,五百岁为秋;上古有大椿者,以八千岁为春,八千岁为秋"(《庄子·逍遥游》);朝菌、蟪蛄短寿和冥灵、大椿长寿的原因,都为各自的自然本性所规定;上面所说的大鹏的能高和小鸟的能下,也都为它们的自然本性所决定。对具体的物而言,自己之所以为自己,决定于自己的自然而能的自能机制,郭象"天地者,万物之总名也。天地以万物为体,而万物必以自然为正,自然者,不为而自然者也。故大鹏之能高,斥鷃之能下,椿木之能长,朝菌之能短,凡此皆自然之所能,非为之所能也。不为而自能,所以为正也"(同上,郭象注)的分析,可谓最好的总结。

无用之用是在世俗有用的基础上增设的一个新的功用频道,这对拓宽人们的所谓有用的视野,最大限度地让万物实现自己的功用无疑具有积极的意义。人类世俗的标准无法保证人类与其他宇宙万物和谐关系的持续发展,当下的环境污染、能源枯竭就是人类以自身有用与否为唯一标准而实践所带来的自然结果,这是值得我们认真总结的。

(七)"袭常"的价值目标

强调因袭常则,其价值目标是"宜"。在中国道德思想史上,"宜"是一个非常值得重视和研究的概念,迄今还没有出现对此专门研究的成果。

一般而言,"宜"的意思是适宜、合适、适当、应当的意思,如"《由仪》,万物之生,各得其宜也"(《诗经·小雅·由仪序》),就是在适宜的层面上界定其意思的。值得注意的是,"宜"有时通"仪",指法度、标准的意思,诸如"宜鉴于殷,骏命不易"(《诗经·大雅·文王》),就是在这个维度上使用的。另外,"宜"还通"谊",指合理的道理、行为的意思,诸如"明主之治国也,案其当宜,行其正理。故其当赏者,群臣不得辞也。其当罚者,群臣不敢避也。"(《管子·明法》),俞樾认为"宜乃谊之省",指的就是准则的意思。

不过,在"宜"通"谊"的层面,"谊"的意思是合宜的道德、行为或道理,正是在这个层面上,"谊"与"义"具有相同的意思,班固《幽通赋》的"舍生取谊"

就是例证[1];而"义"的繁体字是"義",这是"仪"的古字。简言之,宜与谊、仪都是相通的。

1. 以"宜"为价值目标的历史见证

在中国古代思想家的眼里,礼仪道德、道理等都是相互融通的存在。正是在这一视野上,我们可以鲜明地看到他们推重因袭社会规范来达到"宜"的目标追求的轨迹。前面已经提到,在"谊"与"义"相同的维度,"宜"与"义"存在着紧密的联系,用"宜"来解释"义"也是古代最为常见的诠释之一,诸如"义者,谓各处其宜也。礼者,因人之情,缘义之理,而为之节文者也,故礼者谓有理也。理也者,明分以谕义之意也。故礼出乎义,义出乎理,理因乎宜者也"(《管子·心术上》),就是具体的总结。"义"即道义、合理的道德行为、道德准则、社会规范等,它代表社会各方面都处在当处的适宜的位置上;换言之,离开适宜就无所谓道义。显然,这是一种和谐协调的状态。另一方面,就具体的社会整治而言,"义"又通过具体的"礼"来得以演绎,这就是"礼者,因人之情,缘义之理,而为之节文者也"。在另一方面,"礼"就是有理;有理的缘由在于"明分以谕义";"明分以谕义"的具体内容则是"因人之情,缘义之理";"因人之情"属于"明分"的内容,"缘义之理"则属于"谕义"的方面。在整体的层面,理不顺简单的礼、义,而是对如何达到合宜状态的理性或规律性的反映和揭示。

值得注意的是,这里的"礼出乎义,义出乎理,理因乎宜者也",礼、义、理、宜构成一条环环入扣的链,适宜在其中不仅是因袭行为的追求目标,而且是其客体对象,适宜同时也成为礼、义、理成立的前提条件,这是适宜在因袭行为中的价值的最好揭示,是值得重视的。

2. "宜"的个人图案

"宜"的价值目标表现在个人的层面,主要具有以下的内容。

首先,"物有所宜"。在宇宙世界里,不同种类的生物各自具有自身的特点,这是宇宙生物链所不可或缺的因子,诸如寿命的长短就是例证,即"朝菌不知晦朔,蟪蛄不知春秋,此小年也。楚之南有冥灵者,以五百岁为春,五百岁为秋;上古有大椿者,以八千岁为春,八千岁为秋,〔此大年也〕。而彭祖乃今以久特闻,众人匹之,不亦悲乎!"(《庄子·逍遥游》)其能力也一样,庄子的

---

〔1〕 可参考:"生,亦我所欲也。义,亦我所欲也。二者不可得兼,舍生而取义者也。"(《孟子·告子上》)

寓言形象地回答了这个问题,即"穷发之北有冥海者,天池也。有鱼焉,其广数千里,未有知其修者,其名为鲲。有鸟焉,其名为鹏,背若太山,翼若垂天之云,抟扶摇羊角而上者九万里,绝云气,负青天,然后图南,且适南冥也。斥鴳笑之曰:'彼且奚适也?我腾跃而上,不过数仞而下,翱翔蓬蒿之间,此亦飞之至也。而彼且奚适也?'此小大之辩也"(《庄子·逍遥游》)。鲲的"其广数千里"和"鹏"的"背若太山,翼若垂天之云",说明的都是它们的巨大;如鹏在"抟扶摇羊角而上者九万里"以后,仍然要"图南"而"适南冥"。鴳雀的"腾跃而上,不过数仞而下"、"翱翔蓬蒿之间",但这是它的最大能力,不过,它搞不懂鹏要往哪里飞。这就是小、大的区别,即"小知不及大知"(《庄子·逍遥游》)。蜩与学鸠对此"笑之"的情况也一样,即"我决起而飞,〔抢〕榆枋〔而止〕,时则不至而控于地而已矣,奚以之九万里而南为?"(《庄子·逍遥游》)。因此,"适莽苍者,三飡而反,腹犹果然;适百里者,宿舂粮;适千里者,三月聚粮。之二虫又何知!"(同上)

宇宙生物链上的物种,都客观存在属于自身本性之适宜,"山陵岑岩,渊泉闳流,泉逾瀷而不尽,薄承瀷而不满,高下肥硗,物有所宜"(《管子·宙合》),"夫物者有所宜"(《韩非子·扬权》),说明万物内在存有适宜的理由。"物有所宜"是不能争辩的,而是人必须确立的认识宇宙万物的基点。正是在这个意义上,庄子提出"定乎内外之分"(《庄子·逍遥游》)的建议,这里的"内"指的就是内在本性,"分"即分际、分限的意思,是一物区别于他物的内在依据。生物各自具有自身之宜,人的情况也一样。

宜没有统一的模式,但有统一的规定和取向,这就是适宜个人的本性特征。不过,个人的本性是因人而异的,这是必须清楚的。中国古代道德思想中,这方面的资源非常多,这也是值得我们在承扬中华传统美德中借鉴的。审视现实,可以清晰地看到,人与人之间特性上的差异是非常明显的,迄今的科学研究也充分确证了这一点。

其次,欲望得宜。个人虽然在本性上存在着属于自己本身的适宜度,但是社会生活的现实,致使每个人都不同程度地身处外在各种欲望的包围之中。中国古人在性情上的一些思想是值得我们今天重视的,诸如情、欲关系的问题,即"人之情,食欲有刍豢,衣欲有文绣,行欲有舆马,又欲夫余财蓄积之富也,然而穷年累世不知足,是人之情也"(《荀子·荣辱》)。在吃饭、穿衣、出行上追求好的享受,这是人情之常,不仅如此,人的情欲是没有止境的,"夫贵为天子,富有天下,是人情之所同欲也。然则从人之欲则势不能容,物不能赡也"(《荀子·荣辱》);显然,顺从欲望的发展,是客观情势所不能容忍的,物质无法满足人开足欲望马力的要求,这是一个方面。另一方面,"纵情性,安恣睢,禽兽行,不足以合文通治"(《荀子·非十二子》),放纵情性的发展,与禽兽的行为没有两样,不符合人类文明进步的要求,即"不足以合文通治"。

欲望发展要适宜既是外在情势的要求,又是文明发展的音符。具体而言,就是要在欲望的满足上把握住切实的适度。就个人而言,存在各种欲望需要,这些需要必须协调平衡发展,不能片面发展,"子华子曰:'全生为上,亏生次之,死次之,迫生为下。'故所谓尊生者,全生之谓;所谓全生者,六欲皆得其宜也。所谓亏生者,六欲分得其宜也。亏生则于其尊之者薄矣。其亏弥甚者也,其尊弥薄。所谓死者,无有所以知,复其未生也。所谓迫生者,六欲莫得其宜也,皆获其所甚恶者。服是也,辱是也。辱莫大于不义,故不义,迫生也。而迫生非独义也,故曰迫生不若死。奚以知其然也?耳闻所恶,不若无闻。目见所恶,不若无见。故雷则掩耳,电则掩目,此其比也。凡六欲者,皆知其所甚恶,而必不得免,不若无有所以知。无有所以知者,死之谓也,故迫生不若死"(《吕氏春秋·仲春纪·贵生》);这里围绕"全生"、"亏生"、"死"、"迫生"四种情况进行了具体的比喻说明,从"全生"到"迫生",在生的质量上呈递降的趋势,导致递降的内在因子在应对"六欲"的不同方法;就全生而言,"六欲皆得其宜",即耳目口鼻等欲望得到适宜的对处;亏生是"六欲分得其宜",即六种欲望部分得到满足;迫生则是"六欲莫得其宜",六种欲望没有得到合理对待的。对人而言,死意味着理智的失去,所以无所谓合宜与否。欲望处理不当,对人是最大的不幸,所以,迫生不如死。这里要注意的是,"辱莫大于不义,故不义,迫生也"中的"义",实际就是"宜","不义"就是"不宜",与"莫得其宜"是相同的。

欲望是客观存在的,就是老子也说过,"绝智弃辩,民利百倍。绝巧弃利,盗贼无有。绝伪弃诈,民復季子。三言以为使不足,或令之有乎属;视索抱朴,少私须欲"(《老子》第19章)[1];老子反对过分的行为,但在对待欲望的问题上,虽然提倡"视素抱朴"即素朴,但其具体的途径是"少私须欲"。在此,如何理解"须"成为关键,但无论是从"等待"还是从"需要"的层面来理解,似乎都不影响对意思的理解,后面的"欲"都成为前面"少私"的决定的因素,"少私"的"私"是自己的意思,完整的意思是少一点自己的欲望,不是"无私",这

---

〔1〕 文字的改动依据竹简本而定。

是非常重要的,因为欲望是客观存在的,离开欲望就无法在人的平台上来讨论人。

客观的现实告诉人们,人类现在面临的能源枯竭、生态污染的危机以及至今仍深陷其中的经济危机,无疑都是人在理性的轨道上演绎的自身纵容自己欲望发展的结果。但是,严峻的危机并没有唤来人类的彻底醒悟,这就是人仍然试图通过自己理性价值的确证即开发新能源等手段来应对能源枯竭危机的努力来度过危机的事实。众所周知,伴随着以上危机的是地球温暖化的进程正在加速,海水正在不断上涨,纽约、阿拉斯加等地已经看到明显海水上涨的形象,阿拉斯加已经有不少原居民离开自己的故土而迁徙他处,因为受到海水上涨的影响。所以,人应该节制自己的欲望,这是解决眼下紧迫问题的最佳选择,诸如"今人之生也,方知畜鸡狗猪彘,又蓄牛羊,然而食不敢有酒肉;余刀布,有囷窌,然而衣不敢有丝帛;约者有筐箧之藏,然而行不敢有舆马。是何也?非不欲也,长虑顾后而恐无以继之故也。于是又节用御欲,收敛蓄藏以继之也,是于己长虑顾后,几不甚善矣哉"(《荀子·荣辱》)。尤其值得注意的是"长虑顾后而恐无以继之",意思就是长远考虑而顾及今后,担心接济不上,所以进一步节约费用,抑制欲望,聚集财富,增加积蓄以备接济之用;荀子对这种行为非常赞赏,拿现在的话说就是考虑可持续发展,即通过节制欲望的满足来实现可持续发展。这里需要引起高度重视的"是于己长虑顾后",这是对个人的要求,不能等待,每个人都可以做到。欲望满足的程度的决定权不在个人财富的多少,而在宇宙资源的多少。在公平的天平上,每个人对宇宙资源的使用具有不可侵犯的平等权,不能因为您有钱就奢侈地生活,有钱作为一种能力的话,发挥作用的渠道只有一个,就是帮助其他人尽量满足他们本性发展所需要的欲望要求。这是人类文明史上发展的课题,也是中华民族贡献自己智慧的绝妙机会。

再次,依据本性来设计自己的发展。每个人在生物链中都是独一无二的,而且是无法复制的。所以,个人在社会总的调控的规制下,必须尽力找到适合自己本性的强项来发展自己,而不是盲目模仿他人,任何成功的背后,虽然离不开努力,但都有独特的成功砝码。依据自己性分特征来发展自己,得到合本性的最大发展,其社会价值是一样的,我们的社会不仅应该尽快营建这样的评价氛围和评价机制,而且需要及时设置满足个人多样性社会发展的硬性设施。

最后,因袭社会规范。合本性的发展不能离开社会来实现,社会是连接个人的群体，要合群生活，就必须遵守群体的各种规范，道德规范就是其中之一。一个社会的有序运行，必须依赖于各种规范，而规范是个人自由意志让渡的整合。换言之，在规范中可以看到个人的需要或要求，但绝对不限于个人的需要，是个人需要的整合和升华，这是个人得以有序生活的基本保证。因袭社会规范是个人与外在社会适宜度得以成立的基本条件，至于适宜度的强弱关键在于个人在多大程度上因袭社会规范而行为。审视客观的现实，最为严重的问题之一，诸如遵守交通规则的问题，至今仍没有变成每个人的素质行为，乱闯信号灯的事件已经是见怪不怪了；有些人认为即使是红灯，但没有车辆通行时就可通行，这叫灵活机动，不然就叫傻子，以至有些在国外受过良好规范训练的人回国工作后，事事因袭规范而办事的行为也反而会被他人污为"呆板"。这与我们文化强国的战略极不相称。我国提出的社会主义核心价值观里的"法治"的具体落实，就必须依靠民众因袭、遵守规则来完成，而遵守交通规则是实现法治的一个组成部分，这也是"袭常"与社会主义核心价值观融通联动的一个枢纽。

另一方面，每个人在社会的事务中都有相关的社会承担，这就是人的社会角色。社会角色是社会赋予个人具体社会职责的规定，这是社会管理得以顺畅运行的基础。所以，对个人而言，按职责做好自己的工作是最大的义务和责任，而不是逾越角色规定去做属于他人职责范围的事务；按角色管理也是以法度治理社会的基本要求，这是远离人治由于个人情感而导致任意干预的最好的手段，庄子的"许由曰：子治天下，天下既已治也。而我犹代子，吾将为名乎？名者，实之宾也。吾将为宾乎？鹪鹩巢于深林，不过一枝；偃鼠饮河，不过满腹。归休乎君，予无所用天下为！庖人虽不治庖，尸祝不越樽俎而代之矣"（《庄子·逍遥游》），就是角色意识的最为经典的表述之一。换言之，也就是因袭、遵循职业规范。

总之，每个人都客观存在着内在的适宜度，这要求个人因袭自己的个性特征来设计自己的发展计划，从而最大限度地实现自己的潜能，为社会的发展作出应有的贡献；另一方面，人必须过群居的生活，个人必须依托社会来演绎自己的生活，在当今世界，鲁滨逊式的荒岛生活根本没有立足之地，这是个人必须首先明确的。但我们生活的家园——地球是唯一的，是不能复制的。人类文明的实践轨迹显示，人类与地球的和谐度正在逐渐恶化，能源枯竭、生态污染等就是例证。地球的资源无法维持人全部开启自己欲望风帆的航程，个人必须在这个前提下来调适自己的欲望的满足度，而不能依凭自己金钱的多少；尤其是富裕的人，其责任更加重大，其需要克制生活的毅力也要更强。其次是个人必须遵循各项社会规则，交通规则是作为普通市民必须因袭、遵守的行为规范，这是个人适宜度的社会投资；个人都有属于自己的社会职位，所以又必须遵守职业规范而生活，这是社会适宜度的个人直接投资。这些适宜度的最终获取，无疑有赖于个人对社会规范的因袭、遵守。

3. "宜"的社会内容

在上面的讨论中已经涉及了社会方面的因素，但仅是个人视野的产物。这里要讨论的是袭常价值目标即适宜的实现，在社会层面必须落实的事务。这主要有以下几个方面。

首先，职分建设。上面提到了因袭、遵守交通规则并不好的现实情形，与此相联系的另一种情况是，必须克服办事先找关系的坏习惯，以规范为处理外在社会事务的准针。中国人处理事情，不是先找主管部门，而是先找关系，让关系者先与具体部门联系，正是在这样的关系链中，社会利益受到不同程度的分解和弱化，这就是假公济私的现实表现。原因不外乎以下两点：一是部门办事不力，在位的人缺乏相应的能力素质；二是有能力不给你办事，用磨洋工的方法来打发你。如果找到关系，需要办事的人可以直接告诉主管的人如何办理的方法，而对磨洋工的人，关系中隐含的利益则自然驱动他去"积极"有为。基于这种现实，"袭常"美德的切实落实，首先需要做好的就是职分的建设。

第一，基本的原则是"莫不宜当"。"宜当"是适宜相称的意思，可以说是同义反复。职分的建设最为关键的就是让每个人都能在社会实践中找到适合于自己本性特征的事务，从而为个人和社会的发展作贡献提供客观的平台，这就是"因性任物而莫不宜当"（《吕氏春秋·审分览·执一》）；"莫"很重要，不能有遗漏的情况。个人的本性存在差异是客观的，其能力存在差异也是事实，全社会的适宜是建筑在个人本性适宜发展的基础上的，判断个人适宜的标准不是社会的要求，而是个人自己的本性，这是非常重要的。但是，这绝对不是说社会没有要求。社会必须有要求，这是群居超越个人的基本条件，社会的要求必须置入具体职分的要求之中，从而选拔具有相称于具体职分位置的人才。荀子的"夫贵为天子，富有天下，是人情之所同欲也。然则从人之欲则势不能容，物不能赡也。故先王案为之制礼义以分之，使有贵贱之等，长幼之差，知愚、能不能之分，皆使人载其事而各得其宜，然后使谷禄多少厚薄之称，是夫群居和一之道也"（《荀子·荣辱》），告诉我们的就是这个道理。社会的适宜实际就是社会"群居和一之道"的具体演绎,"人载其事而各得其宜"与"莫不宜当"的意思是相同的。在最大程度上开发让每个人找到适合于他们的位置,从而保证人才的最大使用。具体而言,就是"以道观之,物无贵贱;以物观之,自贵而相贱;以俗观之,贵贱不在己。以差观之,因其所大而大之,则万物莫不大;因其所小而小之,则万物莫不小"(《庄子·秋水》),依据人的客观情况来设定社会的位置,而不是相反。

第二,制定具体的职分。中国古代思想家非常重视内外的"分",内在的"分"就是性分,前面已经提到;外的"分"就是社会的职分,庄子的"定乎内外之分"(《庄子·逍遥游》)的"外"的部分,指的就是个人在外在社会上具体担当的分职或职位。在社会学的意义上,这就是社会管理层面的角色,就像每个人通过不同的名字来加以区分,社会管理就是通过不同的职位来进行区别的。因此,就社会管理而言,最为重要的是职分的建设,这是选拔优秀人才的基础。所以,"是故古之明大道者,先明天而道德次之,道德已明而仁义次之,仁义已明而分守次之,分守已明而形名次之,形名已明而因任次之……"(《庄子·天道》)。这里的"天"、"道德"指的是自然规律方面的内容,"仁义"可以说是社会道德规范,这是一个社会必须首先确立的。在这个前提下,"分守"即职守(职分的建设)才有必要和可能,职守也就是今天所说的职业的职责或职业操守,职业操守确定以后就必须确立具体职业操守的职位的名称,诸如我们今天所说的处长、科长等的区分,然后才是具体聘用人才;职分确立以后,就可以依据职分的要求来进行具体职事的评价,"以道观分而君臣之义明"(《庄子·天地》)就是最为典型的描绘;这里的"义"就是"宜",即适宜相称的意思,它是依据前面的"分"来确定的,这也说明了定分的重要性。

依据职分来进行具体的社会治理,是自古以来的普遍法则,"定分〔治〕官,此古人之所以为法也"(《吕氏春秋·不苟论·不苟》)。"定分"不是人的异想天开,而是依据天道自然规律思考的结果,"天道圜,地道方,圣王法之,所以立上下。何以说天道之圜也?精气一上一下,圜周复杂,无所稽留,故曰天道圜。何以说地道之方也?万物殊类殊形,皆有分职,不能相为,故曰地道方。主执圜,臣处方,方圜不易,其国乃昌"(《吕氏春秋·季春纪·圜道》),就是最好的说明。圣王就是依据天地之道来进行现实社会治理的,就君主与臣下而言,君主当因袭天道即"圜",臣下应因袭地道即"方";就"方"的具体内涵而言,则是"万物殊类殊形,皆有分职,不能相为",这主要是从整体上保证每个人都能在社会的事务中找到适合自己的位置,"分职"既是职业的具体区分，又是具体职业的职业操守规定，这是非常明显的；操守之间是不能代替的即"不能相为"，与上面的"主执圜，臣处方，方圜不易"一样，这是国家昌盛的条件即"其国乃昌"。

每个人在社会生活中都能找到属于自己的位置，这与具体的音符在和谐的音乐乐章里都能找到自己的具体位置一样，"先王之立高官也，必使之方。方则分定，分定则下不相隐。尧舜，贤主也，皆以贤者为后，不肯与其子孙，犹若立官必使之方。今世之人主，皆欲世勿失矣，而与其子孙，立官不能使之方，以私欲乱之也，何哉？其所欲者之远，而所知者之近也。今五音之无不应也，其分审也。宫、徵、商、羽、角，各处其处，音皆调均，不可以相违，此所以不受也。贤主之立官有似于此。百官各处其职，治其事以待主，主无不安矣。以此治国，国无不利矣；以此备患，患无由至矣"（《吕氏春秋·季春纪·圜道》），不失为精当的总结。依据确立的职分来进行具体的社会管理，这是实现远离祸患、利益国家的有效方法；这是因为在职分的具体实践中，官员处在最佳的位置上尽力做事来履行自己的职业责任，等待君主的检查。用今天的话说，就是轻松管理的一种方法。

总之，袭常价值目标的"宜"是个人和社会的整合，个人之宜是社会之宜的条件，社会之宜则是个人之宜的养分和保证；没有个人之宜，就不可能存在社会之宜；没有社会之宜，个人之宜就没有价值和意义；两者缺一不可。社会必须尽可能地把法治建设的具体内容落实到职分的建设上，职分要具体而明确，这是社会文明建设的一个重要组成部分，这既是选拔人才到相称的位置上的前提，也是按职分要求来检查具体职务落实情况的具体依据，是走向实功的有效途径之一，是远离人治而真正走向法治的基本举措，是一劳永逸的工程，"……分守已明而形名次之，形名已明而因任次之，因任已明而原省次之，原省已明而是非次之，是非已明而赏罚次之。赏罚已明而愚知处宜，贵贱履位，仁贤不肖袭情，必分其能，必由其名。以此事上，以此畜下，以此治物，以此修身，知谋不用，必归其天，此之谓大平，治之至也"（《庄子·天道》），就是对社会治理程序的最好表达；分守、形名、因任、原省、是非、赏罚等构成社会治理的具体环节，分守即职分、职守是其中的一个部分，而且成为因任环节的条件。社会管理的目标就是"愚知处宜，贵贱履位，仁贤不肖袭情"，人人都能在社会上找到位置并适宜相称而处，从而依据自己的能力和职分的要求来努力工作，这必然走向治理的最高境界即"治之至"。

其次，因能授官。管理位置以及职业操守及职责的确立，为具体人才的选拔奠定了基础。人才选拔不是一件轻而易举的事情,这也就是我们提出"法治"作为社会主义核心价值观的理由之一,法治是保证社会治理有序化的切实环节。社会治理离不开人才,所以,选拔相称的人到相应的位置上任职,这是实现"宜"这一价值目标的基点和关键,因为社会的部门是连接个人的窗口和桥梁,离开这个,社会和个人就处在实际的断裂之中,这就是社会管理部门存在的重要性。

　　选拔人才最为关键的就是要使具体的人胜任具体位置上的工作,这是非常重要的。要做到这一点,关键在选拔基点的确立:即道德和能力。"若夫谪德而定次,量能而授官,使贤不肖皆得其位,能不能皆得其官,万物得其宜"(《荀子·儒效》),"治国之臣,效功于国以履位,见能于官以受职,尽力于权衡以任事。人臣皆宜其能,胜其官,轻其任"(《韩非子·用人》),评估德行来确定具体的等级,衡量能力来决定具体的职位,这样使大家都能找到相称于自己能力的位置,从而胜任具体的工作。如果不是依据德行和能力来决定,而是暗箱操作,掌控于关系决定论的话,那社会管理就成为舞台的道具,有名无实,逢场作戏。出现这样的情况的枢机就在社会是法治还是人治。法治就是依据职分来进行管理,选拔有德行和能力的人到相应的位置上;人治就是依据人的喜好,选拔者本人成为选拔人才的依据,对自己有利就是标准。前者是从效率上来立论的,后者完全从远离具体职位的关系切入,是虚无的"管理"。因此,荀子说:"故能小而事大,辟之,是犹力之少而任重也,舍粹折无适也。身不肖而诬贤,是犹伛身而好升高也,指其顶者愈众。故明主谪德而序位,所以为不乱也;忠臣诚能,然后敢受职,所以为不穷也。分不乱于上,能不穷于下,治辩之极也"(《荀子·儒效》)。力气小而担子重,除了压碎骨头折断腰,也就没有别的下场可图;自己不贤却妄称贤能,这就好像是驼背却喜欢升高一样,指着他的头顶而笑话他的人就会更多。所以英明的君主评定各人的德行来安排官职,这成为社会不乱之所在;忠臣感到确实有能力胜任后才敢接受官职,这成为远离困境之所在。在官位的确定上能依据职分规定而有序运行,能接受职位的人则如鱼得水而可以大显身手,这是社会治理的最高境界。在这样的管理境界里,能收到事半功倍的效果,即"材者有所施,各处其宜,故上下无为。使鸡司夜,令狸执鼠,皆用其能,上乃无事"(《韩非子·扬权》);"各处其宜"的状态是顺性而为的实践,所以称为"上下无为",这样每个人都能做好自己的本职工作。

个人是社会的基本因子,必须过社会生活。对社会管理者而言,如何使个人存有的适宜的理由得到外显的机会,这是一个社会能否稳定的基本环节,也是实现社会最高治理的条件。正如庄子所说,"圣治乎?官施而不失其宜,拔举而不失其能,毕见其情事而行其所为,行言自为而天下化,手挠顾指,四方之民莫不俱至,此之谓圣治"(《庄子·天地》);施行的行为做到"不失其宜",选拔人才做到"不失其能",这样的话,个人得到了符合自己本性特性的社会位置,具备了自己的能力得到完美发展的外在客观条件,即"毕见其情事而行其所为,行言自为而天下化"。

再次,循名责实。如何使因德行、才能而授予具体的社会位置的行为得到实际效果的检验,也是现代社会管理不得不思考的一个现实问题。中国人历来精通"上有政策,下有对策"的术数,当对策与政策的取向一致时,对策就实际成为政策的具体有效落实,这是最为理想的情况。但一般人们是在一维的政策与对策相悖的取向上来加以理解的,这是中国的实际,也可称为"中国特色"。当然,这是需要加以剔除的特色,与我们今天的承扬中华传统美德的文化强国实践也完全是背道而驰的。但不可否认的事实是,在这样的术数的演绎中,不仅美好的理想夭折而去,而且造成社会财富的大量浪费,收不到任何效益,这是需要引起我们注意的。所以,为了保证社会管理的有效,必须设置"循名责实"的验收机制,以克服名不副实的情况。因为,名不副实是常有的情况,"颜回问仲尼曰:孟孙才,其母死,哭泣无涕,中心不戚,居丧不哀。无是三者,以善处丧盖鲁国。固有无其实而得其名者乎?回壹怪之"(《庄子·大宗师》),就是一个例证,徒有虚名的情况是客观存在的。

在中国社会管理思想的长河里,针对徒有虚名的情况,许多思想家提出过通过名实一致的方法来克服徒有虚名情况产生的设想,这是值得我们今天借鉴的。关于名实,庄子认为"名者,实之宾也"(《庄子·逍遥游》),"名实者,圣人之所不能胜也,而况若乎"(《庄子·人间世》)。非常明显,在名实关系里,"实"是第一位的,"名"是第二位的,是实的宾客;对于名实,就是圣人也是无法超越的,一般的人就更无法超越了。换言之,名实是现实生活中客观存在的课题,这大概是为人的本性所决定的,可以说是人的基本属性之一。那么,在名实问题上应对之方是什么呢?同样,庄子的运思提醒我们重视,即"咸池九韶之乐,张之洞庭之野,鸟闻之而飞,兽闻之而走,鱼闻之而下入,人卒闻之,相与还而观之。鱼处水而生,人处水而死,彼必相与异,其好恶故异也。故先圣不一其能,不同其事。名止于实,义设于适,是之谓条达而福持"

(《庄子·至乐》);演奏于广漠原野的咸池、九韶的乐章,鸟儿听到了腾身高飞,野兽听到了惊惶逃遁,鱼儿听到了潜入水底,人听到了则相互围观不休。人与其他动物对乐章的反应是不一样的,这说明他们存在相异的好恶。所以,不能强求他们具有划一的反应,也不能要求他们做相同的事情。"名"必须以"实"为终极,合宜的措置在于相称于实际,这就叫条理通达而福德长久地得到保持。可以说,"名止于实"和上面的"名者,实之宾也",都是名实在静态层面的规定。

名实在动态层面的贯彻就是循名责实,"〔循〕名而督实,按实而定名,名实相生,反相为情"(《管子·九守》),"〔循〕名而督实"就是"循名责实"[1],具体的意思是核实"名"是否与"实"相称;循名责实实际也就是"按实而定名"的过程,在社会治理的实际事务中,就是依据个人承担的职务的实际要求来确定是否切实履行了职责即职分的规定。循名责实主要是主管对职员进行管理的一个切实步骤,"凡主有识,言不欲先。人唱我和,人先我随。以其出为之入,以其言为之名,取其实以责其名,则说者不敢妄言,而人主之所执其要矣"(《吕氏春秋·审应览·审应》),"有道之主,因而不为,责而不诏,去想去意,静虚以待,不伐之言,不奋之事,督名审实,官使自司"(《吕氏春秋·审分览·知度》),说的就是这个道理。循名责实的本质就是因循规律而治理,而不是事事躬亲,充分发挥职员的智慧和积极性。

循名责实的另一种情况是"缘形而责实"[2],"有言者自为名,有事者自为形。形名参同,君乃无事焉,归之其情"(《韩非子·主道》),"君操其名,臣效其形,形名参同,上下和调也"(《韩非子·扬权》)。这是实现效率管理的关键举措,是因人成事的保证,值得我们今天借鉴。

最后,现实调控。循名责实虽然可以掌握具体职位上的职员履行职责的情况,但这不是目的,而是手段,旨在通过这个环节来提高管理各环节的效率。所以,要实现"宜"的价值,必须保持袭常实践的活力,这里有两个方面值

---

〔1〕 可参照:"循名责实,察法立威,是明主也。夫明于形者,分不遇于事;察于动者,用不失则利。故明君审一,万物自足。名不可以外务,智不可以从他,求诸己之谓也。"(《邓子·无厚》,《百子全书》上,浙江古籍出版社,1998年,第473—474页)

〔2〕 可参照:"夫大治之法莫大于私不行,功莫大于使民不争。今也立法而行私,与法争,其乱也甚于无法。立君而争,愚与君争,其乱也甚于无君。故有道之国,则私善不行,君立而愚者不尊,民一于君,事断于法,此国之道也。明君之督大臣,缘身而责名,缘名而责形,缘形而责实,臣惧其重诛之至,于是不敢行其私矣。"(《邓子·转辞》,《百子全书》上,浙江古籍出版社,1998年,第474页)

得注意：

一是因材施教。国家是人民的国家，社会是民众的社会。因此，国家社会的整治必须依靠民众，而不是个别人，即"力不敌众，智不尽物。与其用一人，不如用一国"（《韩非子·八经》）。所以，最大程度地开发民众的智力是提升社会化程度的最为基础的环节；要开发民众的智慧就必须紧密结合民众的特性。为此，道家老子曾经提出"不言之教"的设想，这实际是强调教育中重视个人特性的重要性，"不言"自然不是什么都不说或不教，而是不臆想先行，要依据个人的特性来进行，这就是魏晋玄学家郭象所说的"知夫至乐者，非音声之谓也；必先顺乎天，应乎人，得于心而适于性，然后发之以声，奏之以曲耳"（《庄子·天运注》），即重视"应乎人"。人的特性是第一位的，教育理念则是第二位的。具体到教育的方法上，就是"应物无方"（《庄子·知北游》），"无方"即没有固定的方法，方法是依据具体的人而确定的。我们现在的教育模式几乎人人重在应试上，应该在多样性的教育设施上多下工夫，以满足个人特性多样性的需要，为中国在 21 世纪的世界舞台真正实现强者的地位而打下坚实的基础。

二是赏罚得宜。"袭常"作为驱动法治这一社会主义核心价值观实践的有效文化因子，在动态的过程中，它仍然要受到一些无法避免的外在因素的干扰。如何来对此进行调适以保证价值目标的实现，除上面分析的开发教育设施多样化的途径以外，就是利用赏罚来进行调节。中国古代思想中，这方面的运思非常丰富，在诸如"……分守已明而形名次之，形名已明而因任次之，因任已明而原省次之，原省已明而是非次之，是非已明而赏罚次之。赏罚已明而愚知处宜，贵贱履位，仁贤不肖袭情，必分其能，必由其名。以此事上，以此畜下，以此治物，以此修身，知谋不用，必归其天，此之谓大平，治之至也"（《庄子·天道》）的社会治理环节里，"分守"、"形名"、"因任"、"原省"、"是非"、"赏罚"等组成具体的链（前面还有天、道德、仁义），其完美的联动要求每个环节发挥自身的功能，这是保证"愚知处宜"、"贵贱履位"、"仁贤不肖袭情"实现的基础，最后通向最高的社会治理的境地。显然，赏罚是这个链的最后环节，是天道精神的贯彻和体现，这是整个社会治理链活力补充的关键。

要做好赏罚的工作，关键是什么？这也是不得不确立的。简言之，就是一个"当"字，即允当。"凡赏非以爱之也，罚非以恶之也，用观归也。所归善，虽恶之赏；所归不善，虽爱之罚。此先王之所以治乱安危也"（《吕氏春秋·不苟论·当赏》）；赏罚不能以领导个人的喜好为标准，必须依据法度的要求来进行即"用观归",看行为是归属于善还是不善:如归属于善,即使是自己所讨厌的人也予以奖赏;如归属于不善,即使是自己喜爱的人照样予以惩罚。能否做到这样,是一个社会治乱安危的分水岭。"用观归"实际上也就是"行爵出禄,必当其位"(《吕氏春秋·孟夏纪·孟夏》),即我们今天说的因能授职、按劳取酬,合起来称为"当其位",即"执道循理,必从本始,顺为经纪。禁伐当罪,必中天理。怀(倍)约则窘,达刑则伤。怀(倍)逆合当,为若有事,虽无成功,亦无天殃"(《黄帝四经·经法·四度》)。要保证允当的实现,对管理者而言,最为重要的就是不能行私,"霸王积甲士而征不备(服),诛禁当罪而不私其利,故令天下而莫敢不听"(《黄帝四经·经法·六分》)。

  赏罚问题能够保证允当的话,对当事人而言,即使受罚也绝无怨言即"受罪无怨,当也"(《黄帝四经·经法·君正》),社会事务的效率也会很高[1]。但是,赏罚的允当不是绝对的事情,需要一定条件的支持,诸如上面提到的领导的公正。在允当得不到实现的时候,个人有责任站出来通过自己的行为来矫正赏罚失当的情况,下面的资料就是最好的说明:"君子之自行也,动必缘义,行必诚义,俗虽谓之穷,通也。行不诚义,动不缘义,俗虽谓之通,穷也。然则君子之穷通,有异乎俗者也。故当功以受赏,当罪以受罚。赏不当,虽与之必辞。罚诚当,虽赦之不外。度之于国必利,张之于主必宜,内反于心不惭,然后动"(《吕氏春秋·离俗览·高义》)。君子以道义为准则而行为,在外在的赏罚失当时,能通过自己的实际行为来进行矫正,即"赏不当,虽与之必辞",奖赏不符合"功"的内容即超出自己的实功时就一定不接受;"罚诚当,虽赦之不外",惩罚确实符合事实,即使受到赦免也绝不回避惩罚;在对国家有利、对管理者相称适宜、自己内心不感到惭愧的前提下,再付诸行动。一个和谐安逸的社会,需要好的制度来维护,但好的制度不是天上掉下来的,也不是天生就有的,而是经过许多人前赴后继的努力奋斗而趋于完善的。这里君子对赏罚失当的应对之策,无疑可以在另一方向上完善社会赏罚机制的运行,这就是一个有德者德行的价值所在,也是我们具体承扬中华传统美德的理由所在;赏罚不当是社会的大是非,如果当事人置若罔闻,那社会的允当只能是画饼充饥的自欺欺人的期望。这一点,是我们当今社会最为缺乏的,现在自我利益保护是许多人的第一行为之方,是非则是次要的方面,这是我们在修

---

〔1〕 可参考:"夫天地之道,寒涅燥湿,不能并立。刚柔阴阳,固不两行。两相养,时相成。居则有法,动作循名,其事若易成。若夫人事则无常,过极失(佚)当,变故易常;德则无有,措刑不当。居则无法,动作爽名,是以戮受其刑。"(《黄帝四经·十大经·姓争》)

炼"袭常"这个美德时所必须加强提高的方面。

在袭常行为的运思里,具备"宜"的品性是大的存在的标志,"大国者下流。天下之交,天下之牝。牝常以静胜牡,以静为下。故大国以下小国,则取小国;小国以下大国,则取大国。故或下以取,或下而取。大国不过欲兼畜人,小国不过欲入事人,夫两者各得其所欲,大者宜为下"(《老子》第61章),就是具体的答案。在大小的境遇里,两者协调和谐氛围的取得,关键在"大者宜为下",这样就自然实现"两者各得其所欲"。总之,"天之不违,以不离一。天若离一,反还为物。不创不作,与天地合德。节玺相信,如月应日。此圣人之所以宜世也"(《鹖冠子·天则》),圣人之所以与世保持相宜的关系,就在于他能袭常而行为。

(八)"袭常"的创新基因

在中国,因袭行为迄今都是在负面的维度赋予具体的意义的,这种情况也是我们对待古代优秀文化问题上存在虚无主义倾向的表现。这一事实无疑使中国古代文化在实现自己翻新的历程中,因失去实践的驱动因子而显得苍白无力,也使我们的文化创新大打折扣。任何科学都是在积累的基础上实现发展的,积累是具体的条件。换言之,没有积累就没有创新;这是铁的规律,尤其是文化的创新!

但是,"袭常"作为中华传统美德的德目之一,它是以因袭为驱动轮的。在中国古代丰富的因袭思想中,"创新"是其固有的内在因子,这是迄今没有引起我们足够重视的地方,同时也是导致因袭这一实践文化因子至今仍然被束之高阁的原因。前面讨论因袭的目的时曾经谈到功用的问题,实际上,因袭行为的功用之所以成为可能,在很大程度上就在于内置的创新基因,诸如"三代所宝莫如因,因则无敌。禹通三江五湖,决伊阙,沟迴陆,注之东海,因水之力也。舜一徙成邑,再徙成都,三徙成国,而尧授之位,因人之心也。汤、武以千乘制夏、商,因民之欲也。如秦者立而至,有车也;适越者坐而至,有舟也;秦、越,远途也,竫立安坐而至者,因其械也"(《吕氏春秋·慎大览·贵因》),可以说是具体的总结。通过"因水之力"、"因人之心"、"因民之欲"、"因其械"的具体方法,最后实现成功,充分说明因袭行为绝对不是简单的消极被动,而是在被动前提下的积极主动性的发挥和运用。在这个意义上,因袭行为旨在告诫人们什么是最好的成功之方——这就是袭常而行为。

其实,在被动前提下的主动性的有效发挥,在因袭思想的语言形式上,也有绝妙的反映,诸如"以差观之,因其所大而大之,则万物莫不大;因其所小而小之,则万物莫不小……以功观之,因其所有而有之,则万物莫不有;因其所无而无之,则万物莫不无……以趣观之,因其所然而然之,则万物莫不然;因其所非而非之,则万物莫不非……"(《庄子·秋水》),就是典型的例证。这里的"因其所大而大之"的"所大"是客观外在的"大","大之"的因袭行为主体经过自己选择认可即过滤过的"大"(一种标准);换言之,因袭行为主体的"大之"是基于客观外在的"所大"的选择,"大之"是行为主体发出的行为,无疑包含着主体的自主积极性;就整个句子而言,"因其所大"是行为主体的因袭行为,"大之"是行为主体主动发出的行为,这是一个双动宾二维结构的语言形式。

如果说在庄子这里的典型的语言形式中主体主动性的方面表现不明显的话,这一语言现象在后来的发展演绎中得到了长足的发展,诸如"因任而授官"(《韩非子·定法》),"精气之集也,必有入也。集于羽鸟与为飞扬,集于走兽与为流行,集于珠玉与为精朗,集于树木与为茂长,集于圣人与为复明。精气之来也,因轻而扬之,因走而行之,因美而良之,因长而养之,因智而明之"(《吕氏春秋·季春纪·尽数》),"故圣人因民之所喜而劝善,因民之所恶而禁奸,故赏一人而天下誉之,罚一人而天下畏之"(《淮南子·泛论》),都是典型的例子。这里的"授官"、"良之"、"劝善"、"禁奸"等组成的语言形式里,它们各自包含主动积极方面因子的彰显,已经明显区别于前面的因袭行为。再到后来的魏晋玄学,这种主动积极性又在语言形式上得到了更为明显的表达,诸如王弼"随物而成,不为一象……随物而与,无所爱矜……随物而直,直不在一……大巧因自然以成器,不造为异端,故若拙也"(《老子》)[1]里的"随物而直"等的语言形式,"直"等无疑明确地凝聚了主体的主动性,而且表明这是一种"因物而用,功自彼成……"(《老子》)[2],是实现功用的最好的形式。正是在这主动积极的因子里,人的主动性得到了发挥,不断发挥的积淀则自然通向创新的殿堂。

因袭的创新因素还可以从另一维度得到说明,这就是因袭行为中的引导取向,这是非常重要的方面。迄今的研究几乎都没有具体的涉及,诸如"夫物有常容,因乘以导之,因随物之容……故不乘天地之资,而载一人之身;不随

---

[1] [魏]王弼著,楼宇烈校释:《王弼集校释》,中华书局,1980年,第123页。
[2] [魏]王弼著,楼宇烈校释:《王弼集校释》,中华书局,1980年,第7页。

道理之数,而学一人之智;此皆一叶之行也。故冬耕之稼,后稷不能羡也;丰年大禾,臧获不能恶也。以一人力,则后稷不足;随自然,则臧获有余"(《韩非子·喻老》),以及王弼的"以方导物,〔令〕去其邪,不以方割物。所谓大方无隅"(《老子》)〔1〕,都鲜明而形象地昭示了这一点。"因乘以导之"、"以方导物"里的"导"都是引导的意思,引导不是把行为主体的主观臆想强加于个人,个人是个样的,"物有常容"指的就是这个意思;每个人都是独特的,这也是采取引导的理由之一,只有这样才能最大限度地发挥每个人的潜能,从而凝聚成最大的国力,而"不以方割物"。同时,这种引导方法的本质正是"乘天地之资"、"随自然",实现的客观结果则避免了"不足"而实现了"有余",这值得重视。

这种在语言形式上携带创新音符的情况,实际上在文化的演绎中也得到了一定程度的积淀和反映,诸如我们至今在积极意义的层面使用的"因地制宜"〔2〕、"因时制宜"〔3〕、"因势利导"〔4〕等成语,就是这种情况的最好说明。这里的"制宜"、"利导"都是主体发出的主动行为,具有鲜明的积极性,这也正是走向创新的关键因子。这些事实充分说明,我们不能以因循守旧来否定袭常行为的积极创新的意义。

(九)"袭常"的心理机制

众所周知,西方的科学家和心理学家都视"接受的态度"为道家的一个主要特征,诸如英国科学家李约瑟的"儒家和法家的复杂思想形态是阳生的,有为的,僵硬的,控制的,侵略的,理性的,给予的。道家激烈而彻底地打破这种思想,他们强调阴柔的、宽恕的、忍让的、曲成的、退守的、神秘的、接受的态度"(《中国科学思想史》)〔5〕;美国心理学家马斯洛说"称道家的接受性为一种技术,可能有一点不准确,因为它主要由能不插手和不开口、有耐心、悬置行为、乐于接受的、被动的特征组成。它强调对不干涉类型的仔细观察。所以,在通常的意义上,这是一种对自然本性的态度,而不是对技术……"(《科

---

〔1〕〔魏〕王弼著,楼宇烈校释:《王弼集校释》,中华书局,1980 年,第 152 页。

〔2〕"夫筑城郭,立仓库,因地制宜,岂有天气之数以威邻国者乎。"(《吴越春秋·阖闾内传》,〔汉〕赵晔撰、〔元〕徐天祐音注、苗麓校点《吴越春秋》,江苏古籍出版社,1999 年,第 31 页)

〔3〕"器械者,因时变而制宜适也。"(《淮南子·汜论》)

〔4〕"善战者因其势而利导之。"(《史记·孙子吴起列传》)

〔5〕Joseph Needham. *Science and Civilization in China Volume 2: History of Scientific Thought.* The Syndics of The Cambridge University Press, London, 1956: 59.

学心理学：一个勘察》》[1]，这些论述就是典型的代表。不仅如此，马斯洛还认为这种接受性的技术在许多领域都是非常有用的，即"由于某些原因，了知乐于接受的战术，既不在教材里有太多的议论，也没有作为一种科学的技术而得到很高的尊重。这是非常奇怪的，因为在知识的许多领域，这种态度是根本性的存在。我认为尤其是民族学家、临床心理学家、行为学家、生态学家，但是，在原则上，在所有的领域，乐于接受的战术是有用的。"(《科学心理学：一个勘察》》[2]

这种接受性的态度就是因袭行为得以可能的心理基础，这是需要我们引起注意的。因袭行为可能的前提条件是必须以外在他者为思维的第一对象，这需要尊重外在他者，而不是以自己的见解去衡量他者。在具体的演绎上，首先是客观地认可外在他者，从而接受他者本有的样态。与个人主动给予他者自己的见解的态度是完全不一样的，没有这样的心理素质，是不可能切实履行"袭常"美德的。

不过，仅仅知道心理机制不等于就习得了因袭的行为，因此，还必须进一步思考如何才能获得这种接受性的态度？这是古代思想家深入思考的问题之一，答案就是虚静的心境。众所周知，无论对个人还是社会，都存在一个整治的问题。社会整治的问题不难理解；就个人整治而言，主要指个人心理的调适、情绪的控制、素质的提高等方面的事务。虚静对社会和个人的整治都是非常重要的，"天曰虚，地曰静，乃不伐。洁其宫，开其门，去私毋言，神明若存。纷乎其若乱，静之而自治。强不能遍立，智不能尽谋"(《管子·心术上》)，虚静是天地的本质，如能虚静而为，就能实现自然的整治即"静之而自治"，这是因为虚静能够排解私欲的干扰。

对一个国家而言，虚静就是按职分管理从而发挥众人智慧的最好的方法，"若因处虚守静人物，人物则皇……明法审数，立常备能，则治，同异分官，则安"(《管子·幼官》)，遵守虚静原则，就能让万物自得其适，从而成就伟业；按职分管理实际也就是让各个职位的责任者实现自得。所以，"上离其道，下失其事。毋代马走，使尽其力。毋代鸟飞，使弊其羽翼。毋先物动，以观其则。动则失位，静乃自得"(《管子·心术上》)；"动则失位"的"动"，就是逾越职分规定而向具体的职位下达主观意志的意思，这势必导致具体职位的人无

---

[1] [美]马斯洛著，许金声等译：《动机和人格》，华夏出版社，1987年，第96页。
[2] [美]马斯洛著，许金声等译：《动机和人格》，华夏出版社，1987年，第96-97页。

法按职分履行责任,故称为"失位"。所以,被法家称为"静因之道"的本旨,就是因袭万物规则而自然无为,从而实现最大的功效,而不是依据自己的主观意志而为,"是以君子不怵乎好,不迫乎恶,恬愉无为,去智与故。其应也,非所设也。其动也,非所取也。过在自用,罪在变化。是故有道之君,其处也若无知,其应物也若偶之,静因之道也"(《管子·心术上》),"有道之主,因而不为,责而不诏,去想去意,静虚以待,不夺之言,不奋之事,督名审实,官使自司"(《吕氏春秋·审分览·知度》),都是最好的总结。

(十)"袭常"的当代价值

依据客观的现实,确立袭常美德为中华传统美德承扬机制中的实践驱动因子,不仅有文化积淀上的需要,同时在人的素质的修养上也有必要性。它在全方位的意义上生发着积极的价值意义。

1. 世界舞台上的"五项原则"

在当今的世界局势中,一方面是人道主义的呼声,另一方面则是民族狭隘性的硝烟;在人道主义和民族主义的变奏中,民族主义无疑压倒了人道主义。换言之,人道主义只能在民族主义的轨道上得到行进和演绎,无法离开民族主义的轨道而进行;也就是强调人权、人道的民族仍然无法在放弃自己民族利益优先原则的情况下行事。当然,这为人性的自私性所规定。人无法以相同、相等的标准来对待自己和其他民族,这正是 21 世纪人道主义研究的最大课题,也是人文科学、伦理学研究施展才能的极大空间。在这样的境遇下,"袭常"就具有非常重大的意义,要求每个民族按统一的规则来对待一切事务,而不是以自己本民族的利益为标准。

在袭常美德的发挥上,中华民族有着非常优良的传统。不说远的,就说我们提出的"和平共处五项原则",在我们的外交事务中不仅发挥了巨大的作用,而且形成了中华外交的特色。"五项原则"即互相尊重主权和领土完整、互不侵犯、互不干涉内政、平等互利、和平共处,贯穿其间的是"互","共"也是"互"的意思,完全是以尊重他者为前提和基础的,符合"袭常"的基本要素。这是我们处理外交事务的准则,也在国际上产生了重要影响,已为世界许多国家所接受,成为处理不同社会和政治制度国家之间相互关系的基本原则之一。印度尼西亚于 1955 年 4 月在万隆举行了有 29 个国家和地区参加的万隆会议,会上发表了《关于促进世界和平与合作的宣言》,其中包括了这五项原则的全部内容;1970 年第 25 届联合国大会通过的《关于各国依联合国宪章建立友好关系及合作的国际法原则宣言》和1974年第6届特别联大的《关于建立新的国际经济秩序宣言》，都明确把和平共处五项原则包括在内。"五项原则"就是我们处理外交事务之"常"，体现了尊重他国、互利共赢的价值取向；对此的贯彻执行，可以有效地弱化民族主义的倾向的片面发展，这是中华民族值得骄傲的地方。

2015年9月27日中国政府决定向联合国赠送一座"和平尊"。"和平尊"以中国古代青铜器中的"尊"为原型，表达中国对联合国的重视和支持，也是14亿中国人民对联合国的美好祝福。"和平尊"不仅展示了中华民族的悠久历史和当代文明，也体现不同文明和文化交流互鉴、兼容并蓄、共同进步的理念。"和平尊"传递了中国和中国人民求和平、谋发展、促合作、图共赢的愿望和信念，这也是联合国宪章的精神。习近平2015年9月28日在纽约联合国总部发表题为《携手构建合作共赢新伙伴　同心打造人类命运共同体》的重要讲话，强调建立联合国这一最具普遍性、代表性、权威性的国际组织是一种远见卓识，指出"和平、发展、公平、正义、民主、自由，是全人类的共同价值，也是联合国的崇高目标"，站在历史的新起点上，联合国需要"深入思考如何在21世纪更好回答世界和平与发展这一重大课题"。

2. 走向道德殿堂的桥梁

我认为，道德作为一种行为之方，只是学理需要的界定，这对民众生活的指导、道德的提高并不产生实际的益处。不过，我们迄今仍热衷于对道德作"行为规范总和"的界定，这也导致了一方面是道德建设的热潮而另一方面是出现道德现实危机的现象。对道德的学理认识，虽然是人类理性提升验证的需要，但是，这不能等同于一般生活中的道德即作为市民而存在的道德水准。学理的道德永远只能是现实生活中的乌托邦。生活的道德只能是目中有人、心中有他的图画。道德不是纸上文章，道德只能是行为的结晶；目中有人、心中有他的道德只能在人际关系的行为中得到真情实感的体现，正是在这种不断的体现中，人与人之间才能感到心间暖流的涌动；生活中的人需要这样暖流的惠顾和沐浴，从而伴随人走上生活的舞台，拥抱生活的征程，体味当下生活的艰辛，昭示生活的哲理，确信善良人性的必要，开启并欣赏未来生活的希望。

一个人的能力是非常有限的，人是社会中的细胞，必须依赖其他细胞的营养来润滑自己社会化进程的节奏，"不随道理之数，而学一人之智；此皆一叶之行也。故冬耕之稼，后稷不能羡也；丰年大禾，臧获不能恶也。以一人力，则后稷不足；随自然，则臧获有余"（《韩非子·喻老》），告诉我们的就是这个道理。社会管理中的因袭民意，个人生活中因袭各项规则，是人的社会化实践的基本前提或环节。道德需要行动来证明，行为需要习惯来育养，教育对行为而言，只是远方的客人；习惯永远是行为的主人。习惯在人的行为中的价值，仍然没有成为研究的重点，这是人类过于夸大教育的作用而致。因袭是走向行为的第一阶梯，因袭规则而行动才最终使因袭这一行为完成价值意义的创造。"袭常"的不断演绎，将自然在人的规范意识的养成上凝聚成辉煌的果实，正是一个文明社会必不可少的基本因子，也是走向道德强国的桥梁。作为今天文化强国主要实践工程的夯实文化软实力，只能在袭常美德的践行中得到定位。因袭是盘活其他文化因子的驱动轮，是中国夯实文化软实力必须重点打造的文化品牌，这是每个中国人必须具有的自觉。

主要参考文献

一、国内文献
(一) 典籍

[1] 〔汉〕班固撰.汉书.北京:中华书局,1964年.

[2] 北京大学哲学系中国哲学史教研室选注.中国哲学史教学资料选辑:上册.北京:中华书局,1981年.

[3] 北京大学哲学系中国哲学史教研室选注.中国哲学史教学资料选辑:下册.北京:中华书局,1982年.

[4] 〔晋〕陈寿撰,〔宋〕裴松之注.三国志.北京:中华书局,1959年.

[5] 曹操集.北京:中华书局,1974年.

[6] 〔清〕陈确撰.陈确集.北京:中华书局,1979年.

[7] 辞源(修订本).北京:商务印书馆,1979年.

[8] 辞海.上海辞书出版社,1980年.

[9] 陈鼓应注译.黄帝四经今注今译.台北:商务印书馆,1995年.

[10] 蔡元培著.中学修身教科书(华工学校讲义)//高平叔编.蔡元培全集:第二卷.北京:中华书局,1984年.

[11] 〔唐〕房玄龄等撰.晋书.北京:中华书局,1974年.

[12] 郭庆藩辑.庄子集释.北京:中华书局,1961年.

[13] 高亨注译.商君书注释.北京:中华书局,1974年.

[14] 广东省哲学社会科学研究所历史研究室编.朱执信集(上集).北京:中华书局,1979年.

[15] 高明撰.帛书老子校注.北京:中华书局,1996年.

[16] 〔晋〕葛洪撰,杨明照校笺.抱朴子外篇校笺.北京:中华书局,1997年.

[17]〔汉〕韩婴撰,许维遹校释. 韩诗外传集释. 北京:中华书局,1980年.
[18]〔清〕洪亮吉撰,李解民点校. 春秋左传诂. 北京:中华书局,1987年.
[19]黄帝内经素问补注释文//道藏(21). 上海:上海书店出版社,1988年.
[20]〔战国〕韩非著,陈奇猷校注. 韩非子新校注. 上海:上海古籍出版社,2000年.
[21]黄怀信撰. 鹖冠子汇校集注. 北京:中华书局,2004年.
[22]黄宗羲全集. 杭州:浙江古籍出版社,2005年.
[23]〔汉〕桓宽著,王利器校注. 盐铁论校注(增订本). 天津:天津古籍出版社,1983年.
[24]〔汉〕贾谊撰,阎振益、锺夏校注. 新书校注. 北京:中华书局,2000年.
[25]李华兴、吴嘉勋编. 梁启超选集. 上海:上海人民出版社,1984年.
[26]李一氓主编. 道藏(23). 天津:天津古籍出版社,1988年.
[27]〔宋〕李昉编纂,夏剑钦校点. 太平御览:第一册. 石家庄:河北教育出版社,1994年.
[28]刘文典撰,冯逸、乔华点校. 淮南鸿烈集解. 北京:中华书局,1989年.
[29]刘梦溪主编. 中国现代学术经典:康有为卷. 石家庄:河北教育出版社,1996年.
[30]〔东汉〕刘熙撰,任继昉纂. 释名汇校. 济南:齐鲁书社,2006年.
[31]梁启超全集:第二册. 北京:北京出版社,1999年.
[32]〔战国〕吕不韦著,陈奇猷校释. 吕氏春秋新校释. 上海:上海古籍出版社,2002年.
[33]黎翔凤撰. 管子校注. 北京:中华书局,2004年.
[34]缪文远等译注. 战国策. 北京:中华书局,2006年.
[35]钱熙祚校. 尹文子. 北京:中华书局,1954年.
[36]〔清〕钱泳、黄汉、尹元炜等. 笔记小说大观:第二十五册. 扬州:江苏广陵古籍刻印社,1983年.
[37]〔清〕阮元校刻. 十三经注疏. 北京:中华书局,1980年.
[38]饶宗颐著. 老子想尔注校证. 上海:上海古籍出版社,1991年.
[39]孙中山选集. 北京:人民出版社,1981年.
[40]〔春秋〕孙武撰,〔三国〕曹操等注,杨丙安校理. 十一家注孙子校理. 北京:中华书局,1999年.
[41]〔清〕孙诒让撰,孙启治点校. 墨子闲诂. 北京:中华书局,2001年.
[42]〔汉〕司马迁撰. 史记. 北京:中华书局,1982年.
[43]王国维著. 观堂集林. 北京:中华书局,1959年.
[44]王明编. 太平经合校. 北京:中华书局,1960年.
[45]王明著. 抱朴子内篇校释. 北京:中华书局,1985年.
[46]〔魏〕王弼著,楼宇烈校释. 王弼集校释. 北京:中华书局,1980年.

[47] 王先谦撰. 荀子集解. 北京：中华书局, 1988年.

[48] 王利器撰. 颜氏家训集解. 北京：中华书局, 1993年.

[49] 王利器撰. 文子疏义. 北京：中华书局, 2000年.

[50]〔明〕王守仁撰, 吴光、钱明、董平等编校. 王阳明全集. 上海：上海古籍出版社, 1992年.

[51]〔汉〕王符著,〔清〕汪继培笺, 彭铎校正. 潜夫论笺校正. 北京：中华书局, 1985年.

[52] 邬国义、胡果文、李晓路撰. 国语译注. 上海：上海古籍出版社, 1994年.

[53]〔唐〕吴兢编著. 贞观政要（第2版）. 长沙：岳麓书社, 2009年.

[54]〔汉〕许慎撰,〔清〕段玉裁注. 说文解字注. 上海：上海古籍出版社, 1981年.

[55]〔清〕徐珂编撰. 清稗类钞：第六册. 北京：中华书局, 1986年.

[56] 杨伯峻撰. 列子集释. 北京：中华书局, 1979年.

[57] 盐铁论. 邓子·傅子//百子全书. 杭州：浙江古籍出版社, 1998年.

[58] 中国社会科学院近代史所. 孙中山全集. 北京：中华书局, 1981年.

[59] 钟叔河选编. 曾国藩教子书. 长沙：岳麓书社, 1986年.

[60] 张敬注释. 烈女传今注今译. 台北：商务印书馆, 1994年.

[61]〔汉〕赵晔撰,〔元〕徐天祐音注, 苗麓校点. 吴越春秋. 南京：江苏古籍出版社, 1999年.

（二）专著

[1] 陈鼓应著. 易学与道家思想. 北京：三联书店, 1996年.

[2] 陈功. 家庭革命. 北京：中国社会科学出版社, 2000年.

[3] 陈少峰著. 正义的公平. 北京：人民出版社, 2009年.

[4] 崔仁义. 荆门郭店楚简《老子》研究. 北京：科学出版社, 1998年.

[5] 蔡元培. 中国人的修养. 北京：中国工人出版社, 2008年.

[6] 蔡元培著, 逸闻、雨潇选编. 中国人的修养. 成都：四川文艺出版社, 2010年.

[7] 董建萍著. 公正视域中的中国特色社会主义：当代中国社会公正若干问题研究. 上海：学林出版社, 2010年.

[8] 冯友兰著, 赵复兰译. 中国哲学简史. 天津：天津社会科学院出版社, 2007年.

[9] 徐少锦、温克勤主编. 中国伦理文化宝库. 北京：中国广播电视出版社, 1995年.

[10] 许建良著. 先秦道家的道德世界. 北京：中国社会科学出版社, 2006年.

[11] 许建良著. 先秦儒家的道德世界. 北京：中国社会科学出版社, 2008年.

[12] 许建良著. 先秦哲学史. 上海：上海三联书店, 2014年.

[13] 李泽厚. 论语今读. 合肥：安徽文艺出版社, 1998年.

[14] 李零著. 郭店楚简校读记. 北京：北京大学出版社, 2002年.

[15] 李零著. 郭店楚简校读记. 北京：中国人民大学出版社, 2007年.

[16] 齐邦媛著. 巨流河. 台北：天下远见出版股份有限公司, 2009年.

[17] 任国杰著. 童子问易. 北京：人民出版社，2013 年.

[18] 吴忠民著. 社会公正论. 济南：山东人民出版社，2005 年.

[19] 张光直. 中国青铜器时代（二集）. 北京：三联书店，1990 年

(三) 国内（大陆）论文

[1] 邓小南. 创新与因循：从"祖宗之法"看宋代政治基调. 新华文摘，2009 年第 2 期.

[2] 高兆明. "分配正义"三题. 社会科学，2010 年第 1 期.

[3] 何跃军. 公平的三维透视：观念、现实与制度. 华东理工大学学报，2010 年第 1 期.

[4] 金钱并非幸福源头. 中国日报，2006 年 4 月 2 日.

[5] 吕锡琛. 道家思想对调治焦虑、抑郁心理的启示. 上海师范大学学报，2007 年第 1 期.

[6] 许建良. "唯一"教育模式论纲. 前沿，2003 年第 4 期.

[7] 许建良. "己"本位——儒家道德的枢机. 人文杂志，2006 年第 2 期.

[8] 许建良. 老子"袭常"美德论. 武陵学刊，2015 年第 3 期.

[9] 许建良. "袭常"的世界意义（国学版）. 光明日报，2015 年.

[10] 许建良. 他人优位——道家道德的枢机. 中州学刊，2008 年第 1 期.

[11] 许建良. 儒家道德的善恶对峙性. 江淮论坛，2008 年第 3 期.

[12] 许建良. 道家道德的普世情怀. 哲学动态，2008 年第 5 期.

[13] 许建良. 修身模式的儒道之维（一）. 孔孟月刊，2011 年第 49 卷第九、十期.

[14] 许建良. 新诸子学视域下的传统"袭常"美德考//第二届"新子学"国际学术研讨会论文集（2015 年 4 月 17 - 19 日华东师范大学先秦诸子研究中心举办）.

[15] 肖群忠. 美德诠释与美德伦理学研究. 广西民族大学学报，2006 年第 5 期.

[16] 为"因循"翻案. 新世纪的哲学与中国——中国哲学大会（2004）文集：上卷《传统与现代》. 北京：中国社会科学出版社，2005 年.

二、国外文献

（一）中文译本

[1]〔美〕安乐哲、郝大维著. 通过孔子而思. 何金俐译. 北京：北京大学出版社，2005 年.

[2]〔法〕安德烈·孔特-斯蓬维尔著. 小爱大德——美德浅论. 赵克非译. 北京：作家出版社，2013 年.

[3]〔美〕本杰明·史华兹著. 古代中国的思想世界. 程钢译. 南京：江苏人民出版社，2004 年.

[4]〔美〕戴尔·卡耐基著. 克服烦恼的艺术. 陈晓南译. 广州：广东人民出版社，1993 年.

[5]〔美〕丹·艾瑞里著. 怪诞行为学. 赵德亮、夏蓓洁译. 北京：中信出版社，2010 年.

[6]〔美〕丹·艾瑞里著.不诚实的诚实真相.胡晓姣、李爱民、何梦莹译.北京:中信出版社,2013年.

[7]〔美〕F.卡普拉著.物理学之"道"——近代物理学与东方神秘主义.朱润生译.北京:北京出版社,1999年.

[8]〔英〕葛瑞汉著.论道者:中国古代哲学论辩.张海晏译.北京:中国社会科学出版社,2003年.

[9]〔美〕何天爵著.中国人的本色.周德喜译.北京:文津出版社,2013年.

[10]〔俄〕克鲁泡特金著.互助论.李平沤译.北京:商务印书馆,1963年.

[11]〔英〕理查德·道金斯著.自私的基因.卢允中等译.长春:吉林人民出版社,1998年.

[12]〔英〕李约瑟著.中国古代科学思想史.陈立夫主译.南昌:江西人民出版社,1990年.

[13]〔美〕鲁思·本尼迪克特著.菊与刀——日本文化的诸模式.吕万和等译.北京:商务印书馆,1990年.

[14]〔美〕琳达·凯夫林·波普夫等著.家庭美德指南.汤明洁译.北京:中国言实出版社,2009年.

[15]〔德〕马克斯·韦伯著.儒教与道教.王容芬译.北京:商务印书馆,1995年.

[16]〔美〕马斯洛著.动机和人格.许金声等译.北京:华夏出版社,1987年.

[17]〔日〕涩泽荣一著.论语与算盘——人生·道德·财富.王中江译.北京:中国青年出版社,1996年.

[18]〔日〕汤川秀树著.创造力与直觉:一个物理学家对于东西方的考察.周林东译.石家庄:河北科学技术出版社,2000年.

[19]〔美〕威廉·贝内特编著.美德书.何吉贤等译.北京:中央编译出版社,2006年.

[20]〔德〕夏瑞春编.德国思想家论中国.陈爱政等译.南京:江苏人民出版社,1996年.

[21]〔美〕余英时著.中国思想传统的现代诠释.南京:江苏人民出版社,1995年.

[22]〔美〕余英时著.中国思想传统的现代诠释.南京:江苏人民出版社,2006年.

[23]〔美〕亚瑟·亨·史密斯著.中国人的德行.陈新峰译.北京:金城出版社,2005年.

(二)英文文献

[1] Abraham H. Maslow(1966). *The Psychology of Science:A Reconnaissance*. Gateway Editions,Led:South Bend Indiana.

[2] Benjamin Hoff(1982). *The Tao of Pooh*. Viking Penguin Inc.,40 West 23rd Street,New York 10010,U.S.A.

[3] Bernard Williams(2006). *Ethics and The Limits of Philosophy*. London:

Routledge.

[4] Benjamin Franklin (2012). *The Art of Virtue*. New York: Skyhorse Publishing.

[5] Joseph Needham(1956). *Science and Civilization in China Volume 2: History of Scientific Thought*. The Syndics of The Cambridge University Press, London.

[6] John King Fairbank (1969). *New Views of China's Tradition and Modernization*. Washington, D. C: American Association Service Center for Teachers of History.

[7] Jone Heider (1984). *The Tao of Leadership: Lao Tzu's Tao Te Ching Adapted for A New Age*. Atlanta, Georgia: Humanics New Age.

[8] Jane Feather (1993). *Virtue*. New York: Bantam Books.

[9] J. J. Clarke (2000). *The Tao of The West: Western Transformation of Taoist Thought*. 11 New Fetter Lane, London: Routledge.

[10] Linda Kavelin Popov with Dan Popov, Ph. D. and John Kavelin (1997). *The Family Virtues Guide: Simple Ways to Bring out The Best in Our Children and Ourselves*. Plume.

[11] Linda Kavelin Popov (2000). *The Virtues Project Educator's Guide: Simple Ways to Create A Culture of Character*. Jalmar Pr.

[12] Linda Kavelin Popov (2003). *Sacred Moments: Daily Meditations On The Virtues*. Images International.

[13] Michael A. Slote (1992). *From Morality to Virtue*. Oxford: Oxford University Press Inc.

[14] Nomy Arpaly (2003). *Unprincipled Virtue: An Inquiry into Moral Agency*. Oxford: Oxford University Press Inc.

[15] Rosalind Hursthouse (1999). *On Virtue Ethics*. Oxford: Oxford University Press.

[16] Roger T. Ames and David L. Hall(2003). *Daodejing: "Making This Life Significant", A Philosophical Translation*. Ballantine Books, New York.

[17] *TIME*. VOL. 187, NO. 2, January 25, 2016.

[18] View Swanton (2005). *Virtue Ethics: A Pluralistic*. Oxford: Christine Clarendon Press.

[19] William Holmes McGuffey(1841). *McGuffey's First Eclectic Reader*. Truman and Smith Publishing. http://www. lib. muohio. edu/my/pix/reader. html.

[20] William J. Bennett(1993). *The Book of Virtues: A Treasury of Great Moral Stories*. Simon & Schuster.

[21] William J. Bennett (1995). *The Children's Book of Virtues*. Simon & Schuster

(Age Range: 5 and up).

[22] William J. Bennett (1995). *The Moral Compass: Stories for A Life's Journey*. Simon & Schuster.

[23] William J. Bennett (1997). *The Book of Virtues for Young People: A Treasury of Great Moral Stories*. Simon & Schuster.

[24] William Holmes McGuffey (1998). *The McGuffey Readers*. Bedford Books.

(三) 日文文献

[1]〔日〕福永光司. 道教と日本文化. 京都:人文书院,1982年.

[2]〔日〕福泽谕吉著,松泽弘阳校注. 文明论の概略. 东京:岩波书店,1995年.

[3]〔日〕金谷治. 无为と因循. 东方宗教(日本)第23号,1964年.

[4] 金谷治中国思想论集【中卷】. 东京:平河出版社,1997年.

[5]〔日〕加藤常贤. 中国古代伦理学の发达. 二松学舍大学出版部,1983年.

[6]〔日〕青木保. 日本文化论の变化. 东京:中央公论社,1990年.

[7]〔日〕汤浅幸孙. 中国伦理思想の研究. 同朋舍出版,1981年.

[8]〔日〕丸山真男. 日本の思想. 东京:岩波书店,1961年.

[9]〔日〕丸山敏秋著. 纯粹伦理入门. 日本:新世书房,1987年.

[10]〔日〕西村茂树. 日本道德论. 东京:岩波书店,1995年.

[11]〔日〕植手通有. 日本近代思想の形成. 东京:岩波书店,1974年.

后 记

　　具有五千年文明史的中国,素有"礼仪之邦"的称号。"礼仪"不是说出来的,而是做出来的。这在"礼仪"的"仪"的字形构造上就可得到证明;"仪"从人从义,本义是容止仪表;仪表自然是通过人的具体容止表现出来的。礼仪作为文明和道德素质的表征,只能通过具体人的行为得以支撑;没有行为的积淀,就不会有礼仪的自然表现。这一事实告诉我们一个硬道理,道德礼仪要落实在具体行为上,而不是言说上;现实中的道德危机也正好说明我们的实践离开了礼仪本有的轨道、走上了重视言说而忽视行为的路径,这无论对我们民族文明素质的提高、文化的有效积淀,还是对经济建设的推动都是无益的。

　　基于以上的考虑,在中华传统美德传承和弘扬的文化振兴实践上,我选择了12个德目,旨在突出文化因子的相互共作的重要性和必要性,同时又推重道德实践的不可或缺性和紧迫性。在地球村文明呈现多姿多彩融合模式的今天,各民族在能源枯竭等危机的冲击下,不约而同地把利用民族文化来润滑本民族经济作为化解危机的出路之一,这些无疑显示出文化的巨大价值,反映民族精神的最好渠道就是民族文化。在这个意义上,文化建设的有效积淀无疑具有首要的位置。中华民族具有丰富的道德文化,这里选择12个德目,虽然系依据每月实践一个德目的理念,但即使在这12个德目里,也有不为人所熟悉的"袭常"美德,它不仅是规范有序生活之必需,而且是积淀文化本身的有效因子。

　　本书是在国家重大课题的基础上修改而成的,课题组人员给了我完成本课题的机会,在此表示最为真诚的谢意。同时感谢"东南学术文库"的大力支持,以及刘庆楚先生的认真和敬业精神;同时,对孟繁璞、杨庭颂、路高学、赛子豪、李平安、李浩伟、攀铮炎同学在校对过程中付出的艰辛劳动,表示真诚的谢意。渴望本书能给大家带来思考和指教的机会。我相信,学术研究始终是学者人格的磨炼和昭示。

最后,谨以此书献给我的父母许靠泉、王金妹,以及我的生活伴侣邹丹博士,是他们的照顾和关心给了我适时的鼓励和力量,留下我人生难忘的记忆!

许建良 2018 年 2 月于 Bozeman,美国

东南学术文库
SOUTHEAST UNIVERSITY ACADEMIC LIBRARY

已出版的图书

《法律的嵌入性》
张洪涛 著 2016

《人权视野下的
中国精神卫生立法问题研究》
戴庆康 等著 2016

《新诗现代性建设研究》
王珂 著 2016

《行为金融视角
——企业集团内部资本市场效应》
陈菊花 著 2016

《明清小说戏曲插图研究》
乔光辉 著 2016

《世界艺术史纲》
徐子方 编著 2016

《马克思对黑格尔的五次批判》
翁寒冰 著 2016

《中西刑法文化与定罪制度之比较》
刘艳红 等著 2017

《所有权性质、盈余管理与企业财务困境》
吴芃 著 2017

《拜伦叙事诗研究》
杨莉 著 2017

《房屋征收法律制度研究》
顾大松 著 2017

《基于风险管控的社区矫正制度研究》
李川 著 2017

《中华传统美德德目论要》
许建良 著 2019

《城市交通文明建设的法治保障机制研究》
孟鸿志 著 2019

《立法对法治的侵害》
高照明 著 2019

《超级"义村":未完成的集体组织转型》
王化起 著 2019

《民生保障的国家义务研究》
龚向和 等著 2019

《私法视野下的水权配置研究》
单平基 著 2019

"东南学术文库"丛书可通过东南大学出版社天猫旗舰店,以及当当、亚马逊、京东等网店购买。